五代十国全史

后梁帝国

麦老师 著

中国出版集团　现代出版社

图书在版编目（CIP）数据

五代十国全史 . Ⅴ，后梁帝国 / 麦老师著 . — 北京：
现代出版社，2022.4

ISBN 978-7-5143-9764-2

Ⅰ . ①五… Ⅱ . ①麦… Ⅲ . ①中国历史－五代十国时
期－通俗读物 Ⅳ . ① K243.09

中国版本图书馆 CIP 数据核字（2022）第 037437 号

五代十国全史 . Ⅴ，后梁帝国

作　　　者：麦老师
责任编辑：姚冬霞
出版发行：现代出版社
通信地址：北京市安定门外安华里 504 号
邮政编码：100011
电　　话：010-64267325　64245264（传真）
网　　址：www.1980xd.com
电子邮箱：xiandai@vip.sina.com
印　　刷：北京飞帆印刷有限公司

开　　本：710mm×1000mm　1/16
印　　张：30.25　　　　　　　字　　数：460 千
版　　次：2022 年 4 月第 1 版　　印　　次：2025 年 7 月第 4 次印刷
书　　号：ISBN 978-7-5143-9764-2
定　　价：65.00 元

目录

第一章

郢王弑父

王彦章　周德威　史建瑭　朱温

朱温亲征

就在大蜀皇帝王建亲征山南，与刘知俊战于安远的时候，声名更显赫的大梁皇帝朱温，正好也在亲征。朱温离开张全义府，返回皇宫一个多月后，他病了许久的身躯暂时恢复了健康。于是，朱温决定亲自出马，征讨李存勖、王镕，一雪夹寨之战和柏乡之战两败之耻。

乾化元年（911）九月二十日，朱温率后梁大军离开洛阳，六天后，进抵相州（今河南安阳）。此时的相州刺史，正是起用不久，霉运绵绵无绝期的梁军老将李思安。

不知什么原因，李思安好像事先没获知朱温此次亲征的消息，更没想到大梁皇帝会突然驾临自己镇守的城池，因而没有提前安排。

一看到冷冷清清的一幕，朱温的脸如裱好的国画一般，瞬间挂了下来，并在心中对李思安做出了有罪推定：这个李思安，竟然倚老卖老！柏乡大败的账还没跟他算清楚，现在居然变本加厉，敢藐视朕！

朱温马上把李思安招来，不容分辩，劈头盖脸地一顿训斥，随后革除了这位给他卖命大半生的百战老将的一切官职爵位。

李思安的遭遇暂时还算不上最惨。紧接着，朱温在相州南楼下进行了一次阅兵，想在正式大战开打前炫耀一下大梁的军威。谁知大梁的军队就是不给大梁皇帝长脸，一队队疲惫的骑兵骑在单薄的瘦马之上，无精打采地通过检阅台，活像劫后余生的残败之师（不久前，他们确实当过劫后余生的残败之师）。

朱温好久没有亲自领兵了，一看军队这架势，顿时大怒：这哪儿像我当年调教出来的虎狼之师？他不问青红皂白，不考虑最近这几年发生过些什么事，不想想大梁的精兵已经葬送在柏乡，对现在临时集结的老弱病残之兵大发雷霆，马上将责任推到几个倒霉的将军身上。朱温下令，以部下马瘦的罪名，将左龙骧都教练使邓季筠、魏博马军都指挥使何令稠、右厢马军都指挥使陈令勋等三人一齐腰斩于军门。

在这三个倒霉蛋中，大家应该还记得邓季筠吧？他是同朱珍、丁会、氏叔琮一样，最早追随朱温的八十人之一，以骁勇自负。不过很不幸，他在史书中的第一次出场，是给李存孝刷战绩，当了晋军的俘虏。李克用很器重这个俘虏，不但不加罪，还让他留在身边统领亲军，如待亲朋故旧。但邓季筠就像被迫投降曹操的关云长，不管李克用对他如何恩厚，他对朱温忠心始终不改。终于，乘李克用讨伐李存孝的机会，邓季筠上演了一出五代版的"千里走单骑"，脱离晋营，飞马归梁。

当初，邓季筠回到朱温麾下时，朱温对他的忠义之举大加赞叹，赏赐颇厚，此后他长期统领朱温的亲卫骑兵，算得上朱温铁杆的军中心腹。

论能耐，邓季筠只是一个未达一流的斗将，缺少朱珍、氏叔琮等老同事的大将之才，虽有开创之劳，并无震主之功（不久前还对柏乡战败负有一定责任，不过不被追究责任）。不但如此，邓季筠的忠义形象，还是朱温长期在梁军众将中树立的典型，怎么说也不应该是处斩啊！

看着邓季筠被拦腰砍成两段，在血泊中惨不忍睹地哀号至死，侥幸逃过一劫的梁军将士无不胆战心惊：如果连邓季筠都能因为如此微小的罪名被杀，还有哪位将军敢相信自己是安全的？这是要秋后算账了吗？我逃得过下一次吗？至少另一位对柏乡战败负有重大责任的老将，左龙虎统军韩勍，肯定就是这样想的……

天下第一人的位置，能够腐蚀凡人那不够坚韧的灵魂。朱温可能自己都没有感觉到，他曾经非常强大的情商，现在已经同他的寿数一样，所剩无几了。

朱温也许想迷惑晋军，他在相州休息了几天，至十月四日夜，突然离开相州，向东北方进军，欲出其不意。不想第二天夜，朱温大军进至洹水，就接到前方送来的军报，说晋王李存勖与赵王王镕已组成联军，正挥师南下。

奇袭战看来是打不成了，但岂能惧汝两个后生小辈？朱温立即下令：大军继续前进，给晋赵联军一个迎头痛击！

日渐昏聩的朱温可能没有注意到，随着他的命令一下，梁军士卒皆露出惊弓之鸟的神色，人人惶惶不安。又过了一天，十月六日夜，朱温亲率的梁军抵达魏州西南的魏县，从地图上看，这里仍属于后梁的内地，要向北再过贝州（今河北清河），才进入赵王王镕的地盘。可就在这还算不上前线的地方，一个不知源于何处的小道消息突然传遍了军营：不得了啦，沙陀兵杀到了！

让这位大梁皇帝万万没想到的一幕，出现在他的眼前：梁军大营就像被顽童踩了一脚的蚂蚁窝，顿时炸了锅，很多士卒丢盔弃甲，四散逃命！混乱中，朱温声嘶力竭地喝令：擅离阵位者斩！但没用，要跑的还是在跑，要逃的还是在逃。

好容易拖到天明，士卒的逃亡终于停止了，但这不是朱温严刑峻法产生的威力，而是总算有了确凿消息传来：沙陀兵根本就没来。

朱温快被气疯了：这还是自己的士兵吗？他们怕李存勗竟然远甚于怕自己！连自己御驾亲征都能发生这样的事，真要遇上晋军，他们还能打仗吗？震怒之下，朱温又杀了此次出征的先锋大将，被他认为带兵不力的左龙骧使黄文靖来泄愤。

黄文靖也是一员参加过黄巢起事的老将，素称"骁果善战"，众将都觉得他死得冤枉，但大家都是过河的泥菩萨，皇上现在喜怒无常，赏罚完全没有标准，砍人头如同割韭菜，谁敢顶风而上引火烧身？所以没人敢替黄文靖说一句话。

不过，总算是谢天谢地，朱温除了被气疯，也重新被气病了，后梁大军只得班师回洛阳，还活着的将军心有余悸地悄悄松了一口气。就这样，朱温称帝后的首次御驾亲征，以一敌未遇，自斩四员大将的"战果"而灰溜溜地结束了，这让龙体欠安的大梁皇帝感到十分没有面子。

比起朱温曾经磕过头的几位大唐天子，后梁皇帝的实际权力要大得多，但他们有一点是朱温永远也赶不上的，那就是屡世帝胄的高贵出身，以及大唐近三百年一统天下带来的正统观念。没有这些的朱温，要掌控天下，只能靠无人企及的武力，以及震慑天下的威望。可是，这次出征的实际情况，让朱温越来越怀疑：如今天下的文武百官对他还有没有一点儿发自内心的敬畏？如果连自己出马，杀了这么多人都还镇不住他们，那没带过兵、没打过仗的朱家第二代（带过兵、打过仗的朱家第二代朱友裕、朱友宁、朱友伦全死了）又靠什么把大梁的江山延续下去？

朱温很可能觉得，此时应该树立一个典型，好好对后梁的官员进行一次忠君爱国的教育。朱温本人把忠义扔到了犄角旮旯，他自己当上皇帝后，就希望别人都把它重新捡起来。

以前有一个非常重要的历史事件。晋国四大世卿中排名第一的智瑶，联合两大世卿韩康子、魏桓子，进攻另一世卿赵襄子。赵襄子退守晋阳，苦苦支撑，在最后关头，他让辩士张孟谈潜入韩、魏军营，奇迹般策反了韩康子与魏桓子，于是赵、魏、韩三家联手，一举灭掉了智瑶。再后来，三家分晋，战国时代开始。

在这次事件中，有一个小细节。赵襄子在晋阳大捷后犒赏功臣，受上赏的竟然是什么功劳也没有的高共。功劳最大的张孟谈自然不服，赵襄子解释说，晋阳被围的时候，众人惶恐不安，多在设法寻找个人出路，对主君赵襄子也不再恭敬，只有高共一人始终不曾失礼。

且不论赵襄子这么做对不对，但从他这个思路看来，一直是后继有人。朱温也想弄一个自己的高共，很巧，这个人很快就出现了。

十一月八日，回程中的朱温抵达获嘉县。这是隶属怀州（今河南沁阳）的一个小县城，处在怀州最东端，距离州城约一百三十里。让朱温有些意外的是，怀州刺史段明远已经跑了一百三十里，早早在这里迎接皇帝的大驾。人家不但态度异常端正，工作也做得十分到位，各种饮食、上贡，尽善尽美，完美地照顾到了大梁皇帝的尊严和面子。朱温大喜，谁说咱们大梁没有知道尊君敬上的忠臣啊？只是朱温身体不好，暂时未给嘉奖。

朱温拖着病体回到洛阳，还没等他舒缓过来，北方态势发生了骤变。

先是赶跑了冯道的大燕皇帝刘守光，耳根清净，信心十足地出动两万大军，侵入义武。弱小的北平王王处直无力独自抵抗燕军，紧急求救于三镇大盟主晋王李存勖。

李存勖早就想收拾刘守光，觉得这是个不错的机会：一、刘守光主动挑衅，三镇联军师出有名；二、朱温刚刚因病班师，联军南线暂无大敌，正好可以在北线集中重兵。于是，李存勖命周德威为主帅，率三万晋军出飞狐陉，与王德明（张文礼）指挥的赵军，程岩指挥的北平军会师于易水河畔。

乾化二年（912）正月初，三镇联军大破燕军于祁沟关，接着，燕国涿州守军开城投降。正月十八日，联军直抵燕都幽州（今北京）城下。这下子，刘守光总算知道害怕了，他急忙派出一拨拨使节，向后梁帝国紧急求救。

虽然朱温对刘守光不存在一丝好感，但就后梁的战略需要来说，燕国不能不救。何况三镇联军大举北上，他们在南线的兵力不可能不被削弱，这对梁军洗雪两败之耻也是个难得的机遇。于是，朱温待病情稍有好转，即于二月间出兵，发动了他一生中的最后一次御驾亲征。

二月十七日，朱温所率的大军到达武陟县，刚刚进入怀州辖区，就见刺史段明远又像三个月前一样，早早恭迎在此，为人臣的态度非常端正，供应的各种御用物品，丰富程度比上次还要高。

朱温大喜过望，这样高共式的大忠臣，要再不好好表扬表扬，树立为天下臣民学习的榜样，那简直天理不容了。于是，朱温特别下了一道制书，让全国及后世都知道：咱们大梁帝国出了这么一位国家级典型！作为对比，制书顺便指出了一位反面典型："怀州刺史段明远，少年治郡，庶事惟公，两度只奉行銮，数程宿食本界，动无遗阙，举必周丰，盖能罄竭于家财，务在显酬夫明奖。观明远之忠勤若此，见思安之悖慢何如！"

段明远，汴州开封人，他有一个很漂亮的妹妹，是朱温的美人，凭借这层裙带关系，得到朱温的注意。段明远自己也很争气，他"少颖悟，多智数"，在溜须拍马方面有过人的造诣，因此虽不曾有过什么大功，却在短短三年内由小小的供奉官，接连升任右威卫大将军、左军巡使兼水北巡

006

检使、怀州刺史，与李思安之类不是原地踏步，就是大步后退的老家伙形成鲜明对比。

在后梁帝国未来的岁月，段明远（后改名段凝）日益显赫，最终将扮演一个异常重要的角色，而让他从一大群中层官员中脱颖而出的转折点，正是这两次对大梁皇帝成功的迎送工作。

朱温对落后分子的惩处更令人印象深刻。在白马，仅仅因为掉队，朱温就连杀了包括张全义侄儿张衍在内的三名高官。"悖慢何如"的李思安当然更不可能安度余生了，朱温先是下诏，将李思安贬为柳州司户（不知朱温是不是老糊涂了，忘记李思安此时已是平头百姓）。一上路，第二道诏书又追了上来，流放李思安去崖州（今海南海口市琼山区东南）。李思安并没有机会欣赏广西或海南的南国风光，因为勒令他自杀的第三道诏书很快出现在他的面前。

为朱温奋战了一生的猛将李思安，就这样结束了自己的一生。大家还记得吧，当初氏叔琮、朱友恭的掉脑袋程序也是这样的：先贬到边远州县当小官，上路之后再下诏诛杀。不过，氏叔琮、朱友恭当时仍兵权在握，分步走能防范他们铤而走险，李思安已被免职，手无寸铁，不知朱温为何还要画蛇添足。这让他的手下形成了一个不良的联想：流刑＝死刑！很快，我们就会知道，这样的联想会带来多么大的反弹。

二月二十六日，朱温抵达魏州（今河北大名）。吸取了上次北征无功而返的前车之鉴，朱温调集了没有参加过柏乡之战，锐气尚存的几支军队，到魏博与其会合，分别是都招讨使宣义节度使杨师厚、招讨副使河阳节度使李周彝、招讨应接使平卢节度使贺德伦、招讨应接副使天平节度使袁象先。

这四镇节度使中，杨师厚已是当时名将，来历就不重述了；李周彝即李茂贞的弟弟，前文提到过的前保大节度使李茂勋；贺德伦，祖上是河西的胡人，世仕滑州义成军，累积军功升至节度使；功绩最软但后台最硬的是袁象先，是朱温的亲外甥，生母为朱温之妹万安长公主（追授），生父袁敬初据称是唐"神龙政变"的功臣，南阳郡王袁恕己之后。

这四路军队，加上朱温所率亲军，对外号称大军五十万。实际数量肯定没有这么多，五路梁军中实力最强的杨师厚部有兵五万，粗略推算，此次梁军北征的总兵力估计是十万至二十万。如果不考虑质量，只说数量的话，这有可能是后梁建国以来规模最大的一次军事行动，配得上皇帝亲征的级别。

蓨县惊魂

朱温下令，将大军分为两路，向北攻击前进。以杨师厚、李周彝两部进围枣强县，以贺德伦、袁象先两部包围蓨（tiáo）县（今河北景县）。这两个县都隶属冀州（今河北衡水市冀州区），是赵王王镕地盘的最东端，紧贴着刘守光的燕国义昌镇。朱温选择在这里动手，可能是为了尽快出现在攻打燕国的三镇联军侧翼，也可能是朱温已经与燕国的某员大将有了秘密联系，准备乘乱摘取属于自己的桃子。

此时，由于李存勖将攻击重点转向刘守光，所以晋军留在赵地的兵力比较空虚。仅仅有由名将李存审指挥的三千骑兵驻防于赵州，虽然兵多精锐，但数量只有梁军的几十分之一，相差悬殊。

李存审部下的将领有史建瑭、李嗣肱、赵行实等，多是一时的猛将。

李存审就不用说了。

史建瑭已多次出场，并屡立大功，但我们还未交代过他的来历，姑且一表。史建瑭在晋军中，属于那种"老子英雄儿好汉"的忠烈第二代。他的父亲，就是在上源驿之变中，为掩护李克用逃走拼死断后而战死的大将史敬思。

李嗣肱，是李克用之弟李克修的次子，少时从军，以胆略过人著称，曾多次立下军功。在夹寨之战中，李嗣肱从属周德威部，任前锋。正好，他的哥哥李嗣弼任昭义节度副使，从李嗣昭守潞州。两兄弟一人奋战于外，一人坚守于内，表现都很突出，一时在晋军中传为美谈。

赵行实比起以上两位就显得逊色了。他是幽州人，是一株堪称标本的乱世墙头草。赵行实最初是刘守文的部将，见刘守文败，马上投降了刘守光，不久前，又见李存勖策动三镇联军大举伐燕，料想刘守光不是对手，于是又叛燕投晋。到此时为止，赵行实还不曾有过特别出众的战绩。这样的履历放在李存审、史建瑭、李嗣肱面前是太逊了。不过，要论远大前程的话，这家伙将来能让史建瑭、李嗣肱两位前辈都甘拜下风，以后还会多次提到他。

梁军有五十万之众的消息传到了赵州，李存审召集众将商议："梁军如果真以五十万大军而来，我们该怎么办？"

刚刚加入晋军行列的神将赵行实显然被"五十万"这个数字吓住了，建议说："打肯定是打不过，只有退入土门，方为上策。"土门，即土门关，位于今河北鹿泉以西，左海螺、右抱犊的两山之间，是太行八陉中井陉的东口，当年韩信大破赵军的古战场。晋军一旦退入土门，也就意味着爬上了太行山，将山东侧王镕的地盘扔给朱温大军去蹂躏。而王镕、王处直如果发现在关键时刻晋军靠不住，很难说会不会再改换一回门庭，反正也不是第一次了。真要发展成那样，李存勖好不容易建立起来的河北霸权也将毁于一旦。

干系如此重大，李存审可不敢像赵行实那样只顾贫道，不顾道友。他否决道："现在的情况还不是很清楚，但据报老贼（朱温）似乎将他的主力放在我们的东面，只派偏将西来牵制我军，我们受到的直接压力并不大，尚可以根据战况再调整部署。"于是，晋军李存审部暂时按兵不动，以不变应万变。

晋军不动，梁军可动得剧烈，朱温催促各路大军昼夜前进。但军队，特别是步骑混合部队，一旦过于强调速度，就容易前后脱节。

三月二日，朱温抵达深州东南下博县郊外时，突然发现，他的大军或超前，或掉队，身边只带着人数很少的一支卫队。朱温也有点晕了：我的人在哪儿呢？有道是"欲穷千里目，更上一层楼"，正好，不远处有一座小土山，朱温决定登上去观察一下情况。

这是一座有来头的小土山，它是当年汉武帝的奶奶窦太后，为生父安成侯窦少消修的大墓，民间俗称"窦氏青山"，因位于古观津城东南，又称"观津冢"。观津冢的高度只有二十多米，但在一马平川的华北平原，还是很醒目的存在。

可是，你在楼上看风景时，别忘了看风景的人也在楼下看你。登到高处固然看得远，可也更容易让远处的人看见。正好，有数百名赵军骑兵，在一个叫符习的将军带领下，从观津冢旁巡逻路过。符习一看，远处小山上有一支梁兵，人数不多。他二话不说，立马就发起了攻击。

如果是年轻时血气方刚的朱温，也许会利用自己的地形优势，与赵军迎头对冲，并且战而胜之，反正对面的骑兵数量也不多。但现在不行了，朱温已经六十岁，已经活过了当时人的平均寿命，精神和体力都已被岁月和疾病消磨得所剩无几。看见冲杀过来的骑兵，朱温也感到了些许惊慌。

就在这时，不知从哪儿冒出来的一个糊涂侦察兵，突然向朱温报告说："晋国大军马上就要杀到了！"朱温大惊，不敢应战，急忙抛弃御用的轿辇、营帐，骑上一匹战马奔往枣强城外的杨师厚大营。

符习没费吹灰之力就冲上了观津冢，打垮了后梁一支小小的禁卫军，缴获了不少豪华的皇家用品。如果不是符习不知道，逃下山的人群中，有一位是大梁帝国的皇帝，因而没有穷追的话，很难说征战了一辈子，经历过无数大风大浪的朱温，会不会在这条小阴沟里翻船。

朱温极没面子地进入杨师厚大营，终于安全了，恐惧之心随之消退，羞愤之心转而占据了上风，他很需要找个出气筒好好发泄一下。朱温一问战况，小小的枣强县城竟然还没有拿下来，便勒令杨师厚、李周彝不惜一切代价，猛攻枣强。

枣强虽然只是个小县城，但城小不等于防御薄弱，相反，这是一座很坚固的城池，城内数千长于守城的赵军，抵抗意志也极为顽强。对于此类小城，强攻根本就不是什么好主意，就算攻下来，也往往得不偿失，何况历史还提供了如昆阳、盱眙、睢阳等一大批失败的例子。但是，杨师厚、李周彝等人看看朱温一脸黑线，再想想最近接连掉脑袋的那一堆同事，只好不管理解不理解，都坚决执行命令了。

杨师厚、李周彝等对枣强城发动了猛攻。激战只进行了几天，后梁军队的伤亡就高达万人，攻城进度却没有明显进展。梁军好容易在城墙上砸出缺口，很快又被守军修补完整，使攻城方十分丧气。

不过，在梁军看不见的方面，守城方的处境也十分危急。城中原先储备的箭矢与石弹数量不足，激战中用量又太大，几天下来，城中粮虽未绝，弹却要尽了！眼看防守困难，城中守军举行会议，商讨是不是选择投降来保全一城人的性命。

一名未留下姓名的士兵高声反对说："梁贼自从柏乡大败后，对我们镇州人已是恨之入骨，必欲杀之而后快。今天如果投降，就如同主动把自己的脑袋伸进虎狼之口！我想好了，如果注定必死，又岂能苟且偷生？我愿出城去拼一把。"

投降的想法被否决了，当天晚上，这名士兵用绳索从城上缒下，直奔梁军大营，声称自己是来投降的。梁军招讨副使李周彝接见了他，并乘机询问一下城中的情况。这名赵军士兵说，城中的物资还不少，没有意外的话，再坚守十天半个月没有问题，自己是因为同守将有仇所以出城投降的。为表诚意，他请求李周彝给自己一柄剑，重新潜回城中当内应，寻机斩下守将的人头！

李周彝大概看他说得有些夸张，不太相信，也就不准，只发他一根扁担，让他在梁军中当一名挑夫。这名士兵瞅了个机会，靠近李周彝，突然抢起扁担，猛砸向李周彝的头部，一下就把这位大梁的招讨副使打翻在地，头破血流！李周彝急忙呼救，左右一拥而上，将这名赵军勇士打死，才救了李周彝一命。

朱温得知了这起未获成功的刺杀事件，大怒若狂，强令杨师厚：要对枣强城展开不间断进攻，直到打下为止！三月七日，顽强抵抗了数昼夜的枣强小城终于陷落，梁军士卒在狂怒的朱温督令下兽性大发，将全城军民不分男女老幼杀了个精光，直到全城都被冷酷的血色淹没……

由于没有朱温本人的强硬督战，到枣强沦为人间地狱的时候，贺德伦、袁象先对蓨县的进攻没有太大进展，城内赵军仍在坚守。于是，朱温一面杀人，一面掉转枪口，率杨师厚部的五万大军东进，准备与贺德伦部会师后合攻蓨县。

此时，赵州已得到确凿情报：朱温正集中梁军主力攻打枣强、蓨县。李存审再次招来众将，动员他们说："如今我们的大王正全心全力投入北边的作战，不可能派出大军来增援南线，所以南线的安危，就全放在我们几个人肩上了。现在南线的西道（赵、镇两州）并未受到攻击，我们如继续坐守于此，只会滋长梁贼的嚣张气焰，实属无谋之举。依目前情势判断，老贼如一时攻不下蓨县、阜城，定会回头先下深、冀两州，那形势就难以收拾了。我们的兵虽然不多，但敌人尚不知我军虚实，只要运用得当，虚张声势，就有机会出奇制胜！"

随后，李存审留赵行实防守赵州，自己与史建瑭、李嗣肱等率两千精骑驰援冀州，就在枣强陷城之际，李存审等抵达下博桥（位于下博县东的漳河上）。在下不知道他们在这里是否见到了符习，是否得知几天前朱温在这里被吓跑的事并受到了启发，只知道接下来发生的事，就像是观津冢事件的加强版。

李存审亲率八百人扼守下博桥，作为策应，命史建瑭、李嗣肱各率五百骑东进游弈，充分利用机动优势，不与大敌硬碰，专以梁军砍柴、割草的小队散兵为目标加以攻击。艺高人胆大的史建瑭干脆把自己的五百骑又分成了五队，每队百人，分别奔赴阜城、衡水、信都、南宫、枣强等县境内，如一张撒开的大网，专捕落单的小虾小鱼。

三月七日一天，梁军在枣强城内玩屠杀，史建瑭与李嗣肱的游骑则在城外方圆百里玩猎杀。当日结束时，他们共俘虏了数百名梁军零散士卒，相较他们的兵力，这算得上一个相当可观的战果了，但未对梁军的军事行动产生太大干扰。

三月八日晨，朱温、杨师厚等离开枣强前往蓨县。与此同时，晋军各队游骑带着抓获的俘虏，重新在下博桥会合。李存审下令，将大部分俘虏处死，只留下几个人，砍断一条胳膊后放走。放走之前，对他们说："回去替我告诉姓朱的，晋王的大军已到！"

那几名断臂的梁军士兵一逃离下博桥，李存审就命史建瑭与李嗣肱各率三百精骑，换上刚刚缴获的梁军军服，高举着梁军旗帜，设法跟着砍柴、割草的梁军后勤人员，一道混入梁军大营。

三月八日下午，临近黄昏之时，朱温、杨师厚率领的大军抵达蓨县，在城西开始扎营，准备与城东面的贺德伦、袁象先大营相呼应，将县城夹在中间。就在这时，穿着梁军军服的史建瑭、李嗣肱等人也大摇大摆地混进了贺德伦的东大营。

由于梁军数量太多，又是临时从各地抽调拼凑起来的，组织协调非常差，大营中混进几个危险分子这么严重的事，一时竟无人发现。

夕阳西下，把脸埋入地平线，只在天空留下淡淡余霞的时候，混入营中的晋军突然袭击了守卫营门的梁军卫兵，迅速占领营门，取得进退自如的主动权。然后，史建瑭、李嗣肱等率军分成数股，在受到惊吓的梁军东大营中左冲右杀，大喊大叫："不得了啦！晋王的大军杀来了！"他们还纵火破坏，向四面放冷箭。

天已完全黑了，梁军人数虽然比晋军多得多，但没人知道发生了什么事，无法组织起冷静的应对，只感觉到惊慌与恐惧。一个个梁军士卒，变成了一只只无头苍蝇，整个大营乱作一团，一时没有丝毫的战斗力可言，数百晋军在里面搅来搅去，竟如入无人之境！

史建瑭、李嗣肱大杀一顿，从他们控制的营门迅速抽身撤走，梁军东大营的混乱仍然停不下来。再说位于梁军西大营的朱温，发现远处的东大营又是多处火起，又是杀声震天，大为吃惊，急忙派人去看看发生了什么事。

朱温派去的人刚接近东大营，就发现很多穿着梁军军服的人从营门中奔出来，好像是在逃命，一边跑，一边高喊："快逃吧，晋王大军杀来了！"他大吃一惊，不敢再进营，转身奔回西大营，急报朱温："大批晋军袭击了东大营！"

正巧此时，那几个被砍断手臂的残疾梁兵，忍着剧痛，跋涉一天，刚刚逃入西大营。他们一见到大梁皇帝，就哭诉报告："晋国大军已经杀来了！"

一般来说，人们如果通过不同的渠道，都得到同一个情报，那就不太会对这个情报的真实性产生怀疑了。朱温正是如此，虽然他也弄不清楚，一直不见踪影的河东大军怎么能够神不知鬼不觉地从天而降，但大惊之下，还是选择了好汉不吃眼前亏，急命撤军。大营中的东西是来不及搬了，为避免资敌，梁军点燃了刚刚搭建起来的西大营，大批军粮辎重瞬间化为飞灰。

再说东大营的贺德伦、袁象先二将，尚未从晋军的袭击中恢复平静，也还没搞清楚究竟发生了什么事，忽然得知：皇上和杨师厚所在西大营已经先行撤退了！二将的功绩声望均在杨师厚之下，更别说皇上了，现在连皇上和杨师厚都逃了，二将哪里还有勇气再坚持？他们只好也下令烧营而退。

漫天烟尘之下，十余万灰头土脸的后梁大军乘着夜色向着南面贝州方向仓皇奔逃。由于人人惊慌，天又太黑，大军在漆黑的夜幕中迷了路，方向也搞错了，不知何时变成向西跑，一夜之间曲曲折折地狂奔了一百五六十里的冤枉路。等到第二天黎明，借助着清晨的霞光，疲惫至极的朱温大军终于看到前面出现了一座城池，但再仔细一看，城上的守兵竟是赵军，心凉了大半截：这哪里是贝州？这是仍属于赵国的冀州！

没办法，再苦再累也不能休息，不然就可能要永远休息了。庞大的梁军已不复行伍，零乱地掉头南逃，从高空俯瞰，如一大群被捅了窝的丧家之蚁。

人一倒霉，喝凉水都塞牙。事实证明，被乱世熏陶出来的老百姓可不是什么待宰的羔羊，一有机会，他们也是能反击的。住在附近田野乡村中的农夫，见几天前还趾高气扬的梁军落到如此惨状，纷纷拿起锄头、木棍，追杀落单的梁兵。

梁军这些天在成德确实干了不少坏事，不过这可能并不是他们挨打的全部原因。据说在后来的日本战国有一种风俗，即在一次大的会战过后，战场附近的村民往往会自发组织起来袭击落败一方的武士，夺取他们的衣甲财物，或割取他们的首级向胜方领赏，当作一种难得的捞外快机会，号称"落人狩"。连大名鼎鼎，当过十三天征夷大将军的明智光秀，都是战败后让乡民给"狩"掉的！

梁军倒还没倒霉到那份儿上，被老百姓一顿痛打，使他们又承受了一些损失，不过大部分人还是平安地逃回贝州，也没有哪员高级将领途中阵亡。

回到贝州，见大队晋军并没有追上来，惊魂稍安的朱温才派骑兵斥候去探听晋军的动向。很快，斥候带回来了确凿情报："根本就没有什么晋王大军，袭击我们的，不过是李存审派出的不到一千人的游骑而已！"

这样的答案也太伤自尊了吧？朱温一生，也没少打败仗，论损失，蓨县之战根本排不上号，但要论输得难看的程度，蓨县之战可以算登峰造极了：十余万大军竟然被敌方的千余人吓得狼狈溃逃，朱温生平何曾受过这样的奇耻大辱？如果传扬出去，那大梁皇帝的老脸往哪儿搁？又将置大梁的国威、军威于何地？

于是，朱温尽了最大努力，严密封锁蓨县之战的消息。咱们看看，在以后梁官方实录为基础编写的《旧五代史·梁太祖本纪七》中，是怎样记录这一段历史的："丙戌，镇、定诸军招讨使杨师厚奏下枣强县，车驾即日疾驰南还。丁亥，复至贝州……甲午，幸贝州之东阃（yīn）阅武。乙未，帝复幸东阃阅骑军。敕以攻下枣强县有功将校杜晖等一十一人，并超加检校官，衙官宋彦等二十五人并超授军职。"

可见，按照后梁官方口径，杨师厚刚刚打下一个小小的枣强县城，朱温的车驾就"即日疾驰南还"了，蓨县之战完全被隐身了，朱温在事后还搞了胜利阅兵，并给参与攻陷枣强的三十六名有功人员加官晋爵！

如果生在当时，但没有参与蓨县之战，只能收看到这则后梁官方"选择性真实"的报道，那你能怎么想？陛下亲征大捷凯旋是吧？（《辽史·太祖本纪》就从未记过幽州之败，要知道，在《梁太祖本纪》中，梁军战败的例子也没少记，在下感觉它比《辽史·太祖本纪》要"诚实"一点儿。）

但是，这种掩耳盗铃的宣传手段只能欺骗一些人于一时，没法骗过自己。朱温对此败羞愤至极，虽然他又杀了三个倒霉的将军来排泄怒火，但还是怒火攻心，再次病倒，其病情之沉重，别说骑马、坐车，连人抬的轿子都坐不了，被迫停留在贝州十多天，紧急调治。

诸子疑云

谁知，有心栽花花不活，无心插柳柳成荫，就在朱温贝州养病期间，后梁帝国未费一兵一卒，就得到了一笔意外之财。刘守光的儿子，燕国义昌节度使刘继威（刘仁恭算"老刘"，刘守光算"小刘"，姑且叫他"小小刘"），不知是不是很仰慕朱温的风流，决定把都指挥使张万进家当成自己的专属妓院。可刘继威犯了不知己知彼的错误：张万进虽然也姓张，但并不是张全义，他手握着义昌镇的兵权，有足够的还手之力，何况现在晋国大军已杀到幽州城下，连小刘都有些自身难保，更别说你一个毫无威信的小小刘了！

于是，张万进一怒，发动兵变，杀了小小刘，自立为义昌留后，脱离燕帝国，转而向后梁称臣。不过，他同时向晋王李存勖递出了降表，准备立于高墙之上，观察好风向之后再决定往哪边倒。当初被刘守光派到义昌辅佐刘继威的另一员大将周知裕，担心张万进不能容他，逃到贝州，向朱温请降。

天上接连掉下两块馅儿饼，让朱温的心情稍感宽慰，命将义昌镇更名为顺化镇，以张万进为顺化节度使，又将所有从河朔南逃的投梁军队编组成"归化军"，以周知裕为指挥使。如此，后梁的疆土和军力都得到了一点儿增长，此次北上，仗虽然打输了，也不算毫无所得。

可能正因如此吧，朱温的身体状况又稍稍有所好转，可以离开贝州，南归至魏州。不知是不是有了段明远那个典型的激励，朱温的义子，时任东都（汴州）留守的博王朱友文得知父皇班师，亲自前往魏州迎接御驾，奏请朱温：先到东都疗养散心，待圣体康健后再回洛阳。

朱友文，原名康勤，是朱温地位最显赫的义子，他是从小就由朱温养大的，类似李嗣昭与李克用的关系。他聪明好学，能诗善谈，长得也挺帅，有不少优点。所以朱温将他当成亲子一样看待，列进了排行，算自己的次子，享有其他义子都没得到的待遇。

现在朱温年纪已老，身体很差，谁都看得出他来日无多，选择继承人的问题日益紧迫。而朱温最优秀的儿子朱友裕已死去多年，朱友文的能力虽然算不上特别突出，但长期担任建昌宫使，也积累了一些功劳，在朱温剩下的儿子中至少是有实际工作经验的，属于矮子中的高个儿。如果朱温真的像平常表现出来的那样，不计较朱友文的血缘，那以贤以长，朱友文都觉得自己还是很有希望的。在这个时候，岂能不好好表现？

朱温见朱友文一脸忠孝，颇感欣慰，还好，没白认这个儿子，那就去吧。四月二十一日，朱温回到了自己的龙兴之地，阔别多时的东都汴梁。朱友文特地跑这么远来接驾，当然早在汴梁做好了充分的准备，何况东都留守不管论权还是论钱都比怀州刺史充足得多，所以论接待工作，朱友文比段明远又是青出于蓝，手笔大多了。

汴梁专门新建了一座宫殿，叫"食殿"，顾名思义，是朱友文专为大梁皇帝准备的豪华餐厅。这个豪华餐厅有充足的经费预算，朱友文准备了"内宴钱"三千贯，又拨了一千五百两白银来制作高档餐具（唐代白银产量很低，价值比明清白银要高得多）。

朱温心情好了，身体状况似乎也好多了，传旨在食殿大宴随行的宰相和文武官员。大宴后，朱温兴致更高，决定泛舟九曲池散心。

在史书中，九曲池这个地名出现过多次，但往往出现在不同的地方，可能指故意挖得曲曲折折，仿自然美景的人工湖，是当时很多宫苑后花园的标配。当初朱温杀害李晔的九个儿子时，就是将尸体投入九曲池。当然，那个九曲池在洛阳，肯定不是朱温泛舟的这个九曲池。

可谁知道就是这么灵异，仿佛有冤魂作祟，在这风和日丽的天气里，朱温乘坐的小船在九曲池里莫名其妙地翻了船，好在周围都是侍从，赶紧跳下水，将大梁皇帝捞了上来。但经过这一惊吓，朱温刚刚好转的病情又再次恶化了。

这事儿多半是一个凶兆吧？朱温的心里像被蒙上了一层黑布。当然，这不关朱友文的事，朱温又给朱友文加授了特进、检校太保两项荣誉官衔，以安其心。四月三十日，朱温拖着不轻松的病体，离开后梁帝国的东都汴梁，于五月六日回到都城洛阳。几乎才一到家，朱温又听到第二个凶兆：此次出征的随驾宰相，因病重留在汴梁治疗的薛贻矩，病死了，享年六十二岁。

薛贻矩是唐末的状元，后梁的三个开国宰相之一（另两个是杨涉和张文蔚，崇政院使敬翔的地位相当于唐代枢密使的加强版，不属于传统意义上的宰相），当年为朱温顺利篡唐，抛弃廉耻，出过不少力。虽然严格来说，他算不上朱温的心腹，但一个熟识的人突然说没就没了，而且这个人与自己同辈（比朱温大两岁），不能不让病情危重的大梁皇帝从心底涌起一阵兔死狐悲的感伤：老薛都走了，我还会远吗？

凶兆这玩意儿仿佛有传染性，前两拨才走不远，第三拨又以更嚣张的姿态出现在全天下人的面前。

乾化二年闰五月（912年7月），哈雷彗星拖着长长的尾巴出现在夏日的夜空。今天的人都知道，哈雷彗星是一颗很守时的彗星，平均每隔七十六年要回来和地球打个招呼，亿万年来，从未间断。至于地球表面那些微不足道的智慧生物在干什么，在想什么，它其实既看不见，也从不感兴趣，更不会为他们稍微调整一下自己的时间表。不过，当年那些微小的智慧生物妄自尊大，大都认为彗星很重视自己，它大老远专程来一趟，就是为了给他们预告某种灾难。

后梁的司天监又雪上加霜地奏报说：凶星荧惑（火星）逼近心大星（天蝎座"心宿二"）。心大星是帝王之星，此星象大凶，应赶紧采取措施，祈福消灾。

为此，大梁帝国宣布大赦天下，同时命各级部门、各级官员都要深刻反省错误，积极改正，用最谦卑的态度，回应上天给予的谴责。

然而，在洛阳皇宫中，病入膏肓的大梁皇帝还是本能地觉得：这多半没什么用，彗星的到来与荧惑逼心的天象，很可能预示着自己大限将至！可是，我还不想死，也不能死呀！想到当前对大梁皇朝越来越不妙的天下大势，朱温禁不住悲从中来，对左右侍从哀叹道："我经营天下已经有三十年了！可没想到，大功至今未能完成，反而让李存勖那个太原余孽猖獗到如此地步！而上天现在又要夺去我的寿限。我死之后，我的儿子没有人是他的对手，将来我恐怕连葬身之地都找不到了！"说到伤心处，朱温老泪纵横，哭得晕死过去。众人抢救了半天，他才悠悠醒转过来。

不管儿子有没有成器的，朱温都已到了必须马上安排后事，指定继承人的时候了。究竟让哪个儿子来继承大梁的皇位，来接替自己承受李存勖的考验呢？

初看，这好像并不是一道太复杂的选择题。朱温以好色荒淫而名震后世，开的花虽不少，结的果却不多，即使把朱友文这个特殊的义子算进去，我们今天知道的朱温之子也只有八人，在古代帝王中属于比较少的。按古史记载，八子分别如下。

长子，郴王朱友裕，生年不详，生母不详。他无疑是朱温最优秀的儿子（从一些迹象推测，他有可能也是朱温的义子，但无有力史料佐证，只能存疑），能征战，性宽厚，得士心。如果他还活着，无疑是朱温最合适的继承人。只可惜，"还活着"这个先决条件，早在八年前就已不复存在了，所以这个选项只能排除。

次子，博王朱友文，生年不详，在朱温还活着的"儿子"中功劳、资历都暂居第一。由于在血缘上居于劣势，朱友文加倍努力，在讨义父喜欢方面，功力深厚，也称得上成绩斐然，俨然成为朱温身边第一号大孝子。此时，朱友文留守东都，身兼开封府尹、建昌宫使、检校太保等多个职务，他的优势是行政工作经验较丰富，对国家的财政大权有很大影响力，弱势是没有直接的军职，对军队影响力偏弱。不过，考虑值此乱世，国要有长君，那么从朱温本人的意愿上看，朱友文对皇位的竞争力显然是不能忽视的。

三子，郢王朱友珪，本年大约二十五岁（如果朱友裕真是朱温的义子的话，他可能才是朱温真正的长子）。史载，朱友珪的生母仅仅是一个身份极为低贱的军妓，连姓什么都没有记录，之后也没能成为朱温的嫔妃。当年朱温在征战的过程中路过亳州，将她招来侍寝，一个月后，她告诉朱温自己怀孕了。朱温很高兴，但又害怕让张夫人知道他拈花惹草的事，便在亳州购买了一套别墅安置她。后来，军妓生下一个男孩儿。朱温在远方闻之，大喜，特地给孩子取了个小名"遥喜"。这位曾给朱温带来欢乐的小遥喜，便是朱友珪。

此时，这位朱三公子不曾像大哥、二哥那样立下过实际的功绩，但除了王爷头衔，身兼控鹤都指挥使、诸军都虞候、检校司徒等数个显赫要职，控制了洛阳很大一部分禁军的兵权，堪称位高权重。而且，朱友珪身在洛阳，就在朱温的身边，他要取得皇位，较之远在汴梁的二哥友文与四弟友贞，都有一种近水楼台的先天优势。

四子，均王朱友贞（此后他还会改名为朱锽、朱瑱，但按照他父亲的先例，本文只称其原名朱友贞），本年二十四岁，生母是朱温的正妻张夫人（当时尊为"贤妃"，朱友贞上台后又追尊为"元贞皇后"。朱温生前未立皇后，所立妃子也仅张夫人一人），似乎是朱温唯一的嫡子。也许受生母的遗传，朱友贞长得仪容俊美，喜欢与儒士交往，生性沉稳庄重，不太爱说话。

此时，朱友贞人在东都汴梁，身兼天兴军使、东京马步军都指挥使、检校司空，理论位置稍低于朱友文，但握有一定的兵权，同样是值得重视的实权派人物，也有很强的竞争力。而且，如果按"立嗣以嫡不以长，立嫡以长不以贤"的传统宗法制度，那朱友贞就应该是天然的第一顺位继承人。

有点奇怪的是，除了以上这四位，关于朱温剩下的四个儿子的记载都极其简略，如同空气一般的存在：五子，福王朱友璋，生年不详，生母不详，个人秉性不详，此时位居何职也不详；六子，贺王朱友雍，所有资料同上；七子，建王朱友徽，所有资料也同上；八子，康王朱友孜，所有资料还是同上！

由于朱温后四位皇子的存在感实在是太低了，很多相关文章往往下意识地认为，他们此时都还是未成年人，所以没他们什么事。不过，这样判断恐怕过于草率了，因为仅仅三年后，在有记载的朱家兄弟中，最年幼的康王朱友孜，就发动过一次失败的刺杀行动，想干掉兄长，然后由自己当皇帝。已经有争夺皇权的意识，并且将其付诸实施，这不会是一个小孩子能干的事吧？如果连最小的老八都已如此，那他的五哥、六哥、七哥更不可能小到哪儿去。

以上是综合《新五代史》《旧五代史》《资治通鉴》的相关记录，对朱温诸子的简单介绍。不过，这些内容究竟是不是真的，还真有些耐人寻味。因为在细看之下，这些记载有很多疑点，在逻辑上解释不通，很像被人为篡改与编造过。

那么接下来，就让在下引领大家一起分析在朱温立嗣和丧命的过程中那些存疑的内容，看看还有没有更合乎逻辑的解释。在下不可能穿透历史的迷雾，只能隔着厚厚的模糊空间进行猜测与推理。

先看看皇子的生母。只有朱友珪与朱友贞两位皇子的生母有记录，而这两位母亲的地位偏偏差距如此巨大，又恰到好处地迎合了稍后历史进程的政治需要：生母低贱的皇庶子终为祸首，生母高贵的皇嫡子终正大位！这是不是太巧合啦？

史书记载朱温宠幸朱友珪的生母一个月后，她就说自己已经怀上朱温的骨肉。考虑到她的身份是营妓，史书是否在暗示朱友珪不一定是朱温的孩子？对于皇子、亲王这一类有可能继承皇位的人，生父已经固定，生母的身份高低会极大地影响他们一生的成败荣辱，利益攸关。所以有些时候，他们在史书上的母亲是谁，并不一定由他们究竟从谁的肚子里爬出来决定。

几十年后，就有一个著名的实例。那时，正是大宋第二位皇帝太宗赵炅在位，他用"金匮预盟"证明自己当皇帝是由母亲杜太后决定的，哥哥赵匡胤同意的（关于"金匮预盟"的真伪，以后再讨论），大大地降低了世人对其登位合法性的怀疑。可凡事有利亦有弊，按"金匮预盟"的说法，他将来也得把皇位传给弟弟赵廷美，而不能留给自己的儿子，那可如何是好？于是，赵光义就想方设法地打击赵廷美，给这个弟弟罗织罪名，一再论罪贬官，流放房州，直至他抑郁而死。赵廷美死后，所有当事人都不在了，赵光义特意向大臣们透露一个"机密"：其实赵廷美根本就不是杜太后所生，他的生母是我家的奶妈耿氏，所以他不是我的亲兄弟，根本就没有继承皇位的权力。

既然有往下压的例子，当然也会有往上抬的例子。

又过了几百年，到了大明王朝，太祖朱元璋的第四子燕王朱棣，通过三年的"靖难之变"，灭了侄儿皇帝朱允炆，把自己升级成大明的永乐皇帝。但在取得巨大成功的同时，朱棣也为自己让人诟病的上位方式颇感烦恼。怎么办呢？朱棣采取了一系列措施来强化自己的合法性，其中一项，就是让人重新编写皇室家谱《天潢玉牒》，先是声称太祖正妻马皇后只生了自己和周王朱橚，朱允炆的父亲前太子朱标是偏妃所生，所以自己得位，仍是维护嫡长子继承制的正义之举。后来想想，父皇立大哥朱标当太子时间那么久，尽人皆知，这么写过于欲盖弥彰，只好退而求其次，改成马皇后生了五个儿子，自己是老四。后来，朱棣成天把母亲挂在嘴边，反复强调："朕，高皇后第四子也！"

不幸的是，赵宋和朱明的正史、野史资料，实在太丰富、太完备了，非立国短促，又不受史家重视的朱梁可比。资料越多，统治者就越难做到一手遮天，不露破绽。于是，赵光义的这段瞎话，连官修正史都没有采信，大家都记录赵廷美的生母就是杜太后。而朱棣生母为马皇后的说法，虽然写进了正史，但由于漏洞过多，后来的史学家大都不信。

假如赵宋和朱明的史料和朱梁一样贫乏，使大家找不到特别确凿的矛盾，那是不是赵光义和朱棣说什么，我们就只能信什么，他们的谎言还会被揭穿吗？可想而知，一定还有大量没被揭穿的谎言充斥在史书记载之中。

但是，相对于不对外公开的皇家隐私，官职爵位、政府政令之类的公开信息，由于知道的人太多，要想编造难度太高，这样就会在两者之间形成一些难以克服的矛盾，使史书中会出现一些看上去不协调的记载。

一、对于出身悬殊的两个儿子，都没多大本事，也都没有任何功绩，朱温给予他们的待遇却差不多，严格地说，出身低的朱友珪地位还要稍高一点儿。

在古代的君王或显贵之家，生母高贵或生母得宠，其子女地位待遇就高，反之就没人待见。那朱温对这两个儿子的安排，为何能如此反常，如此一视同仁呢？也许，朱温的安排其实并不反常，反常的是记载吧？

二、在稍后发生的事件中，朱友珪对朱友文极为忌讳，一定要在最短时间内将其除掉，但对按礼法应拥有第一优先继承权的朱友贞，他几乎毫无防备，甚至显得比较信任。显然，这也是很不合逻辑的。

综合以上，在下推测，朱友珪和朱友贞有可能是一母同胞，或者，他们都是张夫人所生，或者都不是，至少，他们的生母地位应该大致对等。

关于朱友文，在下也有一个小小的猜测，在完全不存在有力证据的前提下，说是推理好像太牵强了。这么说吧，假如来写这个阶段的历史小说，需要给朱友文安排一个最合情理的身份，在下会给他设定为：张夫人在嫁给朱温之前与前一任丈夫所生的孩子。

换言之，朱温之所以收朱友文为养子，是因为朱温就是他的继父。如同时代的李嗣源与李从珂，或稍后的赵德钧与赵延寿，又或传说中的郭简与郭威，这种情况在那时是比较常见的。

张夫人是朱温在少年时一见钟情的初恋，两个人的年岁差距不会太大。朱温在同州迎娶张夫人时是三十岁，张夫人那时已不是妙龄少女。那时，呆板的程朱理学还未出现，女子再嫁并不受歧视，而且古人流行早婚。按正常情况推理，张夫人可能此前结过婚，因战乱而家庭破碎，而不大可能一直守身如玉，等待着她根本记不得的那个乡下放猪少年来娶她。

假如在下的推测距离事实并不太远的话，我们不妨设身处地地想象一下：如果你是朱温，在朱友文、朱友珪、朱友贞这三个候选人中，你会选择谁做自己的继承人呢？

朱友文虽然最孝顺，但毕竟是别人的孩子，不可能是首选。朱友珪、朱友贞都是朱温的爱子，但朱友珪年长，这一条优于朱友贞。这么看，在正常情况下，朱温最可能的选项，应该是朱友珪吧？

就让我们对照史书记载来分析一下。果然，朱温此前虽然没明确指定谁是他的继承人，但从他的一些安排上，我们还是可以发现，朱友珪显然被排在了最优先的位置上。最明显的证据，就是朱温将朱友文和朱友贞都安置于汴梁，只让朱友珪留在洛阳，留在自己身边。

将选定的继承人放在身边，同时把对继承人的继承权有威胁的重点人物外放，使他们无法在关键时刻及时干扰新君继位，这是君主制时代为保证权力交接顺利进行的一种经典安排。太子驻京，亲王就藩，从汉高祖刘邦开始，多数帝王就是这样干的。

不这样干的例子当然也不少，如秦始皇本末倒置，把太子扶苏打发到塞北，留幼子胡亥在身边，唐高祖李渊将太子建成、秦王世民、齐王元吉三个爱子都留在长安，等等。

郢王弒父

那么，凭什么认为朱温将朱友珪留在洛阳，就是有让他当皇储的意图呢？在下认为，从稍后朱温准备换马，采取的措施中可以看出。

就在朱温重病期间，朱友珪有一次不知什么原因出错，触怒了朱温。朱温可能将他在心里同朱友文做了比较，越比较越觉得这个儿子实在不争气，难当大任。又气又恼之下，朱温让人将朱友珪鞭打了一顿，让朱友珪又痛又怕。这还不算完，思来想去，朱温决定要更换继承人。

朱温准备换上来的新继承人是朱友文。更换方式，就是告诉服侍在自己身边的朱友文之妻王氏，让她去一趟东都，将她的丈夫朱友文召唤进京，当面嘱托后事。稍后，朱温召见了他最信任的老臣敬翔，委以顾命重托。君臣两人回顾相知数十年来的甘苦情意，共叹岁月流逝、年华不再，担忧太原集团重新崛起的威胁，忍不住相对落泪。一阵唏嘘之后，朱温让敬翔悄悄拟了一道诏书，准备将朱友珪贬出京城，外放当莱州刺史。

可见朱温更换一个皇储就像更换一块 U 盘，把朱友文从汴梁那个次级接口拔下来，插到洛阳这个顶级接口上就算完成。那么，原来被插在洛阳接口上的朱友珪，其隐含的地位也就可想而知了。只不过，换一个皇储潜藏的风险性可不是换一块 U 盘能比的。

朱温这次就没换好，犯了两个错误。

其一，自古以来换太子都是国家大事，不容轻视，而敬翔似乎并不支持他更换一个没有血缘关系的皇储，这后遗症太大了。虽然这位老臣"呜咽不忍，受命而退"，但回去后没有马上遵旨执行，有意拖了拖。可能他还想像当年获知朱珍杀李唐宾消息时那样，等朱温再多花点儿时间重新考虑，慎重行事，以免冲动过后又后悔。但敬翔没有想到，这次后悔的人将是他自己，朱温已经没有机会后悔了。

更要命的是其二，这件本应高度机密的事做得不够隐秘，不知什么原因，让一个最不该知道的人，同样日夜服侍在朱温身边的朱友珪的妻子张氏知道了。她大惊失色。妻以夫贵，自古以来，凡是继不了位的太子会落得什么下场？作为主要当事人之一的张氏，当然更感同身受。她悄悄地找了一个机会奔回家，秘密告诉朱友珪："听说皇上已经把玉玺交给王氏，即将带去东都，朱友文要当上皇帝，我们不知还能活几天？"朱友珪一下被吓蒙了，一种末日来临的恐惧涌上二人的心头，夫妻俩禁不住抱头痛哭！

此时是后梁乾化二年（912）闰五月二十九日，朱温哀叹自己将死无葬身之地后的第十四天，距离朱温的人生尽头还有不到三天……

大家可能已经注意到了一个细节，朱友文和朱友珪的妻子，平常都不在她们的丈夫身边，而是住在皇宫，侍候在老公公朱温的身旁。其实按史书的说法，这不是王氏与张氏的专利，而是朱温所有的儿媳妇都被迫"享受"的待遇。朱温晚年一桩最著名的丑闻由此衍生。

比如，《资治通鉴》与《新五代史》都提到，原本张夫人在世时，朱温对她比较敬畏，虽不时在外面偷偷摸摸地拈花惹草，但还算比较节制。自张夫人死后，朱温在女色方面完全失去了约束，任意放纵其荒淫本性。

他娶了一大堆侧室，仍不满足，还将儿子们派到外镇任职（朱友珪例外），儿媳则留在京城服侍公公，替丈夫"尽孝心"。以朱家现在的地位，儿媳自然多是美女，朱温看着这些儿孙辈的女子，色心大动，干脆就把"子妻"当成了"妻子"，终于修炼成一代"扒灰至尊"！又比如，朱温最后选择的继承人为什么是朱友文？据说，在朱家这一群儿媳中，朱友文之妻王氏艳压群芳，最大限度地满足了朱温的需求，而朱温正是色令智昏，放着亲生儿子不顾，硬是决定立养子朱友文为皇储。

不过，即使出自名家所作的正史，这些记载还是显得八卦味太浓，在一些地方经不起推敲。在下认为，其中最说不通的就是朱温为儿媳的女色所迷，就立养子为继承人的说法。

第一，朱温在他人生的最后两个月中，一直是个身体极度虚弱的危重病人，即使不发生后来的事，也活不久了，这才会着急安排后事。各种记载写得都很清楚，立朱友文为继承人，是朱温临死前几天才决定的事，此前默认的继承人明显是朱友珪。也就是说，在改变皇储最关键的那些天里，就算王氏为了丈夫的前程，愿意用身体来贿赂自己的老公公，朱温也没有受贿的能力了！

第二，这种记载不符合自古以来的历史逻辑。身为君王的老公公喜欢上儿媳，并且由心动发展到行动，这一类丑闻在历史上发生过很多次，不妨看几则典型案例，试析一下其中的规律。

春秋初年，卫宣公为自己的太子卫急子迎娶齐国公主宣姜为太子妃。谁知把儿媳接来一看，这齐国公主长得也太诱人了，于是卫宣公就把她留给了自己，并在后来给卫急子生了两个弟弟：卫寿和卫朔。为了让宣姜生的儿子卫寿当太子，卫宣公设法要害死卫急子，不料卫寿不像其父冷血，竟为了救异母的哥哥，冒充兄长先行，而被父亲买通的杀手杀害，随后卫急子也为了弟弟毅然赴死，只留下一段《二子乘舟》的感人故事。

春秋后期，楚平王看上儿子太子建的未婚妻孟嬴，强纳为妃，并打算为此谋杀太子建。他先杀了太子建的老师伍奢，太子建被迫与伍奢的儿子伍子胥一起出逃，后来在流亡中被郑国人杀死。

　　唐玄宗李隆基在杀死太子李瑛之后，原本最看好的候选继承人是寿王李瑁，可不巧，他发现李瑁的王妃杨玉环竟是一位绝代佳人。于是，杨玉环被李隆基夺走，成了大名鼎鼎的杨贵妃。而李瑁呢，尽管他的母亲武惠妃被追认为皇后，他成为李隆基的嫡长子（李瑁还有两个同母的哥哥，但都早夭），太子之位还是被庶兄李亨夺走了，并在此后备受父亲冷落。

　　西夏武烈皇帝元昊参加太子宁令哥的婚礼，发现新娘没藏氏年轻貌美，就强夺儿媳，先将她纳为妃子，再废太子生母的皇后之位，将儿媳立为新皇后。宁令哥羞怒之下，铤而走险，趁父皇喝醉时行刺，削掉了元昊的鼻子。最后，宁令哥被杀，元昊也因伤重不治身亡……

　　凡在帝王之家发生父夺儿媳的情况时，不管这个倒霉的儿子是反抗还是不反抗，父子关系全都大幅度恶化，被抢走妻子的儿子均无好下场。可见，即使完全不考虑爱情与男人的面子，妻子被父皇（或父王）看上，都是皇子（或王子）的灾难，而不是福音。

　　在史书中，只有后梁的这段记载成为唯一的例外：儿子们毫不脸红地将妻子献给父皇临幸，不但不用担心受害，反而能得利。为什么？是因为朱温特别淫荡，特别与众不同，他的儿子都特别无耻，特别与众不同，还是记载本身可能有问题呢？

　　当然，如果仔细比较一下，会发现以上几个例子与朱温的情况相比，还是有很大不同的。不管是卫宣公、楚平王，还是李隆基、元昊，他们对美丽的儿媳都表现出了很强的独占欲，总要从名到实都夺到自己的手中才罢休。而朱温在这方面远没有这么"自私"。何况，朱温此前已经有与敬翔"分享"刘氏，与张全义"分享"储氏这样的先例存在，丝毫没有影响他对敬翔与张全义的信任。依此类推，他只是同儿子"分享"儿媳，不是夺走儿媳。

　　确实，从这个角度看，第二个疑问可以得到解释，但这又会引出第三个不合逻辑之处。

　　第三，这与朱温以往的行事风格不同，他要是特别喜欢王氏，为什么不像前述的那几位同行一样，干脆夺为己有？原因是他虽好色，但从来不会为单纯性交易支付太高的报酬。

朱温是个挺奇特的人物，既荒淫滥交，却又痴情专一，他的性和爱是分离的，爱情只针对一个女人，即使那个女人不在了，也不会像汉武帝、唐明皇那样移情别恋。其他的美女对朱温而言，永远都只是玩物而已。他是强势的，随意玩弄、左右她们，却绝不会为她们所左右。这一点，只要看看朱温的后宫编制，就一目了然了。

后梁后宫的第一级皇后，正常编制一人，实际空缺。第二级妃，正常编制四人，实际只有一人，即朱温称帝后追认为"贤妃"的张夫人（张夫人未被追授皇后，这可能是延续唐朝中期以来，基本不立皇后的传统）。在朱温其余的妾室中，最得宠爱的有两人：一为陈氏，在朱温生病时不分昼夜地为夫求佛祈福，见者动容；一为李氏，在洛阳皇宫大梁折断的那个晚上，见机救了朱温一命。但即使如此，朱温给她们的报答也不过一个"昭仪"、一个"昭容"而已。

此外，刘氏主动献媚朱温，朱温却在一夜风流后随手把她送给了敬翔；杨崇本的妻子号称绝色，朱温宠幸后就把她送还了杨崇本；朱温还将朱瑾之妻送入了尼姑庵，等等。这些事例都说明，朱温虽然喜欢美女，但除了张夫人，从来不把别的美女当宝贝供起来。

那么，如果不是靠着王氏的枕边风，那朱友文以一个义子的身份，却能成为后梁皇储的真正原因，是什么呢？

在下认为，这可能是多个因素共同作用产生的一个偶然结果。在朱温最后的日子中，王氏的表现可能更像一个好护士。在朱温决定立朱友文为继承人的决策过程中，她可能起到了作用，但不会比她的丈夫朱友文稍前在汴梁迎驾时表现出的"孝心"更重要。但这两者都不是关键。

更重要的因素，是原本皇位已唾手可得的朱友珪自己搞砸了，以及朱温那已经失控的情绪。那几天，朱友珪究竟因何事触怒朱温而遭到鞭打？这才是最关键的信号。以朱温不久前在那次失败的北征中的表现来看，他的精神状态非常不稳定，极易暴怒，有时甚至不可理喻。在下的观点是：朱温更立朱友文为皇储，有可能是因为不满朱友珪而引发的一时冲动，不一定是深思熟虑的结果。这样才可以解释为何精明过人的敬翔在这关键时刻办事会出现致命的拖拉。

现在，我们把镜头转回郢王府。朱友珪还在与妻子张氏抱头痛哭，涕泗交流。他身边有个最大胆也最铁杆的心腹仆从，名叫冯廷谔，见此情景，主忧臣辱，说出了一句在正常情况下够诛九族的话："现情到急处，当死中求生，王爷您干吗不设法自救，转祸为福？要举大事的时机就在这一瞬间，不容耽搁了！"

冯廷谔的话让人怦然心动，但造反毕竟是一项风险极高的工作，凡能好好活着的人，多数并不想造反，想造反的人，多半是已经不可能好好活下去。从小养尊处优的朱友珪过惯了安逸的日子，并没有勇气马上下定决心，所以第二天，也就是六月一日，朱友珪发动所有的耳目四处打探消息，以便弄清楚父亲现在对待自己的真实意图究竟如何，自己是否真的已无他路可走。

至暮，朱友珪得到了耳目的密报：皇上已经下旨，将外放王爷为莱州刺史，只是不知为什么，崇政院这次办事效率不高，还没有把敕书正式发下来。

事情坐实了，朱友珪感到全身一阵冰冷。"贬官→外放→流放→完蛋"，这是父皇最常使用的经典整人程序，自己也要成为其刀下新的牺牲品了吗？朱友珪认为自己只剩下两个选项：要么任人宰割，要么宰割别人！罢了，罢了！既然你当父亲的不仁，就不能怪我当儿子的不义了！唯今之计，只有你死，我活！

何况，敬翔已经在无意中帮了朱友珪一个大忙。可以这么说，只要贬他为莱州刺史的敕令还没有生效，朱友珪就是此刻最有造反意愿的人，也是后梁帝国内部造反条件最优越的人。此处有必要简单介绍一下后梁帝国中央禁军的编制。

后梁帝国的禁军编制，是在大唐帝国后期禁军编制的基础上大幅度强化改进而来的。大唐后期的禁军，大致可看作"天子六军"加上左右神策军（有一段时间还要加上左右天威军，故唐代宦官有"十军观军容使"一职，后来天威军并入神策军）。而后梁帝国禁军，则是"天子六军"加上"侍卫亲军"。

"天子六军"是一个极古老的概念，出自西周时的《周礼》，里面规定周天子可拥有六个军的常备军（当时一军为一万两千五百人，六军共七万五千人），诸侯国大的可有三军，中的可有两军，小的可有一军。此后，历朝皇帝的禁卫军无论数量多寡，都常用"天子六军"来代称。

唐代的"天子六军"是指左右羽林、左右龙武、左右神武，真的是六支军队。不过，自唐中期以后，他们就基本上丧失了实战能力，只剩下仪仗队的功能。后梁的"天子六军"则是左右龙虎、左右羽林、左右天武、左右天威、左右神武、左右英武，实际上是六个军号，十二支军队，编制比唐代扩大了一倍。后梁"六军"加强并不仅是数量，质量也远非晚唐"六军"可比，大多都经过战场磨砺。一般认为，后梁"六军"中，以左右龙虎军最为精锐强大，参战记录最多，历任统军者多为宿将，如张归霸、牛存节、贺瓌等，朱温也曾在诏书中褒奖过："龙虎军，亲兵之内实冠爪牙！"朱友珪准备铤而走险的时候，左右龙虎军都驻扎于洛阳，此时的统军一为柏乡之战败将韩勍，一为朱温的外甥袁象先。

唐中期以后，由于"六军"不堪一击，唐朝中央不得不从藩镇引进外援，建立了神策军，成为中央的武力基石。"后梁六军"虽然远较"唐六军"强大，但出于强化中央实力，以及分割将领兵权等考虑，朱温也在"天子六军"之外，另建了一套"侍卫亲军"系统，而且，如果要比个高下的话，可以说对大梁皇帝而言，"侍卫亲军"比"天子六军"更为重要，也更为亲密。后梁的侍卫亲军主要有八支，即左右龙骧军（又称侍卫马军，是后梁禁军中的头号劲旅，专职的骑兵部队，后梁将领中著名的两个"彦章"，谢彦章、王彦章就出自龙骧军）、左右神捷军（又称拱宸军，或拱辰军）、左右广胜军（又称神威军，统军由亲王担任，但具体人选不详）、左右天兴军（又称控鹤军，后梁皇帝最亲近的亲兵卫队）。

在这八支侍卫亲军中，龙骧、神捷、广胜诸军的主力都驻扎于东都汴梁，都参加过柏乡之战，损失惨重，现在重新编组恢复中。天兴（控鹤）

军因未参战而保存完好，单独驻扎于洛阳，专职负责保卫皇城与宫禁的安全，他们的长官正是左右控鹤都指挥使朱友珪！也就是说，此时直接负责保卫大梁皇帝生命安全的那支军队，正在由一个最想要了结大梁皇帝性命的人指挥着！

不过，即使这样，也并不代表朱友珪造反就易如反掌。因为有一个因素是必须充分考虑的，那就是：组成控鹤军的基本材料是人，不是机器人。

后梁禁军，包括归朱友珪统领的天兴（控鹤）军在内，都是由朱温亲手创建的，还没有发展成总是造反的魏博牙兵（就算是魏博牙兵，对组建的初代领导田承嗣也是忠心耿耿的）。虽然晚年的朱温日渐昏聩，干过不少倒行逆施的蠢事，在军队中的威信正逐渐衰退，但再衰退，其几十年来与将士同甘共苦、南征北战的威望，也远不是从未打过仗，没有任何战绩的朱友珪可比的。

后世邻国的大将明智光秀，在造反时敢给士兵下令说："敌在本能寺！"那是因为他手下的绝大多数人，根本不知道当天晚上住在本能寺的那个人是谁，就算看见了，在那个没有报刊、没有电视、没有网络的时代，也认不出那个人是他们真正的大老板织田信长，很多士兵甚至以为他们奉命干掉的人是德川家康。

但朱友珪没有明智光秀的便利。控鹤军是后梁帝国亲军中的亲军，每天守卫皇宫，时不时就会同大梁皇帝见面。而皇宫里住着谁，是一般小老百姓都知道的常识，更不用说他们了。在军中没有任何威望的朱友珪，要命令这些人去干掉一手将他们组织起来的缔造者，干掉他们真正的大老板，哪有这么容易？

所以，朱友珪要想成功干掉父亲，至少得找个有力的人物加盟。这个潜在的加盟者应该同时满足以下几个条件：一、他现在必须身在洛阳，如在外地，则缓不济急；二、他应该是一员出自禁军的老将，在士兵中有相当的威望，懂得如何鼓动军心；三、他必须同自己一样，感到地位甚至生命朝不保夕，有铤而走险的动机。

正常情况下，要同时满足这几个条件的人选很难找。前两条还好办，首都本来就驻有禁军将领，可第三条简直是可遇不可求，首都的禁军将领当然要选用最熟悉、最可靠的人，这样的人一般缺少造反动机。但事有偶然，谁让朱温自己要作死，在前几个月以极微小的罪名砍了好几个将军的脑袋，从而帮助他儿子找到了一个绝佳的同盟者。

如果有人穿越到那些日子里的洛阳当郎中，可能会遇到一个失眠症患者：左龙虎军统军韩勍。韩勍一闭上眼，李思安那双死不瞑目的眼睛，还有只剩半截身子的邓季筠，很可能就会出现在他的脑海中。一年多前，正是他们三个老资格，处处与王景仁唱反调，引来了一次空前的惨败。记得那次战败回来时，皇上的表现好像很宽大，说不会追究。可那是不追究吗？你能相信李思安丧命，真是因为接待工作没干好？邓季筠断成两截，真是因为马没喂饱？自己会在什么时候丧命呢？韩勍心里没有底，如今皇上要想除掉你，就是找个上班迟到的罪名都可以杀人！不想等死，那怎么办？逃亡吗？参考刘知浣，恐怕不是个好主意。造反吗？想想刘知浣的哥哥刘知俊，才干、功绩和声望都远比自己高，还远在外藩，可一反叛，大部分手下都不愿跟着干，很快就失败了。自己要反叛，多半是他的缩水版吧？

六月二日，心灵一直备受煎熬的韩勍迎来了救星。这天早上，一个半蒙着脸，穿着平民服装的人悄悄潜进了左龙虎军的营房，来找韩勍。韩勍一看，来人竟然是原先最有可能继承皇位的郢王朱友珪！毫无疑问，此时这位皇子的出现，肯定有大事，他忙屏退左右，两人进行了一番密谈。

同样的感受给了他们同样的渴望，这两位禁军高级指挥官一拍即合：联合起来发动一次政变，干掉当今皇上，然后朱友珪当新皇帝，韩勍也可以摆脱生命危险，成为新朝元勋！彼此的支援是必不可少的，现在，朱友珪在动员他的死党时，可以说："连韩老将军都站在我们一边！"韩勍也可以对自己的手下说："连郢王殿下都是咱们的内应！"相互壮胆，造反的成功概率一下子大了很多，一支能造反也敢造反的队伍，就有条件地组织起来了！

因为龙虎军的战斗力比控鹤军强，韩勍是老将，在龙虎军的影响力也远比朱友珪在控鹤军的影响力大得多，所以政变将以龙虎军为主力。当天，韩勍从龙虎军中挑选了五百名信得过的精壮士兵，混入朱友珪的控鹤军中，潜入皇宫，两军的密谋分子混合编组，相互鼓气，也相互监视，共同等待着夜幕降临，等待着今夜那注定将令人心跳不已的一刻！

太阳落了下去，夜渐渐深了，躺在卧榻上的朱温，还在迷迷糊糊中苟延残喘。对他而言，时间的概念已经不再清晰，时而好像过得很快，时而又好像静止不动了。怎么啦？今夕是何夕？现在是何时？对了，友珪去了没有？友文来了没有？怎么没看见他？没人回答，也许是因为他根本就没有发出声音吧！侍从、宫女在烛光中小心翼翼地来来去去，仿佛只是没有实体的影像，一切都感觉那样朦朦胧胧的不真实，如沉睡在虚幻的梦境。朱温甚至产生了一丝怀疑：我还活着吗？

突然，一阵巨大的响声从不远处传来，一下子让朱温恢复了清醒。听得出来，那是利斧劈门的声音。是谁在劈砍寝殿的大门？谁这么大的胆子？朱温坐起身子，只见侍从和宫女正吓得四散而逃，他们中间，连一个像当年唐昭宗皇妃李渐荣那样站出来护卫他的人都没有。

朱温只得强打精神，蹒跚着爬下龙床，哆哆嗦嗦地站起身，外面恐怖的劈门声已经被纷至沓来的密集的脚步声代替。哗啦啦，刹那间，一群手持兵刃、眼带寒光的铁甲武士冲进了寝殿，驱散了服侍在朱温身边的所有宫人，将这位本应由他们负责保卫的大梁皇帝完全孤立。

流逝的岁月带走了朱温的健康，带走了他曾经矫健的身手和敏锐冷静的头脑，他只剩下了历尽沧桑的阅历和无数次九死一生带来的经验。他马上明白发生了什么事，用苍老嘶哑但仍带有几分威严的声音喝问："是哪个浑蛋造反？"

朱友珪从人群中走了出来，第一次壮着胆子，以平视的目光回应父亲。这是那个曾经抱着幼小的自己，慈爱地呼唤过"小遥喜"的父亲；这是那个曾经百战百胜，雄霸中原，带给朱氏家族无上荣耀，让他从小崇拜，并在人前充满了骄傲的父亲；这是那个不顾廉耻，强召他的妻子入宫侍君，让他这个做丈夫的人感到在外人眼中颜面尽失的父亲；这更是那个要将他换下皇储之位，用一纸诏令让他充满恐惧，如见阎王的父亲……

罢了，不管往事如何，这一切马上都要结束了。朱友珪深吸了一口气，大声答道："不是别人，是我！"

朱温老眼虽然已经有些昏花，但还是很快看清了朱友珪那张熟悉的脸，还有那张脸上无比陌生的表情。自己这个玩弄了一辈子阴谋的老江湖，居然会在儿子这条小阴沟里翻了船！可笑，可恼，可悲，可叹，多种难以名状的感觉，混合着无比的懊悔，让朱温怒不可遏："哼，我早就想到会是你这个小贼，只后悔没有早点儿把你杀掉！你居然如此凶暴忤逆，能做出弑父弑君这种大逆不道的事来，上天有灵，岂能容你！"

什么？你早就想杀我？如果说刚才朱友珪对父亲的复杂的仇恨纠结中可能掺杂一丝亲情和一丝愧疚，那么在听过那一句话后，这些感觉已一扫而空了！何况，你也敢提"弑君"这个词！忘记有个人叫李晔了吗？心已冷透的朱友珪怒吼道："老贼，你早该被碎尸万段！"

伴随着怒吼声，朱友珪最铁杆的心腹——车夫冯廷谔，抽刀冲向朱温。朱温下意识地侧身想闪避，年轻时在战场上，他曾躲过无数次这样的攻击。但这次不行了，老迈病弱的身体让朱温力不从心，冯廷谔手中的刀直直地刺入他的腹部，因为用力过猛，刀尖又从后背穿出！朱温在剧痛中发出了此生最后一声凄厉的惨叫。鲜血从他的前腹后背两面同时喷出。接着，刀被拔了出来，只见朱温的肠子从腹部的破口中跟着流了出来。再接着，朱温眼前一黑，就什么也看不到，什么也听不到了……

片刻之后，朱温的尸体被朱友珪用一条破毛毯裹了起来，暂时埋在寝殿中一个草草挖出的浅坑内。五代第一位开国之君，本系列图书的第一位领衔主角，纵横天下三十年，给整整一个时代打下了深深烙印的朱温，就这样以一种自己完全没有意料到的极不光彩的方式离开了人世。

十余年后，由朱温开创的只能算半成品的大梁皇朝，就在血与火的搏杀中完全灰飞烟灭，他也因此迅速失去了被后世史家修饰美化的可能性，成为一个基本被盖棺论定的历史反面典型，只给后世留下了一些骂名，一些讥讽，一些丑化，一些叹息……

第二章

天子『二百五』

王彦章　　周德威　　史建瑭　　朱温

扬汤不止沸

对朱友珪来说，杀掉父皇之后的工作，更加艰巨，更加困难。

六月三日早晨，朱友珪严密封锁了朱温已死的消息，不让任何一个不可靠的人出入宫禁。然后，他以父亲的名义，发布了一道伪造的，任何人只要稍加推敲就会发现破绽百出的诏书：

"昨天，皇宫内发生了骇人听闻的罪行！丧心病狂的博王朱友文发动叛乱，竟派兵偷袭皇宫，欲刺皇杀驾！危急关头，幸亏有忠孝双全的郢王朱友珪带兵赶到，击杀了叛贼，保全了朕的性命。但朕在重病之中又受此惊吓，病情进一步加重，已没有精力过问政事。故特命郢王朱友珪暂时监国，处理军政大事。"

这道假诏书虽然缺乏公信力，但不妨碍它的执行力。朱温消失了，朱友珪和同党韩勍一起，控制了京城两支最强大的武力，包括敬翔、张全义等人在内的在京重臣，暂时都搞不清情况，也无实力与之对抗。于是，朱友珪顺理成章暂时成为后梁帝国朝廷的主人。

朱友珪处理的第一件大事，是派心腹供奉官丁昭溥飞马急奔东都汴梁，以朱温的名义传一道密令给时任东京马步军都指挥使的均王朱友贞，让这个弟弟帮忙，把他认为对自己威胁最大的"哥哥"朱友文迅速干掉。按理说，因职务关系，汴梁的兵马调动肯定要经过朱友贞的手，他应该很清楚朱友文究竟有没有造反举动，但他好像没有对这道奇怪的诏令产生丝毫怀疑，执行得很坚决。如果不是事发突然，洛阳与汴梁之间的空间距离又太远，都有点让人怀疑他和朱友珪事先究竟有没有同谋。真是一对亲兄弟呀！

由于朱友文根本不知道自己刚刚"派兵偷袭皇宫"的罪行，也就没有任何防备，所以这位东都汴梁的最高行政长官，轻而易举地被自己的副手朱友贞抓获，然后迅速处决。

六月五日，丁昭溥返回洛阳，将朱友文已死的消息报告给朱友珪，朱友珪这才放下心来。于是，他正式发布讣告，对外宣布朱温因受惊过度，病势沉重，医治无效，已然驾崩，让自己这个孝子悲痛莫名。同时，他将已经埋了三天的朱温的尸体从寝殿挖出来，大办丧事。朱温被尊为太祖，谥神武元圣孝皇帝，稍后安葬于宣陵（位于今河南省洛阳市伊川县城东十公里常岭村北的高台地上）。

就在宣布朱温死亡的同一天，朱友珪跪在大行皇帝的灵柩之前，聆听了由他自己编写的"先皇遗诏"，正式继位成为后梁第二代皇帝。稍后，帮助朱友珪登上皇位的第一功臣韩勍升侍卫诸军使。另一位重要功臣，诛杀朱友文有功的好弟弟朱友贞，则接替朱友文的部分职务，升东京留守，行开封府尹，加检校司徒。

但当上皇帝，远不代表朱友珪就坐稳了天下。有些事就怕推敲。朱友文远在汴梁，莫名其妙地派一支军队来袭击洛阳皇宫，这可能吗？就算成功了，他也没办法及时继位啊！何况他要是行动失败了，没理由不防备，不逃亡啊！而且，朱温生前曾指定朱友文当太子，将朱友珪外放的消息，崇政院的人都知道，朱友珪此前也能打听到，怎么可能保得了密？还有参与过弑君作案的几百人，以及当晚难以精确统计的目击者，也极难做到人人都守口如瓶。

总之，有各种各样不利于新皇帝的消息，综合这些情报，只要大脑皮层还有些褶皱，都很容易推理出谁才真正有作案动机。于是，关于朱友珪才是弑父真凶的说法，很快不胫而走，四下传扬。

此时的后梁帝国就像一口巨大的高压锅，内部早蓄满了热能，此前能够保持大体稳定，是因为有朱温这枚高高在上且分量十足的安全筏。现在安全筏突然消失了，各种不安定因素就可能不受控制地出现破坏性的释放！

流言蜚语就是引爆这些危险能量的最佳导火线，现在已蔓延四方，到处都是人心浮动，这弥漫于大气之中的不安气息，让新皇帝朱友珪备感惶恐。要怎么做才能最大限度地维持稳定，让那些对新君心怀不满，又具备作乱能量的危险分子，不把他们的心动变成行动呢？

办法自然不是没有。在韩勍的建议下，朱友珪打开国库，拿出了大批的金银财帛，给满朝文武与后梁各军狠狠发了一大笔奖金。希望塞满他们的嘴之后，他们就不叫唤了。

不过，尽管朱友珪像个散财童子一样，大把大把地撒钱，兢兢业业地填写委任状，尽可能让后梁帝国的所有体制内人士利益均沾，但局势并没有因此而稳定。

后梁新皇帝朱友珪在当上皇帝之前，无功无绩，也无才无德。在后梁帝国大量身经百战的将军与士卒看来，朱友珪远远比不了朱温，他弱小得根本激不起这些见惯下克上的老兵油子哪怕一丁点儿的敬畏之心。

所以，朱友珪即位仅仅十五天，中原重镇许州就发生了兵变。当时后梁的匡国节度使（后梁的匡国镇非唐末的匡国镇，而是原来的忠武镇，总部许州），是享有司徒、侍中、太保等一系列显赫头衔的著名江湖老油条韩建，可能是上了点儿年纪（他比朱温小三岁），他曾经也算得上很狡猾的脑袋，同晚年的朱温一样，渐渐变得迟钝。

后梁太祖驾崩，新帝朱友珪派了多位告哀使到各地通告这个"不幸"的消息，其中派往许州的告哀使，正是韩建的儿子郎中韩从训。韩建常年住在许州，难得与这个任京官的儿子见面，一高兴，只顾借国丧之机与儿子享享天伦，藩镇内的大事小情暂时都扔到一旁，表现更加麻痹大意。

匡国镇的马步都指挥使张厚，见韩长官把乱世过成了太平盛世，看在眼里，喜在心头。他乘机煽动他的手下：韩公昏聩，他几十年攒下的巨额富贵就在我们眼前，谁胆大就是谁的！而新君暗弱，自身又有把柄，跟以前唐朝那些皇帝差不多，没胆量也没能力管我们。所以，所有想发财的兄弟，都跟我来吧！

远大的"钱途"马上点燃了骄兵的斗志，他们在张厚的号召下发动兵变，攻击节度使府衙，将韩建及其子韩从训一起杀死。

不久，朱友珪得知许州这起乱兵杀害国家一品大员的恶性事件，惊恐之余，生怕出兵讨伐会引发难以控制的连锁反应，何况张厚的目标并没有直接针对新皇帝，实力也不够强大，迟疑一阵后，决定还是大事化小。他任命功臣韩勍为新任匡国节度使，但只是遥领，暂时并没去上任，张厚为陈州刺史，可继续保留其非法所得。

至于韩建父子的死……唉，反正韩建也不是我的人，更不是什么高尚的家伙，不管它了。

如果说张厚的脸皮再"厚"，在历史上只算得一个喽啰级的小人物，不过疥癣之疾，朱友珪可以无视之，那么下一个同样名字带"厚"，也同样厚着脸皮的人，就让朱友珪不得不看作心腹大患了。

由于朱温在数月前曾亲征河北，仗虽然打得不怎么样，但集结的重兵没有太大损失，那次亲征的大部分兵力，仍由目前梁军首屈一指的大将杨师厚统领，驻扎在河北重镇魏州一带。

此时，杨师厚的官职是都招讨使、检校太尉兼宣义节度使。对于欲称霸一方的杨师厚来说，这几个职务是不太让人满意的：都招讨使虽然权重，但那是临时职务，仗打完就没了；检校太尉只是个荣誉衔，有和没有差不多；只有节度使比较实惠，但宣义即唐朝的义成镇，辖地仅滑、郑两个州，在后梁的诸藩镇中属于比较小也比较穷的一个（公元 896 年，黄河曾在滑州上游决口，将宣义大片辖区化为寸草不生的黄泛区），跟眼前拥有六个州，又富又强的魏博镇（当时称作天雄镇）真是没法比呀！

当然，只要朱温还活着，杨师厚也不敢对魏博有什么非分之想，只能遗憾地把口水吞进肚，老老实实当他的宣义节度使。可是，从洛阳传来了让人震惊的消息，朱温已经多了一个"先帝"的称谓，杨师厚环顾四周，意外地发现，在整个后梁帝国内部，已经找不到一个能让自己畏惧的人了！那我为自己谋点儿福利，还有什么顾虑？

当时，名义上的魏博（天雄）节度使，仍是罗绍威的儿子罗周翰，但实权掌握在衙内都指挥使潘晏手中。七月初，杨师厚在其下榻的魏州城内铜台驿设下埋伏，然后以后梁北面都招讨使的身份，邀请潘晏与魏博军将领臧延范、赵训等前来议事。

长官召见，潘晏等人自然不敢不来，等他们一进入铜台驿，立即被杨师厚逮捕，随即处决！干掉这几个人后，杨师厚率军进入魏州内城，兵不血刃地占领了节度使衙门。罗周翰慌忙逃出魏州，幸免于难。还有一个叫赵宾的魏博军将领试图反抗，但还没动手即被杨师厚察觉，只好带着少量亲兵逃走。杨师厚派骑兵追击，抓获赵宾亲随一百余人，全部拖回魏州，斩首示众！

剩下的魏博军士基本上被吓倒了，只得平静地接受了杨师厚的领导。镇住下面的人，杨师厚贼喊捉贼，给朱友珪上了一道奏章，宣称："潘晏、臧延范、赵训等人密谋反叛，幸亏皇上您洪福齐天，让臣及早发现，当机立断，将他们一举铲除！不过，魏博一地正当敌锋，节度使责任重大，罗周翰年纪又太小，担当如此重任，是不是太吃力啦？如果陛下认为国家需要我挺身而出，我不敢推卸自己的责任！"

朱友珪接到奏报，大吃一惊！杨师厚目前在军中的威望这么高，手中的兵力又这么雄厚，不好惹呀！朱友珪盘算一阵，没胆量和杨师厚翻脸，万般无奈、心有不甘地于七月七日正式发下诏书，任命杨师厚为魏博（天雄）节度使，接替罗周翰，而罗周翰改任宣义节度使，接替杨师厚。

一旦有人找到通往荣华富贵的捷径，就不愁没人仿效。稍后，驻防在怀州（不久前段明远大拍朱温马屁的地方）的有一支龙骧军偏师，约三千人，不知道出于什么原因，也在将领刘重遇的带领下起来闹事。他们一路东进，烧杀抢掠，沿途留下一片焦土。

那可是怀州哇，距离洛阳很近（今天从洛阳到沁阳的公路距离为91.3公里，走高速路也就是一个半小时的车程），小小的刘重遇那点儿实力又很弱，如果连这么一拨小贼都可以踩到大梁皇帝的头上，那我朱友珪这个皇帝岂不是当得人见人欺，连当年的李晔都不如？

因为这个对手过于弱小，朱友珪终于鼓起了勇气，传令给在汴梁的弟弟朱友贞，让他从驻扎在东都汴梁的军队中调集人马，由马步都指挥使霍彦威和左耀武指挥使杜晏球负责指挥，进讨龙骧叛军。

霍彦威字子重，洺州曲周县人，是朱温昔日大将霍存的养子（朱温的长子朱友裕，就是因为霍存在石佛山之战中阵亡，差点被朱温杀掉）。霍彦威十四岁起，便随养父从军征战四方，在战斗中因中流箭而一目失明，累积功劳，渐渐升至大将。其人能言善辩，情商很高，既精于奉上，也能得士卒之心，有丰富的作战经验，是后梁新一辈将领中较优秀的人物。

杜晏球，据说本姓王，字莹之，洛阳人。杜晏球少年时，家乡洛阳被秦宗权的军队攻陷，他因家破人亡，流落至汴州，认了一个姓杜的富人当干爹，从此改姓杜。稍后，朱温在汴州挑选了一批有才干、有勇力的富家子弟，组建了一支新军，号称"厅子都"。厅子都是梁军中的精锐，也是当时的高技术兵种，据说装备有一种大型连弩，"其弩张一大机，则十二小机皆发，用连珠大箭，无远不及"。杜晏球加入了这支精兵，因表现优异，脱颖而出，升任厅子都指挥使。杜晏球沉勇有断，倜傥不群，能与士卒同甘共苦，其将帅才略，可能要高过霍彦威。

用这两柄宰牛刀去杀刘重遇那只小鸡，结果自然不会有太大悬念。数日后，造反的龙骧军被击溃，余众四散逃命，头目刘重遇被杜晏球生擒，押回京城处斩。朱友珪大喜，原来对付兵变也没那么难嘛！他马上升杜晏球为左龙骧军指挥使，以赏其功。

胜利常常带给人信心，朱友珪的胆子一时大了起来，决定趁热打铁，放几招必杀技，解决一批对自己地位威胁最大的危险分子。特别是，如果能一举解决掉杨师厚，那还有谁敢蔑视自己的权威？

于是，朱友珪给杨师厚下了一道诏书，召他入京觐见，声称要和这员老将当面讨论北方的战局问题。杨师厚的心腹见到这道圣旨，都认为朱友珪心存不良，也许就像当年杨行密召见朱延寿，一去洛阳，将祸福难测，所以最好找个借口不去。杨师厚听罢，笑道："朱友珪那小子是个什么人，我清楚得很，我就算去了，他又敢把我怎么样？"

敢说此大话，是因为杨师厚的确胸有成竹，他特意带上精选的一万名精兵，跨过白马渡，一路大张旗鼓，以胜利进军的态势，浩浩荡荡，直指洛阳！这一招一出，就把朱友珪吓了个半死，大梁的新皇帝没想到杨师厚不动则已，一动起来，闹出的动静竟如此之大！不过是召你入京议事罢了，哪里用得着带这么多军队？杨师厚究竟是来朝见的，还是来兴师问罪的？

就在朱友珪悔青肠子的时候，杨师厚已带着军队来到了洛阳城外。意外的是，杨师厚并没有采取敌对军事行动，相反，他将大军留驻于城门之外，只带着十余名亲随入城，朝见朱友珪。朱友珪这才松了一口气，这感觉就像坐过山车，大惊吓之后突然获得的安全，让他大喜过望。

朱友珪按住还在怦怦乱跳的小心脏，顾不得天子的体面，好像刚刚入行的实习生拜见老师傅那样，用讨好的口气大拍了杨师厚一通马屁。接着，朱友珪生怕杨师厚对自己有一丝不满意，抓紧时间，搜刮国库，凑出一笔巨款，全部赏赐给杨师厚及其部下。杨师厚扬扬自得地接受朱友珪的孝敬，又在洛阳城里威风摆谱了整整六天。六天后，朱友珪小心翼翼、恭恭敬敬地把这位大爷欢送回魏州。这位大梁皇帝好像完全忘记了，几天前他是为了什么把杨师厚招来的。

四面楚歌声

杨师厚趾高气扬地回去了，他用实际行动证明了他对朱友珪的判断十分准确：只要不被逼入绝境，这位大梁的新皇帝就是个有贼心没贼胆的黄口小儿！有君若此，做臣子要不飞扬跋扈一番，好好地以权谋谋私，如何对得起自己的高智商？于是，从此杨师厚决定把大梁的天子当作木偶，我的地盘我做主，将魏博建设成自己的独立小王国。

在乱世立足，最重要的莫过于武力，但原本魏博镇赖以对抗中央的牙兵，已经被朱温消灭干净了，杨师厚想要重建田承嗣（唐朝第一任魏博节度使，原安史叛将）的事业，当然得把它恢复过来。杨师厚手中既握有北方军权，又控制了地方财权的便利，他截留了一笔编练精兵的专项资金。有了钱，杨师厚又从手下指挥的各军中精挑细选，抽出了数千名勇士，给予优厚待遇，配以魏州石屋出产的高品质长枪，组成一支听命于自己的精锐亲兵，大号叫作"银枪效节都"。

在未来的日子里，这支年轻军队的影响力，将大大超越其创始人，写下一段段既血腥也辉煌的传奇。不过，那是后话，暂且不表。

其实，当时在让朱友珪担心的危险分子中，排在第一位的还不是杨师厚。前文提过，朱友珪在称帝之初，向各地藩镇派出了多个告哀使。这些告哀使当然不能都像韩从训那样有去无回，大多数还是正常回来了。其中，从护国镇（原来的河中镇）回来的告哀使向朱友珪报告了一个非常让人不安的消息。

那名告哀使说，他到河中府，向护国节度使冀王朱友谦（他原是保义节度使王珙的部将朱简，在兵变中夺得保义一镇，主动归附朱温，更名朱友谦，成为朱温的义子之一）宣读讣告，冀王殿下竟当场号啕大哭，边哭边说："先帝出生入死，奋战数十年，才创下这大梁的基业，不想未尽天年，竟遭此横祸！前些日子变起宫闱，关于那件事的各种小道消息，让人不忍听闻。我身为国家的藩臣，深感耻辱！"

朱友珪听完报告，感到了深深的不安。朱友谦这段话究竟是什么意思？于是，朱友珪决定再派人去一趟河中，向朱友谦传达自己的新诏书。

在新诏书中，朱友珪不厌其烦地把自己感觉已经编得很圆的故事，又重述了一遍：朱友文如何利令智昏，丧尽天良地反叛；自己如何忠肝义胆，挺身而出救父；先帝如何受惊病危，临终托以江山，等等。总之，在最近发生的这些事中，我朱友珪其实是无辜的，是清白的，是光明正大的。最后，老哥呀，如今国事艰难，我刚刚登基，太需要兄弟你的帮助了，这样吧，我加授你同平章事，你就到京城来一趟如何？

朱友谦的智商，不会比杨师厚的左右差，他一见诏书中有召他入京的内容，马上就得出了与他们相似的结论：前几天自己那一番大哭，已经引发了后续反应，朱友珪起疑了，他肯定没安好心，此时入京必然凶多吉少！

可能有朋友会奇怪，既然朱友谦能想到这一点，他当初干吗要哭得这么卖力呢？难道真的是情到深处，无以自制？可不太像啊，从朱友谦一生的经历来看，他就是一株典型的乱世墙头草，很难相信，他这个主动倒贴上去的干儿子，同他那个可能就见过一两次面的义父朱温，会有多么深厚的感情。

在下以为，朱友谦之所以不惜招朱友珪的忌惮，也要饰演朱温的"大孝子"兼"大忠臣"，很可能是因为朱温死后，他不再看好朱友珪甚至后梁王朝的前途，准备为将来跳槽预留空间。

在入不入京的问题上，朱友谦不像杨师厚那么有自信，决定直接翻脸得了。他对着朱友珪派来传诏的使臣，反唇相讥："现在当皇帝的人是谁？我可不知道！先帝不明不白地惨死，我是打算去一趟洛阳，但那也是为了讨伐弑君的反贼，不是去接受谁的征召！"

朱友珪上台两个月来，这是第一次有人公开向天下宣布：他朱友珪才是弑父杀君的真凶！朱友谦啊，你也太狠了，竟敢说实话！这就像一巴掌重重地扇在了朱友珪的脸上，打得大梁天子心惊胆战，颜面全无！朱友珪又一次感到自己被逼到了墙角，如果退一步在天下人面前示弱，将死无葬身之地！为今之计，只能咬紧牙关不承认，同时出兵讨伐河中，力争在最短的时间内消灭朱友谦！

但是，这件事说起来容易做起来难，朱友谦可是大藩镇的节度使、帝国的亲王，坐镇河中多年，地盘又紧邻后梁的世仇晋国，要铲除他的难度，可比铲除刘重遇高多了。更重要的是，朱友谦这次造反，发动的舆论攻势十分强大，直指自己登位的合法性问题，如果派去的人不是绝对可靠的话，万一相信了他的"妖言惑众"，和朱友谦联手反叛，那不就糟透了！

怎么办？御驾亲征吗？不成，亲统劲旅，披坚执锐，决胜军前，这些事还真不是纨绔子弟朱友珪做得到的。没办法，朱友珪只得让和自己绑在同一根绳上的另一只蚂蚱，在目前阶段不可能反叛自己的侍卫诸军使韩勍出马，担任西面行营招讨使，统领各军讨伐朱友谦。

韩勍因此离开了洛阳，朱友珪也失去了帮他控制京城禁军的最有力同盟者。留在京城的禁军将领，如赵岩、袁象先等，都不是朱友珪的心腹，这为几个月后的事变埋下了伏笔。

这皇帝的宝座真不是人坐的，朱友珪感到上面好像长满了尖刺，有些可能还是带毒的。他决定调整一下人事,对这些刺,采取压一批、拉一批的手法,尽可能地软化他们。

现在最让人担心的是敬翔,他是父亲生前的头号心腹,曾受命撰写贬自己出京的诏书,所以他很清楚自己非法夺位的真相。朱友谦在外地,如何知道发生了什么事?秘密会不会是他透露出去的,他有没有可能充当朱友谦的内应?

这样的联想让朱友珪不寒而栗,不管怎么说,让敬翔继续担任崇政院使执掌机要,肯定是非常危险的。但这位老臣毕竟声望很高,朱友珪不敢轻易杀了他,便明升暗降,加授敬翔中书侍郎、同平章事,准其退休("准"你退休,你要是还不退休,会有什么结果,自己想)。他将敬翔的崇政院使一职解除,改由相对容易用富贵收买的另一位老臣户部侍郎李振来担任。

话分两头,韩勍率军直奔河中,尚未到达前线,得知此消息的朱友谦早有应急预案,马上伸出一条腿,踩到了另一条大船上。河中的使者来到昭义,觐见晋王李存勖,献上朱友谦的书信。

在信中,朱友谦明明白白地表达了准备向丁会学习的意图:为了坚守一颗忠义之心,不向弑君分子朱友珪屈服,他遭到了朱友珪伪军的疯狂攻击。素闻晋王秉持仁义,事到如今,他愿献出河中,归附晋国。

接到朱友谦的求援信时,李存勖为何既不在太原主持大局,也不去卢龙支援周德威、李嗣源攻燕,却跑到没有战事的昭义镇来呢?由于资料不足,在下也不敢定论,猜想可能与数月前朱温北伐有关。

朱温虽然在蓨县之战被李存审吓跑了,但后梁军的损失并不大,稍加整顿,仍有能力发动新的北伐。那梁军再来怎么办?朱温攻哪儿,我就救哪儿,被姓朱的牵着鼻子走,总让人不爽,干脆采用攻势防御。所以,李存勖前往昭义。昭义镇是晋国疆土中距离洛阳最近的地方,只隔着一个怀州和一条黄河。李存勖在这里集结军队,连原本助防赵国的李存审部也调了回来,所以晋军现在几乎不用怎么准备,即可出兵。

接到朱友谦的求救信,李存勖大喜,老贼朱温死了不说,上天还把河中也随带送了过来。有了丁会的先例，李存勖相信，天上有时是会掉馅儿饼的。为了不让掉下来的馅儿饼被朱友珪再捡回去，李存勖立即命令李存审为大将，统领李嗣肱、李嗣恩等急奔河中，救援朱友谦。

韩勍很快得知晋军即将参战，在柏乡吃过大苦头的他不敢轻敌，急忙上报朱友珪。九月三日，朱友珪就近急命感化节度使（原镇国节度使，总部华州）康怀贞、忠武节度使（原匡国节度使，总部同州）牛存节两部迅速赶往河中，与韩勍会师。这样一来，会集在河中周边的后梁讨伐军人数增加到五万多名。朱友谦的军队加上李存审的援军有多少？史无明文，但估计到不了五万人，后梁讨伐军应该拥有数量优势。

九月底，李存审的晋军援兵，与后梁讨伐军在河中府东北方的胡壁，发生了一次激烈交锋，《通鉴》说晋军获胜，但这条记录可能带有一定水分，此战后康、牛、韩三将统率的后梁讨伐军仍在河中战场占优势。因为不久，感到战况危急的朱友谦再次派出使者，向李存勖紧急求救。

于是，晋王李存勖亲自出马了，十月，他亲率大军出泽州，入猗氏（今山西临猗），与梁将康怀贞部战于解县（今山西运城西南，著名的河中盐池所在地），康怀贞战败，被李存勖斩首一千余级。经夹寨、柏乡等数次大战，李存勖的名字在此时的梁军中很有威慑力，再经此一败，康怀贞、牛存节、韩勍等三将感到士气低落，已不可能攻取河中，只得收兵退保陕州（今河南三门峡）。李存勖乘胜追击，连夜追至白陉岭（今中条山），再次打败撤退中的后梁军队，然后收兵返回猗氏。

朱友谦转危为安，为表示自己归晋的"诚意"，只带着几十名解除了武装的侍卫，亲往猗氏的晋军大营，向李存勖致谢。一见面，朱友谦就拿出当年向义父朱温表忠心时修炼出的精湛演技，慷慨陈词，声情并茂，声言誓死不负李存勖今日的相救之恩。听得李存勖又是大喜，又是感动。

当晚，李存勖摆下宴席，留朱友谦在营中喝酒。有丁会的先例，朱友谦把宝押在李存勖不会杀他这个判断上，故意做出一副毫无顾忌的样子，开怀畅饮，直喝得酩酊大醉、鼾声如雷地躺倒在李存勖的大帐之中。

李存勖完全放心了，他看了看熟睡中的朱友谦，仿佛未卜先知地对身旁左右说："看冀王的相貌，真是一个贵人啊，只可惜手短了一点儿，也许命不会太长。"不知道李存勖什么时候学的看相，也不知道他在说朱友谦手不够长的时候，有没有打量过自己胳膊的长度。有些时候，真是识人易，识己难啊！

朱友珪对河中的征讨就这么失败了，他再也无法阻止关于他才是弑父真凶的传言到处扩散，大梁新天子的前途看起来已是一片灰暗。但还没等朱友珪从北边那个名义兄长带来的麻烦中缓一口气，南边他的一个名义侄子，又向他摇摇欲坠的天子权威发起了新的挑战。

朱友珪的这个"侄子"名叫高季昌，时任后梁荆南节度使。他已经不止一次出场，上次露脸，是与刘知俊一起设计，收拾李茂贞。高季昌虽然是"侄子"，但论年纪，其实比"叔叔"朱友珪大了足足二十六岁。不过，这种辈分与年纪脱节的情况，在五代司空见惯，并不稀奇。

听说冀王朱友谦竟然反叛，并依附李存勖，勾引晋军来对抗大梁，朱友珪的这位"老侄子"义愤填膺，"满腔忠义"地表示荆南要出兵勤王，且声称已经接到了皇帝的圣旨，从江陵出发，即将过境襄阳……

高季昌接到的那道所谓的"圣旨"，连朱友珪都没见过。驱使荆南节度使率军北上"勤王"的动力，不是历代忠臣义士留下的道德感召，而与杨师厚差不多，是一只有追求的狗，在看见肉骨头时的饥渴难耐。饥渴的原因，是高季昌嫌他分到的骨头太小。原本在唐朝，荆南节度使的管辖范围有八个州府，算得上一个比较大的藩镇，但在唐末逐鹿中，雷氏兴起于朗州、澧州，王建夺走了夔州、忠州、万州，到后梁开平元年（907），高季昌被任命为荆南节度使时，辖区只剩下江陵、峡州、归州三个州府。地盘大大缩小了，而且荆南在成汭失败之后，再经雷氏兄弟的残酷洗劫，井邑凋零。

地段虽然不太理想，但能得到一块天高皇帝远的地盘，还是暗暗激起了高季昌原本深藏的进取心。想当年，他的名义爷爷朱温初入汴州的时候，处境比这还差。随着朱温年老昏聩，高季昌渐渐生出割据荆南，独霸一方之志，把这个节度使当得越来越用心，积极经营自己这一亩三分自留地。

高季昌以倪可福为大将，梁震、司空薰、王保义等人为谋士，周旋于都比自己强大的梁、吴、楚、蜀之间，谋求自立。

他先是招揽流民，恢复生产，这些是最基本的。荆南稍得安定，高季昌更重视的是将江陵城要塞化。乱世到处都可能是敌人，敌人来了守不住的话，你积累的人员、财富只是白白便宜了后来者。于是，就在本年（乾化二年，912年）初，高季昌不惜血本，征发了十余万人重修江陵城防，扩建外城，包括士卒、军官甚至高季昌本人都要参加劳动。高季昌定的工期十分急促，他手下头号战将，也是他的儿女亲家倪可福，负责修筑外郭城，未能按时完成进度，都被重打了一百大板。高季昌回去将女儿找来，对她说："回去告诉你公公，我只是为了立威，让大家努力施工，不是有意要折辱他。"

另外，由于自己本钱有限，为了少花银子多办事，高季昌做了一件让考古学家痛心疾首的事，他下令把江陵古城周边五十里内的所有墓葬强拆了，将拆下来的墓砖、大石等直接送上工地，当建筑材料。陪葬品怎么处理没说，想来肯定不会被浪费。没过多久，坚固的江陵新城拔地而起，只不过也产生了一点儿副作用，据说每到夜幕降临，江陵新城就能看见飘来飘去的鬼火，侧耳静听，似乎还有孤魂野鬼的哭泣声，让人有兰若寺一夜游之感。

造好了自己的乌龟壳，高季昌做到了"退可守"，开始考虑"进可攻"。他首先想到的目标，是王建的前蜀，准备收复以前属于荆南的地盘，但这次出征很不成功，为蜀将王宗寿所败。

高季昌灰溜溜地返回江陵，正自感没趣，忽得知李存勖出兵救朱友谦，灵机一动。自古以来，"荆襄"并称，只有"荆"，没有"襄"，多让人遗憾啊！高季昌马上高调宣布，他奉圣旨要出兵勤王，其实是袭击襄阳。但可恶的是，这个世界上的聪明人也太多了一点儿，后梁山南东道节度使孔勍早看穿了高季昌想打什么小九九，早早设伏以待，结果北进的荆南军队失利而返。高季昌偷鸡不成，又蚀了一把米，恼羞成怒，便切断与后梁中央的联系，停止向洛阳输送贡赋，正式成为一支新的独立势力，"十国"

中最弱最小的"南平国"开始初现雏形。

就这样，在乾化二年（912）即将结束之际，距离朱友珪上台仅有半年多，后梁帝国就接连发生了张厚、刘重遇的兵变，朱友谦的倒戈，并失去对魏博、河中、荆南三个重要藩镇的控制权。朱友珪手忙脚乱地应对，只摆平了一个最弱小的刘重遇，而对其他反叛的人全都束手无策！

朱友珪弑父之后的日子，比他弑父之前难得多。照这样的趋势发展下去，四面楚歌环绕下的后梁帝国，有没有可能再坚持一年，都不好说。只不过，对于后梁帝国来说，有些幸运的是，朱友珪灾难性的短暂统治即将画上句号。

天子"二百五"

在遭遇数不胜数的诸多晦气之后，新的一年总算是到来了。913年，阴历正月二十一日，朱友珪到洛阳南郊举行了祭天大典，宣布大赦天下，同时改年号为"凤历"，他真诚地希望：新的一年将有新的开始，但愿去年的许多霉运都随着老爹那个不吉利的"乾化"年号一起被埋葬吧！

不过，即使在朱友珪的诏书中，也不是所有人都能有个新的开始。大赦令中明确注明：凡是去年参与了刘重遇兵变的龙骧军逃兵，都不在赦免之列！

没办法，摆平刘重遇兵变，是朱友珪在去年面对叛乱浪潮时唯一拿得出手的实绩。大梁天子既不愿让去年的叛乱大潮延续到今年，又不敢打大老虎，只敢拍苍蝇，只好按照"窃钩者诛，窃国者为诸侯"的原则，给杨师厚那些人送胡萝卜，而将大棒挥向逃亡中的龙骧军乱兵。

朱友珪不会想到这么做将给他带来什么报应，更不会想到那报应会来得那么快。

其实，去年朱友珪还是幸运的，张厚、刘重遇、杨师厚、朱友谦、高季昌那些人，都只是不满意朱友珪递过去的肉骨头，而选择了自己去抢看中的骨头。而不像有一些人已经发现，朱友珪本人身下的那张坐榻，才是超越了所有肉骨头的肥美多汁的存在！

看到这一点的那些人中，最核心的一个，是一直没有被朱友珪纳入防范名单的四弟，坐镇汴梁，至少在名义上掌握着大部分侍卫亲军的均王朱友贞。就如在下在前文的推测，朱友珪和朱友贞实际上很可能是同母兄弟，从各种记载来看，朱友珪其实是很信任朱友贞的，比如镇压刘重遇兵变的军队就是从朱友贞这里调去的。可能为了和这位帮自己杀掉朱友文的好弟弟保持密切联系，共渡难关，朱友珪派了一个比较信得过的人，做自己与弟弟之前的联系人。

什么人比较信得过呢？还是亲戚比外人可靠一点儿吧？于是，朱友珪做出了一个失败到甚至让他来不及后悔的决定：让他的姐夫（也可能是妹夫）赵岩接受这个任务，前往汴梁。

赵岩，是当年挫败黄巢猛攻，坚守陈州三百天的名将赵犨的次子，这位名将之后，虽然从未有任何卓著的表现，但倚仗父辈的功勋恩荫，不但娶到了朱温的女儿长乐公主，而且在后梁帝国的官场上一路平步青云，先后历任卫尉卿、驸马都尉、右羽林统军、右卫上将军、大内皇墙使等一大堆皇帝身边的亲近要职。赵岩在禁军中日子混久了，也挺有影响力的。

赵岩到此时为止的人生，在他自己看来，还很不如人意。赵岩有一位人生偶像，也是一个驸马都尉，那就是唐宪宗的女婿、晚唐大诗人杜牧的堂兄杜悰。

杜悰在漫长的仕途中，两度拜相，五度出任大镇节度使，时时顾小家忘大家，在享尽世间荣华后高寿离世，留给后世"处高位而妒贤，享厚禄以丰已。无功于国，无德于民。富贵而终，斯又何人也"的"高度评价"。

了解了偶像杜悰，那么粉丝赵岩的人品追求也就可想而知了。同为禁军将领，上一拨发达的机会让韩勍抢走了，实在让人惋惜，但观察现在的时势，很显然，新的一拨机会正向自己招手。赵岩决定，这次可不能错过了，而汴梁的均王殿下，就是自己此生的贵人！

赵岩一见到朱友贞，两人一聊，果然是所见略同。两人都认为朱友珪从来威望都不足，弑君弑父的说法经朱友谦之口传扬开后，其名声也已经被扫到地下室了，上上下下没几个人对他心服。

总之，朱友珪的天子之位正如风中残烛，熄灭只在旦夕之间，与其让朱友谦那样的外人得利，还不如均王殿下您先呼气把他吹了。而且，此举一旦成功，我们外得大忠大孝之名，内获大位大权之利，还可以借此重振朝纲，拯救国难，实在是有百利无一害！

不过，朱友贞还是略有迟疑，这毕竟是掉脑袋的大生意，万一赔了，可就追悔莫及。你觉得一定能成功吗？赵岩应道："这件事能否干成，主要看都招讨杨公站在哪一边。只要他肯出面，哪怕只是给禁军一个暗示，我们的大事就必然成功！"朱友贞一听，觉得有理，于是马上派遣心腹马慎交前往魏州，游说杨师厚。

赵岩和朱友贞都如此看重杨师厚的向背，一是因为杨师厚确实身居大藩，手握重兵，二是因为不久前杨师厚取得了一次大胜。

五代三大口头军事家之一赵将王德明（张文礼），可能为了掩护周德威、李嗣源等晋军攻燕部队的侧翼，于乾化二年（912）十一月间，出动了一支三万人的晋赵联军，进犯后梁北境，袭击剽掠了武城（今属山东）、临清（今河北临西）、宗城（今河北威县）等县。

这时，杨师厚刚刚在洛阳吓唬完朱友珪，返回魏州。他分析了此次联军南下，不啃骨头，专捏软柿子的行军动向后，认为王德明必然见好就收，不敢深入，便在晋赵联军北归极可能途经的唐店（今河北广宗南）设下埋伏。

果不出杨师厚所料，王德明部扛着抢来的战利品连夜北撤，为了节省力气，很多联军士兵甚至连盔甲都没穿，兵器都没拿，就高唱着凯歌一头扎进梁军的伏击圈。杨师厚收拢大网，四面合围，兜头剿杀，联军大败，被斩首五千余人，被擒的将领达三十余人，余众溃散，主将王德明仅以身免！

唐店之战并未打败有分量的晋军名将，却也是近几年梁军一系列失败的灰暗背景下，最耀眼的一抹亮色。杨师厚因此威名大振，成为后梁军方毫无争议的第一号实力派巨头，除了已退休养老的葛从周，其余梁军诸将在他面都得写个"服"字。

现在让我们回到主线剧情，却说马慎交来到了魏州，见到杨师厚，煽动道："朱友珪弑父篡位的真相，如今已大白于天下，天下人都把拨乱反正的希望寄托在大梁的均王身上，杨公您只要赞同此义举，协助成功，就建下了不世之大功！"而且，这"不世之大功"可不仅仅是一份口头荣誉，朱友贞还给它开出了明确的定价：一旦事成，立即赏赐杨师厚及其部下犒军钱五十万贯！

杨师厚听罢，心有所动，但还有些拿不定主意，便召集手下众将讨论这件事。杨师厚说："当初郢王弑父之时，我并没有马上起兵讨伐，现在君臣的名分已经确认，再无缘无故地反悔，恐怕不太好吧？"

杨师厚的一些手下可能已经收到朱友贞给的好处，便以大义劝告说："郢王杀害君父，纯粹就是个逆贼而已，均王要起兵替君父报仇，是大义之举！尊奉大义，讨伐逆贼，哪里有什么君臣名分？现在如果不顺天而行，参与义举，均王一旦讨逆成功，杨公您怎么解释自己的不作为呢？"（另一说，这段话是马慎交说的。）

杨师厚听得深以为然，不由得一拍大腿："你提醒得好，我差一点儿铸下大错！"说罢，杨师厚马上派部将王舜贤秘密前往洛阳，把不久前在他手下打过仗的左龙虎统军袁象先（原左龙虎统军韩勍升职了）也拉进了密谋集团，通知他相机起事。他又派将军朱汉宾率军进驻怀州（今河南沁阳），在特殊情况下接应袁象先。稍后，赵岩回到洛阳，与袁象先接头，密商起事方案。

在朱友贞、赵岩、杨师厚、袁象先等人的努力协作下，一根不易察觉的绞索正悄悄逼近朱友珪的颈部。朱友珪的政治嗅觉显然并不很灵敏，他不但毫无察觉，反而在这生死关头，又向绞索中央努力抻了一下脖子。

朱友珪发了一道诏书给朱友贞，下令将驻扎于汴梁的龙骧军调往洛阳。这是一道很容易让龙骧军将士产生丰富联想的圣旨。不久前刘重遇兵变，很多龙骧军战友被杀，还有很多战友成了被朱友珪通缉的逃犯，连大赦天下时都不被赦免！可见新皇帝对我们龙骧军的成见有多深啊！可现在，突然要调我们去洛阳，新皇帝究竟想对我们做什么呢？

朱友贞发现这是一个极好的机会，于是，在他的暗中帮助下，不知从哪里冒出了一条流言，给了正处于惶恐中的龙骧军将士一个很不美好的答案：朱友珪打算将他信不过的龙骧军将士调到洛阳之后，全体坑杀！

这条流言震动军中，龙骧军将士人人惶惶不可终日。二月十三日，朱友贞借机扮演军士的贴心人，公开向兄长皇帝朱友珪上了一道奏章，说明龙骧军军心浮动，不肯出发，请求将入京诏令推迟执行。

得知此事，龙骧军将士均由衷感激：均王殿下真是好人啊！二月十五日，龙骧军的中高级军官联合觐见他们心目中的救星朱友贞，哭求均王殿下给大家指一条生路。

见到这么多身经百战的汉子齐齐跪倒阶下，这位平日里温文尔雅、沉默寡言的俊美青年，好像深受感动，突然也跟大家一起泪流满面。朱友贞命人拿出了父亲朱温的画像，然后指着画像对众人泣诉道："先帝带着你们南征北战，拼搏了三十余年，才创下了这大梁的基业。现在，连先帝都被奸人杀害了！你们又怎么可能逃得了呢？"

朱友贞此话一说完，在场的禁军军官无不又悲又怒，群情激愤到了极点！朱友贞见戏份儿已足，士气可用，于是口气一转，满怀激情又热泪盈眶地煽动道："郢王违逆天地，害死君父，现在还想屠灭亲军！你们只有奋起自救，冲向洛阳，擒拿逆竖，诛于灵前，告慰先帝，才能转祸为福！"

龙骧军众将一听，欢声雷动，个个高呼万岁，请求朱友贞发给兵器，即刻出发！于是，一支充满激情的龙骧军队伍很快冲出了汴梁，向着洛阳，向着朱友珪的项上人头冲去！同时，朱友贞派出飞骑，抢在前面直奔洛阳，通知已在那里卧底的同党赵岩、袁象先，要他们接应龙骧军的行动。

二月十七日凌晨，起事的龙骧军冲到洛阳，没等朱友珪做出反应，城内的禁军便在赵岩、袁象先的率领下发动兵变，两支兵变部队会师，很快夺取了洛阳城的控制权。然后，袁象先率数千名精兵杀进皇宫，捉拿朱友珪。从睡梦中惊醒的朱友珪得知城中大乱，想调兵平叛，才发现叛军已经冲进宫来，他的命令连宫门都出不去了！

惊慌之下，朱友珪带着与他患难与共的皇后张氏，在铁杆心腹冯廷谔的保护下匆匆逃出寝宫，奔到北宫墙边，想翻墙出逃。可才来到墙边，就听到墙外也是一片喊杀声，中间还夹杂着"活捉朱友珪""别让朱友珪跑了"的声音！朱友珪三人愣住了，显然大势已去，就算能翻过这堵墙，墙那边也只能是死路一条！

　　不知在最后一刻，朱友珪是否后悔不该把韩勍派出洛阳，是否后悔为什么没有赦免龙骧军，是否后悔自己所信非人？但他肯定想到了一点：与其等被捉住之后受尽屈辱而死，还不如现在自己了断！

　　朱友珪抽出宝剑，凑到了脖子边，但不知他是怕疼还是怕死，那剑就是没有用力割下去。没办法，朱友珪只好对身边忠心耿耿的冯廷谔下了最后一道命令："杀了皇后和我吧！"朱友珪不会想到，十年后，当他的弟弟朱友贞面临着与他此时类似的处境时，也做出了和他几乎完全一样的决定。他们俩真不愧是亲兄弟呀！

　　冯廷谔泣不成声地接过宝剑，先杀了张皇后，又杀了朱友珪，最后挥剑自刎，为主君殉葬。只当了不到九个月皇帝的"二百五"天子朱友珪（朱友珪于乾化二年六月五日称帝，到凤历元年二月十七日死于非命，在位时间不多不少，正好二百五十天），就这样离开人世。

　　关于他的失败，有一种挺传统的说法，说朱友珪一当上皇帝，立即骄奢淫逸，使得人心大失。

　　不过，细察对那二百五十天的相关记载，我们看到的，好像是一个运动神经迟钝的"宅男"，突然被放到一匹狂暴的野马之上，他惊恐万状地抓着马鬃毛，在颠簸的马背上东倒西歪，几个回合后，终于被烈马重重甩到了马蹄之下！在这过程中，在下既没发现这位"宅男"皇帝有过骄奢淫逸的喘息时间，也没发现他有过骄奢淫逸的实际案例。

　　其实，处在朱友珪当时那个位置，要威信没威信，要班底没班底，有点类似李存勖、柴荣初上台时的处境。但他面临的困难更加巨大，因为他还身负弑父弑君之名，要想保住性命，保住皇位（这两者其实是等同的，保不住一个，另一个也就别想拥有），岂是仅仅靠谦虚谨慎、勤俭节约就能做得到的？

朱友珪唯一的生路，只有像李存勖、柴荣那样，像一个优秀的骑手，在登位之初果断出击，亲率大军击败强敌，以战功威服部下。可惜，在下从史书中看到的朱友珪，就是一个被逼到绝境时，偶尔发了一次飙，其他时候都胆小懦弱、能力平庸的纨绔子弟，那样的答案，非他所能。烈马并不是一定没人能够驯服，只是能驯服烈马的人，一般不可能是四体不勤的"宅男"。

皇帝朱友珪的脑袋，是那天深夜兵变禁军最有价值的目标，但禁军士卒也清楚，不论哪一次抽奖，拿到头奖的概率都是非常非常低的，所以更现实的目标还是去追逐那些二等奖、三等奖、四等奖。须知，这里可是后梁帝国的首都洛阳，多是宫殿、豪宅、库府，住满了高官、豪商、富户，处处都有打劫的"商机"。

说起来，自从朱温确立中原霸权，在一定程度上重建社会秩序之后，大兵的发财机会没以前那么多了，这回是天赐良机，当然不能错过。洛阳的所有禁军，不管是参与兵变的，还是没有参与的，据说十余万人行动起来，对帝国的京城大肆劫掠。这一抢，就持续了一整天，直到太阳升起又再次落下，洛阳城内的秩序才渐渐恢复。

那一天一夜，究竟有多少人家惨遭飞来横祸，已不得而知，但几位朝廷高官的遭遇可以让我们管中窥豹：宰相之一、中书侍郎兼同平章事杜晓被乱兵砍死；另一宰相门下侍郎兼同平章事于兢、原朱温第二谋士崇政使李振都被乱兵砍伤，险些丧命！只是不知道为什么，比他们更有名的敬翔似乎平安无事，敬翔事先究竟对这次兵变知不知情，没人知道。

更让人搞不清的是与朱友珪绑在一根绳上的那只蚂蚱韩勍的下落。据在下能查到的资料，朱友珪死后，韩勍就从史书上人间蒸发了，再也找不到关于他的任何蛛丝马迹。不过，按常理推测，像他这样的核心要犯，不大可能幸免于难。

再说，确认朱友珪已经被干掉后，袁象先、赵岩带着传国玉玺再次来到汴梁，邀请朱友贞前往洛阳，继承大位。但朱友贞有自己的想法，他在汴梁经营多年，心腹班底多在汴梁，而对洛阳的影响力不足，不太愿意西上，钻进这些"功臣"的势力范围，受制于人。

怎么办呢？朱友贞略加思索，拒绝道："夷门（汴梁的古称之一），是太祖皇帝创业的地方，位居天下冲要，北面可抗拒并州、汾州（河东之地的古称），东面可从大运河直达淮海（杨吴）。何况国家的主要藩镇都位于东面，如今强敌还在，从东都命将出师，比较方便快捷，如果把都城定在洛阳，那路途遥远，太容易贻误战机，不是好主意。这样吧，诸公如果一定要推戴我为帝，那登基大典最好还是在汴梁举行，等将来消灭了贼寇，天下太平，我再回洛阳谒见先帝陵庙！"

朱友贞这段话内藏心机，但表面听起来很有道理，让众人无从反对，于是，后梁帝国的首都再次由洛阳迁回汴梁。

数日后，朱友贞在汴梁登基称帝，改名"朱瑱"（本书继续用"朱友贞"原名），成为后梁帝国的第三任皇帝，史称"梁末帝"。当然，按照朱友贞的说法，他才是后梁的第二任皇帝，朱友珪只是一个"元凶""庶人"。"朱庶人"的"凤历"年号自然也不能再用，重新改称"乾化三年"。同时，朱友贞又给被自己杀死的朱友文平反，恢复生前的一切官职爵位。

然后，朱友贞又下诏遍赏功臣。如杨师厚由弘农郡王晋封为邺王，加检校太师、兼中书令，袁象先加特进、检校太保、同平章事等。不过，要论得到实惠最多的还是那位最先劝朱友贞谋大事的赵岩，他当上了后梁的租庸使兼户部尚书，总管天下赋税（原本具有后梁特色的财政部"建昌宫"，在朱友文被杀后被撤销，其职能转由国计使张全义和租庸使分担）。有了这个"天字第一号"大肥缺，今后赵岩可以更轻松、更方便地贪污挪用公款。

除了这几位政变的直接参与者，朱友贞还想到了另一位对他而言同样功劳很大，但有些另类的"功臣"，那就是让朱友珪弑父之名传遍天下的冀王朱友谦。他与朱友珪结仇，但与自己无怨，现在正是争取他回来的好时机。于是，朱友贞又派了使节出使河中劝说自己这位名义兄长：王兄以前不向弑君逆贼屈膝，做得很对，不过，我现在已经诛灭逆贼，拨乱反正，王兄也可以回归大梁了吧!

朱友谦不愧很会脚踩两条船。他仔细一想,后梁新君朱友贞的执政合法性明显要比朱友珪强,后梁的国力现在也比晋国强,梁、晋相争,将来究竟谁胜谁负,还真不好说。而且,李存勖正从南线抽兵去支援卢龙战场,对自己的支持力度有所减弱,既然如此,那我还是不要把所有鸡蛋都放在一个篮子里吧?

想到这儿,朱友谦像他的名字那样,很友好很谦逊地向梁使表示,自己愿脱离晋国,回归大梁,重新使用后梁正朔,称"乾化三年"。这样,朱友贞一登基,就取得了收回河中的重大胜利(虽然只是名义上的),进一步加强了自己的合法性,后梁帝国得以结束朱友珪时期的严重混乱,至少暂时没有灭亡的危险。

不过,从晋国方面的记载来看,朱友谦此后仍然向李存勖称藩,也学晋国一样使用大唐"天祐十年"的年号,与后梁方面的记载相矛盾。同时在两个主子之间游刃有余,朱友谦不愧为一代骑墙高手。

燕国垂危

再说,李存勖之所以加大对卢龙战场的支持力度,是因为他看到了胜利的曙光。当后梁的第二代皇帝梦碎洛阳之际,在后梁北面的另一位皇帝,日子也越来越不好过了。

原先,燕帝刘守光用斧头和砧板,排除重重阻力,终于尝到了当皇帝的滋味。虽然没过多久,他就让周德威率领的晋军按在幽州城里狠狠摩擦,但钻进坚城当缩头乌龟的刘守光并不太担心,他相信,朱温为了自己的利益,一定会救燕。

可谁能想到,他关于朱温会救燕的判断虽然是准确的,但对梁军有没有救燕能力的推想是错误的。结果,朱温在蓨县失利,梁军败走了,不但没能把晋军赶走,反而顺手牵羊,拐走了燕国的义昌镇。

求人还是不如求己!刘守光只得命大将单廷珪率一万名燕军出击,以期打破晋军的攻势。这单廷珪是燕军的一员骁将，可能在幽州地区少逢敌手，自信心爆棚，有初生牛犊之勇、贵州毛驴之猛！他认为自己还没有名扬天下的原因，就是缺少一次与强敌对阵的机会而已。

结果，当单廷珪率部与晋军大将周德威部相遇于幽州东南的龙头岗时，他就像武侠小说中那种常见的愣头青一般兴奋地大喊："今天我一定要活捉周阳五献给皇上！"

两军开战，单廷珪一马当先，直奔周德威所在的方位。周德威见一员燕将向他猛冲过来，好像胆小似的转身欲走。单廷珪大喜，一个冲刺，手持长矛直逼周德威的后背。谁知就在矛尖即将追上后背的那一瞬间，周德威突然一闪身子，单廷珪刺了个空，反因惯性作用冲到周德威的马前，周德威抽出铁档，反手一档，将单廷珪打落马下，生擒活捉，然后绑到阵前示众。

还在战斗中的燕军士卒，突见本方主将被五花大绑着出现在晋军行列中，顿时士气崩溃，慌忙后撤。就这样，龙头岗之战便以古典小说中极常见，但在真正战史中很少见的主将单挑模式，决出了胜负。晋军乘胜追击，燕军大败，阵亡三千余人。

龙头岗一战，让燕军斗志大衰，刘守光一连好几个月不敢再主动出击，只是敦促所属各州县闭城死守，最大限度地延长抵抗时间，以等待时局的变化。

那怎么让时局发生有利于自己的变化呢？随着朱温回去，接着又被儿子干掉，梁军在可预见的时间段内看来是指望不上了，刘守光只好去试试另一个邻居。他派了一个叫韩延徽的官员出使契丹，厚着脸皮向自己原先的仇敌阿保机求救。

韩延徽，字藏明，幽州安次县人，其父韩梦殷先后担任过蓟、儒、顺三州刺史。韩延徽很早就得刘仁恭的赏识，年纪不大就加入了卢龙的中级官员行列，任平州录事参军，兼幽州观察度支使，与前文提过的冯道坐同一间办公室。另外，著名的军事"牛皮家"张文礼（王德明），也是韩延徽的老相识。

后来的历史证明韩延徽有管、萧之大才，他最终当上了异族的一代元勋，但这不代表游说工作对他来说就是一件小事。因为游说是否成功，主要不在于说客如何口吐莲花，而要看游说者的目的是否与被游说者的利益相一致，还有被游说者自己是否有坚定的主见，在面对各种忽悠时是否刀枪不入。

很不幸，阿保机就是一只油盐不进的老狐狸，而且他正与自己的弟弟们掐得你死我活，内不安的时候，如何攘外？此时出兵救燕并不符合阿保机的最优选项。

所以，韩延徽首次在史书上露脸，就碰了一个鼻青脸肿，不但没能说服阿保机出兵救燕，反而连他本人也因学苏武保持气节不肯向阿保机下拜，被以"不向大契丹可汗卑躬屈膝磕头喊大爷"的罪名扣留了，下放喂马。

过了几天，据说是述律平劝其丈夫："那姓韩的使臣持节不屈，是个贤人啊，干吗要有意折辱他呢？"于是，阿保机又赦免了韩延徽，并召他相见谈话。谁能想到，这次仅仅闻了几天马粪味的小小挫折，韩延徽就拜倒在阿保机的脚下，不再装大燕的忠臣了，从此心甘情愿侍奉契丹。也不知道他几天前对刘守光表现出来的"忠贞"是在自抬身价，待价而沽，还是他与明末的洪承畴差不多，就是个威武可以屈、贫贱可以移、富贵可以淫的伪丈夫。虽然刘守光确实不值得才智之士为之死。

此后，韩延徽在契丹与北方各族的战争中多献奇谋，并教契丹人修筑城郭，招揽汉人逃民，制定税收政策，明确君臣制度等，官一直当到南府宰相，封鲁国公，为契丹王朝的建立与正规化做出了巨大的贡献。

让我们回到卢龙战场。刘守光给契丹人送去了一个未来的宰相后，处境没有丝毫好转。乾化三年（913）正月，燕国的顺州（今北京市顺义区）被周德威所率的联军攻克，蓟州（今天津市蓟州区）守将向联军投降。二月（朱友珪丧命的那个月），联军攻克了檀州（今北京市密云区）。三月，联军又攻克芦台军（今河北青县）、古北口、居庸关。幽州周边的城池、要塞一座座失守，刘守光的国都幽州显得越来越形单影只。

其实，在此之前，刘守光已经决定要投入最后一笔比较大的赌本，他派心腹之一猛将元行钦，率七千名兵马前往山后地区，欲招回"山后八军"，同时接应可能有的契丹援军，回救幽州。（《通鉴》中将此事放在联军攻陷古北口、居庸关之后，但是，如果燕山上的两大要隘都被联军控制，元行钦难道能用"穿山术"，从"山前"飞到"山后"？）

何谓"山后八军"？

华北的太行山脉与燕山山脉，其实是同一山系的两段，在它的南段太行山，呈南北走向，成为山西、河北两省的天然边界，北段燕山则拐了一个大弯，渐渐变成东西走向，横亘河北北部，屏蔽着中原大地。

刘守光的燕国主体部分还是卢龙镇，卢龙镇在地理上被太行—燕山山系分割成两大部分：山系以南（或以东）这部分较大，有包括燕国的首都幽州在内的幽、顺、檀、蓟、平、涿、莫、瀛八州，被称作"山南"或"山前"；山系以北（或以西）这部分较小，包括武、儒、新、妫等四州，被称作"山北"或"山后"。

山后是燕国比较贫困的地区，但民风强悍，是不错的兵源地，对燕国的国防意义重大。它与晋国的代北之地紧紧相连，当初李克用灭李匡筹，就是从代北出发，先取山后四州，然后破居庸关，越燕山直取幽州。

前车可鉴啊！所以，等刘仁恭占据卢龙，背叛李克用之后，就尽一切努力来加强山后地区的防御。其中，最重要的一个举措就是在山后设置了八个常备军镇，即所谓的"山后八军"。只是这八军的具体名称和驻地，今天已难以确考。我们能知道的，只是昔日被刘仁恭借刀杀人杀掉的高氏三兄弟的几个儿子，如高行珪、高行周等，此时均隶属"山后八军"。

不过，我们也知道，守株不一定能等来兔子，比如，李存勖发动的这次以灭燕为目的的战争，晋军就没有走山后这条老路，而是假道小盟友北平王王处直的义武镇，避开了"山后八军"这个坚硬的乌龟背，直接插入燕国虚弱的软腹部。这样一来，山后八军就成了无用的摆设。养兵千日，用在一时，俺刘守光国难当头，岂能让山后八军继续待在驻地无所事事呢？

于是，元行钦到达山后之后，马上把这些先前被浪费的战斗力使用了起来，以大燕皇帝刘守光钦差的身份，急调山后八军救援幽州。山后八军的表现倒不那么着急，高家第二代诸兄弟中最年长的高行珪，此时任武州（今河北宣化）刺史，得令后从武州磨磨蹭蹭地出师。不想李嗣源、李嗣本等晋军大将已率军越过居庸关，攻入山后，其中李嗣源部，在离武州不远的地方，正与高行珪部相遇。李嗣源一看是当年倒戈名将高思继兄弟的后代，便以大势所趋来劝高行珪："我知道高将军你们一门是识时务的俊杰，投降吧，别在刘守光那棵歪脖子树上吊死！"

不知道当年高思继兄弟被害的真相是否已经泄露，如果是已经泄露，那接下来发生的事就比较合情理了：高行珪一箭不发，很爽快地献出武州，投降了晋军。李嗣源没有在武州停留，乘势再攻向山后的其他州、军。

山后燕军的临时最高指挥官元行钦，惊闻高行珪当了叛徒，那还了得！他急忙回军，进攻武州，准备以全部武力将高家第二代族灭，来他个杀一儆百！但能够实现的想法才是理想，不能实现的想法只是幻想，元行钦要灭高行珪，得看晋军同不同意。高行珪反应很快，急命弟弟高行周奔赴周德威军中求援，并充当人质。周德威随即命李嗣源、李嗣本、安金全等急救武州，并歼灭此时山后燕军最顽固的元行钦部。

元行钦兵力不敌，被迫放弃对武州的进攻，向东撤军，李嗣源乘势挥军追击。本来是人质的高行周，也跟着李嗣源，参加了晋军一方作战，并且在战斗中表现十分英勇，让李嗣源非常欣赏。此战后，李嗣源干脆把高行周留在了自己身边，与他的养子李从珂（就是前文中提过的，李嗣源之妻魏氏与前夫所生的那个儿子"王二十三"）一道，分别统领李嗣源的亲兵卫队。

不过，在李嗣源眼中，这一战还有一位表现更出色的人，那就是他的对手元行钦。元行钦率手下七千名燕军且战且走，顽强地与晋军追兵苦苦周旋。

据说在激烈战斗中，发生了一次主将间的弓矢决斗，元行钦身中李嗣源的七箭，不知是不是他的盔甲质量太好，居然没受重伤；元行钦回敬了两箭，分别射中了李嗣源的大腿和马鞍。但双方都是挂彩不下火线，带伤坚持战斗，拼杀更加激烈！

这样，双方一共激战了七次，元行钦本来就不太多的人马伤亡殆尽，他自己也筋疲力尽，被李嗣源压迫在广边军（今河北赤城县南）一隅，濒临绝境。实在没有办法，元行钦只好把自己绑起来，向李嗣源投降。

李嗣源喜欢元行钦的骁勇，早起了爱才之心，见他肯投降，大喜，马上亲手给元行钦松绑，当即认其为义子，并命人摆下酒宴，为这位新义子接风压惊。席间，喝到半醉的李嗣源乐呵呵地伸手拍了拍元行钦的后背，对众人说："我这儿子，可是新一辈的壮士呀！"

只顾着高兴的李嗣源可能没有注意到，他喜欢认别人当干儿子，可别人不一定喜欢认他当干爹。李嗣源自以为是亲热的举动，在自视甚高的元行钦看来，无疑是羞辱。年轻力壮的自己输给这个半老人家（本年李嗣源四十六岁，如果不算那些未成年就夭折的儿童，根据大量墓志的统计资料看，唐朝成年人的平均寿命在五十三岁左右）已经很没面子了，还被这个敌人叫作儿子，唉，更没面子！

元行钦赔着笑脸，但心中一粒仇恨的种子已经悄悄种下，只等待着在将来一个合适的条件下，生根发芽。

在武州交战期间，燕国山后八军的另一个重要将领，纳降军使卢文进也向晋军李嗣本部投降。在高行珪、卢文进等燕军将领的带头示范下，刘守光在山后地区的统治迅速土崩瓦解，晋军在不到一个月的时间全取山北的四州八军。

山北诸军的丧失和燕国第一名将元行钦的战败投降，标志着燕帝国军事力量中，最精锐、最有战斗力的那一部分已不复存在！大燕国看来真是不行了，刘守光身边的人开始成规模地逃离这艘即将沉没的大船，仅在四月上旬，就有李晖等二十余员燕军将领悄悄逃离幽州，投奔南门外的联军大营。

刘守光也感到晋营的鬼头大刀距离自己的脖子越来越近，不敢再保持以往狂妄自大的习惯，只得厚一厚脸皮，用最低的姿态写了一封卑躬屈膝的求和信，派使臣王遵化出城送给联军主帅周德威。

周德威看了信，心里涌出一股"你也有今天"的感觉，故意对王遵化打趣说："大燕皇帝好像还没有去南郊祭天（按唐制，南郊祭天应在'孟春辛日'即农历正月某日，可就在刘守光称帝后的第一个正月，联军即攻克岐沟关、涿州，从西南面威胁幽州。所以刘守光虽然很重视南郊祭天这一套帝王排场，但一直没有机会举行）？怎么不关心这件大事？却就学得跟个女人似的楚楚可怜？我接受的任务，只是讨伐叛逆的罪人，至于什么缔结盟约，和好谈判，不在我的职权之内！"

得到王遵化的回报，刘守光慌了，像走马灯似的不断派出使节，一批批面见周德威，苦苦哀求：您就给晋王传个话怎么样？给咱们大王一个改过自新的机会如何？

此时，联军在卢龙战场继续攻城略地，先后又拿下了平州（今河北卢龙），迫降了营州（今辽宁朝阳），但在南线，朱友贞上台，政局刚刚恢复稳定的后梁帝国，又准备发动一次大规模军事行动，拖一下联军的后腿，支援已危如累卵的刘守光。有鉴于此，周德威不再这么决绝，派人将刘守光求和告哀的狼狈样通知了李存勖。

不出所料，梁军果然来了，而且声势不小。五月，后梁帝国集结了汴、滑、徐、兖、魏、博、邢、洺等州的近十万大军北上救燕，主帅自然是此时梁军第一人杨师厚，副帅则是梁军中的一位新人，名叫刘守奇。

刘守奇，从名字看起来就与刘守文、刘守光有些相似，他也确实就是刘守文、刘守光的亲弟弟，且在刘仁恭的几个儿子中，有善于骑射和礼贤下士的名声。比如说，刘守光为扩军备战，下令将境内男丁全部刺字当兵，有一位叫赵凤的士人化装成和尚前去投奔刘守奇，以躲过这次有些屈辱的兵役；又如幽州人刘去非，原先只是一个县小吏，虽"习骑射，敢斗击"，但脾气很坏，不为众人看重，独有刘守奇认为他是个人才，将他也收纳麾下，同赵凤一样，以宾客之礼厚待。

刘守光囚父夺位之后，刘守奇深知这个哥哥不像大哥刘守文那么宽容，担心会祸及自己，便逃往契丹避难。但依附于异族，并不是刘守奇想过的日子，于是没过太久，他又设法逃往河东，投奔李存勖。

李存勖命周德威伐燕之时，刘守奇也作为晋军的一员大将参战了。去年正月，联军初下岐沟关，进攻涿州，燕国的涿州刺史刘知温本打算据城死守，却见刘守奇的那位心腹刘去非在城下对着刘知温大呼："河东的小刘郎来为父讨贼，你何苦要为贼人守城呢？"接着，刘守奇特意脱下头盔，让城上人都能清清楚楚地看见他。刘知温见果然是刘守奇，在城上倒头便拜，马上下令开城投降。

不战而屈人之兵！这本是兵圣定义过的最高境界，但这一功劳不但没有得到联军主帅周德威的嘉奖，反而激起了晋军这员资深老将的深深不安：真没想到，刘守奇在卢龙的人气竟然如此之高！如果此次出兵的结果是干掉一个刘守光，却扶起一个刘守奇，岂不是白费力气？就像当年，先王李克用干掉了李匡筹，结果扶起个刘仁恭一样，还不如不打！

于是，周德威给李存勖打了一个小报告，说刘守奇在燕地有人望，难保不生异心，应该把他召回去，不要让他继续参战。很快，刘守奇接到李存勖的召回令，又风闻周德威在背后害他，不由得又惊又怕，勉强上路。

刘守奇一行人提心吊胆地走到土门关（太行山井陉的东口）时，心腹刘去非劝刘守奇说："您没有损耗一兵一卒就拿下涿州，周将军因此胜不属于自己的功劳，羡慕嫉妒恨，肯定已在晋王面前说了您很多坏话，太原是一定去不得的！正好，您家与梁朝一向有君臣的名分，只有投奔梁朝，才能保证万全的福分。"

刘守奇想想，好像也只能如此了，于是，他带着赵凤与刘去非再次潜逃，掉头向南投奔后梁，为后梁的实权人物杨师厚所收留，表奏为魏博支州博州（今山东聊城）的刺史。至此，刘守奇四易其主，打平了刘知俊的跳槽纪录。

这次，杨师厚特意挑刘守奇当自己的副手，很可能就是看中了他在燕地的影响力，对杨师厚扩大自己的势力范围很有益处。史书上没有记载，梁军这一拨新的北伐，是出自朱友贞的旨意，还是杨师厚自己的意思。但有一点可以肯定，梁军此来，虽然在客观上给刘守光的燕帝国又续了短短一段时间的命，但从主观上看，他们并不是真想救刘守光出水火。

五月，后梁大军从魏州（今河北大名）出发，兵分两路北上。梁西路军由杨师厚指挥，一路如入无人之境，经邢、洺，过柏乡，一举攻克土门关，封锁了井陉，切断晋、赵之间的交通要道，然后进攻赵州。协防赵州的晋军名将李存审、史建瑭因寡不敌众，并不敢出战，只是闭门死守。杨师厚也不强攻赵州，只是放纵军队，在赵州所属各县城乡村烧杀奸淫。待军队抢饱之后，杨师厚甩开李存审，挥军北上，进攻王镕总部镇州（今河北正定）。

与此同时，刘守奇指挥的梁东路军沿大运河北段即永济渠北上，经贝州（今河北清河），进攻冀州（赵地，今河北省衡水市冀州区），所过如蝗，赵地百姓纷纷家破人亡，其军纪同杨师厚的西路军一样"良好"。

再说李存审见梁军离开赵州城外北上，恐镇州有失，忙命史建瑭率五百名精骑急援镇州，与赵王王镕共守城池。杨师厚大军进至镇州，在城南门外扎下大营，放火焚烧了关城，并纵兵大掠赵国所属各州县。赵王王镕见梁军势大，虽然史建瑭带来了一支小小的援军，但还是担心抵敌不过，忙一面让大将王德明组织抵抗，一面遣使向拥有重兵的周德威告急。

没办法，周德威只得暂停对刘守光的攻势，从卢龙战场抽出兵力，赴援镇州。杨师厚显然不想打硬仗，他在得知晋军大队援军将至后，便虚晃一枪，放弃对镇州的围攻，转而出九门（镇州东南），前去与刘守奇的东路军会师。

五月十一日，梁军的东西两路，杨师厚部与刘守奇部在深州下博县会师，随即攻克下博。然后，杨师厚指挥梁军再虚晃一枪，避开正赶来交战的晋将李绍衡与赵将王德明部，从弓高（今河北交河）东渡永济渠，逼近他此次北代的真正目标——沧州。

这个目标乍一看有点奇怪。前文说过，一年前张万进发动兵变，干掉刘守光的儿子刘继戚，拿下义昌镇（稍后改称顺化镇），然后向朱温请降，成为后梁的顺化节度使。所以，此时沧州在理论上就属于后梁领土的一部分。你打自家的领土干什么呢？

原来，这张万进并非一心一意依附后梁，在他看来，现在河北还在梁晋两强逐鹿之中，谁会笑到最后，谁能说得清呢？为了防止将来站错队带来的危险，张万进同时悄悄向李存勖暗送秋波。如果将来晋军占据了明确的上风，那不用打，顺义镇换面旗子就会变成晋国领土。

现在杨师厚大军突然压境，张万进大惊失色，他不敢与后梁在此时撕破脸皮，只好请求内调，以避嫌疑。杨师厚好言劝慰两句，然后上疏皇帝朱友贞，请求将张万进南调青州任平卢节度使，同时让依附自己的刘守奇接替张万进，就任顺化节度使。没有意外，杨师厚的请求朱友贞全部照办，杨大将军的势力进一步扩展。

至此，杨师厚此次北伐，以极微小的代价扫荡了成德的不少州县，暂时打乱了联军灭燕的步骤，还在沧州拆走了张万进这颗定时炸弹，稳定了后梁的北部防线。但要说大战硬战，那是一战未打，所以对晋军的打击也同样微不足道。也就是说，刘守光受到的军事压力并无实质减轻，如果后梁帝国想在河北保持燕、晋两国继续并存、相互牵制的战略格局（朱温生前最后一次北伐想达到的目标），那还远未完成。

刘守光的末日

不过，对于已经变成半独立大军阀的杨师厚来说，军队是自己的，为了国家损伤自己的实力，那可就得不偿失了。现在这结果就很好，自己想要的东西已经差不多到手了，损失基本没有，杨师厚乐得见好就收，懒得再管刘守光的死活，也不再管怎样做对后梁帝国最有利，只留下少量兵力帮刘守奇守沧州，便率梁军主力开始南撤。

不管别人如何不待见他刘守光，刘守光自己还是很珍惜生命的，别人不救，他得自救。怎么自救呢？当年司马懿讨伐公孙渊时曾留下一段名言，军事大要有五项，能战当战，不能战当守，不能守当走，不能走当降，不能降当……啊，最后这句不吉利，不说也罢。困守幽州孤城的刘守光，用现实情况与上述名言相对照，看来是已经到了"不能走，当降"的那一步了。

六月二十日，刘守光再派使节出城，进入联军大营，见到了刚刚从太原赶来的李存勖特使——河东监军张承业。然后，按刘守光的嘱咐，燕使没有再提出不切实际的要求，就是燕国割地赔款之后，燕、晋永结盟好之类，而是第一次提出，只要担保刘守光性命无忧，他大燕皇帝愿意退位，并献出燕国，无条件投降！

谁知，就是这种咬牙放血挥泪大甩卖的条件，居然还是让张承业一口拒绝了！拒绝的理由是：拉倒吧，就凭你们刘家父子那负数级的诚信记录，写的盟书还没有手纸值钱！

张承业的回答太不给刘守光留面子了，但刘守光的面部可能是用异于常人的特种材料制作的，他得意之时，哪怕一丝冒犯都会暴跳如雷，非要剁几颗人头来疗伤；可到了他失意之时，任你践踏污辱，那脸皮都能刀枪不入、毫发无伤！毕竟面子值几个钱？刘守光还不想落个"不能降，当那啥"的结局，所以张承业刚刚扇过他的左脸，他赶忙又把右脸凑了上去，再派人出城乞哀。

见到第二位燕使时，张承业正与周德威一道，率千余名骑兵巡视幽州城。张承业见燕使话说得异常可怜，口气软了软："好吧，燕帅如果有诚意，那先送一个儿子出来当人质。"

燕使回去了，但刘守光的儿子并没有被送出来，看来刘守光虽然既是坏儿子，又是坏兄弟，却不想再当个坏爸爸。只是，又有几个燕国的文官武将悄悄翻墙出去，投降了联军。

刘守光仍未死心，觉得自己还没有把筹码全部用光。当刘守光得知，后梁派来坐镇沧州的新节度使是他的弟弟刘守奇时，不由得眼前一亮，感到又有一根救命稻草漂到身旁了。

刘守光派出一个大型的求和乞降代表团，前往求见李存勖。但这个代表团只是障眼法，真正关键的，是其中两名负有特殊使命的密使。他们的任务是，随团走出联军的包围圈，然后乘联军不备，悄悄离开使团，直奔沧州，将自己的亲笔信送给刘守奇。

"兄弟呀，如今家难当头，看在咱们都是一个爹的分儿上，就别再纠缠昔日那点儿小小的恩怨，拉哥哥一把吧……听说你和梁朝的杨大将军关系很铁的，只要你能说动杨师厚出兵，那咱们刘家的基业还有救！"（这封信的目的肯定是想通过刘守奇向杨师厚求救，但具体内容无记载，系在下想象的。）

可惜的是，这封"兄弟情深"的求救信最终没能送到沧州，而是打了个波折后被送到了一个小地方——镇州所属的井陉县天长镇。送到这里，是由于晋王李存勖与赵王王镕要在此地举行首领会晤，协调晋、赵双方在对梁与对燕两场战争中的行动。

原来，刘守光想到的事，联军方面也早有人替他想到了。所以刘守光派往沧州的两名特使在半道就被严密设防的巡逻骑兵截获，当上了战俘，没能完成这次邮递员工作。

没有记载，当李存勖看到刘守光最新一轮两面三刀的表演时，有何反应。大概李存勖觉得刘守光已如佛祖手心的猴子，任他怎么翻筋斗也跑不了，所以用不着大惊小怪。

刘守光估计没有发现自己最后的求救行动已经失败，为了向期待中可能的后梁援军证明自己还很活跃，还有被救的价值，在最后关头，他使出了吃奶的气力，真的又连翻了两个大筋斗。

九月某日，刘守光亲自率军出击，以一次奇袭成功收复了幽州东北方的顺州。十月一日，刘守光故技重施，率骑兵七百名、步军五千名出幽州，夜袭檀州。好像运气还不错，刘守光又一次得手了。

但谁知好景不长，第二天一早，周德威率军从涿州出击，切入檀州与幽州之间的大道。刘守光得报大惊，急忙放弃刚刚得手的檀州，沿燕山山脉的南麓奔逃，欲绕过周德威的封锁线撤回幽州。但画弧线哪有画直线省工夫呢？周德威纵兵直追，很快在燕山山脚截住了刘守光。

两军一交手，便是一面倒。燕军几乎没人相信本方还有取胜的可能，人人都只想着早点儿脱离战场，逃出生天。而晋军将士都感到此战已胜定，个个如虎搏兔，冲向前方，就是冲向战功与赏赐！

于是，燕军大败，刘守光只带着百余名骑兵逃入山谷。又经过一番追捕与潜逃的博弈，刘守光最后在心腹将领李小喜等七人的保护下，死里逃生，回到幽州，从此不敢再言出击。燕军最后的有生力量遭重创，两次"翻筋斗"的战果，是顺州和檀州又丢了，刘守光称帝后最后一次"御驾亲征"（总共也就两次）可谓连本带利输了个底朝天！

那么救兵呢？不管是后梁还是契丹，都没有一丁点儿动静。刘守光只好放弃了幻想，向联军大营送去大批金帛，祈求哀怜，然后亲自登上城楼，与联军主帅周德威见面，可怜兮兮地说："只要晋王一到，我一定开门迎降，听候处分！"

周德威相信刘守光已经玩不出什么花样，便派使节向李存勖报告。李存勖得报，深感欣慰：让先父不能安然瞑目的三大遗愿之一即将实现，这还是在强敌环伺，晋军不得不在多个战场同时对敌的前提下达成的。

李存勖马上让刚从前线返回的张承业暂代自己，主持河东的军政大事，自己即刻出发，前往幽州。十一月二十三日，艺高人胆大的李存勖单枪匹马，来到幽州城门下，与城楼上的刘守光会面，大义凛然地责备道："朱温行大逆篡位之时，我本来打算与你一起集合河朔五镇的军队，共同讨伐他，重兴大唐。可谁想到，你也不好好掂量掂量自己的斤两，竟然去学习朱温的狂妄，僭越大位！还有，镇、定两位大帅（赵王王镕与北平王王处直）都曾让你一步，向你低头，你却丝毫不懂得珍惜，得寸进尺，所以才引来今天这一战。大丈夫不论成功、失败，都要拿得起，放得下，今天你已落到如此境地，是战是降，快说句痛快话！"

刘守光带着哭腔回答："我今天只不过是大王砧板上的一块肉罢了，是死是活都只看大王您的决定。"

李存勖看刘守光说得这么可怜，抽出一支箭，说道："只要你马上出来投降，我担保你没事，如有食言，当如此箭！"说罢，他一使劲，将箭一折两段。但刘守光仍然没有马上投降，还在磨蹭，只说要回去好好想想，改日再答复。

回去后，刘守光召集左右，讨论一下局面还有没有救，没救的话是不是该投降。没想到，刘守光的动摇，马上被他的第一号铁杆心腹，帮着他干过很多坏事的爱将李小喜阻止了。一听到"投降"这个可耻的词，一脸忠义的李小喜马上义愤填膺地表示，自己和燕军全体将士都会誓死保卫皇上，绝不能让咱们的皇上受此奇耻大辱！

刘守光见到如此感人的情景，眼泪都落下来了。有这么忠义的臣子，我干吗忙着投降呢？于是，他又改了主意，决定先不投降，再坚持几天，说不定后梁或者契丹的救兵已经在路上了呢！

谁知，就在当天晚上，李小喜乘人不备，翻墙出城，前往晋营向李存勖投降。李小喜可不是空着手去的，作为刘守光最信任的将军，他对幽州城防的强弱虚实一清二楚，他一见到李存勖，就将这些军事机密和盘托出，强烈建议第二天便攻城，担保全胜。

原来，李小喜坚决反对刘守光出降，只是怕他投降早了，让自己错过在新主面前立个大功的机会而已。果然是物以类聚，人以群分，能让人渣天子刘守光欣赏器重的心腹，也就像他的主子一样，把忠义诚信当作某种股票。只有当它处于牛市，能给自己带来富贵红利时，忠义才是值得追求的；当它处于熊市，不能给自己赢得荣华时，忠义是需要赶快抛售的。

第二天，十一月二十四日，已经掌握了守军全部虚实的李存勖，登上燕丹冢（战国末年燕太子丹的陵墓）督战，下令联军对幽州城发起最后的总攻。守城燕军本已处于绝对劣势，再一看，咦，那不是昨天在皇帝面前胸膛拍得最响的李小喜吗？怎么才一个晚上，他摇身一变，又当上晋军的将军啦？那我们还要傻傻陪刘守光一起死吗？

答案显然不言而喻，守军的士气理所当然地崩溃了，著名的坚城幽州终于被联军攻破。大燕皇帝刘守光见机快，急忙带着后妃祝氏、李氏，以及三个皇子，化装潜逃出城。被刘守光长期囚禁的刘仁恭夫妇则不可能有这运气，让联军逮了个正着。

不过大燕皇帝的运气也没有持续太长时间。刘守光一家出城，本想逃往沧州，投奔弟弟刘守奇，但由于害怕晋军追捕，不敢白天走，又不敢走大道，只在漆黑的夜晚挑最偏僻的小路钻，结果钻来钻去，就合情合理地迷了路，本来应该是往南走的，走来走去，竟走到了幽州东北面的檀州燕乐县境内。

时值隆冬，天气酷寒，一连几天踏雪赶路，平日养尊处优的皇帝、皇后、皇子双脚全被冻得红肿生疮，又累又饿，又冷又痛！实在是走不动了，刘守光藏身山谷，让祝皇后到附近村庄乞讨点儿食物。

可惜术业有专攻，祝皇后即使穿上了朴素的布衣，也没法冒充丐帮弟子。从她细白的肌肤和高贵的举止，一个叫张师造的村民一眼就看出：这一定是个正在逃难中的贵妇！张师造再联系最近发生的大事，以及县城城门口正贴着的悬赏告示，感到兴奋异常，马上叫来一批村民，把祝皇后团团围住，一番威逼恐吓之后，刘守光的藏身之处就暴露了。稍后，这些村民带着对暴君的恨，以及对赏金的爱，赶到大燕皇帝藏身的山谷，刘守光一行，遂被他以前治下的百姓生擒活捉！

十二月六日，刘守光被押解到幽州，李存勖正好在他昔日的"皇宫"中大宴文武，一见到一脸狼狈相的大燕皇帝，不由得笑道："做主人的怎么一听到有客人来了，就跑得这么远呢？"这时，刘仁恭也被带了进来，这对父子仿佛心有灵犀，同时想到了面子诚可贵，性命价更高，于是全身的骨头一起软下来，扑通一声都跪倒在李存勖面前，一面号啕大哭，一面连连请罪。

很让人意外的是，李存勖的反应竟然很温和，对刘家父子说："过去的事就不用再提了，是人哪有不犯错误的，改了就好。"刘家父子，至少是刘守光已大感欣慰：看来晋王并不想杀我。可惜，从稍后的历史来看，刘守光误会了，李存勖很可能只是怕他捉住的这两名犯人在受审处刑前因绝望而畏罪自杀罢了。

几天后，幽州百姓在闹市区看到了一幕难得一见的奇景，一块写满文字的锦帛被两根木杆高高挑起，这玩意儿叫"露布"，上面的内容并不是说谁好，而是说有一对父子如何如何浑蛋，所以我们晋王替天行道，大兴正义之师，吊民伐罪，一举破之云云……

而"露布"上那对浑蛋父子的真人版，连同他们的妻子，此时正站在

"露布"之下，像动物园里的猴子似的，接受大众的无情围观与嘲笑。当长辈的刘仁恭夫妇气不能平，忍不住大骂他们的不肖子刘守光："逆贼，你看看你把咱们家害成什么样了！"以前在这块土地上生杀予夺，说一不二的前大燕皇帝，低着头不回答。

但光让刘氏父子在一个地方"表演"，显然不能满足更广大地区百姓泄愤、猎奇、八卦等种种需求。十二月十三日，李存勖在任命周德威为卢龙节度使，稳定了新占领区的秩序之后，决定离开幽州返回太原，当然也要带上刘仁恭、刘守光这对父子活宝，好在沿途巡回展览。于是，在一千多里的路途中，每到一地，囚车中的刘氏父子都能引来大量的围观者，有人指着刘守光介绍他的小名："那个就是以前幽州的刘黑子了。"刘守光竟也面无愧色，好像他是位大明星，围观的都是他的粉丝。

当然，刘守光的淡定其实是有条件的，那就是李存勖给他喂的那粒定心丸：只要改过就没事了！既然死不了，那有什么好担心的？

后梁乾化四年（914）正月十五日，李存勖带着胜利的晋军，高唱着雄壮的军歌，意气风发地凯旋，回到太原。刘仁恭与刘守光被铁链拴着，走在大军之前，走向丢人现眼的最后高潮。几天后，李存勖将刘家父子献俘于太庙，走完这一套固定程序，李存勖将刘守光带到刑场，准备亲自监斩这位大燕皇帝。

待被押到刑场，看到刽子手手中寒光闪闪的鬼头大刀时，刘守光才发现，李存勖"改了就好"的承诺只是在"逗你玩"！别看昔日刘守光能面不改色地用铁刷子刷人脸，能威风凛凛地用大斧头寸斩孙鹤，可轮到自己要死时，马上吓得魂飞魄散，急忙高呼："我本已打算投降，是受李小喜蛊惑才没有降，他自己反而先降，如果李小喜活着，我却被杀，我不服！死了也要到阴曹地府告状！"李存勖听了，便召李小喜来对质。

李小喜来到刑场，他以己度人，以为对旧主子踩得越狠，就越能取悦新主子，于是露出满脸凶光，怒斥刘守光道："你又囚父，又杀兄，干尽了禽兽行径，难道也是我教你的？！"

李存勖一看，谁不知道你李小喜是刘守光的心腹，旧主一失势，马上翻脸无情，这样的人渣我留着干什么？于是，他吩咐左右，先斩李小喜！

见李小喜身首异处，刘守光以为又有了一线希望，急忙一把鼻涕一把眼泪地哀求道："大王您不正打算平定天下吗？微臣我精于骑射，大王您为何不留我一条贱命，供大王驱使呢？"见到刘守光这副丑态，他的妻子李氏与祝氏都看不下去了，斥责他说："皇上啊，我们都落到今天这境地了，还有脸活吗？死才是最好的归宿！"言罢，两个女子抻长脖子，从容待死。刘守光却远远比不上他的女人，直到被强按着头，砍断脖子的前一刻，还在拼命挣扎，哭号哀叫……

斩刘守光后，李存勖命将刘仁恭押往代州（今山西代县），绑赴李克用的墓碑前，先刺心，再砍头，用以告慰先人：父亲，您的在天之灵看见了吗？刘仁恭这个仇，孩儿已经帮您报了！

卢龙镇曾在乾宁二年（895）被李克用征服。同年，刘仁恭经李克用提拔当上卢龙节度使，两年后，刘仁恭背叛李克用，再次成为独立势力。乾化元年（911），刘守光称帝建燕国，到乾化三年（913）为李存勖二次征服。卢龙刘家共传两代，易二主，实际主宰了幽燕之地十七年。

灭燕也是李存勖执政五年来取得的最大成就，晋国的辖区扩大到三十二州、府（加上赵、北平两个附庸小国可达三十九州、府），真正与杨氏吴国（此时有二十七州、府）、王建的前蜀（此时有四十六州、府，但蜀地的州、府都很小，不能与其他地方的州府简单比数量）拉开差距，成为此时的天下第二强，而且其国力如东升旭日，正勃勃向上。

第二章

徐温的吴国

王彦章　　周德威　　史建瑭　　朱温

苏州之战

后梁帝国虽然仍保持着天下第一强的地位，但势力处于明显的衰退之中，而且其内部正酝酿着越来越严重的分裂势头。拥有魏博节度使、邺王、检校太师、中书令等一大堆显赫头衔的后梁北方军团总司令杨师厚，仗着实力强、功劳大，越来越飞扬跋扈，不但专制黄河以北，而且就连汴梁朝廷有什么大事小情，新皇帝朱友贞也要遣人一一向他咨询意见之后才敢下诏执行。一时间，魏州仿佛变成后梁帝国的另一个政治中心，杨师厚就像是朱友贞的太上皇。

虽然朱友贞的脾气并不算坏，可身为一个大国天子，内心也不希望老有个姓杨的"干爹"时时对自己指手画脚。那怎么才能提升皇权，削减杨师厚的影响力呢？显然，取得一次军事上的大胜利，是在五代提升威信的最快捷方式，就拿对面的李存勖来说，打一场夹寨之战，晋军中多少老家伙都服了。可是要披坚执锐，决胜军前，这实在有点难为朱友贞这位"雅好儒士"的文人型皇帝。那就退而求其次，在后方运筹帷幄，到杨师厚手够不着的其他战场取得一次成功，也能够稍稍压一压杨师厚的嚣张气焰吧？

正好，臣服于后梁的吴越王钱镠和楚王马殷，最近都与杨氏吴国起了军事冲突，而且打得都不太顺利，希望宗主国后梁能出兵干预。朱友贞见了两国的奏书，觉得这是个好机会：吴军总应该比李存勖的晋军好对付些吧？而且，咱们后梁不是还雪藏着一个熟悉淮南内情的大将王景仁，他昔日虽在柏乡败于晋军，但那毕竟是有客观原因的，父皇就一直认为他不失为一员良将，现在让他去对付淮南的新老同事，应该问题不大吧？

于是，就在刘守光被俘那个月，朱友贞任命挂了个宁国节度使虚衔

（宁国镇属吴国所有）的板凳大将王景仁，为淮南西北行营招讨应接使，率军南征，攻向吴国的庐（今安徽合肥）、寿（今安徽寿县）二州。

朱友贞为什么会觉得吴国可能好欺负一点儿呢？原来这几年来，吴国主君杨氏失势，徐温专权，因为徐温名望有限，吴国不少元老并不服他，其间发生过多次明争暗斗，有一次还发展成为内战，很容易给外人一种内部不稳定的印象。而且在此期间，吴国与周边各支势力也打过一些仗，虽有一次象牙潭大捷，但败仗打得好像更多。李存勖的厉害，现已广为人知，如果咱们怕硬，那就选择欺软。

只不过，权臣徐温统治下的吴国真的已经变成一个外强中干的软弱国家了吗？关于这几年吴国的内情，以及已经发生过的那些事，也许值得我们回过头好好看一看。

前文提过，至少在刚干掉张颢上台时，徐温只能算一个跛脚鸭级的权臣，由于他本人并不以军事见长，在杨吴开国的"三十六英雄"中，功勋战绩都偏处下游，所以突然间当上大领导，也就特别不容易让杨行密的旧部功臣服气。

徐温上台时，"三十六英雄"中第一流的人物，如李神福、田頵、安仁义、朱延寿、台濛等人出于各种原因已不在人世，但手握重兵、坐镇一方、名望功绩高过徐温的老兄弟们，仍然可以抓出一大把：洪州（今江西南昌）的镇南节度使刘威，歙州（今安徽歙县）观察使陶雅，宣州（今安徽宣城）观察使李遇，常州刺史李简等。这些有资格把徐温叫作"小弟"的元老只要还活着，就是徐温执政的潜在威胁。如果权力根基本就不那么合法的徐温，有什么事处置不得当，招致重大失败，尤其是军事上的失败，潜在威胁马上有可能转变为现实威胁。

那怎么办？换个角度说，对于不怎么能打仗的徐温，少打仗也就不容易打败仗了。基于以上考虑，一切以维持稳定为最高目标，徐温时代的吴国，不要说比杨行密时代，就是比杨渥时代，其扩张性也大大减小了，从而给人一种对外偏软的感觉。

但少打仗并不等于不打仗，身处乱世，常常是树欲静而风不止，你既身为淮南事实上的大当家，面对周边的挑战，尤其是对一些弱敌的挑战，如果还是一味退让，也没法向国人交代。开平二年（908）八月（徐温上台执政的第三个月），淮南的宿敌吴越王钱镠，上疏当时的后梁皇帝朱温，献上联合各方讨伐吴国的战略计划。负责替钱镠送信的，还不是别人，正是不久前被钱镠收留的淮南叛将王茂章（刚改名王景仁，正是这次去后梁被朱温留用）！

这是赤裸裸的挑衅啊，元老们都看着呢：你徐温能装聋作哑，坐等人家打上门吗？不行，必须对钱镠进行一次惩罚性打击，于是，徐温任命步军都指挥使周本为主帅，南面统军使吕师造为副帅，进攻吴越的重镇苏州。

这个人事安排徐温肯定是动过一番脑筋的。前文提过，周本，舒州宿松县人，相传为三国名将周瑜之后，曾独自一人打死过老虎，既骁勇善战，又足智多谋，是此时吴国第一流的大将之才。不过，对徐温而言，更重要的是，周本原属赵锽，系降将出身，威望一时威胁不到自己，可以相对放心使用。吕师造，扬州人（叛降马楚的原黑云都指挥使吕师周也是扬州人，虽史无明载，但怀疑他俩可能是兄弟或从兄弟），属于杨吴嫡系中资历较浅的新生代，也是一员不错的战将。他曾为李神福部将。在李神福大败顾全武的青山之战中，负责设伏并擒获顾全武的，正是这个吕师造。

除了周本威望不足，吕师造资历不够之外，更让人有安全感的是，周本与吕师造的私人关系不好，他们合谋造反的可能性几乎不存在。

周本、吕师造二将并不是第一次合作，此前他们曾受命去接应反叛钱镠的衢州刺史陈璋，两人就因为作战思路不同起了争执。觉得官职不够高的吕师造很激进，建议主动攻击吴越军，想再建新功。周本则认为吴越军必有准备，仗着自己是主将，以嘲弄的口吻反问吕师造："凭你那三脚猫功夫，就算发动攻击，赢得了吗？"奚落一番后，周本还不接受他的建议，不给他提供立大功的机会，只管接走陈璋。这次军事行动虽然算是成功了，但二将已为此心存芥蒂。

鱼和熊掌很难得兼，对内安全的制度设计，对外往往就不那么有力。

吴军围住苏州之后，久攻不克。为给苏州解围，吴越王钱镠派将军张仁保进攻吴国的常州，欲围魏救赵。但吴国毕竟比吴越强大得多，徐温见招拆招，再派原镇海叛将陈璋、原孙儒军降将柴再用等救援常州，根本不动用围攻苏州的周本、吕师造部。

九月间，吴与吴越两军先战于常州东南的一个小岛东洲，吴越军取胜，攻陷东洲。吴军猛将柴再用的座船被击沉，险些丧命。但稍后，两军再战于太湖边的鱼荡，吴军获胜，缴获吴越战船三百艘，又收复了东洲。钱镠第一次救援苏州的努力失败，陈璋得胜后继续南进，与周本会师，合攻苏州。

可即使如此，由于吴越守军顽强抵抗，以及吴军众将军心不齐，协调很差，周本、吕师造、陈璋等围攻了苏州半年，进展甚微。耗时久的原因之一，是吴军为了减小伤亡，在城下临时兴建了一个大型木匠工房，赶工制造了不少专用攻城器械。

一种重点攻城器械是叫作"洞屋"的攻城车辆，是一种撞击城墙用的冲车，顶部用生牛皮做装甲，可防止箭矢飞石对冲车操作人的杀伤。谁知守城的吴越军中，有一个叫孙琰的攻城技术专家，在他的指点下，吴越军在城头竖起巨竿，上装滑轮和钩索，其造型就像一个巨大的钓鱼竿。一旦吴军用"洞屋"攻城，这大鱼竿就从城上垂下钩索，钩住"洞屋"上的牛皮，一下钓走，"洞屋"中的吴军立刻失去保护，在城上吴越军的近距离乱箭攒射下死伤惨重。

吴军制造的另一种重点武器是"砲"，也就是投石车。不过，直到元代可以投射"八百磅（约等于三百六十三千克）巨石"的配重式投石车"回回砲"传入中国前，古中国使用的一直是威力相对有限的人力投石车。据稍后的宋代兵书《武经总要》记载，宋军使用的最大型投石车需用拽手二百五十人，但可发射的石弹重量最大也只能达到四十五千克左右。吴军使用的估计比这型号威力还要小一些，于是吴越军在城上张开巨网，用以柔克刚的方式拦截吴军射来的石弹，使吴军投石车的威力大打折扣。

在吴军尝试各种招数都不灵，对苏州久攻不下的同时，钱镠也没有闲着。攻常救苏计划失败后，吴越重新集结了兵力，以钱镠之弟、牙内指挥使钱镖为主帅，杜建徽（八都老将杜棱之子）为副手，还有将军何逢、司马福、陆仁章等，共率大军救援苏州。

后梁开平三年（909）四月，吴越援军到达苏州外围，对围城的吴军形成内外夹击之势。不过，要真正实现内外夹击，还得与城中守军取得联系才行。

苏州地处江南水乡的中心地带，各种河流水道密如蛛网。为防止吴越军通过潜游出入城中，吴军将与苏州城内相通的水道统统用渔网截断，并在上面绑上铜铃，这样，只要有东西触碰到渔网，都会被岸上人发现。

水性极好的吴越将领司马福发现了吴军这个秘密，他就潜在水中，先用长竹竿击打渔网，待吴军士卒听到铃声，拉起渔网查看，他再从水底游过。靠这种方法，司马福足足用了三天时间，才突破吴军在水道中设下的重重罗网，进入城内，城内守军士气更加振奋，积极与城外援军协调对敌。

四月十六日，苏州城内外的吴越军同时发起大反攻，里应外合，大败吴军，擒获吴将三十余人，夺得吴军战船两百余艘，完全打破了吴军的进攻。吴军主将周本见败局已无可挽回，只好收集败兵，乘夜从水路撤军。吴越军乘胜追击，双方在苏州西面的皇天荡又打了一仗，吴军再败。周本无奈，只得让曾斩杀张颢的将军钟泰章率精锐二百名断后，掩护大军逃生。借着夜色，钟泰章在湖边的茭白丛中插上大量旗帜，远远看去似乎有埋伏，吴越兵不敢贸然追击，遂收兵回苏州，双方才算脱离接触。

徐温执政后，吴国打的第一场大仗就这样输了个灰头土脸。不过，对于徐温本人来说，这次军事行动的失利倒不完全是坏事。在吴军战败的前一个月，徐温以战局需要为名，让名义上司杨隆演任命自己为升州（今江苏南京）刺史，又任命自己最能干的义子徐知诰为升州防遏使兼楼船副使，准备支援前线。当然，没等徐温或徐知诰到达前线，周本他们已经从苏州败下阵来了。但以上的任命继续有效，徐温合法地将吴国境内一座最有发展前途的大都市，以及吴国长江舰队的很大一部分纳入自己的直接掌握之中。

也可以这么说，淮南集团虽然有一笔大投资亏了本，但徐温这个负有责任的首席 CEO，在集团中所占有的股份反而增加了。这当然会引起另外一些集团老股东的不满，不过还等不到这些老股东发作，徐温的吴国就祸不单行地迎来了新的重大威胁。

可能受到吴越军队苏州大捷的影响，一直很有野心的抚州（今江西临川）刺史危全讽觉得自己的机会来了，如今的吴军看来已经软弱可欺，他便自称镇南节度使（镇南镇大致对应今天的江西省，此时正牌的镇南节度使是"三十六英雄"中的老兄弟刘威），向吴国尚未控制的江西中南部各路军阀发出号召，要大家联合起来，把吴军驱逐出江西！

这一号召赢得了广泛的响应。包括危全讽自己的弟弟信州（今江西上饶）刺史危仔倡、吉州（今江西吉安）刺史彭玕、彭玕的弟弟袁州（今江西宜春）刺史彭彦章等都加盟参战，组成了一支号称有十万人的庞大联军，准备围攻镇南首府洪州（今江西南昌）。

这个敢于向南国霸主挑战的危全讽，是何许人也？

危全讽，字上练，抚州南城县（今江西黎川）人，他的发家史可以追溯到王仙芝、黄巢起事之时。乾符四年（877），当过王仙芝部将的柳彦章攻入江西，横扫赣北，于当年四月攻占抚州。就像黄巢过浙江时，临安冒出杭州八都一样，面对草军的威胁，身为地方豪强的危全讽，与势力更大的高安人钟传一道乘势起兵，组织起民团保卫乡里，反攻抚州。

唐末的草军本来就是流寇性质的武装，喜欢避实击虚，很少久守一地，在钟、危等地方民团的攻击下，柳彦章很快弃抚州而走，转而进攻洪州。钟传乘机入据抚州，唐朝遂任命钟传为抚州刺史，钟传随后以上司的身份让危全讽继续追击柳彦章，终于在洪州之南八十里处追上了草军。

这里是赣江与锦江的交汇处，有一个与江水相连的小湖，因其弯曲似象牙，得名"象牙潭"，直到今天，那里还有一个村子叫象潭村。危全讽发起攻击，大败柳彦章于象牙潭，斩草军大将黄可思、李道谦等。数月后，柳彦章终为宦官名将杨复光所率的唐军所灭，危全讽因在击灭柳彦章的过程中立下的功勋被授予一个"讨捕将军"的头衔。

不过，不管是钟传还是危全讽，都没有满足于唐廷赏的那点儿蝇头小利。五年后，钟传率军强行进驻洪州，赶走了唐朝设在江西的最高行政长官——江西观察使高茂卿。虚弱的唐廷无奈，只好承认既成事实，在江西设镇南镇，以钟传为镇南节度使。

钟传在入主洪州之时，顺便把抚州让给老朋友危全讽，俨然把危全讽当成了自己的部将。可危全讽不这么想：我本与你钟传同时起兵，凭什么要当你的万年老二呢？危全讽不满，便不与钟传商量，擅自派弟弟危仔倡攻占信州，导致钟、危二人决裂。

见钟传集团出现裂痕，唐廷认为江西局势还有机可乘，马上任命危全讽为抚州刺史、危仔倡为信州刺史，表示对危氏兄弟的全力支持，希望用危氏兄弟牵制钟传。但当时危全讽的实力，其实是不足以同钟传抗衡的，不久，钟传亲自出兵包围抚州，讨伐不听话的危全讽。危全讽赶紧向杭州钱镠、吉州彭玕等势力求援，结果口头支持的不少，实际出兵的一个也没有，他只得困守孤城。

好在钟传也没有将危全讽赶尽杀绝的打算，围城期间，抚州城内突发大火，钟传手下诸将都认为应该乘机急攻，抚州必定可下。谁知钟传说："我怎么能乘人之危呢？"他不但不乘机进攻，反而亲到庙宇祷告火神，请不要伤害百姓。危全讽听闻此事，派人出城请降。双方经过一番谈判，危全讽重归钟传麾下，但在实际上保持半独立状态，同时，危全讽将女儿嫁给钟传的继承人钟匡时，两家缔结姻亲。

之后很长一段时间，野心受挫的危全讽老老实实地治理自己小小的地盘，招怀亡叛，安抚士民，整顿秩序，大兴文教，使抚州一时成为四方难民向往的乐土，也为自己赢得了爱民的好名声。直到天祐三年（906），一直压着危全讽一头的大唐南平王钟传死了，危全讽的女婿钟匡时继任江西之主，危全讽大喜，感到又看到了出头之日，对左右说："就先让钟郎当上三年的节度使，然后该轮到我来干了！"

象牙潭大捷

不过，"钟郎"并没有当上三年镇南节度使的命，上任当年就被"干哥哥"钟延规引来的淮南兵灭了。危全讽心中的计划，没能赶上杨渥带来的变化。

在秦裴所部吴军攻打洪州期间，钟匡时曾求救于岳父危全讽，按说这是危全讽的好机会，他如果能够出兵击败吴军，也就能顺理成章地实现其多年来主宰江西的夙愿。危全讽自己也有点小激动，便以镇南元老的身份，号召江西各州出兵救援钟匡时，也凑起了一支对外号称"十万"的大军。

可危全讽率领这支大军刚刚接近洪州，就接连听到吴兵如何如何凶悍，以及在钟家军中一向号称名将的刘楚，如何一战便被吴兵擒获等消息。危全讽的腿当时就吓软了，连忙下令撤军，还派人向秦裴解释：不好意思呀，我们只是路过。然后，他返回抚州，努力备战，等待时机。

从这件事可以看出危全讽这个人的特点：他虽然贼心不小，但贼胆不是太大。当然，这与他拥有的武力虽有一定数量，却缺少相应质量有关。王景仁离开钱镠，出使朱温时，曾路过抚州，见到正在加紧备战的危全讽，当时就当着他的面，给予了抚州兵"高度"评价："淮南兵也分三六九等，危公您的这些精兵，基本能跟最下等的淮南兵打个平手！"

这样的评价让危全讽很丧气，也使他又安分了一段时间。可是，心里不甘啊！危刺史每每翘首西望，扼腕叹息，那是洪州的方向，是他向往多年的地方，虽然多次欲偷未遂，可他一直在惦记呀！等到吴越军苏州大捷的消息传来，危全讽终于破除了自己多年来的心理障碍：该是让我夺回早该属于我的东西的时候了！

再说面对突如其来的，号称"十万"的江西各州联军，吴国在洪州的守军却并不强大，众多史书都说守将刘威手上当时只有一千多人马。不过，以刘威的显赫身份，洪州作为江西首府的重要性，再加上之前也没有任何徐温削藩的记载，在下实在有点怀疑这个数字的真实性。也许就和正史官渡之战中曹操"兵不满万"差不多，都是为了夸大胜利而制造出来的宣传战产物。

宣传数字虽然当不得真，但联军强、吴军弱应是事实，洪州城内的文武官吏大多吓得面无人色。刘威倒还镇静，他一面秘密派人回扬州告急，一面使了一招变相的空城计，故意召集手下，天天在城中大开宴会，一幅歌舞升平的景象。

刘威这种不管前方吃紧，只顾后方紧吃的做派，果然吓了危全讽一跳：吴军不会是故意示弱，其实早有准备吧？一感觉到危险，危全讽又恢复了他习惯性的芝麻胆，为防万一，他不敢太靠近洪州，遂率军屯兵洪州南面的象牙潭，在这个曾让他取得过一生中最大一次军事胜利的风水宝地驻留。然后，危全讽遣使向楚王马殷求援，希望等比较强大的楚军加盟后，再一起对洪州发动进攻。

楚、吴两国也可以算宿敌了，从孙儒、杨行密时代起，两边不知打了多少仗，后来虽然矛盾一度缓和，但从来没有实现真正的关系正常化。所以能给吴国添点儿乱，还是一件让马殷喜闻乐见的事。楚国便派将军苑玫率一支楚军东越罗霄山，与袁州刺史彭彦章的军队会合，进攻高安，从西面威胁洪州。

真是一波未平，一波又起呀！徐温感到，对洪州不能见死不救，否则此次要是战败，让刘威挂了，再把江西丢了，那自己这个首席执政的威望也就扫地了！而一个跛脚鸭级的权臣一旦威望扫地，需要操心的，那可不仅仅是能不能保住权力，而是能不能保住性命了！

但要救洪州也有难度，吴国虽然不弱，要抽出大军援救洪州也不是一件容易的事。苏州之败的创伤还没有复原，对吴越一线的防御自然不能松懈；吴国最强的敌人仍是后梁，北线的军队也不能轻易调动；即使不考虑这两个强敌，吴国还有不少各据一方的元老，他们手中的人力物力也不是徐温想调就调得动的。

于是，徐温东挪西凑，只凑出七千名精兵，可用于江西战场，数量远少于危全讽和楚国的联军。数量不够，那就只能用质量弥补了。徐温找来心腹谋士严可求商议：上次我们打杭州，选将太注重政治，现在看来，军事过硬也不能忽视。这次救洪州如果失败，后果将比苏州失利严重得多！你看谁有能力担当此战的主将呢？

严可求看看徐温："还是周本吧，在能用的大将中好像也没谁超得过他了。"

想象一下，假如你是徐温，站在当时的场景，面对严可求的提议，你会怎么做呢？给严可求一个耳刮子？周本刚刚从苏州打了败仗回来的，此时在淮南的名声如何你不知道吗？你还推荐他？

实际上，周本回来后，主动请了长期病假，一直待在家里。你严可求当我是盲人？现在居然还说他干得不错，可担重任？你究竟是何居心？

好在严可求面前的人不是我辈凡人，是徐温，这个盐贩子能够从一介微末走到今天，并且还将成功地走下去，就意味着他身上一定有一些突出的优点。

那作为政治家的徐温，具体有哪些优点呢？在下认为，第一条是他知错能改。

比如说不久前，有人向徐温揭发说，将军钟泰章在背后说您的坏话！那天他喝醉了酒，竟指责您赏罚不明！他立下那么多功劳，仍旧泯然于众人。这种心怀不满、头长反骨的危险分子，就应该杀一儆百！

钟泰章，就是动手诛杀张颢，以及在苏州之败后负责殿后，吓退吴越兵的将军，确实有大功。于是徐温说："他说得没错，这是我的过失。"然后，徐温立即让杨隆演盖章，提升钟泰章为滁州刺史。

可能有朋友会不屑一顾：知错能改，那是幼儿园老师教幼儿园小朋友做的事，有什么了不起？其实，在有些事情上，千万不要认为，大人物就一定能强过小朋友。

首先，小朋友如果犯了错，老师、家长都会毫不留情地指出来，使他马上知道自己错了。而大人物的身边总是围满了奉承者，极力赞颂他的每一个决定。在此环境下，大人物要早早发现自己犯错，并不是一件容易的事。

其次，小朋友没有或者很少有面子的负担，改错没有什么损失，还能得到夸奖。不改错，则会被大人骂，甚至会被打屁股，那损失都是近在眼前的现货。而大人物，那面子得有多大！出于保持政治威信，不让对手钻空子等因素考虑，大人物即使发现自己错了，常常也不愿、不能、不敢认错。另外，大人物的错误，通常不会马上给自己带来恶果，有损失也是远在天边的期货。

"我死后，哪管它洪水滔天！"既然认错、改错会损失面子与威望，而不认错、不改错带来的灾祸也可能落不到自己头上（虽然会落到很多无辜的小民身上），干吗还要像个小孩子似的认错，自讨苦吃呢？翻翻史书，就可以看到历史上那么多错误的决策，常常是由一些很聪明的大人物做出来的。

好在徐温虽是大人物，却不是那种自作聪明、听不进意见的大人物，他相信严可求，也相信他的建议，便让严可求代表自己去请周本再次出山。

严可求来到周本家，一点儿不把自己当外人，直接闯进周本的卧室，把还没来得及做好装病工作的周本硬从床上拉了起来。周本只好不装病了，对着严可求大发牢骚说："苏州之战，并不是因敌人强、我们弱才输掉的。坏就坏在主帅的权力太小，有些人就可以不听我的号令！这次如果一定要我去，那得答应我一个条件：不再设置副帅，我不能再被人绑着手脚打仗！"

周本的要求，其实是给那些不能完全控制军队的领导人出的一道永恒难题。答案A，给前方将领全权，如果他乘机造反怎么办？答案B，不给前方将领全权，问题是军队老打败仗怎么办？大多数没有自信心的统治者都选择了答案B，如几十年后的宋太宗，两百多年后的赵小九等。

与这些同行相比，徐温的另一个优点就体现了出来。虽然在不久前的苏州之战，徐温选择的也是答案B，但到了关键时刻，为了大局，徐温拿出了一位政治家的勇气与担当，不再斤斤计较于可能给自己带来的政治风险。虽然接受周本条件的人是严可求，但很显然，如果徐温不同意，严可求说话是不算数的。

给予了周本对援救洪州一役的指挥全权后，严可求传达了徐温的战略指示：先救高安，对付战斗力较强的楚军，待打退楚军后，再移师对付危全讽。

但死心眼的周本一点儿不知道见好就收，反而得寸进尺，又公然反对指示：楚国这次出兵目的有限，只是呼应危全讽，想给我们制造一点儿麻烦罢了。马殷要真想争江西，来的就不会是名不见经传的苑玫了。所以我们应该先打危全讽，只要危全讽被击败，楚军自然会撤走。

好吧，可以，既然连不设副帅的条件都能答应，更不用说这种本就属于"将在外，君命有所不受"的用兵细节了。提的条件都满足后，周本不再有片刻耽搁，立即走马上任，率领七千名援军疾驰江西。

防守洪州的刘威，得知援军已到达城外时，忙准备酒食，打算犒赏周本的军队。但周本下令：军队不得停留，要直奔象牙潭。有个部下不解，问道："我们初到，前方情况不明，干吗不暂留洪州，派人侦察一下敌情，知己知彼后再进军呢？"周本悄悄告诉他："这次危全讽带来的兵比我们多十倍！好在将士还不知情，如果在这里稍做耽搁，让他们听说敌人有多么多么强大，那还不心生恐惧，畏首畏尾？所以要的就是他们不知彼，趁现在士气正高昂，急行攻击！"

随后，周本率部进至象牙潭。此时，危全讽那支多而不精的联军正在象牙潭，联营数十里，乍一看，声势颇为吓人。但如果细看联军的布阵，就会发现危全讽真不愧是属弹簧的，你弱他就强，你强他就弱。占有兵力优势，本应该奋勇前进，直取洪州，速战速决的联军，所有军营竟然都设在锦江南岸，紧紧依托江水布防，没一座军营敢渡过锦江来个背水列阵。可见危全讽的用兵风格，是安全第一！可是大哥，你是来进攻的好吧？有用缩头乌龟的战术打赢的进攻战吗？

周本见此情况，知道不宜强攻，决定示弱诱敌。七月十七日，周本让主力隐蔽起来，只派出一小队老弱残兵渡河，进行战术佯攻。发现来的敌人很弱小，危全讽大喜，他身上的弹簧属性又发作了，想炫耀炫耀自己的武威，便亲率大军发起反攻。刚一接触，诱敌的吴军果然望风而逃，反身渡河而走。危全讽更加得意，挥军追击，联军纷纷紧跟着也下了河，冲向对岸。

在锦江北岸，周本就像一个高明的渔夫，看着自己甩出的鱼饵如何将大鱼钓上来。待危全讽的联军渡过一半时，他突然挥动全军杀出。半渡而击！这是淝水之战时，前秦天王苻坚想用而因为功力不够用不了的必杀技，现在在周本的手中娴熟使出，危全讽那支素质低下的联军登时大乱，溃不成军，变成了一大团失去控制的蚂蚁，很多人在自相践踏中被踩死，更多的人落水淹死，被俘五千余人。不过，最惨的是，联军主帅危全讽也没跑得了，当上了战俘，一场大战好像刚刚要进入高潮，就戛然而止，联军彻底崩溃，洪州转危为安。

正如周本的预料，得知危全讽战败，正在围攻高安的楚军立即撤军。吴将米志诚、吕师造出兵追击，在上高追上楚军，将他们打败，楚将苑玫率败兵逃回楚国。

再说危全讽被擒，割据赣东北的危家势力已失去主心骨，所以周本接下来把乘胜追击的重点放在了割据赣中吉、袁两州的彭家。

彭家的首领吉州刺史彭玕，字叔宝，江西吉水人。彭玕的发家史，与危全讽类似，也是在草军入江西之时，以保卫乡里为名，与兄弟五人聚众数千，起兵于故乡王岭山，后因对付草军作战有功而升为永兴制置使，控制了吉州。

彭玕其人自幼勤奋好学，独据一方后喜欢结交读书人，对吉州的经济文化建设颇有贡献。但彭玕心胸狭窄，对手下的武人非常猜忌，不能容人，所以他的势力一直没有壮大的机会。与危全讽相比，彭玕的实力和声望更弱一些，不能自立，故也抱上钟传的大腿，成为名义上从属钟家的半独立势力。

钟家失败后，彭玕感受到来自吴国的强大军事压力，便西与马殷交好，东与危全讽结盟。他不像危全讽，没有称霸江西的野心，但还是被这位盟友带进了沟里。如今败下阵来，他成功逃回了吉州，但吴军显然没有善罢甘休的意思，周本乘胜追击，一举攻克袁州，生擒了他的弟弟袁州刺史彭彦章（另一说是彭玕的侄子），吉州马上也岌岌可危了。

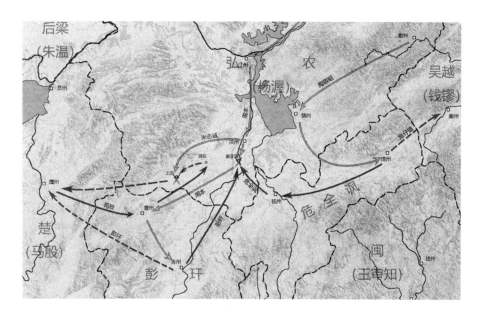

▲ 909 年，象牙潭之战

彭玕派兄弟和一个据说会仙术的道士刘守真率军前往新淦（今江西新干），据险阻挡吴军。但对这条防线彭玕自己都没有太大信心，他不关心前方战势，而是急着给自己找生路。彭玕派部将敖瞻去长沙，一面向楚王马殷求救，一面顺便看看楚国有没有破绽，能不能取而代之。毕竟马殷他们，当年也是逃难进湖南，然后反客为主的。但很快，敖瞻赶了回来，告诉彭玕：马殷不是好对付的，湖南的文武将吏也很团结，咱们还是老老实实当他的小弟。

这时，周本的军队果然突破了新淦防线，迫近吉州，彭玕不敢再战，只得放弃吉州，率部下军民一千余户逃入湖南，彭氏势力灭亡。彭玕到了楚国，得到了马殷的厚待，不但被任命为郴州刺史，马殷还让他的第四子马希范娶彭玕之女为妻，彼此结成儿女亲家。此后，彭玕在湖南享尽荣华，据说活到九十八岁高龄才死去。彭玕的子孙后代，繁衍成为湖南大族，出了不少人才。

就在周本攻击彭氏的同时，吴国的歙州刺史陶雅也乘机出手，派儿子陶敬昭进攻饶、信二州，打击危氏的残余势力。一直当头儿的兄长都完蛋了，信州刺史危仔倡哪里还敢抵抗？他连忙使出当年钟家灭亡时的故技：别打了，俺们投降了！没想到，吴军这次已经不满足于口头上的投降，另派了一个人来当信州刺史，并派军队护送上任。危仔倡听说吴军将至，放弃信州，逃奔吴越，危氏势力也就此灭亡。

逃到杭州后，危仔倡也颇得钱镠器重，当上了一个能用来恶心吴国的官职——淮南节度副使。同时，钱镠觉得危仔倡的那个姓氏太不安全了，所以又让他改姓了"元"。后来，"元仔倡"的儿子元德昭成为吴越国的丞相。

相较逃走了的弟弟，被活捉的哥哥危全讽的下场其实也并不坏，至少不用改姓。押送到扬州后，据说吴王杨隆演看在危全讽帮助过先王杨行密的分儿上，将他赦免，以金紫光禄大夫的虚衔留在扬州养老（在下怀疑杨隆演没有这个权力，估计还是徐温的意思，毕竟危全讽在抚州名声不坏，杀他可能引发新乱子）。不久，危全讽病死，又追封为南庭王。感念他曾

经的功绩，抚州乡亲在黎川县给他建了一座"危王寺"，立像祭祀。危全
讽这辈子，虽然志大才疏，想当个枭雄而不可得，但能长存于乡民心间，
也算不虚此生了。

徐温集权

通过象牙潭大捷，吴国意外地一举吞并了危氏与彭氏的地盘，疆域大
增，徐温领导的吴国新中央终于有了实打实的武功，地位大为巩固。但为
了长治久安，徐温还须将削藩工作提上日程。

论削藩手段，徐温还是比较温柔的。他先设法让刘威、陶雅、李遇、
李简四位大佬来扬州，朝见新王杨隆演。只要他们来了，就等于公开承认
由徐温支配下的新体制的合法性，以后再想弄点儿什么花样，也就名不正
言不顺了。

在这四位大佬中，对徐温最不服气的是宣州观察使李遇，徐温决定先
从他身上打开缺口。乾化二年（912）三月（朱温最后一次亲征，让李存
审吓败的那个月），徐温派馆驿使徐玠出使吴越国，要他在路过宣州时顺
便游说李遇入朝。

初到宣州，徐玠的附带任务执行还算顺利。李遇虽然对徐温窝着一肚
子的火，但想想人在屋檐下，岂能不低头，便压着怒气表示同意。徐玠好
像不太会察言观色，又多了一句嘴："这就对了嘛，李公您如果再不去扬
州，人家都说您要造反了呢！"

这句话一下子把李遇刚刚压下去的心头火又点燃了。他勃然大怒，反
问道："你居然说我造反？那么杀害侍中的家伙，是不是造反？"

所谓"侍中"，是前任吴王（实为弘农王）杨渥被杀前的官职。李遇
这句话一传到徐温耳中，徐温不禁又惊又怒。当初，徐温花了好些心机才
撇清自己与杨渥被杀一事的干系，把罪责全部推给张颢，现在又让李遇一
句话打回了被告席！是可忍，孰不可忍！就像朱友珪在台上，就必须坚持
是朱友文谋害朱温一样，这件事关乎徐温执政的合法性，是绝对不容触碰

的底线!

徐温的反击又快又狠,他立即让吴王杨隆演下令:一、李遇多次受招均不肯入朝,显然图谋不轨,着即解职;二、任命淮南节度副使王檀出任宣州制置使,接替李遇;三、由都指挥使柴再用、楼船副使徐知诰统率昇、润(今江苏镇江)、池(今安徽贵池)、歙等州军队,护送王檀上任。

李遇当然不会承认他眼中那个无名鼠辈徐温的命令,作为跟随杨行密打天下的淮南功臣,李遇论打仗也是有两下子的,自然更不会像危仔倡那样弃城逃跑。柴再用到达宣州,李遇拒绝交出职务,集结忠于自己的军队,坚决抵抗。结果柴再用在宣州城下与李遇打了一个多月的攻防战,还是毫无进展。

显然,要仅仅通过武力来解决李遇,绝非一朝一夕的事。可徐温又拖不起,万一刘威、陶雅、李简那几位大佬见自己长期摆不平李遇,群起响应怎么办?明招占不了上风,那就出阴招。正好,李遇有一个特别宠爱的小儿子,此时正在扬州当牙将,处于徐温的掌握之中(可见李遇造反确实是一时冲动)。徐温就把他逮捕,五花大绑,押送到宣州前线,请李遇观赏。

刀斧加颈,把这位李遇的儿子吓坏了,他向着城头大哭大喊,哀求父亲救命。想当初,田頵也用过这一招来对付淮南第一名将李神福,李神福的回答是下令朝儿子放箭。而李遇的表现证明了他为什么当不上第一名将,他一看见小儿子受罪,当即就心疼得不得了,心烦意乱,全军缩回城中,无意再战。

看出李遇已然动摇,徐温趁热打铁,派典客何荛入城,用吴王杨隆演特使的名义游说李遇:"如果李公您的本意就是想要造反,那就请杀了我何荛以示三军;如果您原本并不想造反,那为何不听我一句劝出城归顺吴王呢?"

李遇心动了,虽然何荛的话带有很大的暗示性,给人一种好像重新归顺就没事似的感觉,但其实并没有做出任何明确可信的承诺。本来李遇也是个老江湖,不该看不出来,但爱子之心让他在情急之下变成了傻瓜,为了保住小儿子的性命，李遇连起码的讨价还价都没做，就打开城门，出城投降。

为杀一儆百，徐温尽显他凶狠的一面，让柴再用将这位主动放下武器的老兄弟，与徐温同为"三十六英雄"之一的李遇，满门抄斩！

从道义上讲，徐温不愧是盐贩子出身，先是采用欺骗手段，诱捕李遇，而后又背信弃义，痛下杀手，完全是一派武侠小说中反面大 BOSS 的做派。

但从政治家的角度看，徐温用最微小的代价快速平定了李遇之乱，是他当时能采用的正确选择。如果讲道义，真刀真枪地干，那战场造成的伤亡与对吴国国力的损害，都不知要严重多少倍。

更重要的是，杀鸡骇猴的效果昭然显著，四位大佬中的另外三位，再不敢轻视他们原以为没多大本事的徐温，开始对这位吴国的无冕之王充满了恐惧。

李遇之后，最受徐温猜忌的大佬，是驻守洪州的镇南节度使刘威。实际上，早在杨行密临终前，因周隐建议让刘威来接杨行密的班，刘威就被扬州方面视为最具潜在杀伤力的危险分子。

现在随着李遇的覆灭，徐温欲出重手打击各地藩镇，强化扬州中央的意图已十分明显。于是，一些小人物主动去投徐温之所好，检举揭发刘威的种种"罪行"，一时间，关于徐温即将出兵讨伐刘威的各种小道消息传遍淮南，甚嚣尘上！

刘威感到了巨大的压力，有了李遇那辆翻倒的前车，刘威不敢轻言反叛，只好与几个心腹悄悄商议对策。刘威的一个幕僚黄讷建议说："刘公您受到的猜忌和陷害固然很深，但实际上并没有一件是事实。您如果不带军队，孤身一人，单舟一叶，前往扬州朝见吴王，那么所有针对您的谣言都将不攻自破！"

刘威反复思量：仅仅靠洪州之众，显然已不是徐温所代表的扬州中央的对手，与其打一场必败之仗，连累家人和江西军民，还不如按黄讷所说，冒险去一趟扬州。我主动向徐温低头，承认他的权威，徐温未必会赶尽杀绝吧？

与刘威有相似想法的还有歙州的陶雅,他得知刘威准备入朝,便相约一同前往扬州,给徐温送大礼。

　　对刘、陶二人来说,他们很幸运,徐温是一位合格的政治家,深知恩威并施的道理。徐温在扬州极其热情地接待了刘威、陶雅,给人的感觉就好像他们又回到了杨行密还在世的年代,徐温仍然是结拜的小弟,刘威、陶雅仍然是他徐温的结拜兄长。成天都是叙不完的旧,说不完的情,与不久前下令处决李遇全家的那个冷血徐温简直判若两人。

　　徐温当然不会慷慨无原则地浪费表情,他其实是想借助刘威、陶雅二人,制造一次大场面给全体吴国人看看。让大家知道,刘威、陶雅已经服从了他的领导,吴国上下正团结一心向前进。还让那些潜在的不安分子知难而退,死了和他徐温对抗的心!

　　稍后,由徐温、刘威、陶雅三人领衔,淮南的文武官员共同觐见当年由李茂贞派到扬州的唐朝钦差李俨(前宰相张濬的儿子张俨)。

　　当然,唐朝已亡,此时李俨的身后,已经连当初那个虚有其表的空壳子都没了,淮南之所以一直把他当一尊菩萨像供起来,一是因为淮南集团一直以大唐忠臣自居,二是因为当年刘仁恭说得好:"我比较喜欢长安的老牌子。"于是,只剩下老牌子的李俨,对徐温的要求有求必应,以早不存在的大唐王朝的名义,正式封已经是吴王的杨隆演为吴王,拜太师。

　　提升杨隆演的名位,那只是手段,不是目的,借着水涨船高,徐温顺便为自己拿到了镇海节度使(吴国的镇海镇包括润、常、升三州)、使相等职务,终于让他的名义官位追上刘威这位名义兄长。不过,与刘威不同,徐温接受的只是地盘和荣誉,不放弃一丁点儿实权,他没有去润州上任,而是兼任淮南行军司马这个名义上不大的官职,留在扬州,继续牢牢操纵吴国的大权。

　　待这一幕大戏成功演完,徐温得到了所想得到的东西,就很慷慨、很大度地送刘威、陶雅二人回各自的驻地。刘威、陶雅二人虽然没有被剥夺权力,但已对徐温心悦诚服,不再构成对徐温体制的威胁。

　　这样一来,原淮南四大佬中就只剩下一个势力最弱的常州刺史李简

（刘威是节度使，陶雅、李遇是观察使）。虽然史书上没有留下李简到扬州朝见的任何记载，但随后徐温将李简调离他经营多年的常州（常州已是镇海节度使徐温的直辖地盘），到鄂州（今湖北武昌）任武昌节度使，他没打任何折扣，乖乖就去了。而且李简的一个女儿，还嫁给了徐温的二儿子徐知询。显然，李简也在徐温的恩威并施下受了招安，成为其同党了。

至此，吴国的所有头面人物，都紧密团结到了徐温周围，淮南集团自杨行密死后，内部经历了七八年明争暗斗，重新实现再统一。同时，徐温在其心腹严可求、骆知祥，以及义子徐知诰等人的协助下，让吴国同期的内政建设也上了一个新的台阶。可以说，在徐温的领导下，淮南集团更强大了，在大多数方面都达到了新的高峰。

只可惜例外的那一项，恰恰是这个时代最重要的东西——军事实力。比如说，在此期间，杨氏吴国与钱氏吴越国这对老冤家之间，一直在断断续续地保持着战争状态。仔细统计它们之间的胜负比，竟然是相对弱小的吴越赢得多一些。

苏州之战后，双方首先值得一提的争端，发生在开平三年（909），吴越有一位花花太岁型的"官二代"——湖州刺史高澧叛变了。

高澧的父亲，本是杭州八都中盐官都（或称海昌都）的老将高彦，曾充当钱镠的卧底，诛杀自己的顶头上司盐官都将徐及，然后率部投奔钱镠，是吴越的开国元勋。他的哥哥高渭，在武勇都之乱中率先带兵赴援杭州，在与叛军的交战中战死于灵隐山。后来，钱镠得到叛军首领徐绾，还特命将徐绾挖心，祭奠高渭。

父亲和兄长如此，也没能把高澧熏陶出来。据说高澧从小脾气就极坏，暴虐好杀，以至当地人传说他是夜叉下凡。高彦死后，高澧子承父业，当上湖州刺史，专制一州，可以用到手的权力将自己的欲望做破坏性释放，就显得更加无法无天了。

《吴越备史》上说，高澧有一次问他的手下："我想把湖州的百姓全部杀光，你们能不能给我制订一个可行性方案啊？"他的手下回答说："咱们的政府预算、官员工资，都来自百姓交的税，您要把羊都杀光了，咱们以后到哪儿剪毛去？所以，您就算没事想杀点儿人玩，也只能挑选一部分可以杀的来杀。"

高澧就算再残暴，这表现也过于奇葩了吧？在下第一眼看到这里，就有一种不能轻信的感觉。好在结合另外一些零星记载，能拼凑出另一个有些模糊但似乎更合逻辑的故事。

湖州因为紧邻吴国，一直是吴越的边防重镇，驻防军较多。高家两代长期镇守湖州，渐渐有迈向独立藩镇的倾向。高澧上台后，他欲脱离钱家控制的苗头更加明显，在湖州大力扩充自己的私兵。有记载说："澧性粗暴，括诸县民户，三丁抽一，立都额，为三丁军。"不过，《吴越备史》《四部丛刊》《武林掌故》等多数资料，将高澧这支私兵称为"二丁军"。可能高澧先是三丁抽一，后来嫌抓来的壮丁不够多，又改成二丁抽一。

在农耕经济高度发展的太湖流域，也并非战争迫在眉睫，竟以如此高的比例强抽男丁为兵，肯定是一种暴政（当年前秦天王苻坚在发动淝水之战前的大扩军，才是十丁抽一）。

还有一点需要注意，不论古今中外，扩军肯定是要花钱的。而以"二丁军"的性质，很难想象高澧能从钱镠那里报销账目。由此，我们可以合理推测，在当时湖州这一隅之地，大量青壮劳力被抓了壮丁之后，百姓所需缴纳的赋税不但不可能减轻，相反只能增加。由此，湖州理应民怨沸腾，对高刺史的不满与或明或暗的反抗可能遍地皆是，被强征的新兵更是怨声载道，有兵变的危险。有了这样的背景，做事简单粗暴的高澧一时发狠，跟手下说他要宰人也就可以理解了。

在接受了手下的"合理化建议"后，高澧决定先发制人，把新征上来的那些有兵变可能的三千多名"二丁军"干掉。高澧事先在城中开元寺设伏，然后通知二丁军士兵来开元寺集合，要发赏。二丁军士兵陆续到达，进去一个就杀一个，直到杀了一千多人，剩下的二丁军士兵才发现这是陷阱，遂发动暴动，纵火焚烧开元寺。但他们仓促起事，事先又损失了半数的兵力，因此，在高澧所率亲兵的强力镇压下，全军覆没！

钱镠不希望在自己的地盘上涌现新的国中之国（虽然他自己也是臣服

后梁的国中之国），早就寻思找个机会解除高家对湖州的长期统治。现在，钱镠得知高澧在湖州大失军民之心，就决定乘此机会解决湖州问题。

钱镠还没动手，高澧已探得风声，干脆一不做，二不休，举湖州脱离吴越，归附吴国，甚至可能为了向吴国表明自己背叛钱镠的坚定决心，还派兵袭击了杭州东北面的临平镇。

这样一来，钱镠再无退让的余地，当即命他在苏州之战中立下战功的三弟钱镖率军讨伐高澧。高澧随后向吴国求救，吴国地方四大佬之一常州刺史李简（那时他还未被徐温制服）率军南下驰援湖州。

吴国援军的行动很迅速，几乎与吴越的讨伐军同时抵达湖州。李简命军队抢先进驻湖州，谁知竟吃了一个闭门羹。原来，湖州大部分守军不满高澧的倒行逆施，在将军盛师友、沈行思、朱行先等人的率领下发动兵变，拒绝吴军入城。高澧发现多数部下已背叛了他，感到大势已去，便率最后的亲信部众五千余人，从另一城门突围逃走，投奔吴国。李简自然也收兵北归，钱镖轻而易举收复湖州。

第二年三月，钱镠到湖州视察，正式任命钱镖为湖州刺史。可惜，这次钱镠又看错了人，钱镖虽然是他的亲弟弟，作战也十分英勇，但脾气并不比高澧好多少，经常酗酒，然后在大醉之中乱杀人。一年后，钱镖又发酒疯杀人了，具体杀了谁没有记载，但应该是个有分量的人物，以至于钱镖酒醒后惊恐万分，害怕兄长会追究他的罪，竟步了高澧的后尘，杀掉监督他的都监、推官，只身叛逃到吴国。

实际上，钱镖很可能是反应过度了。他逃奔吴国时，甩下了两个儿子，大的五岁，小的还不满一岁。对弟弟叛逃大感意外的钱镠怜悯这两个小侄儿，将他们接到家，与自己的儿子一起抚养，还给这两个孩子一个取名"可团"，一个取名"可圆"，希望他们的父亲能够回来，与家人团圆。不过，钱镖最后终老于吴国，再未返回吴越。

钱镖投奔吴国后一年，徐温完成了对吴国的再统一，地位稳固下来，开始寻思建立武功，扩大吴国的疆域。徐温派遣原吴越降将陈璋为主帅，率水师逆长江而上，先攻占楚国重镇岳州（今湖南岳阳），然后进逼江陵

（今湖北荆州）。

　　已在事实上脱离后梁的荆南节度使高季昌，与楚王马殷同仇敌忾，联合共抗吴军的进犯。双方激战了三个月，吴军无法攻占江陵，打开局面，长江补给线又不断受楚、荆水军的袭击干扰，处境日益艰难。

　　接着，陈璋听说了马殷和高季昌有个联合作战的大计划：打算南北夹击，切断江口（洞庭湖注入长江处）的长江主航道，全歼吴军！还算陈璋处置得当，他忙命全军排成一列纵队，利用夜色掩护，顺流而下，紧急撤军。待荆、楚联军发现，吴军已经走远，追之不及了。但陈璋刚刚夺到手的岳州，又被楚军收复。

　　吴军这次西征，徐温偷鸡不成，还差点蚀了一把米，他只好换个目标，试试吴越这颗柿子，最近会不会软一点儿。

　　陈璋从江陵撤退之后两个月，徐温派吴军老将李涛、曹筠（按吴越方面的记载，徐温义子徐知诰也参与了此次出征）等率军两万人，翻越道路狭窄崎岖的千秋岭（天目山的一段，今浙、赣两省的交界处千秋关），突然袭击了钱镠的故乡，位于杭州西面的衣锦军（今浙江临安），想打钱镠一个措手不及。

　　可是，吴越对吴国的警惕性一直很高，吴军奇袭无效，陷在了衣锦军境内。吴越王钱镠急命自己的第七子，已接替叔叔钱镖担任湖州刺史的钱传瓘，率湖州驻军迅速南下，救援衣锦军。同时，钱镠又派第六子钱传璙率水师北上，进攻常州所属的东洲，吸引吴国的注意力，勿使其向千秋岭方向增兵。

　　当初武勇都之乱时，主动前往宣州，给田頵当人质的，就是钱传瓘；由顾全武带到扬州，给杨行密当人质的，就是钱传璙。他们俩，再加上他们的三哥（老大、老二已死，实际上已成为钱镠长子），被朱温预定为梁朝驸马爷的钱传瑛，是钱镠三十个儿子中有能力的佼佼者。

　　却说钱传瓘率所部进至衣锦军北，发现行动迟缓的吴军仍在千秋岭以南，便赶紧派人上山，砍伐树木，用以堵塞岭上本来就很不宽敞的崎岖山路，一下切断了吴军李涛部的补给线与归路，吴军顿时军心大乱。吴军大将曹筠自恃有才，原本就对自己在徐温手下的境遇不太满意，现在见战局不妙，竟临阵倒戈，叛降吴越。钱传瓘见战机对吴越一方有利，便乘势发动总攻，吴军大败，包括主将李涛在内的将校士卒八千余人被俘。

与此同时，吴与吴越在东洲发生的新会战，也以钱传瓘小胜告终，吴军损失三千余人。稍后，吴越方面探知吴军还向靠近衣锦军的广德增兵，有再次进攻的可能性。钱镠决定先发制人，派钱传瓘率军越过天目山进攻广德，一举克城，俘虏吴将花虔、涡信，然后全师退回吴越。

这样，徐温巩固了自己的统治之后，发起的第一轮扩张试探，竟然在西线碰壁，东线更是头破血流，以全败收场。不过，失利之后，徐温的表现很有政治家的风度，他把所有决策失误的责任都担了下来，没有推诿给任何手下，稳定了人心。更让人吃惊的是，徐温特地派人照顾叛将曹筠的妻子儿女，然后悄悄遣人告知曹筠："是我的过错，让你在这里不得志才离开，你不用挂念你的妻儿，我会照顾好他们的。"曹筠得信，没想到徐温的心胸竟能如此宽大，备感愧疚，开始后悔叛逃一事。

徐温虽然轻车熟路地消除了吴国内部新产生的不满情绪，但好事不出门，恶名传千里，913年上半年，吴军在东西两线出击接连失利，还是给吴国的邻居传递了一个并不很准确的信息：看来，淮南军队的战斗力已不复当年之勇了！欲攻淮南，此其时也！由此引发了吴国913年下半年的几次防御战。

霍丘之战

首先动手的，是一向谨慎小心的楚王马殷。当年七月，楚国派宁远节度使姚彦章率军攻打鄂州（今湖北武昌），准备试探一下吴军的反应，再做下一步打算。

姚彦章是一位兢兢业业的楚国老臣。当年曾作为张佶的使者，力劝马殷接受张佶让位，后又向马殷举荐李琼为帅，成功平定湖南五州，为马楚的建立，立下过关键性的功勋。

不过，姚彦章本人并算不上一员很出色的将领。如三年前（910年），岭南有两个小军阀，割据容州（今广西容县）的宁远节度使庞巨昭和割据高州（今广东信宜）的高州防御使刘昌鲁，因畏惧岭南霸主刘隐，又听闻马殷为人仁义，便主动归附楚国。马殷派姚彦章前往受降，顺便留守宁远。

第二年，刘隐死去，他的弟弟刘岩继承兄长之位，当上清海节度使、南海王。这位岭南新霸主有比其兄更大的扩张欲望，一上台就大举进攻姚彦章镇守的宁远镇。尽管马殷在得知南海军队进犯容州后，马上派楚军名将许德勋率静江之师驰援容州，但在援军到达之前，姚彦章已经感到招架不住，被迫带上容州的所有百姓和仓储，弃城北逃回到长沙。

就这样，南海军没费太大力气，就占领了楚国刚刚统治一年的容、高二州，姚彦章也就沦为管辖不了一寸宁远镇土地的宁远节度使。五代十国时期，这种虚领不管事的节度使多如牛毛，但像姚彦章这样在自己手上由实领变成虚领的藩镇节帅，还是不太多的。

这次，马殷派这样一位安全第一的将军攻吴，显然是不想冒太大风险，能顺手捞一票更好，捞不着也没关系。结果，徐温命池州团练使吕师造率水陆军马驰援鄂州，吕师造部还没与楚军打个照面，听到风声的姚彦章就率军退走了，鄂州解围。

和西线的楚军比起来，东线的吴越军就没那么好打发了。九月，吴越王钱镠派自己的三个儿子，大同节度使钱传瑛、湖州刺史钱传璹、睦州刺史钱传璙为将（史书上通常以未来的第二代吴越王钱传璹领衔，但以三兄弟当时的地位而言，主帅更有可能是后梁帝国的预备驸马钱传瑛），统军进攻吴国常州，在潘葑（今江苏无锡西北）扎下大营。

面对几个月前连战连胜、来势汹汹的吴越军，徐温不敢怠慢。他先是在战略上"藐视"敌人，故意做出一副胸有成竹的样子，对众人说："吴越人又轻浮，又胆小，很容易打败！"人心稍稍安定，徐温又在战术上重视敌人，自掌握吴国大权以来，他第一次挂帅出征，统领大军，包括黑云都在内的吴国精兵尽出，开往无锡前线，去迎战他口中"很容易打败"的吴越人。

这次吴军行军非常迅速，在钱传瑛、钱传璟等人没预料到的时间内，就出现在吴越军眼前。两军前锋接触后，少年时便以勇力著称的黑云都将陈祐，向徐温建议说："吴越人见我军远道赶来，一定认为我们已筋疲力尽，不能马上投入决战。现在乘他们缺乏心理准备，请准许我率领我的黑云都出击吴越军之后，则钱传璟可擒！"

徐温拍掌称是，于是吴军不顾疲劳，迅速出击。陈祐率精锐绕道出吴越军大营的后方，徐温判断陈祐到达预定阵位之后，立即挥动吴军主力，从正面压上去。吴军配合默契，前后夹击，吴越军猝不及防，大败亏输！钱家三兄弟虽然没像陈祐说的那样被吴军"可擒"，经苦斗溃围而出，但吴越军死伤众多，大营中的所有辎重全成了吴军的战利品！自徐温上台以来，吴军逢吴越不胜的魔咒总算被打破了。

虽然逼退了楚军，打败了吴越，但吴国这一年的麻烦还未结束，它最大的邻居后梁帝国，也在吴军上半年挫劣表现的激励下，发动了一次南征。

潘蒨之战后两个多月，正位不久的后梁皇帝朱友贞，给原淮南降将，因柏乡大败而坐了一段时间冷板凳的王景仁，加了一个又长又拗口的临时官职，叫作"淮南西北行营招讨应接使"。所谓招讨，那是说要替天行道，吊民伐罪。朱友贞让王景仁进攻的目标，据史书上说，是先打寿州，再取庐州。所谓应接，是要来者不拒，接纳弃暗投明的降人。只不过，这是一句空话，当时吴国没有什么值得一提的人物准备弃吴投梁。

然后，五代史上一次不起眼的，但如果细细推敲，就会发现一大堆莫名其妙与颠三倒四的军事行动就此展开。接下来的叙述，在下无法保证其可靠性，只是根据那些不连贯的奇怪记载，所做的一个尽可能连贯的推测。

其实，朱友贞发起的这次军事行动，雷声虽然不算小，雨点却着实不大，他只给了王景仁一万多名梁军，远少于徐温能够动员的兵力。但后梁帝国毕竟还是此时华夏大地上的头号强国，所以徐温一听说梁军动手了，来的还是在淮南军界仍有一定影响力的王景仁，不敢怠慢，立即传令吴国各镇军队，前往北线集结，抵抗梁军。同时，为稳定前方军心，徐温等不及军队集结完成，便亲自带着朱温的前结拜二哥朱瑾等一批能战之将，率少量先头部队赶赴寿州前线。

十二月初，梁、吴两军相遇于赵步，马上发生了遭遇战。据史书上说，此时吴军主力尚未到达，徐温所率的先头部队仅有四千余人，一交锋就被王景仁所部梁军压得节节败退。眼看吴军即将被梁军逼进一条谷地，有全军覆没的危险，吴军左骁卫大将军陈绍突然灵机一动，向左右大声呼喊："诱敌深入，到此为止，现在该反攻了！"说着，陈绍掉转马头，带头冲入追来的梁军阵营！他所属军队以为刚才真是诈败，一时勇气恢复，也跟着他一同杀向梁军。见吴军不退反进，谨慎的王景仁唯恐有失，忙传令收兵，吴军才算得以脱险，安然撤走。

事后，徐温轻拍着陈绍的背（这在当时是表示亲密无间的经典动作）夸奖道："今天要不是有你的机智，我差点就回不来了！"就这样，吴军初战小负。朋友们有没有想过一个问题：作为防守方，本应享有地利与兵力双重优势的徐温，为什么不固守坚城寿州，也不等大军会合，就以少量军队同王景仁打没有把握的野战，以至于差点栽跟头呢？

在下认为，要解答这个疑问，首先得弄清楚赵步在哪儿。

在今天的地图上找不到赵步这个地名了，但在《中国古今地名大辞典》上可以查到，五代的赵步位于寿州东北，今安徽凤凰县东的淮河北岸，当时有很多赵姓人聚居于此，故得此名。赵步是淮河上的古渡口，对面就是著名的八公山。在这一段，淮河就是梁、吴两国间的天然边界，所以位于淮北的赵步属于后梁的地盘。

那么，本应防守，兵力又暂时不足的徐温为何还要先发制人，渡淮攻入后梁境内呢？结合赵步是一个渡口，以及后来发生的一些事件，在下认为，最合逻辑的解释是：徐温想赶在王景仁之前，摧毁后梁事先集结在赵步渡口的渡船，以阻止梁军过淮河。赵步之战，徐温虽然打输了，但从各种迹象看，他摧毁梁军渡船的目的显然已经达到。

朱友贞好像也没有为王景仁提供过备用船只，所以刚刚打了一场小胜仗，来到淮河边的梁军就面临一个大问题：怎么过去？好在此时是枯水季节，一般说来，河的上游通常比下游水小，于是王景仁率梁军沿淮河北岸溯流而上，一路派人测量水深，寻找可以让人蹚水过河的浅水区域。

梁军西行百余里，在寿州所属霍丘县北的一段淮河河道上，找到了合适的浅水区，于是王景仁率部大步跨过淮河，然后在渡河处设下标志，再南下直取霍丘。

霍丘，虽然只是一座小小的县城，却是吴国的边防重镇。它北据淮河，南依大别山，东西两面有城东湖和城西湖为屏障，其地多山林、芦苇、沼泽，不利于大军发挥优势，而利于小股军队的隐蔽、游击。

此时的霍丘守将名叫朱景，是一个土生土长的当地豪强，少年时便"骁壮有胆略"，为乡里人所畏服。唐末大乱时，朱景乘机招集霍丘当地的无赖少年，拉起了一支小小的队伍。

杨行密据有淮南后，招安了朱景这支小势力，让他守霍丘，保持半独立，等于变相地将霍丘封给朱景。从此，对朱景而言，卫国即是保家，所以他对守卫霍丘非常用心。之前，后梁名将寇彦卿、康怀贞都进攻过小小的霍丘县，结果都在朱景神出鬼没的游击战打击下无功而返。可见朱景是个很不好对付的硬手。

那么王景仁攻霍丘，能不能拿下呢？史书在这里有大段的空白，不得而知，在下推测，梁军应至少在短期内攻占过霍丘县城。理由是，在一些记载中，王景仁率军越过了霍丘，到达独山。如果霍丘未曾攻克，王景仁如此不顾归路，孤军深入，似不合理。

"独山"是一个重名率很高的地名，据在下查找到的资料，仅仅在安徽这一省，就有三个"独山"。它们分别位于：一、今安徽凤阳县东数里；二、今安徽六安市西七十里；三、今安徽宿松县北，二郎河上游。三个独山相比较，第二项即今六安市境内的那个独山，最有可能是王景仁经过的独山。原因很简单，王景仁是从霍丘附近渡过淮河的，看看地图就清楚了，此独山在霍丘之南一百余里，距离最近，其余两个明显不大可能。另外，

《十国春秋·王景仁传》称，王景仁与吴军在霍山发生过一次交战，而霍山就在今六安市境内，距此独山也很近。

确立了以上几点，现在就让在下结合史书上的记载，推测当时所发生的故事。

王景仁渡过淮河，直取霍丘。朱景的强项是打游击，他或为保全实力，或为诱敌深入，选择了放弃县城，将自己的那支小军队转移到城外隐蔽，同时向徐温告急。

朱景运气不错，他在转移过程中偶然发现了后梁军队留在淮河边上的标志。对霍丘一草一树都非常熟悉的朱景，马上意识到这些标志是用来干什么的，他使了一个坏心眼，将它们都移动到淮河水比较深的地段去。

再说王景仁带着他那支并不强大的梁军顺利占领了霍丘县城，接下来怎么走呢？经过赵步会战，王景仁知道吴军正向寿州集结兵力，那么东进攻打寿州就不是一个好的选项了，不如南下吴国腹地，去攻取防御可能比较空虚的庐州。

王景仁应该知道他兵力不足，光靠这一万余人打下吴国是不可能的，但庐州是当年杨行密的故乡（也是王景仁自己的故乡）和龙兴之地，有很强的象征意义，它如果被攻克，会极大打击徐温在吴国并不稳固的威信（这是在下推测的后梁方面的看法，其实此时徐温在吴国的权力已经非常巩固了），说不定会引发吴国元老对徐温的反叛。那样，这次成功率极其渺茫的南征，才会有一丝胜利的可能性。

于是，王景仁留下少量人马防守霍丘，率大部分军队继续南下。为避免与可能拦截他的吴军纠缠，王景仁有意避开东南方向通往庐州的近路，准备出其不意，走一条行人较少的道路，先南下到大别山西麓，再东进取庐州。

军队前行，到达独山，王景仁让部众在这里停下宿营，稍事休息。正巧，山林间出现了一座小庙一类的建筑，王景仁信步走进去。推开庙门，王景仁惊讶地发现，神龛正中的雕像竟然是曾被他视同义父的杨行密！这是一座淮南百姓自发为心目中的仁主杨行密修建的祠堂！

王景仁百感交集。他想起了他还被叫作王茂章的时代，想起了他作为一名童子军，追随在那个人左右时，耳旁经常响起的那个既亲切又坚定的声音，想起了那个人离世，他被迫离开淮南，投奔昔日敌手的无奈与悲哀，想起了自己在后梁这几年的蹉跎岁月，几乎所有新同事对他都充满了敌意，成功从此远离了他，只有失败和失意时时伴随着他，想起了曾与他一起出生入死，浴血奋战，对抗过秦彦、孙儒、钱镠、朱温等强敌的昔日战友，现在他们或已故去，或即将成为自己的对手！

我竟然要以敌人的身份来攻打父母之邦？悠悠苍天，吾将何从！

片刻间，大战前夕的梁军将士，看到了让他们感到很不吉利的一幕：主帅王景仁，拜倒在那小庙的神龛之下，伏地大恸，泣不成声……

也许就在那一刻，王景仁斗志已消。随后，梁军或是继续前进，在霍丘遭到吴军的意外阻击，怀疑庐州守军已有准备；或是得知徐温已集结起一支大军，正攻向霍丘，要切断梁军的归路。反正，王景仁放弃了进攻庐州的计划，回兵退保霍丘。罢了，沙场争胜已无望，我的家是回不去了，只要把这支军队带回他们的家就行了。

于是很快，梁、吴两军在霍丘城外发生了第二次较大的会战。单纯论战术指挥的水平，王景仁始终要比徐温高一些，交战伊始，梁军攻势强劲，连擒袁丛、王彦威、王墦等多员吴将，处于优势地位。

可战不多时，身经百战的老将朱瑾率领吴军后续部队赶至战场，猛击梁军一侧。这支生力军的加入，使战局顿时发生了逆转，疲惫的梁军寡不敌众，渐露败势。见形势危急，胜利无望，王景仁临危不乱，亲自率少量精锐断后，利用霍丘地形复杂，不利于大兵团展开的有利条件，掩护所部各军依次撤出战场。徐温与朱瑾虽仗着优势兵力，奋力攻击，始终不能歼灭或击溃顽强的梁军。一时间，仿佛又让人看到了那个血战青州的英雄王茂章。

可惜，英雄形象常常是一种易碎品。小败之后的梁军放弃了霍丘，从战场上退了下来，很快退到了淮河边上，急急忙忙寻找标志，好渡河回家。标志很快找到了，可能是大家路走得多，经过的地方也太多，记忆力早已被稀释。再加上追兵就在后面，时间耽搁不起，个个归心似箭，谁也没有注意到这里好像并不是当初过河的地方。

于是，大多是旱鸭子的梁军士卒，身披沉重的铠甲，义无反顾地蹈入滔滔河水，直至河水没顶，找龙王爷报到去了。很短的时间内，河面上下便填满了溺死的梁军尸首。就这样，果然是霉气缠身的王景仁，不但自己再回不了故乡，也两次连累他手下的士卒葬身异乡。

梁军的尸首没有被浪费，被徐温下令收集到一处，在霍丘筑成京观，向天下，向他内内外外的敌人炫耀武功！以前他收拾的敌人都比他弱小，这次终于收拾了一个比自己更强大的对手，虽然那个对手并没有使全力。但在世人的观感上，打败后梁所取得的声威，自然是打败马楚与吴越不能相比的。

吴国天祐十年（后梁乾化三年，公元 913 年）就这样结束了，在这一年中，吴国与邻居楚国马殷、荆南高季昌、吴越钱镠、后梁朱友贞等都发生了战争，上半年全败，下半年全胜，初看好像是打平了。但值得注意的是，上半年败的全是姥姥不疼的吴军杂牌，下半年胜的全是徐温亲自指挥的军中嫡系。这究竟是巧合，还是徐温太狡猾？

第四章

魏博争夺战

王彦章　周德威　史建瑭　朱温

杨师厚之死

朱友贞没有追究王景仁战败的责任，但王景仁的心已死。很快，在千夫所指之下的王景仁，得了重病，也死了。从王景仁的一生来看，他不是无能鼠辈，但真是运气太背。

比方说，梁军这次南征，战略上就很失败，仿佛对徐温极为体贴似的，正好与吴越或马楚的攻吴都有时间差，使得三方的进攻完全起不到相互配合的效果，徐温能够十分从容地集中优势兵力，各个击破。梁军准备仓促，连过河用的渡船都不足，就算进攻不容易，至少也应该让军队有退回来的充分条件才能开战吧，后梁中央怎么能这么不负责任呢？这样的战争基本上只有两种可能性：要么大败，要么小败。还能得胜，岂不是有些天理不容？

后梁方面的战略规划为什么会这么差呢？这恐怕不能仅仅用朱友贞是个笨蛋来解释。从几方部署，拉拢人心，煽动龙虎军诛灭朱友珪那件事来看，朱友贞虽然没有父亲的狡猾与果敢，但肯定也不傻，智商应该至少属于中上。而且，朱友贞也不是自己一个人做决策，他有一个军事经验极其丰富且极为权威的高参。据史书记载，此时汴梁中央做出的每一项决策，都要先送到魏州，向一位"大神"级的人物请示，只有得到批准的才能转化为诏令。在那段时间内，后梁俨然变成了一个二元帝国，有两座"首都"，有两位"元首"。这位"大神"，就是掌握了帝国大部分精兵，身兼天雄节度使、使相、邺王的后梁军界第一巨头杨师厚。

既然如此，就算朱友贞不懂，杨师厚应该懂啊！那么，后梁帝国为何还会发起这么一次蹩脚的南征呢？在下觉得，原因可能就恰恰出在后梁此时权力的二元结构上。

原来，自从帮助朱友贞登上帝位之后，杨师厚的权势与威信进一步膨胀。他虎踞魏州，控制黄河以北的财税大权，蓄养私兵，手握马步精锐逾十万众，实力在汴梁的禁军之上！如果杨师厚此时有心向南边的徐温学习，成为新一朝的"太祖"，不是没有可能。实际上，就在未来的几十年内，有多位条件还远不如杨师厚的军方大佬，先后顺利地开创新朝，当上了皇帝。

现实的威胁让朱友贞遥望着东北方向的魏州，时时芒刺在背。杨师厚倚仗其在军队中的巨大影响力，把自己抬了起来，那么，只要他愿意，自然也能把自己拍下去，就像不久前拍下朱友珪那样！面对如此强大的潜在对手，如果你没有亮拳头的把握，就只能亮笑脸了。于是，朱友贞用尽一切手段来讨好杨师厚。加官晋爵自不必说，朱友贞还要时时做出一副敬老尊贤状，朝中事事都要先向杨师厚请示，请示时都不敢直呼其名，要恭恭敬敬地称一声"杨老令公"！

杨师厚这人也挺有趣，按说处在他这个地位上，多数就两种选择：要么进一步，彻底夺取朝中大权，为开创新朝扫清障碍；要么退一步，放弃大权，保全清名，为后世留一个人臣榜样。可杨师厚偏偏两种都不选，既不当司马懿，也不当郭子仪，走了一条不上不下的中间路线。他没有在朝中刻意安插人手，架空朱友贞，但对朱友贞近乎谄媚的示好来者不拒，就像他的名字一样，当真摆出老师的架子，以你敢请示我就敢批示的厚脸皮，时时教诲之。

但是，朱友贞并不会心甘情愿地听杨老令公教训，他也想慢慢找机会削弱杨师厚的影响力。这次派王景仁南征，很可能就是朱友贞采取的具体步骤之一。因为南征若取得战果，对朱友贞当然是好事，对杨师厚却有害无益。

王景仁当初可是由朱温选定，与杨师厚同级别的重点培养对象，如果让他建立战功，再带出一个军团，自然会削弱目前杨师厚在后梁军方一人独大的局面。同时，后梁北方的军队，都已直接或间接地在杨师厚的指挥之下，找个借口加强他控制不了的南方军队，也是为朱友贞暗中对抗杨师厚积蓄本钱。

所以，虽然缺少明确的史料记载，但杨师厚肯定是不支持王景仁南征的，他即使不方便公开阻挠，也很容易用抗晋需要的名义，最大限度地调走或压缩南征军队的兵力和物资，直到将这次军事行动折腾得几乎没有成功的可能性。然后，杨老令公就可以对着汴梁方向，在心里轻蔑地一撇嘴：小子，等着瞧吧，不听老人言，吃亏在眼前！

现在，南征果然失败了，不听老人言的朱友贞只得一边硬着头皮咽下这枚苦果，一边勉强挤出一张笑脸，继续接受幸灾乐祸的杨师厚对他的"批评教育"。但大梁皇帝的内心，越来越愤怒和恐惧：什么时候才能让这姓杨的不那么嚣张跋扈呢？可恨事与愿违，没过多久，杨师厚又一次用实际行动炫耀了他的了不起，再次让朱友贞既喜又惊，对他既敬又怕。

后梁乾化四年（914）七月，距离晋军攻克幽州，灭亡刘守光的燕国已过去大半年，晋王李存勖觉得对燕国旧地的消化工作已经干得差不多了，到了把战略进攻的重点重新移到后梁帝国身上的时候了。于是，李存勖在赵州召集周德威等晋军高级将领，以及赵王王镕等小盟友，举行高级军事会议，讨论对梁作战问题。

会议决定，李存勖将亲自率领大军，会合周德威的卢龙兵与王镕的赵兵，南下进攻邢州（今河北邢台）。同时，昭义节度使李嗣昭也率本部东越太行，会攻邢州。两路大军，北、西并进，声势颇为壮大。

此时镇守邢州的梁军将领，是邢洺节度使阎宝。阎宝，字琼美，郓州人，原为朱瑾部将，后与康怀英（即前文出场过多次的大将康怀贞，为避新皇帝朱友贞的名讳而改了名）等一同背叛了朱瑾，投降朱温。归梁之后，阎宝虽然没有老同事康怀英混得好，但也在多次大战中担任副将，立下过不少战功，在此时的梁军诸将中，算得上比较能战斗的一位。

见晋军大举攻来，阎宝一面闭城死守，一面紧急求援。在阎宝的把守下，邢州显然不是晋军能够快速拿下的地方，时间稍微耽搁，杨师厚已在魏州集结起一支强大的援军，赶往邢州。

杨师厚大军进至漳河之东，扎下大营。李存勖得知梁军重兵逼近，便暂停攻城，退至张公桥扎营，准备与梁军决战。

张公桥，是一处兵家必争之要地。它位于邢州西北沙河之上，晋军如果从山西出发，经青山口过太行山攻邢、洺，那张公桥就是必经之路。不过，这地方对晋军来说不太吉利，十六年前，梁军名将葛从周曾在此大败晋军名将周德威和李嗣昭。

在下猜测，李存勖移营至此，一是为了避开梁军有可能实施的内外夹击，二是为了会合从潞州赶来的李嗣昭所部。

那李嗣昭部此时是否到达张公桥了呢？在下认为，由于决计攻打邢州的会议是七月某日在赵州举行的，通知潞州的李嗣昭需要时间。而当月李存勖大军便已从赵州出发进至邢州城下，估计没有等待李嗣昭一同发兵，至杨师厚大军至邢州，仍在七月间。再考虑到从潞州到邢州的路程，比从赵州到邢州和从魏州到邢州都要多三四倍，道也要难走得多，因此李嗣昭部极可能尚未到达张公桥。如果这个估计无误，梁军此时很可能占有兵力优势。

这时，又发生了一起大家事先都没有想到的意外事件。晋军中一个名不见经传的小将曹进金，突然叛逃，投奔后梁。他得到杨师厚的召见后，将晋军此刻的虚实都和盘托出。于是，杨师厚决定不等两路晋军会师，立即挥师对在张公桥的晋军大营发动攻击！

也许是为尊者讳吧，在花了大量篇幅记述李存勖在夹寨、柏乡的辉煌胜利后，到了第二次张公桥会战时，各种史书的记载都极简略。《旧五代史·庄宗纪》是这样写的："秋七月，帝亲将自黄沙岭东下会镇人，进军邢、洺。梁将杨师厚军于漳东，帝军次张公桥，既而裨将曹进金奔于梁，帝军不利而退。"《新五代史》一如既往地比《旧五代史》更省字："七月，攻梁邢州，战于张公桥，晋军大败。"司马光则做得更绝，在他的《资治通鉴》中干脆把这一战省略掉了。

但张公桥之战其实不该被忽略的，此役是李存勖自出道以来第一次被击败，在他一生的征战史中，这样的败绩也屈指可数。在屡战屡胜之后，头脑开始微微发热的李存勖被兜头浇了一盆冷水，认识到自己并不是无敌的。

好汉不吃眼前亏，后梁军队的战斗实力显然要高过自己原来的预测，冷静下来的李存勖选择了全线撤退，先避敌锋芒，再等待时机。从目前的迹象看，合适的时机应该不会需要李存勖等待太久，因为自古以来，像朱友贞与杨师厚那样非典型的君臣关系，不可能维持太久的动态平衡，君臣间总要一决胜负！总之，出事是必然的，不出事只是暂时的。

一般来说，一个国家需要面对的各种挑战，都可以粗略地分成两大类，或是内忧，或是外患。因此，君主的应对措施也可分成两大类，或是安内，或是攘外。在理想的时候，安内与攘外是可以相辅相成、互相促进的。但现实在更多的时候都不那么理想，安内与攘外的关系常常是相互矛盾、顾此失彼的，你想得到鱼，就别想得到熊掌。

很显然，此时摆在对面朱温那个继承人面前的，就是这种不理想的第二类情况。杨师厚，他统辖下的强大魏博镇，还有他一手创建的新魏博牙军，也就是那支精锐冠诸军的"银枪效节都"，在成为后梁帝国攘外利器的同时，也成为朱友贞安内的最大隐患，就像一柄达摩克利斯之剑，时时悬在后梁皇帝的脑门上面。不出意外的话，后梁帝国的内乱马上会到来！要么杨师厚篡位，引发内乱，要么朱友贞杀杨师厚，自毁长城！两种情况，都是值得李存勖期待的。

回到后梁这一头，杨师厚的声望确实更加牛了。想想看吧，张公桥大捷，这是多么了不起的一件事呀！李存勖，那个多次给予大梁将士惨痛回忆的李存勖，那个连英明神武的先帝亲自出马都搞不定的李存勖，终于在咱们杨大将军的面前落荒而逃了！

但杨师厚除了到处显摆自己的了不起，时不时给朱友贞一点儿难堪外，显然并没有像李存勖期待的那样，百尺竿头，更进一步。难道杨师厚真的是一个忠臣吗？可他日常的做派，又实在没有一点儿忠臣的样子。在下以为，杨师厚没有迈出那最后的一步，可能出于一些私人原因。

一些小说把杨师厚说成是后来北宋名将杨继业的爷爷，是大名鼎鼎、枝繁叶茂的杨家将第一代开山祖师。可惜小说毕竟只是小说，实际上，杨师厚与北宋的杨家将没有任何关系。

杨师厚当时的身体状况可能也不太好了，时日无多，他如果此时篡位，又没有顶得上来的继承人，他的王朝很快会完蛋，结果只能是白白为他人做嫁衣，还落得一个骂名。还不如保守臣节，安度余年，享享人间之福吧！

杨师厚在他坐镇的魏州大建工程，把乱世的日子当成盛世来过。唐朝人有在上元节（今天的元宵节）观灯的习俗。上元节一到，杨师厚下令：魏州的每户人家至少要制作一盏彩灯，用竹竿挂出来，照得一城锦绣，光彩夺目。杨师厚本人，则乘坐着华丽的画舫，在大批女伎、乐师的陪伴下，泛舟于御河（大运河永济渠一段）之上，一面观赏这一幕由自己创造出来的太平幻象，一面极尽声色之娱。

声色享受对于成功人士而言，只是一种低层次的物质需求，追求不朽才是高层次的精神需求。怎样才能不朽呢？杨师厚不相信什么长生不老之类的传说，他的决定也比较务实：在魏州竖一块威风的巨碑，好让千秋万世都能记住自己的丰功伟绩！

这巨碑将立在魏州，但杨师厚嫌当地的石材质量不好，魏州的石头只好与这项"荣誉"失之交臂。哪儿有好石材呢？说远也不算太远，魏州西南约二百里外的黎阳（今河南浚县）山就盛产优质的大理石，杨师厚决定就从这里定做。很快，一块巨石从黎阳山下被开采出来，又在众多石匠的巧手之下加工成了一方巨碑。但做成石碑，只是全部工程的一小部分，更难的部分是如何把它运到魏州并且竖起来。

虽然从黎阳山到魏州的路程并不算遥远，但在当时的交通条件下，这石碑是一件标准的既超重又超限的超级货物，运输极其困难。平常木制的牛车、马车不够大，也不够结实，无法承受石碑的重量。为此，工程负责人员特制了一辆巨大的铁车，专车专运。铁车造好了，但太沉，拉不动，于是又临时征集了几百头牛来拖。勉强能动了，可沿途的道路又不够宽阔，铁车处处受阻。怎么办？施工人员分成两队，一队继续拖着巨型牛车缓缓行进，另一队抡起大锤，将牛车即将经过的道路两旁的民房、坟墓等完全摧毁，清出一条足够宽敞的大道！

这下子，可苦了路两旁的百姓，一见到运石碑的大车，就意味着他们今晚可能没有家了，只能露宿野外！看着那如狼似虎的队伍，人们只得惊恐无奈地奔走相告："不好了，碑来了！"

可谁也没有想到，为了等待这份沉甸甸的荣誉，竟耗光了杨师厚不多的余生。乾化五年（915）三月，恰恰就在石碑运抵魏州的那一天，在李存勖与朱友贞的共同期待下，在很多无家可归的百姓的暗自诅咒下，大梁帝国的检校太师、中书令、邺王杨师厚，终于顺天应命地病死了！

魏州人幸灾乐祸，悄悄地调侃道：这真是天意呀，所谓"碑来"，不就是"悲来"的预兆吗？更让人遗憾的是，这块巨碑后来竟下落不明了，杨师厚生前没能好好看它一眼，死后也没能借它流芳百世，真是可悲！

杨师厚死去的消息很快传到了东京汴梁，后梁皇帝朱友贞在朝堂上表现出了极大的悲痛：唉，寡人不幸，竟失贤辅，社稷不幸，痛折栋梁啊！他吩咐追赠杨师厚为太师，废朝三日，举国同悲！

魏博兵变

朝毕，朱友贞带着一脸沉痛退回后宫，等到了那些外人都看不见的地方，大梁皇帝终于按捺不住心头的激动，吩咐左右：摆酒设宴，将他们请来。

所谓"他们"，是指朱友贞平日里最亲近的、在这个世界上最信任的、可以掏心窝子的几个铁杆心腹，有五个人。头一个，就是前文提过的赵犨之子，为朱友贞夺取帝位立下过汗马功劳的姐夫赵岩，现在他的职务是租庸使，掌管着帝国的财政大权。另两位，是后梁开国功臣，曾任河阳节度使的张归霸的两个儿子，一个叫张汉鼎、一个叫张汉杰，此时都担任皇家禁军的指挥使，负责保卫朱友贞的安全。朱友贞之所以这么放心地把身家性命交给这两位仁兄，是因为他们有一个姐妹，是朱友贞最宠爱的正妻张德妃。还有两个，是张汉杰他们的从兄弟，一个叫张汉伦、一个叫张汉融，其中张汉融是张归霸之弟、长剑指挥使张归弁的儿子，张汉伦的生父则记载不详。这大概就叫物以类聚吧，和朱友贞这位"帝二代"相处最融洽的，正好也是一群不识创业艰辛的"官二代"。

当然，这五位核心人物，有时也会带几个最亲信的跟班。比如这次，赵岩就带来了他的副手邵赞。主子与心腹奴才相会于宫中，终于不用再掩饰自己的感情了。众人喜气洋洋，连连向朱友贞道贺：上天终于把杨师厚收了去，为陛下除了一大隐患哪！朱友贞也欣喜不已，宴席上欢声笑语，气氛热烈。

待酒过了三巡，菜过了五味，席间突然冒出了一句不十分和谐的声音："陛下，还不能高兴得太早哇！"朱友贞一看，原来是自己心腹中最聪明、最多才多艺的姐夫赵岩。那么，何出此言啊？

赵岩与跟班邵赞答道："杨师厚虽然死了，可魏博藩镇还在。说起这个魏博，一直是前朝李唐的心腹之患，动不动就挑头对抗朝廷，危害国家长达两百年之久！唐室虽然也有心消除此患，却始终不能如愿。为什么？主要就是因为它地盘大，兵力强，实力太雄厚。拿本朝来说，不管是罗绍威，还是杨师厚，一旦盘踞此地，朝廷无可奈何。"朱友贞听了，触动内心的隐忧：那以你之见呢？

赵岩接着说："臣以为，陛下如果不趁着现在杨师厚刚死，魏博群龙无首的机会，给它动一次一劳永逸的大手术，那么就像医家所说：'坏死的烂肉如果不割干净，一定会把好肉也带坏了！'谁知道下一个魏博节度使，不会是第二个杨师厚呢？所以臣建议，最好借此机会，将魏博六州一分为二，拆解为两个藩镇，这样每个藩镇都只是原先实力的一半，要想抗拒朝廷，就没那么容易了。"

其实，赵岩这番建议，可以说是汉武帝"推恩令"的一个变种，将大诸侯拆分成小诸侯，从中央集权的角度来看，或者从安内的角度来看，其大方向都肯定是正确的。只不过，即使不是医学专家，也应该知道，医院在准备给重症患者做一个大手术之前，都会先给患者做一个身体状况的评估，以确认他能不能承受手术带来的伤害。那么，现在的问题就是：后梁帝国此时的身体状况究竟怎么样？它承受得了赵岩大夫推出的这套手术方案吗？

其实要评估这个问题，不妨拿后梁帝国与前朝李唐做一下比较。读者一定对晚唐极度虚弱的中央实力，以及可怜巴巴的唐昭宗李晔记忆犹新。不过，那毕竟只是李唐王朝的一小段，其实即使在安史之乱后的李唐后半截历史中的大部分阶段，唐朝中央的实力与其所处的安全环境，还是要大大优于朱友贞治下的后梁帝国。

首先，听命于唐中央的藩镇，多数时候都比朱友贞的后梁中央多得多。更重要的是，唐中央不存在与它不共戴天且实力雄厚，时时准备为其反叛势力提供援助的强大外敌。朱友贞却有着不止一个这样的敌人。即便如此，条件优越得多的李唐多次想拿下魏博，仍屡屡失败，唯一的一次成功，还是魏博军人暂时性的主动归附。以此比较，可以推想，以朱友贞治下已经削弱的后梁中央，要想成功地把魏博大卸两半，那难度可真的小不了。

不过，朱友贞的看法跟我们不一样，他觉得自己成功的概率还是比较大的。大梁皇帝之所以会有如此良好的自我感觉，是因为他刚刚经历了一件略有几分类似的事件，并且，他胜利了。

去年（乾化四年，公元914年）八月，朱友贞任命弟弟福王朱友璋为武宁镇（原来时溥的感化镇，总部徐州）节度使，征召原节度使王殷回京。这个王殷，前文提过，曾担任蒋玄晖领导下帮助朱温篡位的课题组副组长，因不满蒋玄晖妨碍自己的上升空间，向朱温进谗言陷害上司，最终导致蒋玄晖被杀。但实际上，王殷自己原先也姓蒋，与蒋玄晖还是同门，只是他的母亲在丈夫死后改嫁给前河中节度使王重盈，王殷才随继父改姓的王。

王殷原先与朱友珪关系密切，他能当上这个节度使也是出自朱友珪的恩典。可现在，朱友珪被干掉了，他又要被解除职务调回京城，可想而知，他回到汴梁估计不会有什么好果子吃，连能不能保住小命都不好说。于是，王殷决定不接受诏书，不回汴梁，在徐州举兵反叛。他自身实力不足，故向紧邻武宁镇的吴国请降，请求援兵。

九月，得知武宁叛变，朱友贞急命老将牛存节为主帅，时任开封府尹的智将刘鄩为副手，统军讨伐徐州。同时宣布王殷不配姓"王"这个忠臣的姓氏，恢复其"蒋殷"的原名。而在吴国都城扬州，实际掌权的徐温也以吴王杨隆演的名义下令，派虚领的平卢节度使朱瑾为帅，出兵救援徐州。

十月，牛存节与刘鄩率梁军主力进驻徐州之南的宿州，先行截断了蒋殷与吴国之间的大道，以逸待劳。朱瑾欲打通大道，便挥军北进，与牛存节、刘鄩战于宿州，不想一场大战打下来，吴军失利，朱瑾只得率败兵撤回淮南。蒋殷遂断绝了一切外援，被死死围困于徐州孤城内。

蒋殷为了保命，不顾一切地死守徐州，居然又苦苦地坚持了好几个月。直到杨师厚死前一个月，徐州才被牛存节攻克，蒋殷效仿时溥，带着全家钻进一座小楼，举火自焚。

武宁不服朝廷管束，还反叛，还得到了敌对势力的大力援助。但怎么样？在我朱友贞的铁血的政策压制下，不照样摆平啦？凭什么认为轮到魏博就会摆不平呢？想到这些，朱友贞拍板同意了赵岩的建议：好吧，就这么办！

当然，魏州与徐州还是有很多不同的，经过杨师厚的军力重建，其拥有的军事实力要比徐州强大得多。而且，与魏州紧紧相邻的敌对势力，也比徐州那边强悍不少，真要出乱子，多半会比蒋殷造反更难对付。所以，朱友贞尽管要对魏博开刀，但也动了一些心思，想尽量把这一刀包装得温柔一些，给手术对象一种切上去不会太疼的错觉。

比如，朱友贞公开发表的诏书上，提到拆分魏博的理由时，就绝对不会说魏博军力太强，威胁安定之类愚蠢的大实话，相反，光明正大、以人为本，甚至可以说是为魏博将士福祉着想。

他是这么说的："朝廷设置藩镇，虽是为了勋赏功臣，但更是为了灵活方便地抵御敌人。拿魏博一镇来说吧，巡视管辖着整整六个州，算得上河朔的大藩，国家的巨镇，为国家边防承担的责任，重大而艰难。魏博将士既为朝廷分忧解难，朝廷当然也要和魏博将士同舟共济！"

这一段听起来很暖人心吧？但既然魏博与朝廷亲如一家，干吗还要给魏博分家呢？大家别急，绝对出于好意："但细细思量，魏博原先的分化设置有些不够合理：镇州、定州两处贼寇的重镇，紧邻着我们的魏州、博州；而我们的相州、卫州，又位于贼境泽、潞两州东侵的太行山口之外。这两处都与晋人土地相连，时常受到贼寇的进犯与袭扰，而我们魏博的将士，也就不得不频繁地东奔西跑，往来应敌，疲于奔命。朕不忍心啊，既然现在战事频频，那么为了便于分头应敌，让将士不再疲劳，让百姓得以休息，最好分设两镇，各自应敌。所以朕决定：以相州为中心新设昭德军镇，同时再划出澶、卫两州为昭德属郡，分魏博军一半为昭德军，任命张筠（原系时溥部将，投降朱温，与赵岩的交情不错，故得此职）为首任昭德节度使。余下的魏州、博州、贝州仍为天雄（魏博）军镇，以贺德伦接替杨师厚，为天雄节度使。"

诏书是大梁皇帝软的一手，这一手并没有起到他期待的效果。为什么呢？魏博的军士真是些老江湖，一眼就洞穿了朱友贞藏在温情笑脸后的真实用心。他们群情激愤，相互警告说："朝廷这是畏惧我镇的强大，才设法要把我们分开，但我们六州早就是一体，历朝历代都没有分开过，咱们的家从来没有搬出过河门（魏州城外的河门堤），现在要强迫我们骨肉分离，让我们生不如死！"

不就是搬个家，至于说得那么惨烈吗？还真是，由杨师厚重建的魏博新牙军（银枪效节都）时间虽然不长，但在魏州悠久的历史渊源、强横的军主文化的熏陶下，已经把魏博老牙兵的毛病全盘继承了下来，在很短时间内结成了一个坚固的利益共同体，稍有风吹草动，马上一致对外！而不属于牙兵系统的老魏博军队，更是父子相继，又彼此联姻，盘根错节都超过一百五十年了，其内部凝聚力极其强大。对他们来说，谁当皇帝关他们什么事？谁当节度使也不重要。但谁要敢触动他们的核心利益，管你是皇帝还是节度使，咱们全都反他！

于是，随着新节度使贺德伦到魏州上任，开始按照朱友贞的诏书拆分魏博军队，魏博镇马上军心浮动，人人惊惶不安，如同一个聚满了巨大化学能的火药桶。

朱友贞自然也想得到，这种事情干起来不会那么顺利，所以他在向魏博发诏书的同时，也准备了硬的一手。朱友贞下令，以讨伐镇州、定州为名，派开封府尹刘鄩统率六万大军，从滑州白马渡口（当初朱温屠杀李唐朝臣的地方）北渡黄河，进逼魏州。三月二十九日，刘鄩大军进驻魏州之南的昌乐县。而一支由五百名精锐龙骧骑兵组成的梁军禁军先头部队，更在澶州刺史，著名的猛将王彦章率领下，直接开进魏州城内，扎营于金波亭。

新皇帝这是要干什么？魏博的士卒，尤其是那些新牙兵银枪效节都军士，惊骇万分地联想起了九年前的血腥往事。当时，新皇帝的父亲朱温也在调动军队，对外说是要对付刘仁恭，大军只是从魏州旁边"路过"；同样，也有一批据说只是为了给安阳公主办丧事的人，开进魏州城中。可当天晚上，魏州城就血流成河，老牙兵连同家属全部被杀光了！这次他们又来，难道是想历史重演，再用他们的钢刀给我们办丧事？！

前车之鉴不远，在一个叫张彦的银枪效节都军官的鼓动下，愤怒与恐惧的魏博军人决定奋起自救，抢在中央禁军动手之前发动兵变，先下手为强！火药桶终于被引爆了！王彦章部进城的当天深夜，魏州城内火光四起，杀声震天，造反的魏博士兵一路纵火，制造声势，然后团团包围了金波亭，对中央派来的龙骧禁军痛下杀手。

遭到突然袭击，王彦章虽勇，无奈寡不敌众，何况魏博兵也不是吃素的。短暂的交战之后，龙骧军招架不住，只得在王彦章的带领下拼死冲出一条血路，砍开城门，突围逃走。王彦章跑出去了，身处内城的新节度使贺德伦也想逃走，但他既没有王彦章勇武，自然也没有王彦章的好运气。战至天明时分，贺德伦带来的五百余名亲兵全部战死，他本人被兵变军人生擒，软禁于一幢小楼之上。当然，在这样的混乱中，兵变士卒顺手烧杀抢掠，给自己发点儿小财也是完全正常的，所以当天晚上，"魏之士庶被屠戮者，不可胜计"。

很快，汴梁的朱友贞就得知他的保险方案失败，魏博还是发生兵变了！这虽然有些意外，但也不是完全没想到的，他急忙采取了补救措施，于四月初，派供奉官扈异前往魏州，安抚兵变军人，想通过晃一晃胡萝卜，争取大事化小，小事化了。

朱友贞开出的价码是完全赦免兵变军人，并给予重赏，同时表示可以考虑给兵变头目张彦一个刺史当当。站在中央政府的角度上说，朱友贞已经相当宽大了，但这仍与张彦的要求相差巨大。张彦等人见到朝廷特使扈异后，一把扯过诏书扔到地上，跺了两脚，然后对特使破口大骂，充分发泄了他们对中央的怨气，然后强迫贺德伦以自己的名义给朱友贞上了一道奏表，提出了他们的两项要求：一、朝廷必须撤销昭德镇，将相、澶、卫三州还给魏博；二、刘鄩的军队必须赶快撤走，并保证今后中央军不能随便进入魏博境内！

可以想见，朱友贞见到贺德伦的奏表后脸色大变：岂有此理！这样的要求要是同意了，那不就等于让魏博独立啦？有了前不久镇压武宁镇反叛的成功经验，仍处于优势的朱友贞岂能轻易退让？而且扈异回京，给朱友贞传话时建议说，张彦此人好对付，只要陛下让刘鄩进兵，他的人头很快就能送到京师！于是，朱友贞决定在原则问题上再不退让，再次下诏到魏州，劝喻乱兵说，拆分魏博，是朝廷深思熟虑后定下的国策，不能因为你们一闹事就轻易更改！

可惜朱友贞和扈异都看错了张彦，这家伙以及他那帮牙兵兄弟，总是以超强硬来对抗强硬！于是，大梁皇帝的特使带着这份诏书赶到魏州，遭到了比上一次更加恶劣的待遇。张彦除了把诏书扔在地上，还叉着腰，当着朝廷使节的面，大骂他们的皇帝朱友贞："一个只配当用人保姆的下贱小子，还敢对我们指手画脚！"

过完嘴瘾后，张彦一伙又把贺德伦拎了出来："贺老大，别偷懒，该上班了！"贺德伦这次的工作是，给朱友贞上一道奏章，要求文辞强硬，让姓朱的过目不忘，即便睡着了半夜梦到也能被气醒！贺德伦不敢写，又不敢不写，只好推辞：我也不识几个字，文书平时都是判官写的。

这时，在魏博节度使衙门的判官，叫王正言。王正言当过和尚，因诗写得不错，被贺德伦要求还俗，收揽至幕下。此人一向胆小，最怕惹事。他看见张彦手中的大刀片子，马上联想到朝廷刽子手手中的大刀片子。真是伸头一刀，缩头也是一刀哇！王正言吓得汗流浃背，手抖了半天竟一个字也写不出来，气得张彦一脚把他踹倒："你这个蠢汉竟敢怠慢我！"

赶跑了王正言，张彦问道："还有谁会写文章？"有人推荐，有个叫司空颋的，在罗王爷时任过魏博的掌书记。于是司空颋被召了来，这位司空颋是个很有追求的人，能被"文学青年"罗绍威看中的人，文笔自然差不了，更重要的是，他还很有胆子。与张彦一见面，他神情自若地向这个杀人不眨眼的军头长揖，施了一礼，然后气定神闲，挥笔成文，写了一篇由节度使贺德伦署名，但在正常情况下借给贺德伦十个胆他也不敢写的奏表：

"臣一次又一次送上奏章，向陛下禀告这里的实情，所有军士都在恳切地盼望着肯定的回复，为何朝廷一直不当回事？这三个月以来，一直军情紧急，戈矛未息，全城人心惶惶，又找不到控诉申冤的地方。希望陛下你明了臣的赤胆忠心，尽快顺从众人的意愿，不要再犹豫，果断地颁下圣旨！如果陛下还要与周围的小人商议对策，耍弄什么阴谋诡计，只怕到时候六州一起丢个精光，没地儿找后悔药去！可别把我说的话不当回事，这已经是近在眼前的实际情况！

"另外，臣统领的魏博道素来兵甲精良，士卒勇猛，既可以虎视并、汾之敌，也足以吞灭镇、定之寇。所以臣特地请求，依照杨师厚的前例，授予臣招讨使的全权，全盘负责北疆的战事，陛下只用坐在那里，看臣如何赴汤蹈火的节操。如果到时候没有明显的功效，听凭陛下诛杀！"

真是可气又可笑，魏博这群反贼得到赦免已经够宽大了，结果不但不肯向大梁皇帝做丝毫让步，反而变本加厉，漫天要价，居然要当什么招讨使？那可是朱友贞最担心的局面啊，真是怕什么就来什么，一刀直捅向大梁皇帝刚刚缝合的旧伤口！虽然奏表上要这个官职的人是贺德伦，但他现在跟个提线木偶差不多，给他任何官职，受益人都只可能是张彦一伙。所以，是可忍，孰不可忍！还等什么，还不让刘鄩赶快进军，铲除这伙反贼！

但奇怪的是，朱友贞此时的脾气竟好得出奇，人家都蹬鼻子上脸了，他仍然耐着性子，又给魏州发去了一道劝慰的诏书，再次详细解说朝廷拆分魏博的合理性与便民性，同时追述招讨使一职的来历，证明杨师厚任招讨使是特殊情况下的特殊任命，按常理魏博节度使都不应该兼任招讨使云云……

虽然朱友贞据说继承了其母张皇后的好脾气，但就算是张皇后，也没达到这种被人扇了左脸，还微笑着把右脸递上去的境界吧？那他身为万人之上的实权皇帝，为什么挨了骂，还能不气不恼，继续细致耐心地给别人做思想工作呢？

在下认为，朱友贞如此隐忍，在兵变发生后一个多月迟迟不肯开打，最大的可能性是他对让刘鄩单独解决魏博兵变缺乏信心。许多书籍对刘鄩评价颇高，如沈起炜先生的《五代史话》干脆就说："当时后梁可用的大将以刘鄩为第一。"不过，这显然并不是朱友贞的看法，因为就在不久前，解决难度相对较低的武宁叛变时，他任命梁军的主帅是牛存节，刘鄩只是作为副手参战。

虽然牛存节是一位资历比杨师厚还老的老将，其军旅生涯也堪称战功卓著，不管野战、攻城、守城，都有拿得出手的闪亮战绩，但这个人本分低调，从无嚣张跋扈的事例，史称其"木强忠厚，有贾复之风"。大概正因如此，他可能是朱友贞这辈子最放心的，甚至可以说是唯一真正信任过的老将，深得其倚重。

现在又遇上了大难题，魏博出事，李存勖和他麾下的强大晋军显然会有极大的概率介入，这才是最让人担心的。刘鄩以往的战绩虽然还算不错，但多是避实击虚的小胜，没有一次击败强敌的硬战。保险起见，还是让刘鄩按兵不动，先暂时稳住叛军，等到牛存节出马更有把握一些。

朱友贞大概就是这样想的，因为他正在这样做着。牛存节被调任魏博东边的平卢节度使（上一任平卢节度使就是现在被张彦摆弄来摆弄去的贺德伦），正在快速筹集军饷，集结部队，准备从平卢出兵，与刘鄩东西对进，重演去年的辉煌：平定魏州，并击退晋军有可能的干涉！

那么，既然牛存节既有能力，又得到朱友贞的信任，为什么他当初不干脆就让牛存节当魏博节度使？很明显，没有信任到那个程度，魏博军力太强，让贺德伦去，就是看中他能力差，万一有二心，他也掀不起大浪，但大梁皇帝好像忘记了，在魏博历史上掀起浪头的通常都不是节度使。

说到底，还是安内与攘外这对相互矛盾的难题在朱友贞内心的博弈。能人镇魏州，对内不安全，庸人镇魏州，对外不安全。比较而言，还是内部的安全更重要一些吧？朱友贞在反复权衡利弊之后，下出了自以为高明的一步棋，落子之后才发现是一着大恶手，没有起到安内的作用，反而让外敌获得了意想不到的巨利。真是输惨了！

不过，事后诸葛亮好做，不要说朱友贞，历史上有多少比他高明得多的大师，都下过让他们事后追悔莫及的蠢棋，只因当初看起来像是个好主意。

晋王发兵

再说朱友贞隐藏在诏书后面的这些小动作，不可能做到密不透风。张彦一伙大概也察觉到了大梁皇帝正在进行的"不良企图"，在接到第三道诏书后，张彦最终确认他割据魏博的愿望已经不可能用和平手段达成，不禁怒不可遏，直接将诏书撕了个粉碎！

按照唐朝中期以来魏博兵变的"传统"，六州之地早就应该是我们的！如果朱友贞硬是不守规矩，不尊重咱们的河朔"传统"，那何妨换一个既守规矩又重"传统"的名义宗主呢？

那么现在的问题就是：谁可以代替朱友贞，当我们魏博合适的名义君主？现实能够指望上的可选项其实不多，只有一个——晋王李存勖。想想看，他既然到现在都还打着李唐王朝的旗号，应该也比较认可唐朝的老规矩吧？

想到这些，张彦对贺德伦说："梁主不通时事，蠢得像头笨牛，让人牵着鼻子走，我们不能再听他的瞎指挥了！现在城中人心不安，找不到依靠，我们魏博虽然兵强马壮，但如果没有外援，还是很难自立。如今河东的晋王手握精兵十万，矢志匡复唐朝，与大梁是世仇。只要我们与他同心协力，还有什么事办不成？你好好按我们说的做，自然有你的富贵。"

贺德伦虽然在内心恨不得把张彦生吞了，但他只要还想活命，就没有别的选择，回归梁朝显然是不可能了，他只好遵照张彦的要求，向晋王李存勖发出求援信。为讨好河东，张彦同时以贺德伦的名义下令：即日在魏博废除后梁的乾化年号，学习晋国，改称"唐天祐十二年"。

李存勖其实一直在密切关注杨师厚死后，后梁的变化。这也是理所当然的，因为一般来说，最关注你的人，要么是你的亲人，要么是你的仇人。但当李存勖接到贺德伦的求救信时，他并不能确定这封信内容的真假，甚至怀疑是梁军想诱他深入而设下的圈套。毕竟，此时驻扎在魏博地区的梁军主将，正是那个以诡计多端著称的刘鄩。

那怎么办？算了，别管他，安全第一？假如让朱友贞坐在晋王的位子上，他可能就会这样选择。这也不是在下随口瞎说，而是后来朱友贞确实遇上了类似的情况，在那次机遇到来之时，他只是隔岸观火，没有为改变自己帝国的命运出动一兵一卒。

但是现在接到信的人不是朱友贞，而是李存勖，是这位雄心勃勃、血气方刚的沙陀青年。根据对后梁现状的分析，他认为这封信的内容如果确实，魏博将唾手可得，以后晋军只要跨过黄河，便可兵临汴梁城下，从此梁晋战争的主动权，将牢牢掌握在晋军手中！这样一举扭转乾坤的机会倘若错过，此生追悔何及？

何况，梁与晋之间是无法和平共存的，两者的结局只能是你死我活。尽管自李存勖继承晋王位以来，晋军接连取得了好几次重大胜利，晋的疆域扩大，军力进步，比他刚上台时增长了一倍还多，但从总的力量对比上看，尚未改变梁强晋弱的根本格局。就像高明的棋手纹枰对弈，处于弱势的一方如果不敢冒点儿险，不敢下得激进一些，只顾稳求安全的话，最终的结果多半会走向安乐死。即使不考虑两位首领的个人素质差异，光这一条，也迫使李存勖要比朱友贞在战略上更敢冒险一些。

想到此，李存勖抛下了一切迟疑，当机立断，全力以赴，出兵魏博！

豁出去了！既然要打仗，既然要逐鹿天下，哪儿有不冒险的？

距离魏博最近的晋军部队，是常驻在盟友王镕地盘上的李存审部。为了让魏州的后梁叛军坚定反叛信念，不发生动摇，李存勖在第一时间内就命令李存审部从赵州出发，进至临清（今河北临西，贝州的属县，地在魏州北偏东约一百五十里），声援魏州。此时的贝州刺史张源德虽然并不服从魏州传来的指令，仍坚定地站在后梁一方，但他的兵力不足以对抗李存审，无法阻止晋军进入其辖区。

一直在昌乐按兵不动的梁军主帅刘鄩，在得知晋军已经进入贝州境内后，急忙调整了部署。在刘鄩看来，出现在临清的晋军并不太让人担心。第一，李存勖没有出现在那里，也就是说那只是一支晋军偏师。第二，老将军牛存节所率的平卢军已经出发，正奔赴杨刘渡口，马上就能补上魏州东、北两面的空当。那么，现在真正要担心的，是李存勖亲自率领的晋军主力，将会从哪个方向杀来。

最后，刘鄩决定移军至魏州以西的洹水（今河北魏县西南）布防，如果身在河东的李存勖急救魏州，那最近路程必经此处。另外，同去年杨师厚得手的战场张公桥一样，洹水对后梁军队来说也是一个有光辉历史的所在。十九年前，前辈葛从周曾在此处击败进犯魏博的李克用，并生擒了李存勖的哥哥李落落。

然而，"一步百计"失算了，刘鄩对李存勖进军路线的判断并不准确。五月，李存勖率领晋军主力出河东，经辽州黄泽岭（今山西左权县东南）过太行山，然后绕过邢州不攻，也不抄近路南下救魏州，而是径直东进，先与李存审会师于临清，正好避开了刘鄩在洹水的布防。晋与梁这新一轮的博弈中，晋军1∶0领先。

李存勖不急于救援魏州的原因，据说是他此时仍不能确定魏州事变究竟是不是梁军布下的陷阱。如果是，晋军贸然深入，就很愚蠢；如果不是，以魏博兵的强悍，梁军不可能迅速克城，他也还有时间，没必要过分着急。

与此同时，另一个让朱友贞和刘鄩都没想到的意外事件发生了：东路梁军进至杨刘渡口时，主帅牛存节突然死了。

原来，这牛存节有个毛病，一旦国事当头，常常公而忘私，不知道叫苦叫累。在接受这次出征任务之前，他已有病在身，仍要带病坚持工作，朱友贞以为牛老将军是老当益壮。直到牛存节病危，无法履行职责时，朱友贞才得知其事，大吃一惊，急调匡国（唐朝的忠武镇，总部许州）节度使王檀起赴前方，接替牛存节。

王檀也是个有着丰富作战经验的宣武老兵，但战绩与威望都略逊牛存节一筹，更糟糕的是，他匆忙上马，不熟悉前线情况，如此临阵换将，必然大大影响梁军的作战部署。

没等新帅王檀到任，牛存节就在给两个儿子留下要尽忠报国的遗言后与世长辞。怎么说呢，牛存节不愧是姓牛的，一生如老黄牛一般勤勤恳恳，临难而上，不求回报，非常感人。然而，正是他这种作风，导致梁军在魏州东、北两面的部署，出现一个本可避免的大空当。梁与晋的博弈，晋军2∶0领先。

由于后梁方面的轮番失误，已经抢到先机的李存勖，在临清接见了张彦与贺德伦派来的使节，这使节不是别人，就是那位给张彦作书教训朱友贞的判官司空颋。说司空颋是张彦的使节，是因为他此行的主要任务，正是张彦的意思，代表魏博叛军，带着大批财帛来犒赏晋军，同时请求晋军火速南下，同心协力把刘鄩赶跑。

那在下为什么还要画蛇添足，说司空颋是贺德伦派来的呢？因为司空颋肩负着另外一项坑害张彦的秘密使命，他悄悄向李存勖说，张彦这个人如何凶暴狡猾，如何在魏州挟持官长，胡作非为，草菅人命。晋王您如果要真正得到魏博，对张彦一伙必须斩草除根！

李存勖听罢，默然不语，但该怎么做，他已成竹在胸。此时，从晋国各地源源运来的粮草及各种军需物资，正向临清汇集。李存勖便命李存审留驻临清，保持晋军后路的畅通，以及这个军需大本营的安全。李存勖自己率大军沿大运河南下，进驻永济驿（今山东冠县北，山东、河北两省交界处）。

　　闻知晋军将至，张彦很高兴，既然人家尊贵的晋王亲自领兵前来，自己这个当地主的还是表示表示诚意才好。这也许是张彦自己的想法，不过更可能是司空颋或者贺德伦怂恿的。不管这是谁说的，基于这个合理的想法，张彦决定赶赴永济驿，迎接李存勖的大驾。

　　虽说是去迎接新领导，但谁知道这个新领导会不会有什么坏心眼呢？以防万一，张彦从"银枪效节都"中精选了五百名勇士当自己的卫队，用以威慑李存勖。这也不是张彦的新发明，想当初，魏博的前任老大杨师厚去见朱友珪时，就是耀以兵威，吓得朱友珪有贼心没贼胆。

　　可惜张彦的算术可能是体育老师教的，五百和一万，相差着二十倍呢！更何况李存勖的胆子，比朱友珪不知要大出多少倍！

　　算术不及格的张彦带着他的五百人卫队进入晋军大营，进入数万晋军组成的汪洋大海之中，忐忑不安地来到永济驿门外，请求李存勖的接见。

　　名帖递了上去，晋兵围了上来，把张彦一行包围在中间，张彦越发感到不安。突然，一个英武的青年出现在驿站的眺望楼上，他居高临下，不怒自威，气场凌人！

　　难道他就是晋王？不待张彦想清楚，李存勖已在楼上大声呵斥道："你们这几个家伙，在魏州城胁迫长官，乱杀平民百姓，还抢走他们的妻子儿女！知道吗？就在这几天，拦住马头，向我控诉你们罪行的状纸就有一百多份！我这次带兵南来，为的主要是给魏博百姓一份平安的生活，并非想贪得土地，你们对我虽有微功，但我要为百姓做主，不得不杀你们替魏州百姓报仇！"

　　张彦大惊失色，没等他反应过来，李存勖下令：将张彦及其铁杆的七名亲信拿下，立即处斩！五百名卫士在晋军的强大武力，以及李存勖无形的威压之下，吓得双腿颤抖，竟没有一个人想起来：他们是张彦挑选的卫兵，应该有保卫张彦的责任。他们就这么眼睁睁地看着张彦等八人被拖了出去，然后身首异处！

　　处决了张彦一伙，李存勖一改刚才的严厉面孔，对五百名卫士宣布："所有罪责，都只限于这八人，其余将士，不管你们以前做过什么，都不再追究。只要从今以后，你们尽心尽力地为我做事，绝对亏待不了你们！"此言一出，五百名卫士意外之余，纷纷跪倒在地，高呼万岁！

更让这五百名魏博卫士又惊又喜的事，发生在第二天早上。昨天高高在上、威严无比的晋王殿下，竟然连盔甲都不穿，独自一人进入他们的新营地，对每名士兵嘘寒问暖，就是以前一手提拔他们的杨大帅，也没让他们这么感动过。稍后，李存勖宣布：将梁军的"银枪效节都"改设为晋军的"帐前银枪都"，从今天起，你们就是我的亲兵卫队！

至少在这一刻，李存勖在这些一向跋扈的魏博大兵眼中，绽放出万丈光芒！所有人都被年轻的晋王的人格魅力折服了：毫无疑问，这就是我们最好的首领！只是谁能想到，多年以后，一切会变得面目全非，蓦然回首，直让人感慨万千……

却说梁军主帅刘鄩，得知李存勖已至永济，才意识到自己的失误，连忙从洹水大营挑出精兵一万名，直扑魏州。他可能想阻止李存勖进入魏州，但这时候再行动，已经比李存勖慢了半拍，晋军勇将史建瑭抢先一步，把刘鄩大军挡在了魏州西南面仅十余里的魏县。稍后，李存勖也赶到了魏县，梁、晋两军扎下大营，隔着漳河对峙。

既然晋王已经来到了魏州家门口，主人当然得把客人迎进家。六月一日，节度使贺德伦率领魏博的文武官员一同觐见李存勖，恭请入城。稍后，李存勖在银枪精兵的护卫簇拥下，威风凛凛地开进魏州城。贺德伦虽然本事不怎么样，起码的见机还是有的，他恭恭敬敬地向李存勖献上魏博节度使的印信符节，请晋王兼领魏博。

既然魏州已在掌中，不可能飞走，李存勖就故意做了一个廉价的高姿态，假作生气地推辞道："我是听说汴梁的匪军侵犯贵地，才出于大义，亲率大军前来相救。又听说城中新遭大难，所以决定暂时进城安抚百姓。贺公你一时误会，就把印信推让给我，却不知道这完全背离了我的本意！"

且不说贺德伦还不算太傻，知道李存勖言不由衷，说这话只不过是为了面子、里子两不误。就算他是真傻，这几天死里逃生下来，魏博节度使这个烫手山芋，他也不敢再抓了。

于是，贺德伦向李存勖跪下叩头，诚恳地说："现在大敌近在眼前，城中又刚刚发生过大乱，人心还安定不下来。我原先的心腹将领、卫士和府下幕僚，几乎都让张彦给杀光了（其实不尽然，比如和尚出身的王正言就还好好活着）！我现在衰弱得差不多是赤手空拳，怎么镇得住魏府的士兵？只怕万一再发生变乱，辜负了晋王您的大恩！"

李存勖这才不再推辞，顺理成章地亲自兼领魏博节度使。还记得前面让朱友贞头痛的那道难题吧？对魏博这样兵强马壮的重镇，到底该让能人守边，还是庸人坐镇呢？现在，李存勖给出了一个让朱友贞既不能也不敢实践的答案：我亲自上！

为了安抚贺德伦，不让人家一投奔过来就被降级使用，李存勖以早不存在的大唐天子的名义下了一道赦令，任命贺德伦为大同节度使，让他即刻前去上任。大同啊，那可是沙陀李氏的老巢，先王李克用最早就是在那里起兵的，现在封这块地皮给你，够有诚意了吧？只可惜，这诚意是打了折扣的，贺德伦一走到太原，就被留守这里的张承业扣下了，很难说这不是李存勖的暗中授意。毕竟像贺德伦这种被迫归顺的降将，李存勖不可能真正信任。

至此，由于朱友贞、赵岩安内决策的失误，以及刘鄩在前线的应对不利，李存勖大胆决断，晋国得以兵不血刃而获大利，河北重镇魏州易手。但这事儿显然不会就此结束，李存勖此时得到的只是魏州，远不是整个魏博。梁、晋双方此时都在一马平川的魏博土地上投入了庞大的重兵集团，但还没有开打，未分出胜负。双方的控制区犬牙交错，没有任何天然屏障做阻隔，彼此威胁对方的后方，无法形成稳定的边界。双方已不能轻易退让，梁、晋之间一场新的鏖战，即将来临！

魏县对峙

李存勖进了魏州。如果仔细分析，此时的魏州对他而言，同样是一块烫手山芋，有内忧，有外患，一点儿也不比不久前朱友贞面临的麻烦小。如果不下一番大功夫，他很可能不是被梁军打回去，就是被魏博骄兵赶回去！

城内面临的最大问题，来自刚刚归降的魏博叛军，尤其是刚刚升级为李存勖亲军的帐前银枪都。这支编制多达八千人的骄兵悍将，对外的战斗力与对内的破坏力是成正比的。

在李存勖送走贺德伦，接手节度使之时，魏州城内的社会秩序依然很糟糕。这些新加入晋军的士卒骄横无比，拥有丰富的砍老大经验。他们虽然一时感念李存勖的破格厚待，暂时建立起对晋王的忠诚，但这并不意味着他们的思想品质能在那一瞬间得到升华，杀人放火、强奸抢劫之类的事，他们仍旧干得同兵变以来一样顺溜。

李存勖知道，光向魏博大兵展现了他"恩"的一面是不够的，要恩威并施才是君王的治世之道。正如权谋理论家马基雅弗利在巨著《君主论》中的总结：一个优秀的君主最好既能让部下爱戴，又能让部下恐惧，如果这两者无法同时做到，那么让部下恐惧优于让部下爱戴。所以李存勖马上露出了自己"威"的另一面，以重典治乱世，揪出一小撮来打击打击，杀一儆百。李存勖公开宣布说："以往的过错不再追究，但从今天开始，如果有人还敢结党传谣，或是纵火抢掠的，一律诛杀，绝不赦免，勿谓言之不预！"

接着，李存勖任命沁州刺史李存进为魏博都巡按使，开展严打。李存进原名孙重进，是当年李克用大同起兵时抓到的少年俘虏，后收为义子。他在李克用人才济济的义子群中，也是比较优秀的一个。他秉承李存勖的旨意，将好几个顶风作案的魏博大兵拿下，采用了一种极具视觉震撼力的处决方法，把他们碎尸于闹市街头！魏博兵是横的，但在通常情况下，还不至于是不要命的，于是数日之内，市容整肃，魏州的社会秩序得到恢复。

为稳定人心，李存勖收编了魏博的军队和文武官员，但要把他们变成能够得心应手的令行禁止的自己人，一定要打破他们原有的体系，把自己的心腹加进去，或提拔听话的资历浅的新人。

例如，李存勖就把在柏乡之战中表现优异的心腹猛将李建及安插进银枪军，然后有意安排他在里面立功，积攒下一定的威信，再担任该军总指挥（避免王景仁式的悲剧）。

又如，司空颋在帮助李存勖清除张彦一伙中立功，且是魏博旧人，熟悉当地的军政事务，也颇有才干。李存勖得魏州后，一时找不到合适人选，就先让他担任魏博判官，让他在自己与梁军作战期间全权处理军镇内的大小事务。

司空颋很兴奋，有道是有权不用，过期作废，他立即将到手的权力变现成私人财富，以及打击仇家的利器。李存勖得知后，非常不满。司空颋有一个侄儿还在后梁任职，他暗中派人去召唤侄儿到魏州来投奔自己。这下子让李存勖抓住了把柄，他以私通敌人的罪名将司空颋罢职，满门抄斩！然后，李存勖提拔了贺德伦旧部，胆小而听话的王正言接替其位。

不过，一个听话的手下，如果他的"听话"不是装出来的，那他的能耐通常也和他的胆量一样大，正好，王正言就很符合这项原则。而此时的魏州深入梁境，且不说从后方运粮的补给线本就不那么安全，就算补给线不会受梁军骚扰，以当时那糟糕的运输基础设施，作战所需的海量物资也要尽可能在当地解决。大战在即的李存勖，迫切需要一个非常能干的财政官员，替他有效地动员魏博的人力、物力来供给军需。这个工作，是王正言不能胜任的。

正好，这时魏州有一个精明强干的小吏，名叫孔谦，他精通理财，又善于拍马，且对自己低微的身份非常不满意，一心想抓住这个机会往上爬。于是，他自告奋勇，引起了李存勖的注意，被任命为魏博的支度务使，实际上架空了原属于王正言的财政大权。这孔谦上任后，果然异常能干，使出各种强硬手段征税敛财，硬是在旁人看来因大乱而财力枯竭的六州之地，源源不断地挤出金钱、粮草，保证此后十年间，晋军军需未出现过短缺！

不过，当时的税收基本上都属于零和博弈，在经济本身得不到良好发展的前提下，官府收得越多，民间自然留得越少，百姓生活日渐穷困。孔谦在为李存勖不断赢得大量财政收入的同时，也在使李存勖渐渐失去河北的人心。只是这一效应，李存勖一时还看不出来。

就对外而言，魏州城此时其实是孤悬在后梁境内，由于身后的贝州（今河北清河）刺史张源德仍然忠于后梁，并竭力与顺化镇（唐义昌镇，总部沧州，原节度使刘守奇可能在杨师厚死亡前后也已死去，由戴思远接替）结成联军，相互支援，频繁袭击晋军粮道。同时，张源德也派人联络刘鄩，以期实现对魏州的南北夹击。

此时，李存勖的大军正与刘鄩大军相峙于魏县，主力顾得了南，便顾不了北，因此，他们与晋国大后方的联系很不安全。面对这一肘腋之患，有部将建议说："不如从魏县大营中分出精兵万人，先攻陷贝州，生擒张源德，再并吞沧州，这样北面直到大海都归我们所有，后方就安全了。"

李存勖有更深的思考："你这计划说起来容易，做起来难啊！贝州是有名的坚城，守兵也不弱，哪里是短期内可以轻易攻陷的？何况他们还能得到沧州方面的援助，一旦攻城不克，打成了拉锯战，我们就更加被动了。德州（今山东陵县）位于沧、贝两州之间的大道上，守备却不太强，我军如果将其袭占，派兵驻守，就能切断张源德与戴思远相互支援的通道，而后两地陷于孤立，就不难各个击破了。"

于是，李存勖派精骑五百名连夜奔袭德州，德州的防备果然松懈到家了，这支小小的晋军竟一举克城。李存勖随后派牙将马通任德州刺史，阻断沧、贝之间的联系，战场布局开始向着有利于晋军的方向迈出了第一步。

梁、晋两军主力在魏县的对峙拖到了七月，双方都很稳重，都在找对方的破绽，一直没有发生大战。不过，一段时间的交手下来，刘鄩发现，李存勖喜欢身先士卒，大战前常常会亲自到前方侦察地形，这让他感到：出奇制胜的机会来了！

一天，李存勖吃过午饭，又带着一百余名骑兵离开晋营，沿着漳河西行，准备窥探梁军大营的虚实。李存勖兵带得不多，但全是晋军中最精悍的勇士，何况侦察活动本来只适合由小分队来执行。

那天天气阴暗，虽然时值正午，但能见度并不太好，也许在李存勖看来，这正有利于他的侦察分队隐蔽行进。可他没细想，这种天气同样也有利于他的对手设伏。

在李存勖一行前行的路上，有一片因河道弯曲而形成的潮湿低地，长满了一人多高的芦苇与灌木。摸透了李存勖行动规律的梁军主帅刘鄩，已经在这片灌木丛中伏下五千名士卒（也有记载是八千名，或一万名的），布下一个"大口袋"，就等着李存勖往里钻。到时候只需一个斩首行动，晋军兴许就会因群龙无首，不战而败。

一切好像正按着刘鄩的计划稳步推进。李存勖没什么防备地钻进了梁军的"口袋"，先行发现晋兵入伏的梁军士卒连忙擂响战鼓，五千名梁兵听到鼓声便高声呐喊着，从各自埋伏的阵位跃出，以五十比一的绝对优势兵力，将李存勖和他的一百余名骑兵团团包围，形如一个厚皮小馅的很难吃的超大号"饺子"！

不出意外，身为饺子馅的晋王殿下怕是在劫难逃了，即使没被吓蒙，也应该有些惊慌失措了吧？谁知李存勖可真不是常人，他的中枢神经不是一般粗壮，面对脑袋随时可能搬家的危险时，他没有一丝胆怯，反而从心底涌出一股如同注射了过量兴奋剂而产生的巨大快感。

如果玩真的，我们绝大多数人马上会露出叶公好龙的本色。同我们大多数人不一样，继承了李克用战士基因的李存勖，好的是真龙，只见他长啸一声，率左右纵马冲驰，像激流冲垮土坝，梁军挡者披靡！于是，那"饺子皮"不断被捅得一边凸出，一边凹下，虽未被捅破，可样子越来越不规范，倒像一只巨大的变形虫。

让李存勖如此神勇的原因，首先是他此刻带在身边的百余名骑兵，是个个都能以一当十的魏猇猛士、金牌保镖。他们在史书上留下名字的，有王门关、乌德儿，不过最有名、最突出、最重要的一个，叫夏鲁奇。

夏鲁奇，字邦杰，青州（今山东益都）人，刚过而立之年。他原本是后梁宣武军中的一个小校，做过梁将王彦章的手下。同前上司王彦章差不多，夏鲁奇也是个性情忠厚、骁勇过人的汉子，但两人似乎有些同性相斥，人生轨道一个南辕一个北辙，很快便分道扬镳。夏鲁奇在梁军中不得志，北投晋国，参与了李存勖的灭燕之战。交战期间，夏鲁奇跟随着周德威单挑过单廷珪，跟随着李嗣源单挑过元行钦。夏鲁奇与刘守光这两大猛将打斗的精彩程度，据说让交战双方的士兵都看呆了，以至于放下武器暂时忘记了战斗。

而且，夏鲁奇的打斗动作，拥有的可不仅仅是观赏性，他一手持枪，一手握剑，动作就像《三国演义》中血战长坂坡的赵子龙，奋死护卫在李存勖身边。每一个试图靠近李存勖的梁军士卒，都难逃夏鲁奇的长枪利剑。激烈的恶斗让人忘记了时间，只剩下出自本能的大砍大杀，不知不觉间，死在夏鲁奇手中的梁兵竟已超过百人！这样的纪录，在二十四史中也屈指可数。有人统计过，只有四位，另外三位是楚霸王项羽、武悼天王冉闵和血战小商桥的杨再兴。

不过，以上三位的纪录都有一个共同点：他们创造纪录的那一天，也就是他们的终结之日，一个自杀了，一个被擒之后被杀，一个直接战死。那么回到夏鲁奇身上，他是不是也应该和那三位一样，享受相似的结局呢？

只能说这一天李存勖和夏鲁奇的运气还真不是一般好，让刘鄩成功设伏的那些自然条件，此时反过来全成了他们的帮手。河曲附近崎岖复杂的地形、茂密的芦苇丛和糟糕的天气，严重阻碍了所有人的视野，使得梁兵虽多，但大多数人根本看不见目标在哪儿。只能根据喊杀声做一个粗略的方向判断，这个方向还是变来变去的，因为李存勖他们一直在芦苇丛中左冲右突。

也许有朋友会觉得，这么多人围住一小撮人，何必一定要硬碰硬地打？干吗不来个万箭齐发，把李存勖射成刺猬，不就完事啦？其实仔细看看史书记载，再设身处地想想他们当时所处的情况就明白了：对看不见的目标怎么万箭齐发？真要是万箭齐发，射死的自己人数量恐怕要远远超过敌人吧！

虽然受条件限制，大多数梁兵在大多数时候只能被动地当替补的啦啦队员，发挥不出战斗力，但巨大的数量优势还是渐渐压倒了李存勖亲兵的质量优势。从中午恶斗到下午，李存勖渐渐濒临绝境：乌德儿被梁军生擒了；王门关再没在史书上出现过，可能也进了鬼门关；夏鲁奇受伤达二十余处，兀自苦战不已，但显然距离变成忠烈祠中的一块木牌已近在咫尺。

但就在这时，形势终于发生了真正的逆转，李存勖总算与死亡擦肩而过，夏鲁奇也得以成为最幸运的家伙，没有在创纪录的那天完蛋。这一切只是因为援兵来了。

原来，晋军大将李存审（在下也不知道他是什么时候从临清跑到魏县来的），发现李存勖出去侦察敌情久不回来，怕他有失，忙带兵顺着他出去的方向一路寻来，终于在最危险的关头及时冲入战场。打了几个小时，已经疲惫不堪的梁军挡不住这支生力军，再无可能割取李存勖的人头，刘鄩只得懊恼不已地下令解围收兵。

死里逃生的李存勖，看不出一丁点儿后怕，反而像一个刚刚结束游戏的大男孩，略带几分得意地对左右说："哎呀，今天差点让敌人看笑话。"左右佩服道："也好，让敌人见识见识大王的英明神武！"

有趣的是，这次战斗，按后唐方面的记录，李存勖的亲兵仅仅死了七个人，梁兵则死伤无数，晋军大胜！但如果按后梁方面的记载，则是李存勖"仅以身免"，跟随的精锐亲兵都死光了，算梁军胜了。

这各自"双赢"的结果，闭着眼睛我们也能猜出来：至少有一方撒谎了。考究一下情理，显然是双方都在吹牛皮。相比之下，可能是后梁方面把牛皮扯得更大一些，因为刘鄩在这次功败垂成的战斗后，对从正面击败李存勖就显得一点儿信心也没有了。

最近的战局确实挺让人悲观的，就在两军主力魏县对峙期间，刘鄩把手头的赌本都押在了漳河一线，对面的李存勖却显得游刃有余，时不时分兵奇袭梁军的后方，还屡屡得手。上个月他们拿下了德州，这个月他们竟然大胆地绕过刘鄩大营，用一次夜袭攻占了梁军大营身后的重镇——被认为应该是相对安全的澶州（今河南内黄县东南）！然后，李存勖还派了一个叫李岩的将军留守澶州，这样晋军已从南、北两面同时威胁魏县的梁军大营。

李存勖发动这次蛙跳式袭击，除了置刘鄩于被动之外，可能也缘于夏鲁奇或者梁军其他降人对梁军猛将、澶州刺史王彦章的介绍。猛将的故事最容易勾起李存勖的爱才之心，自从自己当家以来，李存勖很想仿照其父李克用的成功经验，在身边搜罗一大批武勇之士，然后从中挑选精华，再认一堆义子，打造一个直接听命于自己的军官团。毕竟父亲留下的那些义子，虽然也多有猛士，但大都是自己的名义哥哥，资格太老，即使忠诚，也容易尾大不掉，用起来总让人感觉不那么得心应手。

比如，护驾有功的夏鲁奇，不久就被李存勖收为义子，改名李绍奇（虽然夏鲁奇其实比李存勖还要大三岁）。还有，如原刘守光手下的第一心腹猛将，曾被李嗣源收作义子的元行钦，也被李存勖老实不客气地直接要了过来，也收为义子，改名李绍荣。如果能再收服一个王彦章，自己身边的猛将阵容就更加豪华了！

当时王彦章正身在刘鄩大营，但他的妻儿都留在澶州，一个都没走脱，全当了晋军的俘虏。李存勖下令，一定要好好照顾王彦章的家属，然后再派密使告知王彦章：快过来吧，将军你不但马上可以阖家团聚，而且待遇保证比你在梁国时更高！

王彦章是李神福一类的人，把忠义看得远比亲情重，根本不吃这一套。他不肯背梁投晋，还不管什么"两国交兵，不斩来使"的规矩，直接就把李存勖派去的密使一刀砍了！李存勖吃了哑巴亏，还是不死心，继续厚待王彦章的家属。能把这位年纪几乎可以当自己父亲的猛将招降过来当然最好，即便招不过来，保留人质也不是坏事吧？多年以后，李存勖确认王彦章不可能归降自己，才下令处死了王彦章的妻儿。

再说澶州失守，深感已有腹背受敌之忧的刘鄩，遂放弃魏县大营，率军缓缓西退洹水，这里背靠相州的昭德节度使张筠，可互为依托。李存勖见梁军后撤，也率大军跟上，直逼洹水城外下寨，两军遂在洹水再次形成对峙。

结合最近伏击战的失利，以及周边传来的一件件糟糕战报，刘鄩做出敌情判断：晋军主力就在漳河对面，不但兵力雄厚，能时不时分兵袭扰梁军后方州县，战斗力也十分强悍，骑兵很多，往来如飞，要硬碰硬，自己没有一点儿把掌握！

不过，刘鄩没有过分悲观，晋军在总量上肯定没梁军多，李存勖在魏博投入的兵力越多越强，他就越得削弱在其他方向的防卫实力。有了这个前提，只要避实击虚，梁军还是有取胜可能的，如果斗不过你的拳头，那我总打得痛你的软肋。

李存勖最致命的软肋在哪儿呢？刘鄩将眼光投向千里之外的西北方，那里有河东的大本营——太原。

一袭太原

李存勖发现对面的梁军大营有点不对劲，是在几天以后。他看到，虽然在洹水城头的垛口间，不时有披盔带甲的梁军身影闪过，军旗也晃来晃去，看上去有所调动，但一连数日，梁军好像胆怯似的一直龟缩于城中，没有对晋军发动一次哪怕是最小规模的袭扰。

刘鄩想干什么呢？他是已经被那一次小小的失利吓趴下，要在沉默中死亡？不大可能吧，恐怕还是另有图谋，准备在沉默中爆发。李存勖觉得光知己不知彼心里不踏实，吩咐手下设法抓几个敌方的探子或割草打柴的零散军士，摸一摸梁军的底。谁知游骑派出去在周边转悠了许久，硬是没发现一个出城的梁兵。

这又是怎么回事？就算刘鄩暂时不想探测我方情况，梁军战马就不用吃草啦？梁军做饭就不用烧柴啦？对了，提到做饭，李存勖还发现一个反常现象：城中到该生火的时候，几乎看不到炊烟。李存勖带人靠近洹水城侦察，意外地发现，竟有飞鸟落在了城墙的垛口上，真是人与自然和谐相处。李存勖心里有了底，这恐怕是空城计吧，便说："我听说刘鄩这个人，号称'一步百计'，梁营这么反常，他一定有诡计。"于是，他再挑选大胆的士兵，对洹水城进行抵近侦察。

直到侦察的晋兵安然无恙地爬上城头，这才真相大白。原来，城头一个人都没有，远处看见的城头晃动的梁军身影，都是穿上盔甲的草人或木偶，绑在毛驴背上走来走去。刘鄩去哪儿了呢？晋军找来城中的几个老弱居民，盘问梁军的去向。那几个人回答说："刘鄩带兵往西走了，已经离开了两天。"

　　李存勖马上断定，刘鄩最有可能的目标应该就是自己的大本营太原，便对左右道："刘鄩这个人用兵，最擅长的就是乘人不备，暗地偷袭；而他最不擅长的，是真刀明枪，沙场决战。现在他又重施故技，不过，以梁兵缓慢的行军速度推测，他现在可能才走到太行山脚下，我们还来得及。"

　　然后，李存勖下令全军急追刘鄩，同时让将军李嗣恩抄小路昼夜疾行，务必要抢在刘鄩之前赶回太原，通知张承业备战。

　　刘鄩确实正率领着梁军向西急行军，准备奇袭太原。太原现在兵微将寡，守城的又是不懂军事的张承业，要一举拿下，应该不会太难。攻陷太原，无疑将极大地打击晋军的士气。另外，李存勖及其身边将士的家属多在太原，抓住这些人实施诱降，李存勖的手下总不可能个个都像咱们的王彦章那样油盐不进吧？

　　刘鄩的这一计如果能够完全实现的话，算得上一个好计划，运气好的话，甚至有可能成为梁、晋之间漫长战争的转折点。但谁能料到，骨感的现实总能轻而易举地战胜丰满的理想。

　　让刘鄩理想泡汤的第一个因素，是当时少了一件东西，叫作天气预报。梁军才走到太行山，这山区就下起了大雨，还是那种一连十几天坚持工作、废寝忘食、不知疲倦的大雨。

　　本来太行山路就崎岖不平，多悬崖绝壁，十分难走。传说当年曾害得老愚公费大力气去移山！现在山路借助雨水的威力，路上的淤泥动不动就积起一尺多深，又湿滑，又陷脚，更成为所有行路人的地狱。

　　衣服和心灵都已湿透的梁军士卒，一面忍受着没完没了的天然淋浴，一面紧紧抓住峭壁上的藤蔓，手足并用，疲惫地在泥浆中艰难挪动。由于缺少干燥的宿营地和干净的饮用水，很多士兵患上腹泻、脚肿等疾病，常常在爬山时头一晕，便失足跌落深谷，连尸体都找不到！

让刘鄩的理想雪上加霜的第二个因素，也是少了一件现代玩意儿，叫卫星定位系统。其实在不熟悉的地区行军，没有卫星定位也不是什么大不了的事，只要找几个向导就能对付，要不古人都别打仗了。问题在于刘鄩军队的向导，实在有些奇葩。

史书记载，刘鄩选择了从洹水到太原间最短的道路黄泽岭越太行山进入河东，这里也是几个月前李存勖出河东时所走的通道，这说起来也很合理。当刘鄩带着大军拖泥带水，跌跌撞撞地进至乐平县（今山西昔阳），距离太原还有三百里路程时，突然打听到晋将李嗣恩已先至太原，城中已有准备，奇袭已经不可能了！

祸不单行的是，据说身后晋军的追兵也马上要杀过来了，而北边，卢龙节度使周德威的军队也正急速奔来！梁军南、西、北三面有敌，而东面是高耸的大山，将他们与友军远远隔断！换句话说，梁军已经在无意间钻进了一张巨网，只不过晋军还没有来得及收网。此时，已经减员十之二三，既精疲力竭又失望透顶的梁军士卒，人人惊恐万分。

光看文字，这段记载也看不出什么问题，但如果你翻开地图一瞧，哈，问题大了：从黄泽岭到太原之间，走正路的话根本就不过乐平！除非是一位热心"驴友"，出行目的不是赶路，而就是要饱览险峻壮丽的太行风光，才会故意顺着大山的走向，在山区中间向北拐这么大一个弯儿。

难怪刘鄩大军会先发而后至，落到李嗣恩的后面。要不然，仅仅是上天作梗，下大雨路难行，也不可能单单针对梁军吧？

乘敌不备，千里奇袭，最浪费不起的就是时间！刘鄩当时不可能有那么好的闲情雅致，来游山玩水。那么最合理的解释，就应该是梁军找的向导不合格，大军迷路了。这并不是不可能的，以前朱温亲征成德，在河北大平原上都迷过路。如果更阴谋论一点，甚至不排除那向导就是晋国细作，故意把梁军往弯路上引。

实际上，刘鄩的计划几乎不可能成功，因为还有潜在的第三个因素：曾让氏叔琮前辈三攻不克的太原城不是那么容易拿下的。刘鄩即便没有遇上坏天气，也没有走弯路，在晋军回援之前攻克它的概率也十分微小。刘鄩自己没有来得及试一试，但梁军的其他部队不久就会替他做完这个试验。

镜头回到乐平。濒临绝境的梁军将士快要崩溃了，很多人都在埋怨刘鄩不该把大家带入绝境。更多的人嚷嚷着：不干了！我们各自逃命去吧！哭声与喊声响成一片。

危急关头，刘鄩体现出了自己的名将素质，他召集众人，用最诚恳的口气对大家说："如今，我们离家已有千里之遥，深入敌人的腹中，前后都有敌兵，随时可能对我们发动夹攻。四周又都是高山深谷，我们就像掉入了深井之中！纵然大家分散逃跑，又怎么可能逃得出去呢？如今唯一的希望，是所有人团结一心，杀开一条血路，拼死突围，那么大家都还有活命的机会。就算失败，咱们以一死来报答君父之恩，做一个忠烈之鬼，也好过窝窝囊囊地当逃兵而死！"

众人听罢，心情由悲愤转为悲壮，不再怨天尤人，真正与刘鄩团结起来，万众一心，为活命而拼命。

也算是否极泰来吧，刘鄩这一趟出征，去的时候虽然麻烦不断，霉事连连，回来倒还算比较顺利。峰峦叠嶂的太行山成为梁军最好的掩体，不管是李存勗的围追，还是周德威的堵截，都在绵延的群山里扑了个空，根本未能抓住梁军的尾巴。

在周德威的前锋到达土门关（今河北获鹿县西南，井陉的东面出口），还未切断梁军东退之路时，刘鄩已率众取道邢州西面的陈宋口，再次翻过太行山，回到了河北平原。就这样，梁军在付出了人员十折二三，战马损失近半的沉重代价后，成功带着大部分有生力量，跳出了晋军南北对进的大围堵，重新转危为安，完成了一次大撤退。

此时，由于连续数月，梁、晋双方都在魏博一带猬集重兵，虽无大战，但军资消耗甚巨。不论是梁军还是晋军，军粮供应都十分紧张。除了就地征粮，梁军主要靠山东一带的藩镇提供补给，不过已经很缺粮的刘鄩部暂时够不着。虽然邢洺节度使阎宝也能提供一些军粮以解燃眉之急，但邢州本就处在前线，自身都还得靠后方资助，不可能长期供给刘鄩的大军。

晋军补给则主要靠赵王王镕与北平王王处直这两个小盟友承担，二王送来的军粮，先要送到临清（今河北临西，不是今天的临清）贮存，再分拨给前方各军。针对这一情况，刘鄩一计不成，又生一计：既然晋军主力暂时被自己吸引到西边爬大山，那么临清守军多半空虚，不如乘机将其袭占，以收曹操奇袭乌巢之效。于是，刘鄩顾不得军士疲劳，一出太行山便向东速行，过邢州，渡漳河，一直进抵宗城（今河北威县东）。

再说抵达土门关的晋军大将周德威，听说刘鄩已经溜出包围网，回到太行山东边去了，身经百战的军人直觉让他马上感到：临清可能有危险！

于是，周德威立即让骑兵掉头转向东南，直奔临清。四条腿跑路的周德威部骑兵，速度到底比大多数靠两条腿跑路的刘鄩部梁军快，在刘鄩到达宗城的那一天，周德威部也到达冀州的南宫县，并探明了梁军的确切位置。

南宫的位置在宗城之北约百里，宗城再往东南约三十里就是临清。换句话说，此时周德威距离临清的路程，仍然比刘鄩远四倍多。刘鄩如果不在宗城停留，马上进攻临清，仍有可能赶在周德威之前拿下这个晋军的粮草集结中心。

然而，刘鄩还是让梁军暂停了下来，稍作休整。这既是因为他的军队经过几乎不间断的长途行军，已经非常疲劳，更是因为他此时不了解敌情，摸不清晋军在临清的守备力量究竟有多强。面对李存勖这样的强敌，刘鄩的心里多少有点发虚，不敢轻易打无把握之仗。

刘鄩这一小小的失误给了周德威良机，他马上派出跑在最前面的少量精锐轻骑，径直南奔。在距离宗城不太远的地方，这小队晋军轻骑抓住了刘鄩派出的一队斥候，砍断他们的手腕，放他们回去传话给刘鄩："周侍中（周德威当时的官职是检校侍中兼卢龙节度使）已经进入临清了！"

当天傍晚，变成了残疾人的斥候们奔回大营，让刘鄩大吃了一惊，如果周德威真的已经进了临清，那袭击临清、断敌粮秣的计划显然就不能再执行了。只不过，周德威怎么会来得这么快呢？这可信吗？刘鄩有些拿不准，决定还是等明天天明探听到确凿消息再做定夺。

刘鄩稍一迟疑，周德威集合了一批陆续跟上来的军队，连夜急行军，奔向南方。第二天天明时分，梁军士兵还没有完全起床，只见周德威所部晋军，从距离梁军大营不太远的地方一掠而过，直奔临清而去！

刘鄩看到这一幕，才知道自己刚刚错过了良机，懊悔不及。不过那也晚了，刘鄩只得下令全军拔营，转向东北，先去贝州与张源德会合。

古史中对大规模战争的记载，常常是挂一漏万，不少内容，有些甚至是比较关键的内容，都有可能找不到任何记载。这使得我们今天要想尽可能还原一场战争的原貌，就像完成一幅丢失了很多块拼板的拼图，不得不加入很多推测与猜想，来填补各块拼板之间的空白。

比如说，魏博拆分成天雄与昭德两镇之后，天雄共三州——魏州、博州、贝州。张彦等人在魏州发动兵变，贝州张源德表示不接受，旗帜鲜明地站在后梁一边。那么，还有一个博州的态度如何？什么地方都没说。

又比如，为对付魏博兵变和晋军干涉，朱友贞实际上是向战区投入了两个野战兵团。

一个是一直处在聚光灯中的刘鄩兵团，兵力初始为六万人，后来屡有损失和增补，增加到七八万人。另一个就是时隐时现的牛存节—王檀兵团，其兵力也飘忽不定，少的记载是三万人，多的记载是五万人。这么一支不算弱小的兵团，虽然因为牛存节突然病亡而不得不临阵易帅，多少会影响它的发挥，但这都几个月过去了，在刘鄩与李存勗斗智斗得不亦乐乎之时，王檀兵团的行动毫无记载，他们到哪儿冬眠去了吗？

好吧，现在就让在下，用推测和猜想，来与大家一道寻找这两块缺失的拼图。

魏博六州中，其余五州都能找晋军占领它们的确切时间，唯有博州例外，这可能是博州接受了魏州张彦集团的命令，与魏州一同投晋，属于买一送一，故没有特别说明。此后在整个梁、晋的魏博争夺战期间，找不到任何晋军进攻博州的记录，却找得到晋军和平进驻的记录，这大概也可以作为博州主动降晋的旁证。

推出了博州降晋，那下一块拼图的疑问也就相对好解释了。牛存节病危时，他和他所率的部队正进至黄河南岸的杨刘渡口（今山东东阿东北，因为黄河改道的关系，现在已经处于黄河之北了），正准备渡河。那么，杨刘渡口的对面是哪儿呢？正是博州。

至此，我们可以大致看清后梁军队的部署了：以刘鄩兵团为主，攻魏州，以王檀兵团为辅，攻博州，东西对进。在李存勖大举介入后，刘鄩对魏州的进攻受挫，不得不改弦易辙，王檀对博州的攻势显然也不太顺利，一直没能拿下。

再说李存勖追击刘鄩未果，也东归返回河北战场，在得知刘鄩已进贝州后，他或许为了解救博州，并阻止后梁的刘鄩、王檀两兵团会合，便东进博州。寡不敌众，王檀不敢与李存勖所率的晋军主力交战，只得撤退。

贝州的存粮显然也不可能很多，供应张源德手下的三千守军没问题，刘鄩的几万大军如果在此长驻，就吃不消了。于是，刘鄩没有在贝州久留，大军稍做休整，立即南下，从地图方位上看，果然是想与王檀会合。在李存勖进入博州的同时，刘鄩攻进了隶属博州的堂邑县（今河北堂邑）。

周德威不肯让刘鄩走得这么顺畅，也出临清追击梁军，与刘鄩几乎是前后脚抵达堂邑。周德威立即展开攻击，先到一步的刘鄩据堂邑县城为依托，防守反击。周德威部多是骑兵，人数不多，攻城能力并不强，一经交战，被刘鄩击退。周德威干脆诈败，想引诱刘鄩向北追击，让其远离南下的既定目标，反正两军机动能力有差异，刘鄩真要追上他，也不容易。

刘鄩没有上当，稍做追击，将周德威逐远一点之后，马上放弃堂邑，全军南下。博州已经没有王檀兵团，却多了李存勖的大军，所以不能去了。他也不能跑到黄河南边去，否则后梁在黄河以北的各州会对局势绝望，恐怕都要沦陷。所以刘鄩决定找一个既能威胁魏州、博州，又能给河北还在为后梁坚守的各州打气，同时补给又不太困难的地方，扎营固守。最后，刘鄩选中了莘县（今山东莘县）。

莘县隶属魏州，差不多在魏、博两州中间，南面距离当时的黄河只有十里左右，河对面就是后来因武松打虎而出名的阳谷县。刘鄩将其攻占后，马上进行了军事改造，修整城墙，挖深护城壕，还在城池到黄河渡口间抢修了一条夹墙甬道，用以保护从黄河南岸阳谷县那边运来的粮草。

李存勖得知刘鄩出博州之西，便离开博州，一路西来，寻求决战。但刘鄩已据城固守，李存勖求决战不得，最终在莘县城西三十里扎下大营，梁、晋两军的主力部队，再次在此形成新的对峙，其间多次发生小规模交锋，未分胜负。

再说王檀率部从博州一线撤下来，知道这样的业绩肯定没法让皇帝满意，便主动向皇帝提出新的作战计划，既然晋军主力都在围着刘鄩打转儿，那我部不妨避实击虚，进攻澶州，重建与刘鄩和魏州以北各州的陆路联系。

八月间，朱友贞命王檀为主帅，宣义留后贺瓌为副手，联兵反攻澶州。此时，李存勖、周德威都在博州、莘县一带与刘鄩对峙，李存审奉命围攻贝州，李嗣源守魏州，晋军各主力部队都有任务，澶州守军较为薄弱。借此良机，王檀、贺瓌一举攻陷澶州，生擒守将李岩，押送汴梁献俘。这样，自魏州兵变、梁、晋魏博争夺战打响以来，梁军总算获得了一次久违的胜利。

朱友贞任命将军杨延直为澶州刺史，从王檀兵团中分出一万人马配属给他，要求他转而服从刘鄩指挥，全力支持刘鄩作战。光从这件事可以看出，起码到此时，在两位大兵团司令中，朱友贞对刘鄩的支持力度仍要大大高于王檀。

朱友贞和刘鄩并不是什么同甘苦共患难一路走过来的创业兄弟，并没有相互熟知的信任基础，所以这种支持力度越大，只意味着他对刘鄩能给他带来的回报期待度越高。如今，王檀、贺瓌取得了澶州之捷，那么，他给予最大支持，也寄托着最大期待的刘鄩，也该给他带来一次好消息了吧？

朱友贞很焦虑，这种焦虑并不是大梁皇帝吃饱了没事干瞎折腾，而是源于他作为后梁王朝当家人，亲身体会到的柴米贵。后梁朝廷需要供应多支军队对外作战，除了刘鄩、王檀两大军团，在关中，静难节度使霍彦威

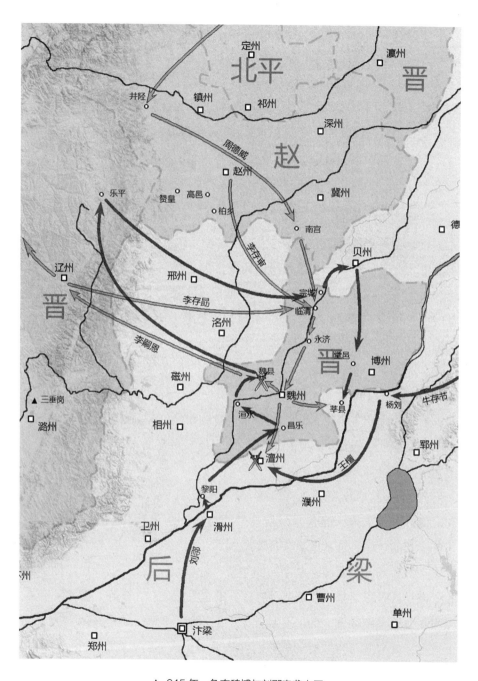

▲ 915年，争夺魏博与刘鄩奇袭太原

正在抵御岐军第一名将刘知俊的进攻，在河中，为牵制晋军行动，梁将尹皓正进攻晋国的隰、慈两州。对于一个已经发展成熟的国家来说，打仗就是烧钱，在后梁帝国算不上十分强健的肌体之上，有好几道伤口正在同时放血。

朱友贞感到，有必要催促一下刘郭，让他体恤一下国家的艰难，尽快打完这一战，好舒缓一下后梁中央所面临的财政窘境。

于是，朱友贞用最客气的口吻，给一直在莘县大营坚守不战的刘郭，送去一道诏书：

"朝廷之外的大事，我全都托付给将军了。河朔各州，一旦沦陷敌手，大军长期曝师于外，各种各样的困难，每天都在滋生增长，如果退到黄河，士卒更无斗志。昨天，东边各藩镇向我送上奏章，都说他们的仓库府藏已经快用光了，各地飞车转运也跟不上前方的巨大需求，而且有大量运送粮草的民夫被晋人袭击，伤亡被俘十分惨重！看着这些报告，我日夜揪心，忧虑满怀。将军你与国家共命运，当为了国家好好考虑良策，如果发现敌人没有那么多，就应该及时设法将他们打败。既为国解忧，也让我这个皇帝，当得不至于辱没先人！"

刘郭看到诏书，很为难。他要有速胜的机会，何用朱友贞催促？打不赢的话，催促也没用啊！想来想去，他还是实话实说，把前线的实际情况细细给皇帝解释一遍：

"我本来打算出奇兵，直捣敌人的腹心，再回军攻取镇、定，假如顺利，也许只需要十天半个月，就能扫清河朔！谁知上天还没有厌倦战乱，一连十天的大雨，让我军携带的军粮耗尽，大批士卒染病，计划只得功败垂成。然后我又打算攻占临清，断绝晋军的补给，谁知才走到宗城，周德威竟带兵从千里之外突然赶到，使这一策也没能成功。现在，我退保莘县，深沟高垒地坚壁固守，为的是加强士卒的训练，同时让他们稍得休息，日夜戒备，好寻找可以取胜的战机。据我观察，晋军的人数非常多，而且楼烦（代北地区的古称）的铁骑，能骑善射，是真正的劲敌，万不可以轻视他们！如果能找到合适的出击机会，我怎敢苟且偷安，坐视匪寇猖獗呢？

我与国家休戚与共的忠心，天地可鉴！"

故元城之战

人们常常是对自己的困难感受颇深，而对别人的困难容易掉以轻心。像朱友贞，即使见到了刘鄩的解释，也没法真正体会到：刘鄩面前那本经，比自己的这本还难念。朱友贞只是心急如焚地再次派出使者，询问刘鄩："将军现在可已有破敌的良策？"

刘鄩的回答可以气死朱友贞和赵岩那帮后梁的财政官员："我现在没有什么好办法，只希望每名士兵都能得到十斛粮食，等到粮食吃完，应该就可以破贼了！"

刘鄩所说的粮食数量，一斛对应一石，合 120 斤。当时的一斤大致等于今天的 661 克，所以一斛粮食约有 79.3 千克，十斛就是 793 千克。按吴慧先生在《中国历代粮食亩产研究》中的推算，在唐朝极盛时，年人均占有粮食为 332.5 千克，那刘鄩要求的数量够大兵饱饱吃两年多。如果刘鄩兵团的人数约为 7 万计，那么他要求送到前线的粮食总数就是 55510 吨！

另外，还要考虑到，古代长途运输大宗粮食，途中消耗的数量常常会超过运达目的地的数量，而且数量越大时这个问题越严重（因为在就近地区越难凑够粮食，不得不从更远的地方转运）。更不用说还有晋军骑兵时时在袭扰粮道，给梁军的后勤工作雪上加霜。考虑到以上因素，后梁官方实际需要筹备的粮食数量，比上面那个已经不小的数字翻上几番也是很正常的！如今可是乱世呀，比不得盛唐，战乱之余，疆土狭小，你这样狮子大开口，不是逼着国家盘剥百姓吗？后梁一朝在五代之中，原本可是以赋税较轻著称的。

当然，刘鄩的本意，并不见得是真要朱友贞给他在莘县修个大粮仓，可能只是想说明破敌不容易，让朱友贞不要遥控指挥，为自己坚守不战的拖延战术争取尽可能多的时间。

不过，这也充分证明刘鄩不善于向领导汇报工作。果不其然，接到刘鄩仿佛敲诈勒索般的回奏后，朱友贞既失望又愤怒，口中不再有平日的温文尔雅，严厉斥问道："将军你囤积这么多米，是真的为了破贼，还是饿疯了，就为了充饥？"

既然光靠好话好说解决不了问题，那就只好采取一点儿强硬措施了。朱友贞向莘县大营派去了一位中使，代表皇帝督战。中使，就是宫中派出的使节，后来专指宦官。十二年前，朱温用一场大屠杀几乎终结的宦官监军制度（只有河东、卢龙等少数地区因不买朱温账而未执行），现在他儿子又恢复过来。历史转了一个圈，再次通过一个细节，体现出它难以被扼制的巨大惯性。

面对皇帝派来的监军，刘鄩想用"军心民意"来对抗。于是，他召开了一次军事会议，叫来众将，以强调困难为中心，对大家说："皇上居于深宫，不了解前方的军事情况，整天和几个白面书生坐在那里纸上谈兵，要按他们的方略，肯定要坏事！自古大将出征，君命有所不受，作战计划这东西，只能根据实际情况的变化及时变更，哪能预先锁死？依我看，如今对面的敌军非常强大，我军不能轻率与之决战。你们有什么看法？"

谁料众将不知是对刘鄩的泡蘑菇战术已经不耐烦，还是怕得罪从汴梁来的中使大人，竟纷纷主战，连一个附和刘鄩的都没有。大家齐道："不管是胜是负，也该摊牌了，不然，这样一天接一天地拖下去，什么时候才是个头？"

刘鄩万没想到自己竟成了少数派，在军中的威信已是岌岌可危，他非常不高兴地宣布散会。退下后，刘鄩十分感伤地对左右心腹说："皇上不明白事理，臣子只会投其所好，将领骄傲轻敌，士兵伤病疲惫！在这种情况下决战，我将来不知会死在什么地方！"

几天后，刘鄩又把众将召到了中军大帐，在每个人面前摆上一罐黄河水，命众将喝下去。大家不知道他葫芦里卖的是什么药，只一看面前这罐纯天然的黄色饮料，便个个面露难色。有人硬着头皮喝了一口，马上被里面的泥沙噎得直抻脖子。多数人都想法推辞："唉，刚喝过，还不渴呢！"

刘鄩看着众将的窘态，正色道："连一罐水都这么难喝，那滔滔黄河，你们喝得完吗？"众将听罢，大惊失色。

刘鄩这段话的意思，有人认为是把晋军比作滔滔黄河水，不是容易战胜的。但也有人认为，这是在预示着大军与晋军交战的后果。总之，都是很不吉利的预兆。

报复完众将对自己的不支持，刘鄩总得做点儿什么应付朱友贞派来的中使。又过了几天，他率一万人马发动了一次出击，打击的目标是敌军阵营中的软柿子，李存勖的两个小盟友——王镕和王处直的军队。前文提过，晋军的补给，除了让孔谦就地筹集，主要来自王镕与王处直的输送，所以二王派来的人很可能只是辎重部队，比较好对付。

在梁军的突然打击下，赵军与北平军的军营大乱，大批士卒被俘，大批物资被缴获，刘鄩眼看要大获全胜。但好景不长，得知梁军出击，晋军大将李存审急率两千名骑兵赶来救援，紧接着，李存勖让李建及率一千名银枪都劲旅赶来助战。梁军先胜后败，退回莘县大营。

这次失利后，一连数月，梁、晋两军没再发生大的战斗，继续对峙。刘鄩找不到在战场上取胜的办法，派人诈降晋军，打算让降人贿赂晋营的大厨，让他毒死李存勖。这办法听着都不靠谱，结果证明确实不靠谱，很快，阴谋泄露，派去的人让李存勖一网打尽。

那没办法了，继续等吧！

这一等，就等到了后梁贞明二年（916）二月，据守莘县大半年，天天被监军的中使催战的刘鄩，终于探听到一个期待已久的好消息：晋王李存勖已离开城西大营，返回太原，营中只留下副总管李存审的军队。

刘鄩大喜，他一直畏惧的只是李存勖，只要李存勖不在，对付晋军其余诸将，他觉得自己有把握。更何况，天天被人嚼耳根的日子，也实在不好。总算有个向皇帝交差的机会了，刘鄩即刻上书朱友贞，自己即将反攻魏州，收复失地，震慑宵小，驱逐晋军。

奏书递上，朱友贞也非常高兴。长久以来，刘鄩给朱友贞的印象是谨慎小心，不肯打无把握之仗，这次他在奏章上的语气那么有信心，看来胜利应该是十拿九稳！想到河北局势即将转危为安，国家的财政无底洞即将被堵上，大梁皇帝带着激动的心情，以朱笔回复："我将全国能动员到的兵力、财赋，都托付给将军了！国家的兴衰、社稷的存亡，全系于此役的胜败，将军可要多加勉励啊！"

后梁君臣要是有我们今日的"上帝视角"，知道李存勖究竟去了哪儿，就不可能这么乐观了。实际上，李存勖离开与刘鄩对峙的莘县西大营不假，但根本没像他对外放话的那样西归太原，而是悄悄跑到北边距离并不太远的贝州城外，犒赏围城官兵去了。李存勖此行，就是想制造一个他已远离前线的空当，引诱刘鄩离开莘县大营的坚固阵地，出来与他决战。

话说回来，纵然朱友贞缺乏军事经验，也许会上当，刘鄩可是出了名的谨慎小心，又以奇谋见长，精通各种诡计，在面对这条突如其来的利好消息时，为什么没有一点儿怀疑，不担心这是李存勖在耍诈呢？

原来，在刘鄩与朱友贞看来，李存勖返回太原，根本就是在他们计划内必然发生的事，一点儿也不让人意外。

稍前，王檀将收复澶州的成功经验加以发展，向朱友贞提出了一个与去年刘鄩的方案有些相似，但合理性与可操作性都更高的新作战计划："既然李存勖已将大部分军事力量投入魏博战场，其老家河东必然空虚。同时，岐国对邠州的进犯已被我军打退（其实主要是因为前蜀伐岐，俘虏了岐军主将刘知俊的家属），原先聚集在关中的军队、物资正好有富余。我现在不妨率本部西进河中，会合关中的军队，然后沿汾河谷地溯流而上，取道阴地关（今山西灵石西南），直取太原！"

到了那个时候，李存勖如果从河北调兵回援太原，就会给刘鄩创造在正面战场大反攻的机会。李存勖如果拒不从河北调兵，一旦太原失守，根本动摇，在五代这个下克上盛行的时代，此举对晋国上下产生的心理震撼力也将难以估量。王檀选择的这条道路，比去年刘鄩奇袭太原的那条道要长很多，但路况要好得多，没有险要难走的山路，只要沿着汾河走，也不用担心迷路，且大部分路段位于后梁内地，保密更加容易。

看过王檀的分析，朱友贞大喜，这真是好计呀！苦等胜利，早已望眼

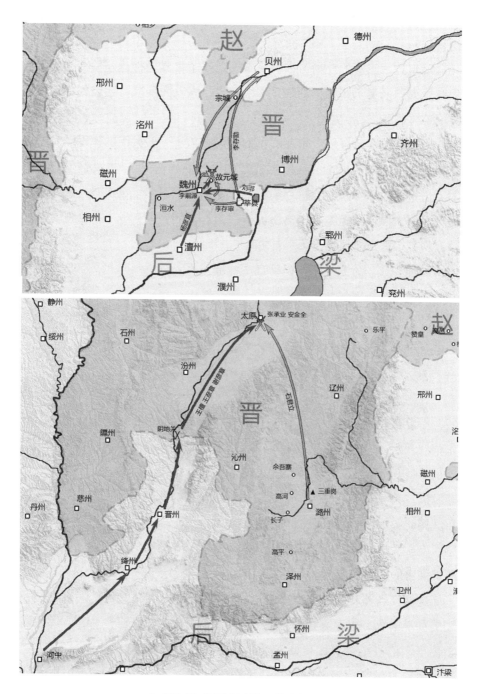

▲ 916年，故元城之战与王檀奇袭太原

欲穿的大梁皇帝立即批准这个计划，命王檀用最快的速度加以实施，尽快扭转战局。

没想到，王檀的计划这么快就看到效果了，真是神速哇！李存勗果然不敢置太原老巢于不顾，刘鄩兵团乘此良机发动大反攻，还有任何值得犹豫的地方吗？

不过，从事后来看，朱友贞与刘鄩高估了王檀兵团的速度（只要距离稍远，君主就不可能实时掌握前方兵团的准确情况），也高估了李存勗手下情报网的工作效能。李存勗其实并不知道梁军即将再次袭击太原，他谎称返回太原这条原本不算高明的诱敌之计，阴差阳错成了将计就计，成功地将刘鄩这条大鱼钓出了莘县。

刘鄩下令，命澶州刺史杨延直率本部一万人马由南向北，与从莘县出发的主力部队在魏州城外会师，再一起攻城。

受通信条件限制，梁军的协同无法做到很精确，结果是杨延直部比刘鄩大军早半天来到魏州城外，而且到达预定位置的时候正是半夜，士卒又累又困，摸黑扎营。

晋国的魏州守将李嗣源见有机可乘，派遣五百名精锐敢死队悄悄出城，借着夜色掩护逼近梁军，突然高喊着袭击了立足未稳的杨延直部。星光暗淡，心慌慌的梁军士卒看不清出击的晋军究竟有多少，也搞不明白敌人是从哪儿来的，惊恐之下，竟发生了崩溃，纷纷四散逃命。

第二天一早，刘鄩大军抵达魏州城东，正好收容杨延直部的大部分逃兵。见此番一出师便遭遇不利，刘鄩不禁倒吸了一口凉气，一种不祥的预感涌上心头。只是刘鄩没想到，从预感到现实，所需时间竟如此短暂，有两支强大的晋军正向他逼近。

这两支晋军中的一支，刘鄩是很清楚的，也早有防备。刘鄩率部离开莘县没多久，李存审也率部离开莘县西大营，紧跟在刘鄩大军的身后。李存审知道梁军兵力比自己多，又知道李存勗想要干什么，所以一路上只是尾随，没有攻击。也许在刘鄩看来，这是自己后卫设置严密，无懈可击的结果！

但是，另一支从北面赶来的晋军，大大出乎了刘鄩的预料。原来，钓鱼人最关心的就是鱼有没有上钩，所以刘鄩一出动，就被一直密切注意其动向的李存勖知道了。浮漂一动，自然该收竿了，于是李存勖立即统领大军，从贝州城外出发，直往南下，与李嗣源所率守城军队相会于魏州城外。

刘鄩看见晋军人马源源而至，就要对自己形成反包围，又见远处出现了李存勖的旗号，不禁大惊失色："这是晋王啊！"

上当了！朱友贞交给自己的这支大军已陷入腹背受敌的危境！刘鄩不敢奢望取胜，全师而退才是此刻最大的目标。按常理说，梁军最合理的撤退路径有二。一是掉头向东，返回他固守大半年的莘县。不过，李存审就在身后，这条路恐怕是走不通了。二是向南，去杨延直的出发阵地澶州。但刘鄩没有选择这条路，可能是被晋军堵住了。

结果，刘鄩让全军结阵，缓缓向东北方撤退。在下不能准确判断刘鄩为什么要这么做，或者他是想绕开从东面跟上来的李存审，返回莘县，又或者他是想避开正北来的李存勖，再去贝州会合张源德。但不管刘鄩是想去莘县，还是想去贝州，显然都很难顺利到达，这里不是乐平附近的太行山区，而是一马平川的华北平原，几万大军行军基本上不可能隐蔽。何况此时刘鄩部梁军绝大部分是步军，骑兵极少，在机动性上处于劣势，很难甩脱晋军的追击，越往北则越远离后梁后方，越容易陷入晋军的重围！

果然，没走太远，刘鄩大军就在魏州东北二十余里的故元城被晋军包围。故元城，本是汉朝时的魏郡元城县，后因元城县治南迁（成为此时的魏州州治），原县址改称"故元城"。又因为它是结束了西汉的新帝王莽的出生地，故又别称"王莽城"。

是时，猎猎旌旗布满王莽故乡郊外古老的原野，双方十多万大军严阵以待，准备进行一场惨烈的大厮杀。李存勖结方阵于西北，李存审结方阵于东南，将刘鄩大军夹在中间。刘鄩见情势如此，感到大军已无法走脱，命全军摆出一个便于四面防守的圆阵，准备拼死固守。梁军士卒机械般迅速完成刘鄩的部署，但与周围士气高昂的晋军将士不同，他们看不到一丝胜利的希望。

圆阵是一种防御力很强的阵形，但几乎没有机动性，很难移动，不变阵基本不可能主动突围，只能在原地固守待援。可几乎每个人都知道，现在，他们就是后梁帝国最强的野战兵团，其他友军不够强大，而且离得太远，不可能来救他们。这种待不来援的固守，难道不让人绝望？

梁军士卒心里充满了悲愤与恐惧，如果说还有什么能给他们带来一丝安慰，让他们能够坚持着勇敢地战斗下去，那就是主帅刘鄩还在他们中间。也许这个"一步百计"的男人，会像去年在乐平那样，在最后关头使出妙招，将大家救出险境！

战斗开始了，晋军扩展两翼，完成了对梁军圆阵的四面合围，然后发起一轮轮冲击。这一刻，就像狂风席卷着巨浪，猛力拍向岸边坚硬的礁石，声震长空，周而复始！为了死中求生，梁军虽处绝境，抵抗仍十分顽强，一次次打退了晋军的冲击。圆阵依然保持完整，只是阵里阵外都倒下了大批刚才还生龙活虎的年轻战士，多少春闺梦里人，化作无定河边骨。

战斗持续许久，一直分不出胜负，但双方的士卒都已经开始感受到这种高强度体力活动带来的疲劳。一方是被围的，一方是围人的，因此疲劳给双方带来的影响并不是平等的。握有主动权的一方，可以决定战斗开始的时间和地段，攻击方不怕有弱点，士卒也可以根据需要轮流休息；被动的一方，必须保证圆阵的每一段边都保持最佳状态，稍有破绽，就有可能使整个大阵像溃于蚁穴的大坝那样，完全崩溃！

晋军大将李嗣源率领两千名精锐横冲都铁骑，在围梁军的圆阵中跑圈。他深信经过长时间高强度的作战，刘鄩的圆阵不可能还是铁板一块，无懈可击。果然，他发现有一段梁军队形稍显混乱，身经百战的"李横冲"立即抓住战机，挥动铁骑，直插了进去，像一柄锋利的手术刀，切入庞大身躯的软腹部！

刘鄩声嘶力竭地高呼："顶住！"但他比所有人都清楚：顶不住了！继续留在这里，只能是死路一条！

片刻，很多梁军将士看到了让他们震惊、愤怒甚至绝望的一幕，刘鄩，就是那个曾经以足智多谋，屡建功勋，爱兵如子而赢得士卒的尊敬与信赖的大帅刘鄩，挑选了一个晋军包围圈不够严密的地段，在几十名精骑的保护下，抛下还在奋战的七万大军，独自逃走了！

支撑梁军士卒战斗下去的最后精神支柱崩塌了！原本那个团结协作、坚强不屈的整体，变成七万多只零散的无头苍蝇，再没有统一的作战或者突围行动，而是各人顾各人了！

大批梁军士兵脱掉盔甲，扔掉手中武器，不过，这种求生的办法并非十分保险，好多梁军老兵都听说过，几年前的柏乡战场上，解除武装的人死得更快！更多的梁军士卒没有投降，而是撒开两腿狂跑。不知道是晋军兵力尚不足以对七万大军形成有效的包围圈，还是李存勖为减小本方损失，防止梁军做最后的困兽之斗，故意围三阙一。总之，大多数梁军士兵都冲出了故元城外的战场，在晋军的追击下而不是包围下奋力逃命。

抛下沿途的战友尸体，梁军士卒逃到大河边。史书没明说是哪一条大河，从地图上看，距离故元城最近的大河是西面的御河，也就是大运河永济渠一段。不过，梁军要逃生，没理由往西边跑，最有可能的估计还是南边的黄河。因为南方才是梁军士卒家的方向！

只不过，绝大多数人再也不可能回到自己的家了。滔滔大河阻住了逃生的去路，大战爆发，渔民估计都躲远了，河上找不到现成的船只，就算找到，也不可能满足几万人的需要。

有的梁军将士选择了爬树，想先在树上躲一躲，等安全再逃生。可见当时河北平原的生态环境比现在好，树木还很多。只不过树木很多，掌握这项技能的人车载斗量，你能想到的别人自然也能想到。于是，大树上都爬满了人，树干承受不住，纷纷折断！

树上无法逃生，更多的梁军士兵只好自力更生，在晋军的追逐与猎杀下，或奔入，或被挤入大河，然后别无选择地涉水或游泳过河，大多数人倒毙在汹涌的浊流之中，无数浮尸随着大河东流入海。刘鄩那不吉利的预言应验了："滔滔黄河，你们怎么喝得完？"

刘鄩倒是逃了出来，收拾少量败兵，从黎阳渡口（今河南浚县，如今已不在黄河边）渡过黄河，退守滑州（今河南滑县）。但他前半生打造出的名将光环已丧尽。稍后，朱友贞召他入朝，他既没有脸，也不敢再回汴梁，只好不断称病抗旨，拒不入朝。

僵持一段时间后，朱友贞任命刘鄩为宣义节度使，防守黎阳、滑州。表面上看，这职务依然不低，只不过这任命已经不能代表皇帝对他的倚重（那种倚重曾经是实实在在的），只是皇帝一时无法除掉一个潜在的危险分子，不得已采取了权宜之计。

朱友贞有足够的理由对刘鄩不再倚重。因为故元城之战，是后梁建国以来，继夹寨、长城岭、柏乡之后的第四次大惨败。此战不久，后梁的势力被迫完全退出河北，只能凭借黄河之险死守河南，苟延残喘。

许多文章将梁军在故元城之战的失利，归罪于朱友贞的催战，就像安史之乱中唐玄宗李隆基要为哥舒翰在灵宝的大败负主要责任一样。很多人都对最高权势者天生没有好感，尤其是后梁这个被很多人视为伪朝的反面朝代，以及朱友贞这位被钉在反面榜样名单上的亡国之君。但是，细看史书上的记载，这两战其实有很大的差异，并不适合拿来做类比。

朱友贞的确有催战的举动，也确实向刘鄩军中派去了一位连名字都没被记下来的中使，但他给刘鄩的压力，远远没有李隆基给哥舒翰的压力大。一个显而易见的事实是，朱友贞在乾化五年（915）八月派中使到莘县督战，刘鄩当月有一次规模有限的出击，之后直到故元城之战前，整整六个月时间都按兵不动，朱友贞也没把刘鄩怎么样。既没有"革职留任，以观后效"之类的威胁，也没有克扣军粮，逼迫决战一类的举动，相反，在他发给刘鄩的诏书文字中，仍然时不时体现对他的信任与勉励。

灵宝之战前，哥舒翰本人是极不情愿出关开战的，他心知必败，甚至在出关当日抚胸恸哭。而故元城之战前，刘鄩自己认为战机已经出现，主动向朱友贞请战。此战爆发的直接原因，并不是朱友贞的催战。身在后方，看着刘鄩充满信心的报告，而一度热血沸腾的大梁皇帝，当然应该为故元城之败负一定的责任，但恐怕不该负主要责任。

再袭太原

回过头，再看看西线战场王檀对太原的奇袭。

如果不考虑对东线战场的误导，只从行动本身而言，王檀的奇袭要比去年刘鄩的奇袭成功。这回他们没有遇到坏天气，更没有走错路。

梁军的出击阵容也比较可观，共集结大军五万人（另一说三万人），主将自然是王檀，还有两个副将，一个是我们比较熟悉的"王铁枪"王彦章，另一个和他同名不同姓，叫谢彦章。

谢彦章，是许州人，梁军上一代名将葛从周的养子。据说葛从周很喜欢少年谢彦章的聪慧，常常用千余枚铜钱代指士兵，在大盘中演示行军布阵的技巧与诀窍，将一生征战的经验传授给谢彦章，将他培养为自己的接班人。有"山东一条葛"的口传心授，谢彦章确实成长为梁军新一代骑兵将领中的佼佼者，带兵"多而益办"，听起来和"多多益善"的韩信有一比，且待人有礼，能得军心，骑士多乐为所用。

值得注意的是，两个"彦章"都是梁军中知名的骑兵将领，可能意味着在这次奇袭中，梁军骑兵所占的分量非同小可。难怪在东边故元城的战场上，刘鄩所部的骑兵会那样少。不过，通常骑兵擅于奔袭，长于野战，却短于攻坚。这些特点有可能影响了接下来的战役进程。

刚开始，梁军行动迅速，一举突破此行路上的唯一天险阴地关（今山西灵石西南），以迅雷不及掩耳之势直扑太原，然后立即攻城。

太原城由于事先没有得到任何警报，城中兵力空虚，一时极度危险。城内的最高长官，河东监军张承业，急忙用最快速度进行了总动员：所有在政府上班的人，所有来太原服役的工匠，第一批起来上城助守，再检点和集中城中男丁，准备根据战况随时增援危险地段。

这时，有人密报张承业，说滞留城中的大同节度使贺德伦，手下有人悄悄潜出城投奔梁营。

有一点儿道德洁癖的张承业，原本就对贺德伦这员窝囊的后梁降将没什么好感，才故意弄得他有官没职，有名无位。想来贺德伦心里也不可能没有怨言。平常都不大可靠的人，这种时候自然更加危险！张承业当即痛下狠手，将贺德伦及其属下全部逮捕，尽行诛杀！

张承业忠诚敬业，但毕竟征战非其所长，梁军轻易突破了外壕和羊马墙，攻至主城墙下。好在由李唐时代打造，又经李克用加固的太原城墙的确是又高又厚，坚固异常，虽然几度险象环生，但暂时未被攻破。危急时刻，城中有一员已经退休养老的晋军老将安金全前来找张承业。

安金全，代北沙陀部人，出身边将世家，精于骑射，从李克用时代起担任骑兵将领，追随李家父子从征多年，参与过夹寨、柏乡、破燕等许多大战。安金全最拿手的是快速出击，捕杀零散的梁军侦骑和打柴割草的后勤兵。吃过多次苦头的梁军士卒对他又怕又恨，给他取了一个绰号叫"安五道"（五道将军是古人神话中勾走亡者魂魄的鬼神，元明之后，他的这项业务渐渐被黑白无常顶替，《水浒传》中就有一句："未随五道将军走，定是无常二鬼催。"）。

安金全见到张承业，急道："晋阳（太原府城由紧挨在一起的晋阳、太原两县城组成，在古人的习惯上，晋阳、太原两称可以通用）是国家的根本，根本若失，大事去矣！我虽老病，不敢忘家国之忧，请把仓库里的盔甲武器发放给我，我为公组织一次攻击。"

张承业二话不说，立即发放。安金全召集子弟安审晖、安审琦，以及全部家丁、城内的其他将领家属、军队其他离退休人员，集结起一支数百人的敢死队。当天晚上，安金全带着这小队人马突然冲出北门，袭击了羊马城内的梁军。梁军没想到如此弱小的守军还敢主动出击，一时无备，竟被逐出羊马城。

再说晋昭义节度使李嗣昭，接到梁军绕过本镇辖区，袭击太原的报告后，急命牙将石君立率精骑五百名火速驰援。据说，石君立和骑兵鞭策战马，撒开腿猛赶，早上从潞州出发，居然在晚上就到达太原郊外，一天之内就狂奔了五百里！

这段记载疑有夸张，古代驿递系统传送紧急文书时，有"五百里加急"的说法，确实可以日行五百里甚至更多，但那要在沿途驿站不断更换驿马的条件下才能做到。马是动物，也会疲劳，不换马的话，一天三百里就是极限了。从潞州到太原的驿站中，恐怕不会有这么多马供石君立的骑兵更换。

不管石君立是花了多少时间赶到太原吧，他们靠近城池时，见有一小队梁军正封锁汾河上的桥梁，拦在路上。石君立马上率队，由行进间转入攻击，一举击溃这支没有心理准备的小队梁军。接着，石君立一路冲到太原城下，一边冲，一边扯开嗓子，高喊着："守城弟兄不要慌，昭义李侍中的大军马上就要到了！"

听到这样的喊话，原本想乘虚捡个大便宜的梁军将士很沮丧，城上的守军士气大振，忙开门将石君立的援军迎了进去。第二天，受双方士气消长的影响，梁军的攻城效果还不如昨天，一到了晚上，安金全与石君立又借着夜色掩护轮番出击，不断给攻城的梁军造成损失。看这样子，晋军即使不再有援兵，这太原城也不是王檀十天半月能攻下来的。

那李嗣昭究竟有没有派出后续大军？史书上没说，按常理推测应该有。王檀的推测和我们一样，比起上一位围攻太原的梁将氏叔琮，王檀的将才与魄力都要逊色，尽管只是小受挫折，他也觉得攻取太原的时机已错过，决定放弃。反正调动晋军的次要目标已经到达，不算没有收获。

更何况，这城外也有不少好东西呀！

先前，王檀为了扩军，招安了不少土匪，挑选其中的精悍之辈充当自己的亲军。在这些哥们儿看来，比起投资大而收益不确定的打仗，显然没有投资小、收益稳定的打劫更对口。唉，反正这太原城也打不下来了，让弟兄们发挥一下强项，也免得白来一趟！

这帮大兵消极怠工，王檀自己也没了信心，于是，这支并不算弱小的王檀兵团，在小挫之后，放弃了三心二意的攻城，一心一意地在太原周边打劫，随即收兵南撤。晋军因为兵力不足，没有阻止或追击。

如果只比较损失，其实很难说王檀打了败仗，但在晋军主力都在东线与刘鄩周旋，西线异常空虚的条件下，把很有希望打赢的仗打出这样的结果，本身就是巨大的失败。几个月后，驭下不力的王檀，被自己招来的土匪亲兵干掉了，间接告诉了我们：在如此有利的条件下，他这一战还打不赢的部分原因。

太原保卫战取胜的消息传到河北，李存勖暗道一声：好险！不过，他不愿让人看出来他差一点儿失算。英明神武的晋王殿下，就应该是料事如神、算无遗策的嘛！为了面子，为了自己在世人心目中的高大形象，李存勖要把这件事尽量淡化处理，所以没有按照常规，对在此战中立下突出功勋的安金全、石君立等人，给予特别奖励。好像他们没做什么值得一提的事。

可惜，适得其反，正是从太原保卫战的赏罚不明开始，李存勖原本靠身先士卒，屡战屡胜，从而在部下将士眼中树立的光辉形象，抹上了第一缕暗影。

再说朱友贞先后接到刘鄩故元城的败报和王檀袭击太原失利的报告，满腔火热的期待被冰冷的现实浇了个透心凉！大梁皇帝目瞪口呆，一种将要亡国的不祥预感涌出，半晌，他流泪哀叹道："大事去矣！"

其实，要说后梁帝国已经"大事去矣"，为时尚早，但对于仍在为后梁帝国坚守的河北各州县来说，真的已经"大事去矣"！帝国再也派不出一支有力的野战兵团给它们解围，它们只能在强大敌军的围攻下，像多米诺骨牌似的一张张倒下。

最先失守的，是澶州，在晋军追击故元城之战败兵的过程中，晋军于行进间将其占领。

三月一日，李存勖乘势杀到了卫州（今河南卫辉），八天后，卫州刺史米昭开城投降。接着，晋军进攻惠州，刺史勒绍弃城而逃，被晋军追斩，惠州失守。后梁的保义节度使阎宝，与昭德节度使张筠之间的联系被切断，二将的处境更加困难。

顺便说一句，这个惠州不是今天的广东惠州，而是原来唐王朝的磁州（今河北磁县）。十年前，朱温因磁州与慈州（今山西吉县）的读音相同，将它改名"惠州"。现在，为了表明自己忠于李唐，李存勖将它的名字重改回"磁州"。

看河北各州气若游丝，朱友贞赶紧挤出吃奶的力气做最后努力，试图救援。可这谈何容易？后梁帝国的军队数量还不少，但每个萝卜都有坑，各有各的任务，各有各的驻防地，要重新拼凑出一支强大的野战部队，并配齐所需的军粮、辎重，不是短时间内可能完成的事。

于是，朱友贞这段时间派出的援兵，每一支都显得格外"秀气"，不是几百人，就是千余人。但更糟糕的是，事实很快证明，兵少远不是最严重的问题，大败之后军心浮动的危害，比人少更可怕！

比如，朱友贞派了一个叫张温的将军，率军五百名去增援已在晋军重重包围中的邢州（今河北邢台）。张温一瞧那连一个操场都排不满的五百人马，心说：你个皇帝老儿，要想送我们上西天就直说嘛！欺负我们不懂算术是怎么的？于是，懂算术的张温决定不执行去西天的命令，带着这批人出发，到了前线，一矢不发，直接弃暗投明，投降晋军去了。

这张温还算是温和的。又比如，朱友贞又命令一个叫李霸的将军，率一千人奔赴杨刘渡口待命。这李霸就更霸气了，接到命令的当晚就发动兵变，从汴梁东南的水门潜入帝国的都城，一面纵火焚烧公私房舍，制造混乱，一面向北直取皇城大内！

惊闻兵变，朱友贞急忙登上皇城正南的建国门，亲自指挥抵抗。李霸叛军见到皇帝，没有丝毫胆怯，将油浇到布上，用长竿挑起，准备焚烧建国门的城楼，给皇帝来一次火葬！就在最危急的时刻，龙骧都指挥使杜晏球率五百名骑兵冲到城楼下，驱散了李霸叛军，才算救了朱友贞一命！

在杜晏球的攻击下，李霸兵变很快被平定了，所有的参与者均被处决，未造成太大损失。但面对这样的军队，不经过重新整顿，好好稳定军心，谁还敢轻易派他们去打仗？至于危难中的河北各州县，只好自求多福了。

四月，晋军攻陷洺州。原本统辖三州的保义节度使阎宝，只得苦守仅存的邢州孤城一座。

七月，李存勖以李嗣源攻相州牵制张筠，自己亲率大军进攻邢州。昭德节度使张筠知大势已去，乘黎阳还在梁军手中，弃城南遁。他一走，相州即为李嗣源攻占，李存勖得知这一好消息，宣布撤销昭德镇，将相、卫、澶三州还给魏博，以满足魏博军人集团的愿望。

随后，李存勖派使节进邢州，向阎宝炫耀说，你的老同事张筠已经逃跑，相州已经被我军攻克！他又命降将张温带着降兵来到邢州城下，向阎宝现身说法：别抱幻想了，再也不可能有援兵来救邢州了！

见此情景，此前一直表现不错的保义节度使阎宝，放弃了当后梁忠臣的念头，不再"保"什么"义"，献出邢州，向李存勖投降。随后，李存勖将保义镇改名"安国镇"，任命战功卓著的大将李嗣源为安国节度使。

理论上说，阎宝也没被降职，他被李存勖改任天平节度使，只不过天平三州（郓、齐、曹）现在都在后梁境内，阎宝不可能去上任。至于将来能不能兑现，还不好说。实际上，阎宝就一直没能等到这张空头支票兑现的那一天。不过，比起另一个降将贺德伦，他已经幸运得太多了。

相州和邢州相继停止抵抗，让据守沧州的顺化节度使戴思远压力骤增，他效仿张筠，乘还有路可逃时弃城南遁了。戴思远一走，部将毛璋献城投降，晋军又轻取顺化。李存勖命令将顺化镇改回唐朝中期时的旧名"横海镇"，任命李存审为横海节度使。

至此，后梁所属的河北各州中，还在坚持抵抗的就只剩下贝州的张源德。

张源德，据说原本曾是晋军中的一员无名小军官，归属李罕之，李罕之背晋降梁时，他跟随加入了梁军。他驻守的贝州能够坚持到最后，并不是因为受到的压力比较轻，恰恰相反，这一年多来，贝州一直是晋军重点攻击的目标，名将李存审，甚至李存勖本人，都多次亲临城下指挥攻城，但始终未能攻下。

开始时，张源德防守非常积极主动。他将手下三千多名守军分成数个拨次，夜夜出击，出其不意地袭击城外的晋军，并抢夺军需物资，让晋军疲惫不堪，颇为头痛。为此，一时无法克城的李存审，征调了贝州所属八县的乡民，沿贝州城外挖掘了一道深深的长壕，基本上断绝了贝州与外界的联系。援兵久盼不至，存粮越来越少，军士的食谱中甚至开始出现人肉……尽管如此，张源德还是没有丝毫动摇，依旧顽强防守。

到了贞明二年（916）九月，贝州被围已达一年零一个月，而且贝州城里也传开了：刘鄩大军已经覆灭，除了他们，河北各州已全部降晋！这场争夺河北的战争，后梁已经彻底输了！那我们还要为梁朝守到什么时候？真要守到死吗？不甘心就这么去死的守军士卒纷纷劝说主将张源德：咱们也当一回识时务的俊杰，降了吧？

谁知张源德铁了心要为梁朝尽忠，真个是宁死不降！众将士一合计：咱们也不拦你，别连累大伙就行，张爷，一路走好！随后，贝州守军一起动手，杀害了主将张源德，再派人出城，与晋军谈判投降事宜："我们早就想投降，但就怕抵抗时间太长，纵然降了也保不住性命。这样吧，能否允许我们穿着盔甲、带着武器出城投降，等获得正式赦免再解除武装。"

围城的晋将（《五代史演义》说是李存审，但在下在史书中没有找到）很爽快就同意了。三千名守军出城投降，但当他们刚刚解除武装，晋军立即撕毁了协定，将他们团团包围，全部杀光！

随着贝州城外惊恐的惨叫声渐渐平息，历时一年半的梁、晋魏博争夺战算是彻底结束了。晋军全胜，梁军完败！后梁前后损兵十余万，丢失了四个军镇（天雄、昭德、保义、顺化）共十二个州（魏、博、贝、相、澶、卫、邢、洺、磁、沧、德、景），梁、晋双方直接控制的州府数目，由战前的 64:32，变成了战后的 57:44（同期后梁在与岐国的交战中进账五个州）。

继质量被对手碾压，梁对晋的数量优势也快要消失了，从此，朱家在这场持续两代人的大博弈中陷入完全的被动。这时，如果不是有个强大的第三者突然闯进来搅局，后梁帝国的灭亡，也许等不到七年之后。

第五章

幽州之战

王彦章　周德威　史建瑭　朱温

诸弟争权

这时候闯进来给李存勖捣乱的，就是那位李克用曾经的结拜义弟，在李存勖刚刚继承晋王大位时，把胸膛拍得当当响，声称"李克用的儿子相当于我的儿子，做爹的岂能不帮儿子"云云的"契丹叔叔"，世里阿保机。

说起来，阿保机当初当着晋使的面儿，一脸忠义千秋，可几年下来，从未见他给过"义侄"李存勖哪怕一次稍微值得一提的帮助。要到很久以后，重新回顾这段历史，大家才会恍然大悟：原来在那几年，人家阿保机算是说到做到了，因为就这位辽太祖的一生而言，只要他不去邻居家捣乱，就是对那位邻居最大的善意和"帮助"了！

而且，就连这种程度的"帮助"，主要原因都不是阿保机的"诚实守信"，而是这位契丹老大那几年还有一堆烂账，他需要厘清契丹内部的许多历史遗留问题。他这几年的日子就是：痛，并快乐着！

让阿保机痛的，是契丹人古老的"民主"制度，让阿保机快乐的，是他一次次战胜"民主"，最终成功地在契丹内部，用"专制独裁"取代了"民主选举"。放在今天的语境下，这听起来好像挺反动的，但在当时，那就是历史前进的方向。

后梁开平元年（907），比朱温篡唐还早几个月的时候，遥辇氏的第九位，也是最后一位大可汗遥辇钦德去世，他在死前很识时务地舍弃了遥辇家族世代相袭的特权，推荐早已大权在握，权力欲极强的阿保机为下一代契丹可汗的候选人（另有一说，遥辇钦德其实并没有死，只是退休或被迫退休了）。那次契丹大选，阿保机也表示了一下谦让，假意推举了一个空有资格，但既没实力也没威望的堂叔世里辖底当另一候选人。世里辖底很识相地推辞了。于是，没有对手的阿保机，成功赢得大选，经过"柴册礼""再生礼"等一套过场后，正式成为世里家族的第一任契丹大可汗。

本来首领的新老交替是常事，但这次显然不太一样，所有契丹人很快发现，世里家的可汗与遥辇家的可汗是大不相同的。

长久以来，遥辇家的契丹可汗都只是个摆样子的，实权掌握在通常出身世里家族的大夷离堇或于越手中。因为当可汗没什么实惠，大家就懒得去争夺那个虚名，虽有三年一次大选的习俗，但大部分可汗能一次次地连选连任，一直干到死。

阿保机不一样，他不但要升级当名誉一把手，实际权力也不肯相应让出半分。阿保机当于越的时候，军政大权一把抓，等他当上可汗，就很慷慨地把于越的位子让给了配合他演戏的堂叔世里辖底，大夷离堇的位子让给辖底的儿子世里迭里特。喜出望外的辖底父子没过几天就发现，自打他们一上任，这两个曾经举足轻重的职务就变得无足轻重了。

于越，号称"总知军国事"，原本是阿保机的叔叔世里释鲁发明，彻底架空遥辇家可汗用的，阿保机当上可汗，它也就成了空架子。大夷离堇原本有两重职权，一是相当于整个契丹联盟的武装部队总司令，二是迭刺部酋长。现在契丹人的主力正规军都是阿保机一手带出来的，别人不得到阿保机首肯，很难调得动，大夷离堇的第一重职权没了。阿保机又设置了一个叫"惕隐"的新职务，管理迭刺部世里家族的内部事务，由自己的弟弟世里剌葛担任，大夷离堇的第二重职权因此也被架空了。

扔两个大包子过来，咬开全是没馅儿的！这不是在耍我们父子吗？

世里辖底父子的不满很合理，但对阿保机最不满的还不是他们，而是阿保机的弟弟们。阿保机这个可汗当得太爽了，兄弟们看着眼红。契丹的可汗虽然是选举出来的，但可汗家族的人有最大的当选概率。换句话说，只要是换届选举，最有可能当选的人就是他们。

据《辽史》记载，阿保机的父亲世里撒剌至少生有六个儿子：

老大，世里阿保机，契丹人牛气冲天的现任可汗；

老二，世里剌葛，字率懒，现任惕隐，负责架空堂叔的儿子大夷离堇迭里特，曾率众破涅烈部，克平州，其军事才能和战功在众兄弟中仅次于老大；

老三，世里迭剌，字云独昆，聪明机敏，是一个语言天才，创造过二十天内学会回纥语的纪录，后来受命创造契丹人的第二套民族文字"契丹小字"；

老四，世里寅底石，字阿辛，这位老兄能力平庸，没多少可提的事；

老五，世里安端，字猥隐，有一定的军事才能，多次从征有功，特别值得一提的，是他有个叫粘睦姑的老婆；

老六，世里苏，字独昆。他与前面五个哥哥不同母，庶子身份让他对可汗大位没非分之想，所以他是对大哥最忠诚也最柔顺的弟弟。

大哥当可汗，也不错啊！除了老六，其余兄弟都幻想着大哥会把可汗当得像当年的大夷离堇，在世里家的众兄弟中轮换。大家就在美好的希望中，等待着阿保机的任期届满。

到后梁开平三年（909），阿保机第一届可汗任期届满的那一年，《辽史》记下阿保机本年的大事纪："三年春正月，幸辽东。二月丁酉朔，梁遣郎公远来聘。三月，沧州节度使刘守文为弟守光所攻，遣人来乞兵讨之。命皇弟舍利素、夷离萧敌鲁以兵会守文于北淖口。进至横海军近淀，一鼓破之，守光溃去。因名北淖口为会盟口。夏四月乙卯，诏左仆射韩知古建碑龙化州大广寺以纪功德。五月甲申，置羊城于炭山之北以通市易。冬十月己巳，遣鹰军讨黑车子室韦，破之。西北娘改部族进挽车人。"

说好的选举没有了！竟然连做样子的工作都省了！大哥如此坏规矩，只顾自己吃独食，不给兄弟们留点儿念想，是可忍，孰不可忍！因为都感到自己合法的选举权和被选举权受到了粗暴践踏，失望之余，以阿保机的四个弟弟、一个叔叔、一个堂弟、六位契丹大贵族为首，一个迭剌部内部的"民主派"慢慢形成，开始准备为捍卫契丹古老的"民主"制度，与"独裁者"阿保机斗争到底！（此时阿保机的反对者主要在迭剌部内部，尤其是与他同宗的世里家族成员，其他七部与其他家族的参与者很少，反正重新"民主"了他们也选不上，反而不太热心。）

他们的首次较量，发生在后梁乾化元年（911），阿保机当上可汗的第五年，也就是梁、晋发生柏乡大战那一年。

身为当时顶尖的老狐狸之一，阿保机当然知道，自己大权独揽，蓄意破坏契丹传统，肯定会招致很多契丹贵族的不满。为了对付这些潜在的敌人，他需要不断地对外扩张，不断获取新的财富、领土、人口。这样做有两大好处。一是给广大契丹人看看，自己当头儿的好处：跟着我，有肉吃！你们还愿意找一个不如我的家伙来领导你们吗？二是可以借此逐步提拔一些听命于自己的外部外族人加入统治阶层，慢慢稀释那些不听话的契丹贵族的权势。

所以，差不多就在柏乡大战期间，阿保机又出兵了，这次的目标是与契丹"本是同根生"的奚人。刘守光目光短浅，没有及时给予奚人有力的支援。阿保机通过武力威压和政治诱降，只用了一两个月，就完全征服了奚人五部，将其并入契丹版图。奚人从此便在中国历史上渐渐消失了。

阿保机紧接着率契丹铁骑，顺势攻入刘守光境内，直杀到滦河边上。因燕军皆据城固守，不与契丹兵野战，阿保机没能拿下什么坚城，只是大抢一番后班师，顺便刻石记功，算是报了当初大舅子被刘守光绑票勒索之仇。末了，他还不忘遣使去汴梁朝见朱温，向契丹人的名义上级邀功。

大哥这么忙，闭口不提明年选举的事，除了老六，几个弟弟心里很不舒坦。难道老大又要像两年前那样，不停地找事做，借口没时间，把明年选举这样的大事糊弄过去？

众兄弟秘密商量出了一个计划，联手发动一次兵变，用武力逼迫阿保机让位，还政于传统，从他们中间选一个新可汗出来。初步计划拟好了，众人都感到前途一片光明，便各自回家做准备。老五世里安端回到家，按捺不住心头的激动，忍不住将好消息告诉了自己的妻子粘睦姑。

在粘睦姑看来，就算你们真把老大推翻了，当可汗的机会也顶多在老二和老三之间，哪有可能轮到你老五？现在大哥对你可不薄，换了老二、老三当头儿，你的待遇有可能比现在更好吗？更何况，你们就一定能成功吗？也不想想失败了怎么办？大哥是好对付的吗？至少到目前为止，和阿保机作对的契丹哥们儿，还没有谁有过好下场！

简直是"夏虫不可语冰"，世里安端见妻子不能理解自己，骂了一句"头发长见识短"，独自生闷气去了。粘睦姑越想越觉得丈夫干的事太不靠谱。她悄悄潜出家，找阿保机告密去了。

阿保机听了粘睦姑的告密，也吃了一惊，他原以为最有可能反对自己的人都还没动作，倒是这几个亲弟弟先要自己下台！公平地说，阿保机在历代帝王中，还是比较看重手足之情的，除了不能挑战自己的地位，其他方面他都给了几个弟弟尽可能多的财富与权力。

现在发生了这样的事，怎么办？杀掉他们吗？且不说阿保机心里确有不忍，就算忍心，一时也找不到能让大家信服的罪名。几个弟弟打的旗号是维护传统，也就是说，破坏规矩的是他阿保机，不是弟弟们。这里是契丹，不是中原，这里的传统就是贵族民主，不是君权至上。虽然阿保机在骨子里恨死了这些传统，但他只能在潜移默化中悄悄改变传统，暂时不敢公然背离祖制。

阿保机决定采取和平手段解决争端。阿保机迅速动手，把几个弟弟监控起来，然后把他们召集到一起，说是要上山祭天。几个心虚的弟弟胆战心惊地跟着大哥来到山上：今天的举动太不正常了，计划难道已经泄露？大哥该不会开杀戒吧？

还好，大哥今天不是来杀人的，而是来聊家常，阿保机对弟弟们侃侃而谈，先从忆苦讲起：祖父匀德实被杀的时候，咱们世里家族大逃亡，在外边担了多少惊，受了多少怕？历尽艰辛才侥幸当上可汗杀回来，那段苦日子你们忘了吗？如果我们亲兄弟都不团结，难道还想重蹈覆辙？

众兄弟听得动容，阿保机再引导大家思甜：你们忘了，大哥我是如何带着你们同甘苦共患难，挤垮竞争对手，才打下今天的大好局面？今天，契丹民族比以往任何时候都要强盛，世里家族比以往任何时候都要显赫！你们什么时候有过这么多的土地、牲畜、钱财、美女？只要大哥还当可汗，我们世里家兄弟将来拥有的还会更多！如果换成你们，你们自个儿想想，对付得了遥辇家和其他各部的那些大人吗？那些人对我们世里家的地位早就眼睛通红，只等着我们露出破绽好取而代之！

阿保机一番长谈，说得众兄弟羞愧难当。也不知是真心服了，还是觉得好汉不吃眼前亏，几个弟弟全部拜服在地，流着泪向大哥请罪，表示一定要深刻反省，痛改前非！一时间，阿保机兄弟相对落泪，场面十分感人。气氛营造得不错，这正是阿保机想要的结果，他趁热打铁，宰杀牺牲，与兄弟们对天盟誓：不管以前发生过什么，全都既往不咎，今后世里兄弟要紧密团结，协调一致向前进！

契丹贵族的"民主派"，为维护传统所做的第一次斗争，还没来得及正式实施，就这样半途而废了。后世史家站在胜利者阿保机的角度，贬称为"第一次诸弟之乱"。

"诸弟"暂时消停了一段时间，但问题并没有真正解决。契丹人"老大轮流做，明年到我家"的"传统"，仍然游荡在多数契丹人的观念中。契丹贵族的"民主派"，看着阿保机一人八面威风、呼风唤雨而患上的红眼病未能治愈。这一切，都意味着阿保机要想在契丹建立起以自己为首的君主专制，还有很长的路要走。

何况阿保机干的一些事，也表明他没有完全做到对兄弟既往不咎。前面提过，阿保机当上可汗后，设置了一个新官职"惕隐"，让老二世里剌葛担任，架空自己并不信任的堂兄弟世里迭里特。但现在看来，老二也靠不住哇！于是，阿保机借口世里剌葛在征讨女真、室韦诸部时立下功勋，给老二升官，当实权已经流失的大夷离堇。

空下来的惕隐一职，也不由其他亲兄弟替补，改由三伯父释鲁的儿子世里滑哥担任。另外，阿保机还封了粘睦姑为晋国夫人，以表彰她的告密之功。所以说，这真是既往不咎吗？

一大批患有红眼病的贵族"民主派"，看着阿保机这一系列人事调整，"病情"更加沉重了。

阿保机的二弟，"第一次诸弟之乱"的主谋世里剌葛，当然看得出大哥是在对他明升暗降，打心眼里把他当成外人了！要不怎么会给他安排一个原本由外人担任的鸡肋官职？如果不找个机会在沉默中爆发，将来也许只能在沉默中死亡了。

更生气的是原大夷离堇世里迭里特和其父于越世里辖底。契丹不可能存在两个大夷离堇，这就意味着在剌葛"升官"的同时，同样年轻有为的迭里特被迫退休了。

虽然"于越"和"大夷离堇"这两个曾经显赫的职务，已经让阿保机弄成没什么实际意义的虚衔，但好歹也是崇高的荣誉，现在阿保机连声招呼都不打，就剥夺了人家的权力，让有自尊心的辖底父子如何不怒？

最让阿保机没想到的"民主派"，是刚刚得到他提拔重用的世里滑哥。《辽史》记载，阿保机这位堂弟，是个集人类缺点于一身的无耻小人：先是和父亲释鲁的小妾私通，为免东窗事发，又串通外人干掉了对阿保机恩重如山的父亲。阿保机不但不杀他，反而提拔重用他，可是后来他又背叛了阿保机。

不知道是阿保机太傻，还是阿保机有什么欲擒故纵的阴谋，史料没有记载。

"民主派"私底下加入了这么多"新鲜的血流"，彼此激励，斗志重新昂扬起来，策划再对阿保机发起一次斗争。

次年，阿保机当可汗的第六年，按三年一届的规矩，阿保机干完两届，理应改选的选举年。

新的选举年（后梁乾化二年，公元912年）很快到了，果然不出大家所料，阿保机压根就不提新可汗选举的事，仍像新官上任似的规划新目标，坐在宝座上发号施令，指挥大家东征西讨，去侵夺邻居的土地和财富。

按阿保机的计划，今年重点倒霉的邻居，是生活在今内蒙古自治区西部到南部的鞑靼人诸部落。鞑靼是中原人的叫法，契丹人称他们为"阻卜"或"术不姑"。他们原本与契丹人的地盘挨不着，在阿保机征服奚人与黑车子室韦之后，被迫成了邻居。

鞑靼人和此时的契丹人一样凶悍好斗，拥有的战马资源比契丹人还丰富，不过，他们的组织就像他们居住地的沙子一样松散，这一项缺点足以抵消所有的优点。所以，这时鞑靼人虽然有很多优良的士兵原料，却从来没有一支像样的可以称为军队的武装力量。阿保机要打败他们的难度不大，麻烦只在于他们部落众多，又地广人稀，跑路的工作量比战斗大得多，不像地域狭小的奚人五部，能在较短的时间内摆平。

阿保机有点担心，自己征讨鞑靼，杀进蒙古大草原的时候，老冤家刘守光会不会来找麻烦？为防患于未然，阿保机决定以攻代守，亲率契丹主力西征，让弟弟世里刺葛率一支偏师进攻卢龙，牵制刘守光的行动。

与以往一样，阿保机在很擅长的进攻战争中如鱼得水，鞑靼人大败，数以万计的人畜牛羊成了契丹人的战利品。阿保机的弟弟刺葛打得更顺手。刘守光正忙于对孙鹤等一小撮顽固分子进行耐心的说服教育，砍了几颗人头后，群臣都心悦诚服地一致拥护他当皇帝，皆大欢喜！试想，刘守光有开创新朝这么大的事需要操劳，一心又不能二用，自然没有工夫再花心思抵抗契丹人，刺葛得以轻轻松松地一举拿下重镇平州。

提前完成任务的刺葛也没有乘胜前进，他听说大哥还在鞑靼人的大草原上转悠着，觉得这是一个重新选举，取大哥而代之的大好机会。于是，他马上放弃刚刚到手的平州，收兵回去争大位。

世里刺葛叫上几个弟弟，带兵进驻北阿鲁山（在下未能查到在什么地方，怀疑在大兴安岭南段），挡住了大哥回来的大道。大概他们想把阿保机拦在外边，搞一次大选，没有过于强势的大哥，他们尤其是老二刺葛极有可能当选。

他们没想到，大哥一直能当大哥，就是比他们几个弟弟狡猾。几个弟弟兵发北阿鲁山的第一时间，阿保机布下的眼线就已经把这个骚变的消息通知了他。阿保机当机立断，立即停止同鞑靼人的战争，收兵东归。

就在阿保机往回飞奔的时候，世里刺葛等几兄弟还在磨磨蹭蹭，没有召集各部贵族开始选举。可能他们内部对谁当下一任可汗还有争议，一直达不成协议。

除了行动迟缓，世里刺葛他们还有一个严重失误：北阿鲁山虽然是阿保机回师路程最近的便捷大道，但并不是唯一通道。有多个孔的木桶，你堵住一个，不代表它就不会漏水了。结果，阿保机向南拐了一个弯，绕过北阿鲁山，进入契丹境内。阿保机一面回师，一面飞骑通知契丹各部的头面人物，到一个叫十七泺（今地不可确考，后人推测在今内蒙古自治区翁牛特旗到克什克腾旗之间）的地方会合。

你们要选举，那我就给你们弄一次选举。阿保机虽然很讨厌选举，但并不惧怕选举，反正选举也是可以被操纵的。很快，除了阿保机的几个弟弟、于越辖底父子、惕隐滑哥，契丹各部的大贵族齐聚十七泺。阿保机摆下盛宴款待众人，很"诚恳"地对大家说："依照三年一届选举可汗的老规矩，选举年又到了，今天就是找大家来举行大选的。三年前因为太忙，没来得及搞，今年可一定要选了！传统还是需要维护的！"

按契丹的惯例，可汗没有任期限制，通常只有可汗所属家族的人才能充当候选人，就此刻来说，只有世里家族的人才能当可汗。可现在，除了阿保机，世里家其余有分量的人物全部缺席，周围又全是阿保机一手调教出来的精锐卫队，负责"维护"着大选秩序。各部大人的脑袋只要不是被驴踢过，或者是已经不想要了，都应该知道怎么投票了吧？

选举结果不出所料，阿保机再次连任契丹可汗。他快马加鞭，立即把神圣的"柴册礼"举行了，向老天爷报上到，生米煮成了熟饭，这才派一骑使者前往北阿鲁山，通知几个弟弟：咱们契丹刚刚按照传统，举行大选，选出了新一届可汗，不好意思，还是你们大哥！

阿保机的几个弟弟彻底抓瞎了！他们发起的第二次斗争又失败了，而且是失败得一点儿语言都没有，因为在程序上，阿保机这次完全维护了契丹传统，让他们无懈可击。要不承认这选举结果，就变成无理取闹了。阿保机的弟弟们只好再次选择低头认错，"衷心"祝贺大哥的连任。

阿保机知道，强大的迭剌部和世里家族仍然是自己的基本盘，手足相残只会让外人得利，所以他再次选择了宽恕。这件事好像就这样过去了，势利的史家记为"第二次诸弟之乱"。

但这件事没有这么容易真正过去，阿保机的反对派的实力没有受到真正的损失，仍然存在问鼎可汗宝座的可能性。你在馋猫面前摆条鱼，想只靠说服教育，让它不再打鱼的主意，哪有那么容易？接连两次失败，只不过促使他们的计划更大胆、更周详罢了。

契丹的反对派认识到，仅仅依靠维护传统大义的名分是打不倒阿保机的。相反，传统这玩意儿甚至有可能反被阿保机操纵利用。毕竟以前遥辇家的可汗都是连选连任，这些先例显然对阿保机有利。那么，就只有拿起武器，直接对大哥开战！

"天皇帝"阿保机

起事的时间，定在了后梁乾化三年（913）三月，"民主派"将分两路行事：阿保机的三弟迭剌和五弟安端负责实施斩首行动。他俩带着一千多名骑兵，以觐见的名义求见正驻军于芦水河畔的阿保机，准备乘大哥接见时出其不意，将他绑架。多数人聚兵到乙室堇淀（今地不详，一说在今内蒙古自治区巴林右旗附近），准备好了举行柴册礼所需的全部设备，包括旗和鼓。

旗鼓是大唐贞观三年（629）由唐太宗李世民赐给当时的契丹人首领大贺摩会的，以供他狐假虎威之用：瞧瞧，咱的权力可是得到了大唐天可汗注册认证的！如今那头老虎已然不在，那只狐狸却长出了猛兽的体格，狐虽已假不了，也不用再假虎威，但用了将近三百年的旗鼓，已经成为传统，变成了契丹可汗的权力象征，就像中原王朝的传国玉玺，非常神圣。

有点遗憾的是，那套正版古董，现在在大哥的手中，刺葛只能临时山寨了一套。不过没关系，只等老三、老五将老大绑来，逼迫他退了位，老二正式成为新可汗，自然就什么都有了。

计划看起来不错，只是阿保机要是这么容易被人算计，那今天在可汗宝座上的人早就不是他了。老三和老五才出现在阿保机面前，还没找到实施绑架的机会，就先让他们的大哥绑了。占了上风的阿保机大骂两个弟弟："你们当初阴谋叛乱，是我宽宏大量饶恕了你们，给你们留下改过自新的机会。可你们不但不领情，竟一次又一次地恩将仇报，密谋反叛！完全不顾这样做对我们世里家的伤害！"

骂完两个弟弟，阿保机引军奔向乙室堇淀，欲将反对自己的"民主派"

贵族来个一锅端。但没想到，在抓迭剌和安端的时候，这两人有心腹逃了出去，去找阿保机兄弟的母亲岩母斤求救。

岩母斤当然不希望自己的儿子打起来，但既然已经打起来了，那她得设法救一救处在弱势一方的儿子。同老大斗，老二他们明显不是对手，于是，这位老太太虽然对契丹人的"大业"不感兴趣，但还是站在"诸弟"一边，第一时间派人到乙室堇淀，通知二小子剌葛等一行人："不得了啦，你们大哥带人来抓你们了，赶快躲躲吧！"

剌葛等人突然接到老妈的告急口信，知道计划又失败了，大惊，但转念一想，这次事情闹得这么大，看来已经不是叩头求饶，说一句"下次不敢了"就可以过关的。罢了，干脆一不做，二不休，大家都抄起家伙，和老大拼了！

拼虽然要拼，但面对强悍的老大，只能智取，不能强攻。剌葛一拍脑袋，想出一条计策：自己率领部众北撤，引诱阿保机的主力追击，使其脱离后方，然后再让老四寅底石率一路偏师，乘虚绕道去袭击阿保机后方行营大帐，夺取大哥那套正版的可汗旗鼓。同时，让一个叫神速姑的萨满大巫师，带人前去袭击对契丹人来说非常神圣的天梯山明王楼。

阿保机在乙室堇淀扑了个空，一打听，得知老二他们往北逃了，便命向北搜索追击。可见阿保机还是有些轻敌了，在不经意间正好落入剌葛的算计之中，他和他的大军离他的行营大帐越来越远。

于是寅底石的奇袭打了个正着，没费什么力气，就一举攻入阿保机大营。遵循契丹式打劫战争的惯例，寅底石的人马一边抢劫一边放火，好像忘记了他们最主要的任务是什么。在他们这短暂的延迟中，一个女人出场了。

如果要在这个时代评选一个最强悍的男人，那么因为时值乱世，有实力的候选人太多，大家见仁见智，可能永远得不出一个公认的结果。但如果评选的是一个最强悍的女人，那没有疑问了，就是这个女人：姓述律，名平，小名月理朵。

述律平，其祖先原本是回纥人，曾祖述律魏宁时因回纥汗国瓦解，带族人转投契丹。到了述律家的第三代家主述律月椀，身任梅里兼阿扎割只（大致相当统兵官兼可汗机要秘书），在契丹汗国中的地位已经很高。在此基础上，述律家主巴上契丹真正的第一豪门世里家族，娶了大夷离堇世里匀德实的女儿，也就是阿保机的姑姑为妻，生下了述律平。

古人相信同姓通婚是不好的，但对不同姓的近亲结合没什么顾忌，甚至认为是门当户对，亲上加亲的好事。于是，阿保机刚刚成年，就迎娶了小自己七岁，和他一样精明能干的表妹述律平为妻，巩固世里与述律两大家族的联盟。

这是一对相亲相爱，又相爱相杀，在很多方面相似，又在很多方面迥然不同的夫妻。

阿保机这个人比较崇拜汉文化，视汉高祖刘邦为自己的人生偶像，一度想把自己的姓氏由"世里"改成"刘"（当然后来失败了）。汉高祖打天下也要有贤臣辅佐，谁是刘邦手下的第一号贤臣呢？阿保机认为是宰相萧何。于是阿保机后来便让述律家，以及以往与世里家通婚的几家契丹豪族都改姓"萧"，为国辅弼。

阿保机的意志在契丹内部是比较强有力的，除非碰上他的妻子。述律平与丈夫不同，对汉文化很反感，讨厌在自己的大名前加一个汉味十足的"萧"字。述律平遂成为辽王朝历代皇后中唯一一个不姓萧的。当然，从她后来的行事作风看，让她姓萧也确实不当，要改也应该改姓"吕"。

不仅如此，述律平很可能在阿保机死后，将世里、遥辇等家族的姓氏都改成了"耶律"，以清除"刘"姓的"余毒"。从此以后，契丹人就有了文化背景截然不同的"耶律"和"萧"两大姓氏，分别代表了这对夫妇各自的强大意志。

言归正传，且说述律平这个女汉子，能够一直担当契丹人的"大姐大"，自然有她的实力基础。平日里阿保机统兵四处征伐，抓来或招来大批人丁充作奴隶或隶农。述律平留守本部，认识到这是一个人力资源宝库，就用心从中挑选了精悍能干之人，取消奴隶身份，予以厚待，组建起一支只听命于自己，连阿保机都不见得指挥得动的私人军队。

按常规看，这样一支由多民族混合编成的军队，通常都不太好指挥，但述律平此人，的确有知人善任之能，很会当领导。比方说吧，她虽然讨厌汉文化，却没有恨屋及乌的作风，对汉人中的优秀人才同样提拔、同样宠信。契丹开国过程中最重要的两位汉臣，恰恰就是由这位讨厌汉文化的女人举荐给她丈夫的。

因为有这样的识人之能，述律平挑出的人自然差不了，她认为她选出来的人像珊瑚一样珍贵，所以给自己的私人军队取名为"属珊军"，是一支规模暂时还不算大，但很有战斗力的军队。

"大姐大"养兵千日，现在小叔子攻进来抢东西，属珊军用兵一时的时候到了，他们火速集合起来，把寅底石的人马赶了出去，并将叛军刚刚抢走的旗鼓又抢了回来。

相比寅底石从胜利走向失败的偷袭行动，神速姑对契丹人天梯山圣地的袭击更成功一些。西楼就是后来的辽上京临潢府（今内蒙古自治区巴林左旗），阿保机在此筑城，想仿效汉人，抛弃历代契丹可汗逐水草而居的旧风俗，将这里变成自己的都城。不过此时城尚未建好，只是完成了一些附属工程，如上年建好的祭祀用的明王楼，里面供奉着，据说是契丹人传说中的祖先奇首可汗留下来的神帐。

问题是，明王是佛教用语，明王楼自然也是佛教建筑。契丹人祭祀祖先，当然应该由萨满巫师来主持，所以，明王楼这座代表了"洋神仙"利益的建筑，就能激起"土神仙"捍卫者神速姑大巫的无尽愤怒。此役她格外神勇，不但抢走了神帐，把明王楼烧成了灰烬，还把阿保机的首都建设工地砸了个稀巴烂，害得后来阿保机称帝三年后才拥有自己的都城。

得知后方接连受到刺葛叛军的袭扰，阿保机决定转变方略，暂不追击刺葛的主力，而是回军于土河（今辽河支流老哈河）河畔休整，做出猛虎在山之势，使刺葛不敢再分出小股部队袭扰自己的后方。不过，这种守株待兔式的保守打法也让阿保机的部下不能理解，不是连《孙子兵法》都说"宁速勿久，宁拙勿巧，但能速胜，虽拙可也"吗？干吗不从速追击，尽快解决刺葛叛军呢？

阿保机胸有成竹，对部下说："剌葛不敢和我硬战，只能逃得远远的。但他的手下都是我们契丹人，只要我们不逼得太紧，他们出逃异乡，有家不能回，时间稍久，岂能不思念故乡亲人？到那时，叛军上下离心，各怀异心，我们再引军追剿，才能以最小损失将他们一举打垮！"

总而言之，阿保机很清楚，这次征战与以往不同，他要对付的不是外敌，而是自己兄弟，是自己人。兄弟阋墙，自己已经立于不败之地，那最优先考虑的，就不应该是如何最快取得胜利，而是如何最大限度地减少杀伤。这既包括跟随自己的人，也包括大多数追随剌葛的人，因为阿保机有足够的自信：等这一仗打完了，这些人仍将回到自己的麾下。

在土河边秣马厉兵一个多月后，阿保机认为时机已经成熟，这才率军北进。四月，阿保机率军进至里淀，吸引剌葛的注意力，再分出精锐轻骑，奇袭了"民主派"叛军位于培只河畔的营地，叛军积存于此的军器、粮草、战马等物资损失殆尽！连神速姑抢来的奇首可汗神帐也被抢了回去。

说起来，这一招正是上个月剌葛用过的，现在大哥以其人之道，还治其人之身，只不过用得更加老辣。这一仗打完，剌葛叛军没了辎重，完全丧失了与阿保机抗衡下去的可能性，只得再向北溃逃。

不料，阿保机已命令臣服他的室韦与吐谷浑部落在剌葛残部逃亡的前方设伏，派述律平的兄弟、当年曾被刘守光绑架的述律敌鲁为前锋，追击剌葛，把老二他们往埋伏圈里赶。剌葛叛军退至柴河，室韦与吐谷浑伏兵四起，与述律敌鲁的追兵前后夹攻，叛军大败，部众星散，各自逃命。

五月，逃亡中，老二剌葛在榆河被抓获，老四寅底石自杀未遂，也被逮捕。待这两个弟弟被押到阿保机面前，和阿保机作对的四个弟弟都已被他拿下，叛军的其他头目也在几个月内相继被捕，下层部众绝大部分投降，得到阿保机赦免后回到契丹家乡，"第三次诸弟之乱"基本上结束了。

但阿保机为此也付出了沉重的代价，他看着几次三番带头造反的老二剌葛，气就不打一处来。阿保机下令，老二不配叫"剌葛"，给老二改名为"暴里"，这个听起来有点像"暴力"的词，在契丹语里是浑蛋、恶人的意思。

后梁乾化四年（914）正月，也就是"卢龙战犯"刘仁恭、刘守光父子被李存勖处决的那个月，回到西楼的阿保机也正在忙着惩办"第三次诸弟之乱"的犯人。

经过调查，包括"诸弟"在内，这次被圈进"名单"的契丹贵族达三百多人。最终宣判前，阿保机很"人性化"地宣布："人命是最宝贵的，一旦死了就不可能复生，趁你们还活着，最后赐宴一日，让你们敞开了肚皮吃喝，有什么爱好的也可以尽情地玩，等明天再处置你们的罪。"

按如今评排行榜都从最后一名排起的习惯，为了把精彩留到后边，我们先来讲讲从犯的下场。

叛军中名义地位最高的人，阿保机的堂叔，于越世里辖底，与剌葛一同在榆河边被擒。被抓后，一说阿保机因其为家族长辈，不忍公开加刑，命他自己投崖而死；另一说则和他的儿子世里迭里特一起被缢杀。

曾得到阿保机重用的堂弟，惕隐世里滑哥，因其恩将仇报的行为，阿保机对他极为愤怒，对旁人说："滑哥这家伙不知道敬畏上天，又反君又弑父，罪行多得数不过来！我的几个弟弟作乱，都是被他教坏的！"听这评语，就知道要从重从严了，结果，滑哥和他的儿子都被以最重的酷刑凌迟处死，其家产全部没收，赏给平叛有功的将士。

名单中也有女性，比如烧了明王堂的萨满大巫师神速姑。另有一说，这神速姑还有一个重要身份，她就是阿保机的亲妹妹世里馀卢睹姑。在这次审判之前，她已经病死，故躲过了惩处。央视纪录片《凤棺迷魂》中，那位葬具高贵，却墓室寒酸，既疑似辽国公主，又疑似萨满巫师的辽代早期古墓的神秘墓主人，可能就是她？

女性从犯中除了神秘兮兮的神速姑，还有老五安端的妻子粘睦姑，她因曾有向阿保机告密之功被赦免；老四寅底石的妻子涅里衮，算胁从罪免死。但除了这两位弟妹，其余三百余名从犯，在度过最后一天的狂欢后，全部被处决，再无一人幸免！

三百多人，活了两个人，死刑率超过百分之九十九！连对从犯的打击都如此从重从严，你能想象对主犯也就是阿保机的四个弟弟该狠到什么程度？

阿保机给出的判决如下：老四寅底石和老五安端，因为年纪幼小不懂事，受坏人蛊惑一时误入歧途，改了就好，所以免予处罚！

真是人比人气死人，那些掉脑袋的从犯该到地府里喊冤去了。寅底石和安端的生年无记载，我们也不知道他俩当时有多大年纪，不过，都是已成家立业的人，能幼小到什么程度？对了，你还有两个大一些的弟弟，总不能说他们也年纪幼小吧？

老二剌葛和老三迭剌，系"诸弟之乱"的主犯，阿保机一狠心，一咬牙，下令将这两个弟弟各重打一顿板子，并严加训斥："今后你们一定要痛改前非，不能再犯，否则下不为例！"然后，他又把他们放了。只能说，阿保机真是个好哥哥。

阿保机虽然又赢了，但与前两回不同，"第三次诸弟之乱"给了阿保机真正的沉重一击。原先，在契丹八部中，迭剌部一家独大，长期垄断了汗国中可汗、于越、大夷离堇等全部要职，其余七部是那种只能干坐在一旁观看，看完了还得拍手叫好的命。

正因为不管怎么选也没自己的份，七部贵族参政议政的积极性很低，这就造成了一个现象：在三次"诸弟之乱"中，不管正方反方，参与者主要都是迭剌部贵族，其余七部没几个人掺和（有记载的仅乙室部迪里古一个）。事变过程中，消耗的多是迭剌部的财富，掉脑袋的也基本上都是迭剌部的人，以至于阿保机在历数"诸弟"党羽的"罪行"时，都愤愤不平地说："此曹恣行不道，残害忠良，涂炭生民，剽掠财产。民间昔有万马，今皆徒步，有国以来所未尝有！"

咱们以前出门都靠四条腿，现在只能靠两条腿，都快被开除出游牧民族的行列了！阿保机这么说，很可能有夸大其词的成分，但可以肯定，迭剌部的实力在"第三次诸弟之乱"中遭受了重创，对其余七部的优势已大为动摇。

其余七部贵族逐渐也发现了这个新情况，沉寂已久的野心慢慢变得活络起来。可汗、于越，宁有种乎？凭什么总是迭剌部出身的人来干呢？以前迭剌部胳膊巨粗，咱们都扳不过，倒也罢了，现在迭剌部的胳膊已经没那么粗，咱们还有什么理由不去追求自己的被选举权呢？

七部的夷离堇私下一合计，决定找个合适的时机向阿保机摊牌，把可汗大位从他的手中夺过来！

什么时候是最合适的时机呢？当然是等阿保机这一届可汗任期届满，该选举新可汗的时候了。到那时名正言顺地让他下台，既合理又合法。

后梁乾化五年（915）春，当朱友贞正与赵岩等心腹策划着如何拆分魏博的时候，刚刚出征乌古部回来的阿保机让七部人马堵在了路上。

各部的夷离堇先礼后兵，向阿保机诚恳地提出：你已经当了九年的可汗，太辛苦了，老让你一个人这么为契丹服务，我们大伙也于心不忍。这样吧，你先把旗鼓拿出来，好好休息休息，将工作交给新人来干。

看着七部人马那友善的眼神、整齐的制服，以及你不下来我们就把你拖下来的"诚恳"态度，阿保机非常冷静地评估了双方的力量对比，以及火并可能产生的种种严重后果。之后，他也充满"诚意"地同意了："你们说得对，其实我也是这么想的，头领就应该能上能下的。"

准备好与阿保机艰苦谈判，甚至兵戎相见的各部头领，没想到这么容易就把这事儿办成了！欣喜之余，他们都没太在意阿保机一个小小的附加条件："我当了九年可汗，有非常多的汉人投效于我，他们的风俗和我们契丹人不太一样，习惯定居，这样吧，不如把汉城和附近那块地皮划出来，单独成立一个新部落来容纳汉人，如何？"

好吧好吧，可汗让出来就行，至于那点儿小事，就那么办吧！各部代表收下了阿保机交出来的可汗旗鼓，开开心心地举行没有阿保机参选的可汗大选去了。他们不知道，他们将要举行的这次选举很惨，他们究竟有没有选出新可汗，如果选出来了，新可汗是谁等，史书上都没有任何记载。

回过头说阿保机。他提到的汉城，不是指今天那个叫首尔的地方，而是不久前由阿保机攻占并主持重修的一座小城，具体位置在今河北省承德市丰宁县大滩镇，因紧挨着汉人的地盘，居民也以汉人居多，故被契丹人叫作汉城。

提起这座小城的重修，还是那个被阿保机扣压的前刘守光使节韩延徽的建议。韩延徽提出，应该在靠近汉人区域的地方建设一座汉人式的城市，用以安置俘获或逃亡来的汉人，让他们开垦土地，经营产业，建立家庭，安定生活，然后再设定税收制度，其长期收益会比把他们变成随时都想着逃走或反抗的奴隶高得多。阿保机深以为然，采纳执行，现在果然收到了巨大的回报。

那把汉城建在这个地方是否有什么玄机呢？追溯历史就可以发现端倪。在北魏时，这个地方原本被叫作"滑盐县"。滑盐县，顾名思义，这里出产食盐。实际上，到此时为止，阿保机的汉城是契丹汗国疆域内唯一一个上规模的食盐产地，契丹人消费的食盐基本都来自此地。如果没有汉城的食盐，大家想想中原从唐代中期到五代一直在实行的食盐专卖制度，就不难想到，进口盐是不好买的，即使买得到，那价钱也是吓人的。

光此一事，就可以看出阿保机的见识，实在高出契丹其余诸部大人一筹。他虽然暂时放弃了可汗的权位，但依然可以用经济手段挟制各部。不过，如何才能最大化地使用自己的经济优势呢？还没等阿保机想好，他的妻子述律平便向他献上了一条毒计。

几个月后，阿保机给契丹各部夷离堇发去了一条重要照会："我们契丹唯一的盐池是我的，以前我是可汗，这里生产的食盐都敞开了供应大家，你们一直享受着吃低价盐的福利，却不想想这福利不是从天上掉下来的。现在我不是可汗了，没理由再贴本赚吆喝，不按市场规律办事，继续给你们提供低价盐。你们是不是应该带点儿礼物来慰劳慰劳我，然后再开一个'价格听证会'，协调一下将来的食盐价格呀？"

各部头领一看，这可是一件大事，确实得和阿保机好好议一议。于是纷纷带上牛羊美酒，前往汉城盐池，参加阿保机召开的"价格听证会"。

如果仅仅从"价格听证会"的角度来说，各部大人取得了完全的成功，以后他们所属各部所吃的盐价一文钱都没涨。但为了争取不涨价，所付出的代价之大，大到让他们连悔之晚矣都来不及了！

各部大人一落座，阿保机布下的伏兵四起，刀枪并举，把这些胁迫过自己的契丹大贵族全给剁了。这些大贵族也不好好回顾一下历史，阿保机虽然对自己的兄弟心慈手软，但对不是自己兄弟的外人背叛，可从没仁慈过。他们对阿保机干了那些事，还幻想阿保机仍然把他们当朋友，一点儿防备都没有，真是自作孽，不可活。

清除了各部头领，阿保机马上派嫡系心腹接管各部。阿保机在担任契丹可汗九年间立下了赫赫武功，因此为契丹人带来大量的财富与土地，极大地帮助了对契丹诸部的再统一。对于不可能角逐汗位的绝大多数契丹人来说，阿保机就是他们所能见到的最好的可汗人选，换其他任何人都只可能变糟，不可能更好。既然如此，干吗还要搞什么劳什子的三年一大选呢？

至此，契丹的"民主派"贵族或者被阿保机打服了，或者已经从肉体上被消灭了，维护传统的力量遭到了致命打击。而广大的契丹人，对这几年频频给他们带来灾难的"选举"是不感兴趣的。阿保机在制度上取消可汗选举制，建立君主世袭制的时机已经成熟。

后梁贞明二年（916）二月（梁、晋故元城大战发生的那个月），在大夷离堇世里曷鲁等一大批心腹重臣的簇拥之下，阿保机在龙化州（今内蒙古自治区通辽市奈曼旗西）举行登基大典，扔掉了在他看来已经土得掉渣儿，也不够有权威的"可汗"称号，改称为"大圣大明天皇帝"，简称"天皇帝"！他的妻子述律平也升级了，称"应天大明地皇后"，简称"地皇后"！

更重要的是，阿保机与述律平所生的长子耶律倍（又名耶律突欲，无法确知"耶律"正式取代"世里""遥辇""大贺"等姓氏的准确时间，姑且从阿保机的下一代起统一改为"耶律"姓）被立为皇太子，这等于明明白白地告诉大家，今后我的儿子就是我的继承人，彻底宣告契丹传统选举制的完蛋。

就这样，一个充满活力与野性的新兴帝国，崛起于乱世中的中国东北，深刻地影响了此后两百多年的历史进程……

卢文进投敌

契丹帝国的建立，显示出阿保机已无内忧，可以全力对外了，或者说可以把他的工作重心重新放到扩张上来了。那么，接下来的问题就是：应该将扩张的重点指向哪个战略方向呢？我们不妨站在阿保机的角度，先帮他看一看。

契丹帝国的西面、北面，是鞑靼、室韦、党项等游牧民族，此时的社会发展程度都还比较低。他们的普遍特征是地域广阔，但经济贫瘠，比契丹人还穷，榨不出多少油水（他们唯一一称得上丰富的资源马匹，契丹人也不缺）。政治上则一盘散沙，谁拳头大就认谁当老大，只不过这种臣服通常也是象征性的，如果新出现一个强者，可能一下子又都改换了门庭。

因为相对来说比较好欺负，他们是阿保机此前扩张的主要攻伐对象，但要将他们真正消化成为契丹帝国自身的一部分，一来不容易做到，二来即使做到了营养价值也不够高。所以等阿保机建国后，他们便成了鸡肋般的存在，食之无肉，弃之有味，只剩下盛宴之后偶尔打打油腻的价值。

契丹帝国的东面，是立国已有二百多年的渤海王国。渤海王国，由武则天时代的靺鞨人（后来女真人与渤海人的共同祖先）粟末部首领大祚荣所建。盛时，它定都龙泉府（又名忽汗城，今黑龙江牡丹江南东京城），地域横跨今中、俄、朝三国境内，东临日本海，南接新罗，西邻契丹，方圆两千里，今人推算其面积约有六十五万平方公里，户口数十万，是一个很有分量的地方政权，号称"海东盛国"。在遥辇钦德还担任契丹可汗时，契丹曾与渤海为争夺辽东发生过大规模军事冲突，那次还是渤海人占了点儿便宜，契丹人因此视渤海为世仇，时刻准备着报仇雪恨。

如果从地图上看，在阿保机称帝这一年，契丹与渤海两国的地盘大小基本相当，如果论社会发展程度和富裕程度，那渤海还要稍占上风。用这些纸面数据论强弱，似乎是渤海强于契丹。不过，这些纸面数据没有表现出一个事实：契丹人刚刚建国，充满了蓬勃向上的活力，就如一个十八九岁的健壮少年；渤海则渐入衰世，统治集团已经腐化，身高和体重虽与契丹相当，兜里更有钱，却已是个八九十岁的老翁，百病缠身，步履蹒跚。两者对决，胜负显而易见。所以，渤海迟早会成为契丹口中的猎物，只是具体何时动手，还需要再仔细斟酌。

契丹帝国的南面就不得了啦，是阿保机最向往的文明富庶甲天下的汉地，也是在塞北各游牧民族眼中最值得进攻的对象。汉文化崇拜者阿保机自然更不会例外，如果有能力，南下肯定是收益最大的买卖。只是与契丹紧紧相邻的，正是李存勖的晋国。

同朱温的看法差不多，结义兄弟就是用来卖的，阿保机不会为无缘无故地进攻自己"侄儿"怀有丝毫内疚。但问题是，晋军骁勇善战，装备精良，多百战名将，其强悍天下驰名。如果开战，晋国必是契丹人从未曾对抗过的强敌，阿保机敢下这个决心吗？

接下来，很可能就在阿保机称帝后的几个月内，发生了两件笼罩在重重历史迷雾中的蹊跷大事，使阿保机打消了顾虑，决定尽起大兵，南下攻晋。

这第一件大事，得从李存勖击灭刘守光说起。在刘守光的燕帝国覆亡之际，大批燕军将士向晋军投降。其中有一个见机快、举手早的骑兵将领，名叫卢文进。卢文进，字国用（另一说字大用），范阳人。其最突出的特点，一是饭量大，二是个子高，身长七尺（按唐代的尺度约合 2.15 米，有可能是吹牛），让人一眼望去就有雄壮之感，三是识时务，从不在一棵树上吊死，动不动就当一回"俊杰"。

李存勖认为，"俊杰"卢文进投降投得早，给刘守光的将领树立了一个好榜样，值得表彰（李存勖也不想想，他今天降你降得早，明天降别人也这么麻利怎么办），就赏给了他一个寿州刺史的官衔。不过，由于寿州属杨氏吴国的地盘，李存勖根本管不了，所以这个官位没有什么实际意义，卢文进真正的新工作岗位，仅仅是给李存勖一个弟弟，新上任的威塞军防御守李存矩打打下手。

【作者按：威塞镇是李存勖灭燕后，将原卢龙镇中的山北地区划出来

186

设置的一个新藩镇，辖区包括新（今河北涿鹿）、武（今河北宣化）、儒（今北京市延庆区）、妫（今河北怀来）四州，治所在新州。但《旧五代史》《通鉴》均称李存勖在同光二年（924）方设置的威塞军节度使。可能威塞镇曾先设，撤销，再设，或者同光二年仅仅是将威塞防御使提升为威塞节度使。】

不过，这些口惠而实不至的待遇，远远不是最让卢文进等燕军旧将感到失落的。

话说，自李存勖擒获燕主刘守光，尽得卢龙之地，并没有对这份丰厚的战利品放下心来，仍充满了担忧。想当年，他的父亲李克用同样以武力征服过卢龙，后来因放纵降人刘仁恭，导致此地得而复失。这个经验教训，实在值得好好总结反思。因此，经过反思的李存勖，采用了与其父完全不同的政策，来治理这个老牌而桀骜不驯的河朔强藩。

概括来说，李克用用宽，李存勖就用严；李克用让卢龙人治卢龙，用人不疑，结果栽了跟头，李存勖就用晋军心腹嫡系完全替换原卢龙上层，打击压制原卢龙军人集团，疑人不用。

如最关键的卢龙节度使一职，就由忠心耿耿且能力出众的河东嫡系老将周德威担任。在史书上，担任卢龙节度使之前的周德威，完全就是一副高大全的伟岸形象，公忠体国，常胜名将，几乎找不到缺点。但他一当上卢龙节度使，好像变了一个人似的，各种毛病一起冒了出来。

如《资治通鉴》上说，周德威上任卢龙后，自恃骁勇，松懈无备，擅自削减边防部队的军费，导致渝关（今山海关西，后来被山海关取代）天险被契丹军队不战而取，胡骑从此可以轻松越过燕山山脉，牧马于营州、平州之间。又说周德威气量狭小，嫉贤妒能，对原燕军（卢龙军）中一些有声望的将领，往往要找个借口捏造罪状，将他们治罪处死，结果使得卢龙军军心不安，人人提心吊胆，与周德威离心离德，全军的战斗力因此大为削弱。

让我们回想柏乡战场上那个沉毅稳重，力劝李存勖不要冲动的周德威，那是一个自恃骁勇就会松懈无备的莽夫吗？他要是那样的人，也不可能走到今天。至于说到嫉贤妒能，人们通常只会嫉妒比自己强的人，或者和自己有竞争关系，有可能取代自己的人吧？周德威可是靠着自己的真才实干、百战功勋升到高位的一方节帅，他去嫉妒不论能力、功绩、职务、资历等方面都远远不如自己的卢龙军旧将，好像也有点不合逻辑吧？再说，周德威也不是第一次当节度使，他以前在振武节度使任上，怎么就没有这些毛病呢？

所以，在下认为，关于周德威在卢龙节度使任上的那些"失职"表现，很有可能是在替李存勖背黑锅，目的就是要打压跋扈的卢龙军人集团，作为重建大一统式中央集权的初步准备。这个用心与朱温屠杀魏博牙兵差不多，只是手法要相对温和一些。

不过，再怎么温和，也不能改变我们河东人就是要整一整你们卢龙人的本质。不光是周德威，卢文进的顶头上司威塞军防御使李存矩，上任后横行霸道，把燕国的降兵降将当成了后娘养的。

比如说，卢文进有一个爱若掌上明珠的女儿，长得十分美丽，让李存矩知道了，向卢文进索要。卢文进不敢拒绝，只好把女儿送了进去，当李存矩的小妾。这初听起来也不算什么坏事，李存矩毕竟是李存勖的弟弟。不过，史书上说李存矩骄横傲慢，性情凶暴，卢家妹妹过门后，恐怕少不了受家暴之苦。不管什么原因，反正当上了便宜岳父的卢文进，并没有因此拉近与李存矩之间的关系，反而在内心对这位得罪不起的霸道女婿充满了怨恨。

后梁贞明二年（916）初，梁、晋双方在河北围绕魏博的争夺战已进入高潮，李存勖紧急从晋国各地征集兵源和战争物资支援莘县前线。其中有一份命令送到了新州，要李存矩速速征发山北地区的青年男丁和战马，调往南方。

李存矩站在征服者的角度，不折不扣地执行了兄长的命令。

他先向民间强行摊派战马，指标是硬性的，军令是急迫的，交不上来是要抓人的。山北地区虽然也出产一些马匹，但毕竟不是大草原，当地的主业仍是农耕。再加上长期的战争，反复的征调，民间剩余的马匹已经不多了，以至于一匹战马的价格相当于十头牛，无数被摊派的人家因交不出马而倾家荡产，甚至家破人亡。

与征马同时进行的，是征兵。与河东晋军不同，从刘仁恭时代起，卢龙军与梁军的交手记录基本上就是一次又一次的血泪史，因此卢龙当地人都很不愿意南下与后梁作战，给待他们并不好的李存勖当炮灰。结果征发令一下，人人怨声载道。

李存矩对当地人的痛苦与怨恨不闻不问，只关心兄长指派任务的完成情况，反正都是些被征服者，就活该承认自己倒霉。李存矩凑齐了五百匹战马和一支人数不详的军队，亲自带队，再由便宜岳父卢文进当副手，押送这批物资南下。

二月间，李存矩、卢文进率领的这支队伍走到涿州西南的岐沟关，这里是原卢龙镇与义武镇的交界地，再往前走，就要离开卢龙老家了。士卒的情绪躁动了起来，人人思乡难眠。

入夜，李存矩已住进驿馆睡着了，让手下人露宿在外。有一个叫宫彦璋的小军官，乘机煽动士兵说："我听说晋王正同梁兵在南边恶战，参战的骑兵死伤惨重！我们这些人被迫抛弃父母、妻儿，到遥远的地方去为外人打仗，千里迢迢地去送死！可就是这样，防御使长官仍不肯稍稍体恤一下我们的艰辛，难道我们真的只剩下死路一条了吗？"

这么一说，士兵更加悲愤莫名，在一片伤心的抽泣声中，不知是谁突然高声喊了一嗓子："咱们杀了防御使长官，拥护卢将军回新州，据城自守，就算晋王也不能把我们怎么样！"

顿时，这群卢龙兵如同遇到火星的汽油桶，情绪被瞬间引爆！他们操起兵器，大声呐喊着，冲进李存矩下榻的驿馆上房，梦中惊醒的威塞防御使还没来得及爬起来，就被兵变士兵砍死在床上！

事发突然，卢文进虽然很讨厌李存矩，但也知道这家伙是晋王的弟弟，他要是死了，那后果可非常严重！他跑进来，见到那具血肉模糊的女婿尸体，惊骇地道："你们这些奴才杀害了郎君（当时对主君儿子的尊称），让

189

我怎么去见晋王？"

没错，只要不想自杀，晋王是肯定不能去见了。没有了回头路的卢文进，接受这些叛军的拥戴，率军杀回山北，直奔新州。可同李存勖作对毕竟不是好玩的，卢文进叛军的行为并未得到山北各军的响应，留守新州的将领杨全章就闭门防守，不让叛军入城。叛军攻城，没打下来，当晚，守军主动出击夜袭，叛军大乱，卢文进连夜撤退，慌乱中掉进城外一个叫黑龙潭的小湖中，好容易才狼狈地侥幸逃生。见新州一时拿不下，卢文进便想换个难度低一点儿的目标，于是转向西北，进攻武州，还是打不下来。

接下来的事，证明山北各军不响应卢文进确实是有道理的。没过多久，晋国留驻代北的大将李嗣肱得知卢文进兵变，急率军赶来镇压，卢龙节度使周德威也派兵追剿。两路晋军东西对进，卢文进那支连根据地都没有的小小叛军哪里招架得住？割据山北独霸一方的幻想破灭了，现在怎么办？卢文进带着残部北逃，越过边界，投靠了刚刚兴起的契丹人，开启自己人生并不光明的新一页，时间大约是在阿保机称天皇帝之后的第三个月。从此，卢文进多次煽动和帮助阿保机南下进犯自己的父母之邦。

看到这里，可能有朋友会问：这件事来龙去脉很清楚啊，有什么蹊跷的呢？其实，熟悉此段史料且比较细心的朋友也许已经看出，在下有一个地方写"错"了：不管是《旧五代史·庄宗纪》《资治通鉴》，还是现今记述这段历史的大部分文章，都将卢文进叛降契丹的时间记在 917 年二月，距离阿保机称帝的 916 年二月已经过去整整一年，为什么本书会说是在阿保机称帝后的第三个月？

在下猜测，关于 917 年二月那个时间点的记载，可能是古人在传抄中抄错了。何以见得？

首先，关于卢文进兵变的背景，《新五代史》和《旧五代史》中的《卢文进传》都说是因为李存勖统率的晋军与刘鄩统率的梁军相峙于莘县，急向后方征调军力所致："庄宗与刘鄩相拒于莘，召存矩会兵击鄩。""庄宗与刘鄩对垒于莘县，命存矩于山后召募劲兵，又命山北居民出战马器仗……"

这里就产生了矛盾，梁、晋两军莘县对峙的时间，是915年七月至916年二月。李存矩征兵征马，不顾"边人嗟怨"，也要"期会迫促"，按说这效率不可能太低，哪里至于直到莘县对峙结束整整一年后，917年二月，才凑出五百匹马和一队不多的援军南下？更何况，此时主要大战都打完了，晋军已大获全胜，援兵中又怎么会有晋、梁恶战，骑兵死伤惨重的传言呢？

对照《辽史》可以发现更大的破绽。《辽史·本纪一》中，在916年四月有记载："夏四月乙酉朔，晋幽州节度使卢国用来降，以为幽州兵马留后。"917年二月又有一条记载："二年春二月，晋新州裨将卢文进杀节度使李存矩来降。"

初一看，第一条记载是不是很怪？我们知道，此时晋国的幽州节度使（卢龙节度使）是周德威，哪里冒出一个"卢国用"？对了，《旧五代史》说过，卢文进字国用，后来被阿保机任命为契丹的卢龙节度使。在《辽史》随后的记载中，"卢国用"这个名字还会反复出现，其事迹全部都与中原史料中的卢文进对得上号，而"卢文进"仅出现了这一次。

显然，《辽史》中的"卢国用"就是卢文进，只是元朝人修《辽史》太不认真，把同一个人干的同一件事写了两遍。唯一奇怪的是，既然是同一件事，怎么会出现在两个时间段上呢？在下觉得，关于"卢国用"的记录，应该出自辽国的原始资料，有关"卢文进"记载，则是粗心的元朝修史人为了和中原史料对应，强行塞进去的。

不过，《辽史》的错误恰恰给了我们提示，如果卢国用在916年四月降辽的记载是真实的，则前面提出的那些不合逻辑的疑点，就可以轻松地迎刃而解了。真相可能是这样的：卢文进兵变的真正时间可能是916年二月，中原古史可能在传抄中产生错误，将它推后了一年，兵变后，卢文进攻新州、武州均不克，被晋军围剿后战败，于916年四月出塞投降阿保机。

仔细研读这一段的相关史书，在下发现，对于这一假说，还可以找到很多旁证。在此简单举例。《通鉴》说，卢文进教会了契丹人使用地道攻城，而查对《旧五代史》，阿保机第一次采用地道攻城法的时间在 916 年八月，晚于《辽史》中"卢国用"降契丹的时间，却早于"卢文进"降契丹的 917 年二月，可见前一个时间点要比后一个时间点更可信。

好了，如果说勾引阿保机南犯的第一件大事，只是时间存在疑点，过程大致还是清楚的，那在下将要提到的，促使阿保机南下的第二件大事，就连过程都模糊不清了，只是一些零星的记载，综合研读之后，让人隐隐感到：阿保机南犯决策的产生，不仅仅缘于契丹内部，在中原可能有一些强大势力已经成为契丹的秘密盟友，并做出各种努力，支持着阿保机的南犯。

海上秘盟

先说一条很著名，但发生时间不详（《资治通鉴》将其叙述时间放在公元 917 年二月，但述事内容与当时背景有冲突，且前面有个"初"字，应为追述）的典故。

据《辽史·列传一》记载，有一次，吴王李昇（徐温养子徐知诰）派人给阿保机送来一件在当时来说如假包换的高科技武器猛火油，并做广告说，用这种油点燃的大火，敌人无法用水浇灭，越是浇水，火烧得越大！阿保机一听大喜，他打算马上进攻幽州，试一试这种新武器的威力。

阿保机的皇后述律平看在眼里，心中不爽，不就是些汉人的奇技淫巧嘛，有什么了不起的！

她反对说："天下哪有为了试油而发动战争的道理？"

拉住丈夫，她又指着帐前一棵大树问道："这棵树要没了树皮，它还能活吗？"

阿保机答："当然活不了。"

"对啊，"述律平接着说，"如果把幽州看成大树，那它周边的土地、百姓，就是它的树皮，我们派三千名骑兵，时不时去侵掠其四野，不出几年，它的百姓死得死、逃得逃，民困粮尽，那时再出兵，可以轻易把它攻占。何必急于一时，轻率兴兵，把取胜的筹码押在一件不一定靠得住的武器身上！万一打败了，既让敌国耻笑，也折损我们的威信，我们刚刚建起的国家，说不定都会随之解体！"

然后，按一般说法，阿保机接受老婆大人的谏言，停止了兴兵。可实际上，在《通鉴》记载此事的917年二月，契丹军队正在攻晋。而在在下为此事推测的另一个时间点，契丹军队即将南犯。古史通常都忽视科技发展在历史进程中的作用，契丹军队后来究竟有没有装备和使用过猛火油，《辽史》始终没有明确记录。在下推测，述律平虽然彪悍，但阿保机是一位能积极接受新生事物的君主，他的军队很可能既装备，也使用了猛火油，至于理由，稍后再说。

这条记载很生动，不过，只要稍稍梳理就可以发现破绽百出，越看越像不懂历史的小说家编造的。首先，李昪什么时候成了"吴王"呢？他这辈子当过"齐王""齐帝""唐帝"，就是没当过什么"吴王"。

好吧，不要那么较真，姑且把"吴王"的范围扩大，只要在吴地当王，甚至当权臣也算，是不是就没问题了呢？当然不是，时间还是对不上。阿保机活到公元926年，吴国权臣徐温活到公元927年，李昪要在义父徐温死后才能接班当权臣。也就是说，阿保机根本就没活到李昪在吴国掌权的日子，哪里可能收到未来的"吴王"李昪送来的礼物？

好吧，再退一步，不要揪着李昪不放，姑且这么认为：阿保机在位期间，有一位吴国掌权人曾派遣使者出访契丹，友好地赠送了先进武器猛火油，这回该通过了吧？可惜细细考究，仍然会发现有很多不合理的地方。

前文提过，猛火油是一种以石油为主要原料，加入硫黄、硝石等辅料配制而成的易燃液体。它究竟是中国自行发明的，还是拜占庭的"希腊火"通过某种渠道，从海上丝绸之路传过来的，今天已难下定论，但它肯定是当时刚刚出现在华夏战场上的新锐武器。第一次有记载的疑似使用猛火油，是天祐元年（904）吴军攻洪州时的"发机飞火"，只比阿保机称帝早十二年。

尽管吴国拥有猛火油的可能性是极大的，但有的东西并不一定会送人。我们知道，武器，特别是先进武器，由于事关国防安全，是一种非常特殊的商品，如果双方的关系不够铁，别说送，就是你肯出高价来买，人家也不会卖给你。那吴国和契丹之间的关系是不是特别友好，特别亲密，所以吴国才会不分彼此，连最新武器都慷慨相赠呢？

空口无凭，在下简单统计了《辽史》《通鉴》《旧五代史》中的相关记录，将阿保机执政期间契丹有明确时间记载的主要外交活动，列成简表：

时 间	对象国	小 注
905 年十月	晋	阿保机与晋王李克用在云州东城会盟。
906 年二月	梁	梁王朱温遣使至契丹。
907 年五月	后梁	阿保机遣袍笏梅老访梁，朱温派太府少卿高顷回访。
908 年四月	晋	晋王李存勖继位，遣使告哀，阿保机派人吊唁。
908 年五月	后梁	阿保机遣使随高顷回访后梁，请求册封，相约共灭沙陀。
908 年八月	燕	燕王刘守光赠送阿保机合欢瓜。
909 年二月	后梁	后梁使节郎公远出访契丹。
909 年三月	义昌	义昌节度使刘守文遣使与契丹结盟，共讨燕王刘守光。
911 年四月	后梁	阿保机遣人使梁。
911 年十一月	后梁	阿保机遣人使梁。
912 年十月	后梁	阿保机遣人使梁。
913 年初	燕	燕主刘守光遣韩延徽使契丹求援。
915 年十月	新罗	遣使进贡。
915 年十月	泰封	遣使赠送宝剑。
915 年十月	吴越	吴越王钱镠派使臣滕彦休访契丹，赠送礼物。
916 年四月	后梁	后梁使节郎公远再访契丹，祝贺阿保机称帝。
916 年六月	吴越	吴越王钱镠派使臣滕彦休再访契丹，赠送礼物。
918 年二月	多国	契丹皇都建成，梁、晋、吴越、渤海、高丽、回鹘、阻卜（鞑靼）、党项等皆遣使来贺。
920 年五月	吴越	吴越王钱镠派使臣滕彦休三访契丹，赠送犀角、珊瑚。
920 年九月	后梁	后梁使节郎公远三访契丹。

时　　间	对象国	小　　注
923 年四月	后梁	后梁遣使访契丹。
923 年四月	吴越	吴越遣使访契丹，赠送贡物。
923 年六月	波斯	波斯遣使至契丹。
924 年九月	大食	大食遣使至契丹。
924 年九月	回鹘	回鹘遣使至契丹。
925 年四月	回鹘	回鹘遣使至契丹进贡。
925 年十月	后唐	后唐遣使至契丹，告之其已灭后梁。
925 年十月	日本	日本遣使进贡。
925 年十月	高丽	高丽遣使进贡。
925 年十一月	新罗	新罗遣使进贡。
926 年二月	后唐	阿保机遣使至后唐，告之其灭亡渤海。
926 年二月	高丽	高丽遣使进贡。
926 年六月	后唐	后唐遣使臣姚坤至契丹，报以国哀（李存勖死）。

分析上表，可以给我们提供很多启示。显然，在阿保机时代，契丹的外交活动还是比较频繁的，如果简单数一数，将与其有官方外交往来的国家进行一个排名，可以得出以下名次：第一名是后梁，十一次；第二名是晋（后唐），六次；第三名是吴越，五次；第四名、高丽（泰封），四次；第五名是回鹘（此时存在不止一个回鹘政权），三次；第六名是新罗、燕，各两次；其余如波斯、大食、渤海、鞑靼等排第七，各一次。可以很清楚地看出，里面没有吴国。吴国与契丹之间不存在密切的官方往来，是显而易见的。

从逻辑上说，吴国也不可能去资助契丹。从杨行密与李克用结成反朱温同盟以来，由于彼此需要，吴和晋就维持着长期的战略伙伴关系，这种关系一直要延续到李存勖灭梁方告终止。而在此时帮助契丹南犯，最大的受害者无疑是李存勖的晋国，最大的受益者则是朱友贞的后梁，这显然也与吴国的国家战略相左。

如果帮助契丹的不是吴国，那又是谁呢？其实上表中已经很明显了，在拥有强大海上贸易，能够较容易搞到石油的南方政权中，有也只有一个与契丹存在密切的外交联系，就是在上表中位列第三的吴越国。而且，我们知道，吴越王钱镠一度也有吴王的封号（904年至907年），契丹人可能是记混了。而李昇的名字，多半是粗心的元朝修史人自作聪明加上去的。

但还有一个逻辑问题需要解决，如果吴国没有与契丹结盟的动机，那吴越呢？它与契丹有什么利益交集吗？钱镠存在帮助阿保机的动机吗？

其实，如果仅仅从吴越国自身的利益来看，还真没必要和契丹套什么交情。双方相距甚远，彼此既没有威胁，也谈不上多大的需求，何况还是"非我族类"。那钱镠一而再，再而三地派使节出访契丹，又是为了什么呢？

再看一看上表，就会发现一个现象：在阿保机掌权契丹的二十三年中，吴越与契丹的密切交往只集中在915年至923年这八年间，在此前和此后也没什么交往。那么，这八年有什么玄机吗？

对照相关历史就清楚了，915年魏博兵变，从此，朱友贞的后梁让李存勖打得那个惨啊，真正有了亡国之危。朱友贞不算什么英主，可也不是白痴，在下认为，真实的他比多数史书中的描述还要强那么一点儿，他也在想办法试图挽救危亡。要减缓李存勖的进攻，那最立竿见影的办法，莫过于拉拢一个强大的第三方攻击晋国，在当时，这个第三方非契丹莫属。

只是，要拉契丹下水，后梁手头一时没有足够的筹码，所以需要找一个股东来赞助。于是，作为后梁藩属国的吴越才被卷了进来。这么说有证据吗？有。在上表中，有两位外交官的名字曾多次出现，他们就是后梁使节郎公远与吴越使节滕彦休。这两人多次出使契丹，稍后我们还会发现，他们访问契丹，可不是一访即回，而是在契丹住了很长时间，甚至一起参与了阿保机的南犯！

在什么情况下，发动战争会带上外国使节？最合理的推断，莫过于彼此之间存在着军事同盟关系。至此，在下想说的第二件事大致理清楚了，在宋、金"海上盟约"出台的两百零一年前，后梁、吴越与契丹为了共同反晋，就结成过一个更加隐秘的不为人知的前传版"海上盟约"，阿保机稍后的南犯，其实也是在履行这个盟约的义务。

实际上，之后我们会发现，在整个五代，契丹人的大举南犯，从来都是要取得汉地某个势力或某个势力的"第五纵队"支持后才进行的。原因很简单，光凭契丹人自己，他们对中原势力没有丝毫胜算。由于反复的实战锤炼，五代军队的平均战斗力一点儿不比初兴时期的契丹人差，只不过在乱世军阀的生存竞争大背景下，太多的势力、太多的军阀为了一时之利不惜饮鸩止渴，给契丹人创造了一次次南下的契机。

后梁贞明二年（916）七月，乘着秋高马肥，阿保机尽起契丹之众，对外号称三十万大军，并邀请后梁使臣郎公远与吴越使臣滕彦休同行，发动了他的第一次大规模南犯战争。

也许是想迷惑晋军，或者是想打大 BOSS 之前先打几个小怪练练级，契丹军队并没有直接南下进攻晋国，而是先挥师向西，扫荡了位于今内蒙古自治区中部、西部的各个游牧部落。各部落又一次惨遭荼毒，被阿保机虏获了人丁一万五千六百户和铠甲、兵仗、驼马牛羊等大批财物。在外人特别是晋国的北部诸边将看来，阿保机这次行动和前几年没什么不同：契丹人又在欺负他们的游牧小兄弟了，没我们什么事。

谁知，在取得开门红之后，阿保机并没有像往年那样，继续追着游牧兄弟打劫，或者拿着战利品回去给手下分赃，而是带着他士气高昂的得胜之师，声西击东，出其不意地长驱直入，穿过麟州（今陕西神木）、胜州（今内蒙古自治区准格尔旗东北）之间的河套地区，然后强渡黄河，突然出现在朔州（今山西朔州，时为振武镇总部所在）城外。

此时防守朔州的，是李克用的一个老资格义子，振武节度使李嗣本。李嗣本，雁门人，本姓张，在晋军中也算得一员战功卓著的猛将，如前文提到的叛徒卢文进，当初就是被他击败招降进晋军的。李嗣本坐镇振武后，虽然治民理政方面的本事颇受人诟病，但以雄武善战在鞑靼等塞北人中很有名声，以至于塞北人给了他一个绰号——"威信可汗"。

可悲的是，在阿保机的突然攻击下，"威信可汗"的威信很快扫了地。此时，晋军虽已在故元城之战中歼灭了河北的梁军主力，但沧州（戴思远）、贝州（张源德）等重镇的后梁守军仍在坚持抵抗，所以晋军主力也就还全部集中在南面的梁、晋战场，振武等北方各镇的守兵非常薄弱。

眼见寡不敌众，手里兵少的李嗣本连忙紧闭城门，希望利用契丹骑兵擅长野战而不善于攻坚的劣势，固守待援。

无奈经验主义常常都是靠不住的。由于有叛将卢文进的加盟，以及后梁、吴越提供的攻城武器（很可能还有相应的专家），契丹人快速学会了中原正流行的各种先进攻城技术，其攻坚能力已是士别三日，需要刮目相看了。

据《旧五代史·李嗣本传》记载，阿保机在对朔州的攻击中除了采用了地道攻城，还使用了一种叫作"火车"的新武器。地道，很好理解，但火车，又是什么东西呢？

可以肯定，它不可能是今天在两条铁轨上跑来跑去的那种交通工具。古史中叫"火车"的武器，还有明末名将孙传庭使用过。一般认为，孙传庭的"火车"，是一种装备着小型火炮的作战车辆，在阿保机的时代，管形火器还没有发明，所以阿保机的"火车"不可能是孙传庭的"火车"。

既然阿保机的"火车"不会是装备火炮的车辆，那顾名思义，它最有可能的解释就是装有猛火油投射装置的车辆。这也是之前在下猜想契丹军队既装备也使用了吴越提供的猛火油的原因之一。

在庞大的契丹大军从地上到地下的立体猛攻下，兵微将寡的李嗣本没能抵挡太长时间，朔州很快陷落了。李嗣本和他的四个儿子（李嗣本总共有八个儿子）均被契丹军队擒获。这是阿保机第一次攻下晋军把守的重镇，自我感觉很有纪念意义，便特意登上青冢（传说中的西汉王昭君墓，具体位置有两种真假难辨的说法：一处是阿保机此次登临的地点，位于今山西朔州市朔城区南榆林乡青钟村；另一处位于内蒙古自治区呼和浩特市南九公里处），勒石纪功！

阿保机攻陷朔州的时候，李存勖刚刚招降了困守邢州的梁将阎宝，得知那个从来不仗义的义叔已经大举南犯并打到朔州了！从朔州到太原只有四百余里，机动性很强的契丹骑兵如果快速奔袭，那两三天就可到达。李存勖担心契丹人会进一步南下，威胁自己的根本，便留下李存审、李嗣源等人帮他看着河北战场，加强对沧州、贝州的攻打，自己则急率大军返回太原，抵抗契丹人可能的进攻。

阿保机并没有继续南下太原，此时晋国北境空虚，精锐尽在南线，沿着北边走可以继续捏软柿子，再往南就有可能和李存勖的主力硬碰硬了！阿保机还不想这么早就同晋军决战，毕竟他此次南下虽然很有可能是应朱友贞的请求而来，但说到底，他主要是为了自己的利益而战，给曾经的宗主国后梁排忧解难，根本就不是，也不可能是阿保机最关心的事。

于是，阿保机在饱掠一番后，放弃刚刚到手的朔州，挥师杀向东北，进逼云州（今山西大同）。契丹大军到达云州稍前，阿保机要了一把刘守光式的无赖，让人携带着文书进入云州，向晋军老将、大同防御使李存璋提出，要晋军拿出一笔巨款，以赎回李嗣本。

李存璋很强硬地表示绝不同绑匪谈判，一刀把契丹使节砍了！阿保机大怒，命令全军猛攻云州。李存璋顽强抵抗，契丹军队一时无法得手。已到达太原的李存勖得知契丹军已转攻云州，立即挥师北上，准备救援云州，也顺便和这个可恶的"义叔"真刀真枪较量一番！

阿保机对李克用父子似乎还是有一点儿忌惮的，他见云州一时攻不下来，而李存勖又快来了，便仗着契丹军队四条腿跑得快的优势，放弃对云州的围攻，骑上战马，绝尘而去。

至于没能被赎回来的李嗣本，之后，在下没能在任何史书中找到有关于他的任何记载。《旧五代史》说李嗣本"性刚烈，有节义"，那他大概是殉国了吧！

李存勖得知契丹大军已经离开云州外围的时候，他率领的晋军刚赶到代州。李存勖并不清楚阿保机究竟是不是撤回本国去了，但看契丹人开溜这速度如此麻利，自己应该是追不上了，寻思与其劳而无功地北上，不如先回去把沧州、贝州拿下来，清空后梁在河北的残渣。于是，李存勗掉头南返，只是将李存璋的大同防御使提升为大同节度使，让其加强北部边防。

阿保机并没有像李存勗以为的那样，向北撤回契丹。他好容易第一次深入中原，不多劫获点儿战利品哪能轻易离开？契丹大军转向东南，进攻蔚州（今山西灵丘）。在契丹军队攻打蔚州城时，出现了一条耐人寻味的记载：阿保机特别招呼后梁使臣郎公远和吴越使臣滕彦休，来与他一同观看大军攻城时的壮观景象。只见激战中，蔚州城楼轰然倒塌，契丹军队如见到肥羊的狼群，蜂拥而入，当即陷城。看到此景，阿保机大悦，特地给滕彦休赐名"述吕"。

不知道"述吕"在契丹语中究竟是什么意思，但在打胜仗之时给人赐名，显然是一种褒奖。本国军队打了胜仗，却特别褒奖一位外国使臣，这又该如何解释？最合理的原因应该是这位外国使臣为契丹军队的胜利提供了帮助。那滕彦休又给了阿保机什么样的帮助呢？结合前文的种种推测，答案呼之欲出：这次（916年六月）滕彦休出访契丹，给阿保机送来的所谓"贡物"，就是猛火油！

拿下蔚州之后，阿保机在卢文进的引导下，于当年十二月间攻入山北地区，也就是之前由李存矩担任防御使的威塞镇。

晋国在威塞镇的驻军，有相当数量是原属燕国降军的"山北八军"。数月前，他们绝大部分都没有响应卢文进的兵变，但这并不是因为他们对李存勗统治下的现状很满意，而是因为他们畏惧晋军的强大，深感要打起来不是对手罢了。

可现在不一样了，阿保机麾下契丹大军的到来，让他们看到了另一条粗壮的大腿，何况还有卢文进现身说法，于是，大量的威塞驻军不战而降，加入了卢文进的队伍，《辽史》不无得意地声称："十二月，收山北八军。"

在此背景下，阿保机没费什么力气便轻松攻占了威塞四州中的武州和妫州，并将这两地分别改名为"归化州"与"可汗州"。

改名，意味着阿保机打算将这二州纳入契丹帝国的版图，而不仅仅是抢一通就走。干完这些事，阿保机在山北地区设置了一个叫"西南面招讨

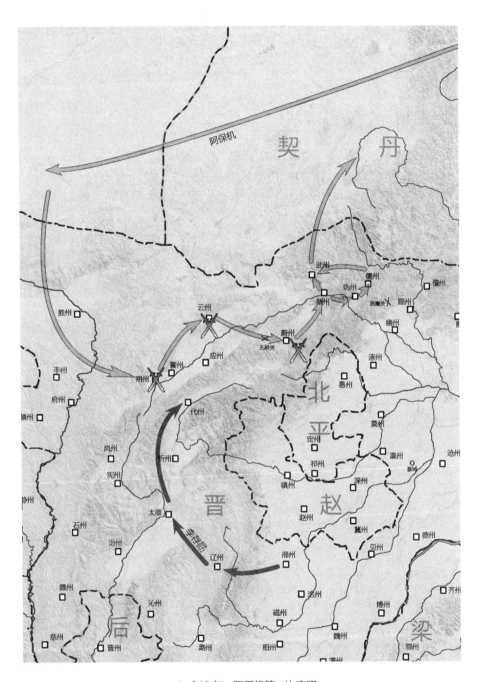

▲ 916年，阿保机第一次南犯

司"的军事机构，留下一部分兵力驻守（其中肯定有卢文进所部，但不清楚他是不是西南面招讨司的最高长官），自己则率大军北归，结束了他的第一次大规模南犯。

幽州之战（上）

在阿保机的第一次南犯中，他利用李存勖及晋军精锐皆在梁晋前线的机会，避实击虚，取得了不小的战果。按《辽史》记载，契丹军队这一拨南下至少攻陷过四座州城，共斩首晋军达一万四千七百余级，初次向中原亮出了自己锐利的獠牙，并在从此开始的百年间成为中原政权最大的边患。

顺便说一句，前面为了避免"剧透"，其实威塞镇在916年底已然残破，才是在下认为卢文进兵变不可能发生在917年二月的最有力旁证。以917年初山北地区的情况，李存勖只可能向这里增兵，绝无可能再从这里调兵。

实际上，李存勖得知契丹军队进犯山北部分地区时，也确实着手稍稍加强了对北方的防御，但晋军的重点仍放在南线。

现在，契丹主力已经退走，只剩下一半的威塞军，得调一员虎将去镇守，并尽快收复失地。眼看自己的一线将领全都有任务，李存勖想了想，就将一年前在太原保卫战中立下战功的退休将领安金全任命为新州刺史，让老将军发挥一下余热，收拾收拾山北的烂摊子。

安金全先行一步来到新州，但几乎没带来什么兵，新州的防御并无明显加强。这不能怪安金全，晋军援兵还要等周德威从河东、义武（北平）、成德（赵）等地抽调和集结，一时还来不了。相反，安金全的到来，提醒了卢文进：晋军可能要筹划反攻了。

怎么办？卢文进决定先下手为强。他一面率领自己的手下，因收编了山北八军而实力大大加强的伪军，主动进攻新州，一面极力劝说阿保机，应该赶在晋军大举反攻前再度南犯，先行全取山北！只有先发才能制人，后发将为人所制！

阿保机听了，也怦然心动：有理，自己刚抢到手的东西哪能再让人抢回去？于是，刚刚返回本土，休整不过一两个月的契丹大军，再度跨上马，挥起刀，汹涌南下，开始第二次大规模南犯。

贞明三年（917）三月，契丹人的急先锋——卢文进的伪军，对新州发起了猛攻。刚刚到任，兵粮两缺，人心也不附（这是此时的新州和一年前的太原最大的区别）的安金全无法坚守，只好弃城逃走。旗开得胜的卢文进，随即让自己的部将刘殷代理新州刺史，大修战备，意图固守待援。

数天后，周德威临时拼凑出的晋、赵、北平三家联军共三万余人才姗姗来迟，越过北太行山，到达新州城外，立即展开进攻。卢文进严防死守，周德威连攻十天不能破城。就在这十天中，据《通鉴》记载，阿保机亲自率领的三十万契丹大军，对外号称"百万"，已越过燕山山脉，推进至新州之东，直接威胁周德威联军与周德威所领卢龙镇之间的联系。

值得一提的是，阿保机带来的这支大军，除了骑马操刀的武装士兵，还驱赶着为大军长期作战提供食物的大批马、牛、羊等牲畜，摆出一副大搬家的架势：这次来了，我们就不会再走了！

周德威大概也没想到，刚刚退走的契丹大军，会在这么短的时间内，又一个回马枪杀过来，而且兵力如此之多，推进速度如此之快！虽然"三十万"这个数字，在下怀疑也有所夸大，可能包括很多放牧的非战斗人员，但即便挤掉水分，数量肯定比周德威的三万人要多得多。而且战斗素质上，这次是契丹的精锐在对抗晋军的二流部队（因为一流晋军基本在南边）。自十五年前输给梁将氏叔琮，还没有打过败仗的常胜将军周德威，这一次被逼到了空前恶劣的险境！

与晋军只来了一个名将周德威相比，阿保机带来了此时契丹所拥有的全明星阵容。前文提过，阿保机是靠给伯父释鲁编练近卫军"挞马"起家的，等阿保机自己当上老大后，将"挞马"扩编，改称"腹心部"，不断收罗勇武过人且忠诚可靠之士加入其中，阿保机长期带着这些人征伐四方，上马同行，下马同止，有福同享，有难同当，真正将他们变成了自己的铁杆心腹。其中最重要的一个，当数阿保机的堂兄弟世里曷鲁（两人同岁）。因为世里曷鲁参加了新州这一战，并在接下来发生的幽州会战中唱过主角，我们对他稍做介绍。

世里曷鲁，字控温，又一说字洪隐，其祖父世里匣马，是阿保机祖父世里匀德实的亲哥哥。虽然从血统上说，阿保机和曷鲁是已经隔了两代的堂兄弟，但两人是一起长大的玩伴，而且阿保机精明多主见，好为人先，曷鲁则质朴憨厚，甘为人后，两人的性格正好互补，所以论感情，他俩比阿保机和自己的亲兄弟还要亲密。

据说，曷鲁的父亲偶思在病重时，特别将曷鲁与阿保机一起叫到床前嘱咐后事。他对儿子曷鲁说："在你们这一辈从兄弟中，只有阿保机雄才大略，你和弟弟们要忠心为他做事。"他又对侄儿阿保机说："你一定是上天所选的命世之才，我的儿子曷鲁以后可以帮你做事，我已经对他说了。"（潜台词：日后你发达时可别亏待了我家曷鲁。）

其实在偶思说出这段遗言之前，曷鲁早就在忠心耿耿地侍奉阿保机了。为防止有别人暗算阿保机，曷鲁每天形影不离地带着刀，跟在堂兄弟身边，充当保镖。在"诸弟之乱"时，曷鲁坚决站在儿时玩伴一边，是独当一面的统兵大将，为阿保机摆平自己的亲弟弟立下了汗马功劳。

特别是在阿保机由"于越"升级当可汗和由可汗升级当皇帝的两个关键时刻，仰慕汉化的阿保机自然都要学着汉人风俗，装模作样地再三推让："哎呀，你们这样逼迫我，难道不了解我的真心？我只想为大家服务，权位什么的，从来不是我所追求的！"

而到了这个时候，给众小弟带头，反复劝老大上位的第一人，永远是曷鲁。什么老大你出生时就"神光属天，异香盈幄"啦，什么"梦受神诲，龙锡金佩"啦，什么"应天顺人"，天老爷的意不可违啦，等等，总之理由既充分又具体，你不当皇帝，我们坚决不答应！请注意，这是在贵族"民主"刚刚被压制的契丹，能像曷鲁这样，将如此肉麻的马屁拍得行云流水、浑然天成、天花乱坠的人才，还是不多的！

曷鲁处处为阿保机提供贴心的服务，自然也赢得了阿保机的高度赞誉。曷鲁历任大夷离堇、于越，等于将阿保机当可汗前的官位都当了一遍，成为辽朝史书中永远的先进典范。阿保机还感激地将他称作"我的心"（阿保机有个习惯，喜欢将功臣比作自己的某个器官），位列契丹开国的"佐命二十一功臣"之首。

另外，在"佐命二十一功臣"中，肯定参加了幽州之战的，还有以下几位。

述律敌鲁，也可叫萧敌鲁，皇后述律平的弟弟，也就是当初被刘守光绑去当肉票的那位倒霉蛋。虽然性格有点实诚，有过这么一段受骗上当的历史，但述律敌鲁总的来说还是阿保机的一位得力助手，他是一员猛将，英勇有胆略，在作战时多次亲冒矢石，冲锋陷阵，所向披靡。阿保机将其赞为"我的手"。

述律阿古只或萧阿古只，述律敌鲁的弟弟，骁勇善射，在"第三次诸弟之乱"中，正是他生擒了叛军首领，阿保机的二弟剌葛。后因功被阿保机封为世袭的北府宰相，赞为"我的耳"。

康默记，本名康照，契丹开国佐命功臣中的三个汉臣之一（另外两个是韩延徽和韩知古，卢文进后来又回归中原，不然应该也算一个），本为燕军军校，被阿保机俘虏后投降。其人有文武才干，多才多艺，精通法律和工程营建，是契丹建造第一座都城皇都的总设计师。

好了，论天时，阿保机此时北无后患，南有盟军，契丹主力倾巢出动，对实力有限的周德威部形成如山压卵之势！而晋军精锐皆在南线，梁、晋两军在黎阳（今河南浚县）又形成了新的对峙，山北及周边周德威暂时不存在任何有力的友军。

论地利，由于威塞残破，新州失守，晋军无法将契丹军队阻于燕山隘口之外，原本包围新州的联军，现在面临被契丹大军反包围的危险。

论人和，由于周德威、李存矩等忠实执行了李存勖打压卢龙军人集团的决策，晋军在这里的民意支持度也不比以掠夺为己任的契丹人好到哪儿去。山北八军的轻易倒戈便是明证。

在如此巨大的劣势下，这一战还要打赢显然是不太现实的。周德威急忙解除了对新州的包围，打算夺路先退回幽州。但论跑路，多是汉人的晋军虽然比同期的梁军强，也没法和纯游牧民族出身的契丹军队比高下。晋军即使是专职骑兵，也只是一人一马，契丹骑兵却可以做到一人三马，轮换骑乘。因此，周德威部没能及时脱离，被迫与强大的契丹军战于新州东，失利后边打边撤，一路苦战至居庸关，晋军战败，将军李嗣恩的儿子武八战死。好在周德威毕竟是名将，虽败不乱，在付出兵力折损大半的沉重代价后，终于带着余部退入幽州城，固守待援。

阿保机乘胜追击，亲率大军乘势包围了幽州，同时派妻弟述律阿古只和述律敌鲁（《辽史》记载为阿古史和实鲁，但原北宰相萧实鲁已在"诸弟之乱"中因附逆被杀，而在他被杀之前，他的职务就被述律敌鲁取代），分攻卢龙其余各州。

在原燕国的地盘上，敌鲁和阿古只兄弟没有遇上晋军的有力抵抗，扫荡一番，又返回幽州城外与契丹主力大军会合。晋军唯一强有力的抗战只发生在幽州，毕竟周德威部下还包括不少晋军老兵和成德、义武的援兵，他们要比卢龙归降的新晋军可靠得多。

阿保机集中大军，开始对幽州城发起猛攻。有了之前攻陷朔州、蔚州、新州等城市的成功经验，阿保机觉得自己的军队已经由攻城新手修炼成攻城高手了，拿下一个手下败将周德威防守的幽州，应该不是太难的事。但他不知道，在城塞攻防战方面，他其实才刚刚入门，此前契丹军队攻城的成功，都带有一定的偶然性。而现在，阿保机所面对的这座城池，在城防的坚固、储备物资的丰富、守将的水平和守军的顽强方面，都大大超过他此前遇到的任何一座城池。老办法不管用了。

阿保机首先使用的主要攻城方法，还是挖地道。契丹军队在城外多个地点同时开挖，像鼹鼠似的从四面八方钻向城中。周德威早料到卢文进会教契丹人玩这一手，沿城墙也挖掘了一道深沟，并在沟内灌入油脂，契丹人向前掘进的地道总会被它截断。一旦地道与壕沟被挖穿，守在壕沟上方的晋军士兵马上点燃油脂，倒灌进地道内的油脂能瞬间将地道内的契丹兵变成烤鼹鼠！

地下的不行，那就玩地上的。契丹军队在城外积土堆山，土山越堆越高，渐渐向城墙逼近。周德威的应对方法更加狠毒，用熔化的金属液向土山抛洒，契丹兵被烫死烫伤的状貌惨不忍睹！土山的增高进度遂无法持续。

在攻防战最激烈的阶段，契丹军队每天伤亡上千人，但僵持状态仍无法打破，架不住惨重损失，契丹军队的攻势不得不稍稍减弱。不过，城中的损失也并不小，局势仍很危险。与此同时，幽州的战事也在影响着远离幽州的地方。

例如，在汴梁的后梁皇帝朱友贞得知契丹大军进攻幽州，还把周德威围住了，这才稍稍松了一口气。为奖励有功，朱友贞一连给钱传瓘、钱传璟等钱镠的十一个儿子加官晋爵。

差不多就在钱家众公子升官的同时，正在黎阳与梁将刘鄩对峙的李存勖，接到了周德威的求救文书。文书上说：新州失利，幽州被围！民间风传契丹军队的人数，有说三十万的，有说五十万的，甚至有说一百万的！确切数量虽不得而知，但渔阳以北的山谷之间，到处都是契丹人的牛车、帐篷，羊、马等牲畜更是布满了山坡，好像大半个契丹民族都把家搬到幽州来了……

李存勖看罢，感到很为难。以周德威的报告看，此次契丹南下，兵势极盛，少量援兵恐怕无济于事。如果自己亲率大军北上，与阿保机决战，那么刚刚从后梁手中夺取，统治尚不稳固的河北数镇，会不会又在梁军的反攻下丢失，使一年多的血战成果前功尽弃？如果不去救，他又担心周德威顶不住，既丢失好不容易得到的卢龙之地，又丧一员上将，寒了众将士之心！

事关重大，李存勖不敢轻忽，便召集众将开会，共同讨论如何应对北方突然出现的严峻形势。

会上，不少将领面露难色，显然，老大不愿放弃苦战得来的魏博诸镇，那么即使要北援，也只可能派兵力有限的偏师。这样的苦差事，谁摊上谁倒霉，安金全不就晚节不保了吗？更不用说还有个下场更惨的李嗣本！去和阿保机交手，没准儿要步他们的后尘！于是，大家建议，契丹人没有后勤系统，打到哪儿就抢到哪儿，一旦他们把城外的东西抢光，自然就会退走。

不过，此时的晋军毕竟还是一个充满战斗力的坚强团体，当然不会所有人都踌躇不前。以足智多谋著称，在参会众将中排名第一的老将李存审，就认为应该尽快组织援军，救援幽州。他说："如果我军犹豫不决，行动迟缓的话，幽州可不属于我们的老根据地，那里人心难测，如果长期见不到援兵，万一城中生变，后果不堪设想！"

在参会众将中排名第二，以骁勇敢战闻名的猛将李嗣源，直接请战："周德威是国家的重臣，他现在困守幽州孤城，情势已十分危急，朝不保夕！我们岂能见死不救？请大王给我五千名精锐骑兵，我愿担任大军的前锋，与契丹人决一生死！"

刚刚归顺李存勖不久的原梁军降将阎宝，可能想尽快给新主留个好印象，也积极支持两位前辈的主张，并在具体的战术细节上做补充："我们应该挑选精兵，注意控制山地险要，多准备强弓劲弩，多设埋伏，只要克制胡骑的长处，就没什么可怕的。"

见到如此积极主动的部下，李存勖不由得转忧为喜，赞道："以前唐太宗只靠一个李靖，就生擒了颉利可汗，现在我有三员猛将，还怕什么？"

随后，李存勖等定下了救援幽州的具体作战方案。方案仿照当年的夹寨之战，分成两阶段执行。

李存勖一时凑不出一支足够强大的援军，但又不能让幽州守军等待太久，否则看不到希望会让人绝望。所以在第一阶段，先由李嗣源和阎宝率少量精兵，开进距离幽州不太远，又有坚固城防可依托的地方。然后寻机出击，袭击那些离开大营出来"打草谷"的零散契丹兵，制造声势。这样既能以较低的代价削弱契丹军对幽州的攻势，又能给幽州城中的军民打气：别灰心，援兵离你们不远了！

第二阶段，等李存审集结到足够数量的兵力，再北上与李嗣源、阎宝会合，与顿兵坚城，久攻不克而士气衰竭的契丹军队决战，解幽州之围。

四月，李嗣源率先头部队到达岐沟关之西的易州涞水县。稍后，阎宝奉命从王镕、王处直处征调精兵，赶来与李嗣源会合，而后进驻岐沟关，利用这一险要为基地，开始进行骚扰作战。李嗣源、阎宝白天守关，入夜便组织精锐小队出关，袭击幽州周边零散的契丹兵，不但屡有斩获，甚至设法与幽州城中的周德威取得了联系。

周德威信心大增，写信告诉李嗣源："据最新的情报，契丹军队大约有三十万，携带牛马等牲畜的数量不详，但听说已经被吃掉一半多了！幽州一直攻不下，损失的人畜却越来越多，据说阿保机有些后悔，时不时痛骂卢文进一顿来出气。现在，大部分契丹军队已经不再攻城，而是分散到周围搜寻食物，就连阿保机的中军大营都只有不到万人！要决战的话，最好乘夜出奇兵，掩其不备。"

周德威大概不知道李嗣源的兵也很少，尚不具备决战的实力。因此，李嗣源并没有去袭击阿保机的中军大营，只是将周德威信中提到的契丹军队情况上报给李存勖。

契丹大军的处境确实正在渐渐恶化。阿保机发现，举一不一定能反三，攻克中小城市朔州、蔚州的成功经验，在打大城市幽州时失效了。白白死了这么多人，这该死的幽州就是打不下来。

强攻不行，那就围困吧！等城中粮食吃完，自然就破城了，反正中原人打仗也经常这么干。但实践出真知，原来要长期围困一座大城市，也不是那么容易做到的。

契丹军队自己的食物消耗十分惊人。正常情况下，契丹军队战时获取补给的主要方式是"打草谷"。所谓"打草谷"，其实就是抢啦！但这种补给方式，是与流动作战相适应的，大军不能长期驻于一地，否则几十万大军待在一个地方抢劫，当地很快就会变得没东西可抢。而不待在一个地方，你怎么长期围城？

为此，阿保机这次在来的时候就做了长期作战的准备，带上了大批马、牛、羊，但显然中原的土地并不适宜放牧。正常情况下，游牧民族的主食是乳制品，然后才是肉制品，现在才几个月，就已宰杀过半，看来牛羊在这儿都不怎么产奶了。以这几个月的食物消耗速率看，城中人与城外人，谁先填不饱肚子还不一定呢！

更要命的是，阿保机低估了燕山南北的气候差异。春天开战，打着打着，就进入夏天了，北京的夏天还是比较炎热的，还接连下大雨，湿气浓重。这让来自塞外，习惯了干爽凉快天气的契丹人叫苦不迭。史书上虽然没有明说，但从一些迹象看，契丹人因水土不服而病倒的比例可能不会太小。这还没有算上像跳蚤似的，时不时越出岐沟关搞偷袭，将契丹大军叮出一身红包的李嗣源、阎宝所部晋军。

再这样打下去，可能就要转胜为败了，但在如此兴师动众且付出如此大的代价后，两手空空就这么回去，他百战百胜"天皇帝"的面子也没处搁。阿保机决定：还是给自己找个台阶下吧！

幽州之战（下）

六月的一天，天气晴朗，阿保机顶着暑气，带着一干"腹心部"的心腹来到幽州城外查看军情。转悠了一会儿，阿保机突然惊叹一声："哎呀，不好！"众心腹一惊，老大中暑了吗？却见阿保机并没头晕目眩地倒下去，而是露出了一脸高深莫测状："你们没看出来吗？我观这幽州城中，有一股云气如烟火直冲云霄，这大概是有神灵在护佑吧！难怪我军会久攻不下，这城暂时就不能被攻破！"

毕竟人不能和天斗嘛！有了这层铺垫，阿保机就可以用遵从天意之名，不失面子地在众心腹面前后撤，回塞北避暑去了。

众心腹一听，看来老大打算离开这个鬼地方，回塞北去凉快凉快，不禁人人欢欣鼓舞，不管老大编的瞎话有多么"无厘头"，都踊跃地表示：对老大的阴阳神眼，俺们深信不疑，对老大的英明决策，俺们衷心拥护！

慢着，你们还是别高兴得太早。阿保机觉得，自己如此困难，幽州城里肯定也困难，甚至更困难！已经打到这一步，幽州城如同一颗即将熟透，马上就可能掉下来的果实，就这么放弃，是不是太可惜啦？所以，阿保机的决定是：自己带一部分人回北边凉快，仍留下相当数量的军队继续围困幽州。

哪些人会被留下来呢？首先是那些适应当地气候的，像卢文进的伪军就责无旁贷。不过，伪军的作战意志与忠诚度都是需要打个问号的，打下手也许不错，挑大梁让人不放心。那就得留一个心腹能臣和一支有足够实力的契丹军队来配合并监督卢文进所部，共围幽州。

谁来担当这个重任，才最让人放心呢？当然是"我的心"世里曷鲁了。于是，阿保机这位堂兄弟便成为继续围攻幽州的契丹军统帅，在不久后代替阿保机接受晋军的考验。被阿保机留下的契丹高级将领远不止曷鲁一人，可以肯定的还有阿保机的二弟世里刺葛。其他人则记载不详，毕竟接下来的事对契丹人的历史不太光彩，被淡化也情有可原。

阿保机北归一个月后，李存审率领北援晋军后续部队，终于集结完毕，开赴前线。八月中旬，李存审与李嗣源、阎宝在易州会师，合计兵力步骑七万余人。双方一增一减，兵力差距已大大缩小了。

不过，李存审等人并不知道对面的契丹军队已经没那么多，他们在开会商议具体作战计划时，在战术上仍然非常重视敌人，将困难尽可能地估计高一些。

李存审说："契丹军人多，我军人少，而且契丹军都是骑兵，我军大部分都是步兵，如果匆忙进军，在平原猝然相遇，胡骑万马冲击，碾碎我军阵地，我们打不赢，又跑不了，会死得一个人都不剩！"

李嗣源也说："胡虏作战从来不携带粮草，而我军都需要带着粮草，一旦在平地相遇，即使我军守得住阵地，只要他们分兵偷袭我军的辎重部队，我军也会不战自溃！"

既然援军两个主要将领的看法一致，那大军直出岐沟关，沿着平坦大道，走最短径路前往幽州的方案，就第一个被枪毙。近路不能走，那怎么办？在军事上，有时候表面看起来的近路，其实是远路，而有些看起来曲折迂回的道路，才是通向目标的捷径。

三将会商后一致认为，大军应该先向西进入太行山麓，然后沿着山间小道秘密向北行军，最大限度接近幽州，最后再冲出山地与城中守军里应外合。如果在途中遇到契丹军队，由于在山地，随时可以据险而守，让契丹人的骑兵优势无从发挥。

方案既定，七万名晋军便从易州开拔，一头钻进太行山脉的崎岖山道中。给大军开路的，是三千名精锐骑兵组成的先头部队，由李嗣源和他的一个养子指挥。不过，这个养子不是前文提到的前燕军猛将元行钦，他已经让李存勖要走了，而是在更早前提到的一个男孩儿，叫王二十三。他现在的名字已经改叫李从珂了。

话说当年，李嗣源娶了王二十三守寡的母亲魏氏，便将这个"拖油瓶"一并接来，改名换姓，算作自己的长子。那时，李嗣源在晋军中的地位还不高，薪俸微薄，有时还要靠这个年少的养子去挑石灰、捡马粪来补贴家用，辛苦备尝。待成年，李从珂长成一个"长七尺余，方颐大体，材貌雄伟"的英武青年，多次跟随养父奔赴战场，冲锋陷阵，以骁勇闻名。据说李存勖曾夸奖他说："阿三不但和我同岁，英勇敢战也和我差不多！"

除了有明确记载的李从珂，还有一个在后来影响极大的风云人物，此时很可能也跟随在李嗣源身边。这个人，就是李克用手下一个"非著名"将领石绍雍（又名臬掜鸡）的儿子，大名叫作石敬瑭。据石敬瑭后来说，他家的远祖是春秋时大义灭亲的卫国大夫石碏，汉末时避乱迁居西域，所以他是汉人，《旧五代史》就是这么说的。但欧阳修在《新五代史》中说他是西夷胡人之后。不过，一般说来，《旧五代史》的史料价值要高于《新五代史》。

石敬瑭成年之后，性格内向，沉默寡语，不苟言笑，喜欢读兵书，将前世名将李牧、周亚夫视作人生偶像。这个年轻人的表现，得到老将李嗣源的注意，将自己的女儿嫁给他，收入自己的麾下。此后，一个养子，一个女婿，经常跟随在李嗣源的身边，闲时两人一起去打马球，战时则肩并肩冲锋陷阵。此时的李从珂与石敬瑭，就是一起扛枪的兄弟，友谊都是用鲜血和生命凝结成的。可谁也无法预料，未来等待他们的会是怎样分道扬镳的命运……

好了，镜头转回。经过七天在山间顶风冒雨的艰苦行军，李嗣源父子率领的晋军先头部队，终于翻过位于幽州西南的大房岭，在距离幽州城约六十里，也就是在后世出土北京人头盖骨而大名鼎鼎的周口店这个地方，与巡逻的契丹军队狭路相逢！

契丹巡逻兵没想到会突然与这么多晋军相遇，惊慌之下，边战边撤，同时让快骑急速通知周边的契丹军队：晋军来了！

契丹军统帅世里曷鲁也是久经战阵之人，对于晋军有可能沿太行山路进军，东出解幽州之围，也是有所准备的。因此，从周口店往东，每一个谷口的两侧山地上，都有契丹军队布防。

这样，现实情况与原先预想颠倒过来，是晋军迎难而上，契丹军据险而守。不过，骑马驰突的契丹人显然真的不善于打山地战，哪怕是据险而守这种本该占便宜的作战方式都打得不怎么样，屡屡被晋军的远射程强弩压制。李嗣源、李从珂父子更以狭路相逢勇者胜的英雄气概，率将士猛冲猛打，一次又一次地击溃契丹军队的阻截，冲过了一个又一个谷口，在奋战中前进，终于突破重重困难，冲至山口处。

山口外面，就是一马平川的华北平原，直至幽州都是平坦大道。但这并不意味着艰难险阻已经过去，而是真正考验的开始。接到警报的契丹主将曷鲁，迅速调集一万名骑兵在山口外列阵以待，准备利用山口窄小，晋军不可能同时冲出的有利地形，以众凌寡，让晋军出来一个死一个，出来一对死一双！毕竟这里已是平地，已经到了适宜契丹军队发挥骑兵优势的地方了！

此时，连续战斗多场，体力差不多透支的晋军将士，突然见到比本方多好几倍的契丹骑兵出现，惊慌与失望的情绪交相而至！身经百战的李嗣源知道，决定胜负的关键时刻到了，在这种时候，自己绝不能露出一丝一毫的怯意，否则恐惧是会被传染放大的，军队的崩溃就近在眼前！

只见李嗣源从容地回过头，脱下头盔，将一头历尽沧桑，已被风霜浸染成花白的须发，飘荡于猎猎风中。与他生死与共多年的横冲都老兵，望着老将军那熟悉的坚毅面容，一股热血在众人心中翻涌！众人耳边响起了李嗣源慷慨激昂的声音："为将之人，受命当忘家，临敌当忘身！我们以身报国，万世流芳的日子，就在今天！诸君看好，我父子当带头争先，与敌人拼了！"

言罢，李嗣源一马当先，李从珂与一百多名横冲都的老兵紧随其后，抵近契丹的军阵。李嗣源用契丹语对着他们高声喝道："你们背信弃义，无缘无故地进犯我国疆界，晋王已命我统率百万大军，直捣西楼（阿保机正在营建的契丹皇都临潢府，位于今内蒙古自治区巴林左旗林东镇东南的波罗城），将你们亡国灭种！你们这帮小喽啰不是我的对手，叫你们那个什么浑蛋天皇帝出来过过招！"

喊声未落，李嗣源一提缰绳，率着一百余名精骑跃马冲入黑压压的契丹军阵之中，所向披靡，三进三出之间，与之对阵的一名契丹将领已身首异处！尽管年逾五旬，横冲都老将仍不减当年之勇！在李嗣源父子的奋战之下，契丹军阵稍稍动摇，晋军的三千名先锋骑兵乘机全部冲出了山口，勇敢地与契丹军队对冲，杀作一团。

就在激战正酣、胜负未分之际，晋军后续的主力步兵部队，已在李存审、阎宝的率领下陆续赶到了战场，双方的兵力对比开始发生逆转。晋军越战越勇，越战越多，胜利的天平开始向晋军一方倾斜。

从去年第一次南犯，契丹军一直是以众凌寡，对付的一直是晋军中的二流部队。屡次的胜利让契丹诸将过于自信，对于晋军一流部队的战斗力估计错误。现在，真正与晋军中的一流劲旅硬碰硬，曷鲁等人才发现他们的对手原来如此强悍！

眼看这样打下去这一战多半要输，世里曷鲁与卢文进连忙调整战术，一面召唤还在围城、"打草谷"的各支契丹军队赶来支援，一面决定掉转主攻方向，让一部分人纠缠李嗣源的晋军骑兵，集中本方骑兵主力先打垮李存审的晋军步兵！

他们坚信，只要晋军的步兵主力被契丹的铁骑冲垮，那数量并不多的晋军骑兵迟早将在拼杀中消耗殆尽。然而，世里曷鲁高估了平地作战时骑兵对步兵的优势，低估了晋军步兵的战斗力，更没弄清楚他即将面对的晋将李存审，是一个怎样难对付的狠角色。

对于马上要在平地对抗契丹骑兵的冲击，李存审在到达战场之前早已有所准备。在山道中行军的时候，李存审就让士兵注意寻找大小与强度合适的树枝，将其砍下来，削尖端口备用。这些加工后的树枝，外形很像雄鹿众多的犄角，所以被称作"鹿角"。

大军走出山口，李存审命列阵前行，让走在前排的士兵每人拿着一枝"鹿角"。见到契丹骑兵即将发起冲击，前排士兵立即将"鹿角"插到地上，一道阻止骑兵冲锋的人工路障瞬间建成。契丹骑兵冲到晋军步兵阵营的前面，受阻于"鹿角"路障而无法突破，不肯拿肉身往尖木上撞的战马，只好沿着路障向两侧奔驰，顺带将骑兵面积庞大的侧面暴露于晋军步兵的眼前。

双方很难用非投射类武器攻击到对手，战斗便成了激烈的弓弩对射。那谁会占上风呢？也许以下几个因素会决定胜败。

一、一般来说，马弓手因为其射击平台的稳定性差，所以在相同的训练度下，其射程和精度都会逊色于步弓手。而此时这些晋军百战老兵的训练度，不可能比"鹿角"路障外还不能算完全意义正规军的契丹人差，多半只会更高。

二、由于文明发展程度不同，中原军队拥有的强弓硬弩的技术和质量，一直都比塞北游牧民族高出一筹。中原军队打不过塞外牧民的众多例子，除了机动性方面的天然劣势（战马少），更多是由于自身腐化，将不知兵，士不习战，中央瞎指挥等（这些问题晋军显然都没有），从来就不会因为技术装备差。

三、因为骑兵的投影面积大，所以很难用铠甲、盾牌实现全面防护，但机动性好，是个移动中的偏软的大靶子。步兵投影面积小，较易实现全面防护，但在对射中基本不能动，是个固定的结实小靶子。一对一的情况下，很难说谁更容易被谁命中，但双方都是密集阵形，用不着精确瞄准的情况下，显然是护甲破绽大的骑兵射手更吃亏一些。

战场上的实际情况验证了我们的推测，双方万箭齐发，飞矢布满了天空，在密集的箭雨将大地洗刷过一遍之后，在"鹿角"路障内侧，晋军的伤亡并不大，而在"鹿角"路障的外侧，契丹士兵与战马的尸体铺满地面，把道路堵得水泄不通。契丹军队大败！

世里曷鲁与卢文进见势不妙，急忙收兵，契丹军败退回幽州城外的契丹大营，他们决定将所有分散出去的军队都集中起来，布下严密阵形，在这里再与晋军决一死战。

初战大胜后的李存审仍然很稳重，先与李嗣源的骑兵会合一处，然后全军保持队形，稳扎稳打地缓缓向幽州推进。在即将眺望到幽州城墙的地方，晋军看到了契丹军队拦路布下的大阵，正弓上弦、刀出鞘、跨马执鞭，静静等待着他们的到来。

李存审看到这副架势，立即命全军暂停前进，两支大军就这样彼此相距一箭之地，既不战，也不退，默默对峙着。

曷鲁不知道对面的李存审想干什么，但上次冲击晋军阵地的惨痛教训，使他决定转攻为守，以不变应万变。反正在野战中，步兵对骑兵即使守有余，也应该是攻不足。与此同时，表面平静的晋军阵营之后，好多士兵正在忙碌着。

李存审下达了两道命令：第一道，派一支精锐的小队，悄悄绕道迂回到契丹军大阵的侧后，埋伏待命；第二道，让军中相对老弱的士兵去后边，大量收集木柴、野草，捆成大捆。

待这两队士兵差不多完成任务后，李存审下达了攻击令。晋军阵中擂起了战鼓，那些老弱士兵马上点着收集的柴草捆，在地上拖来拖去。一瞬间，只见晋军阵后烟尘蔽日，杀声大起，就像又有千军万马杀到了！

刚刚大败过一阵的契丹兵人人惊惧：难怪晋人刚才不动手，原来是在等待援军。看远处这么大的阵势，该不会是李存勖亲自来了吧？看来李嗣源说的"百万大军"有可能是真的？与如此庞大的晋军相抗，怎么打得过？正惊疑间，契丹大阵的侧后方突然响起喊杀声，原来是事先迂回埋伏好的晋军小队也发起了虚张声势的攻击，像一根沉甸甸的稻草，压向即将崩溃的骆驼背！

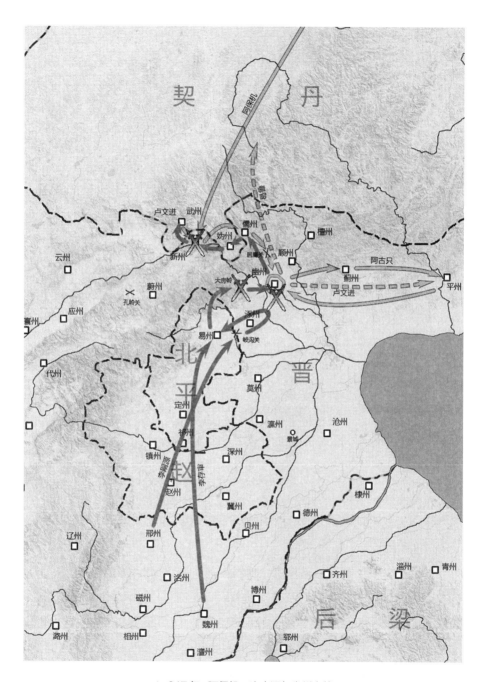

▲ 917年，阿保机二次南犯与幽州之战

李存审这样轮番使诈地恐吓，终于将契丹大军调教成了惊弓之鸟！大将世里曷鲁急命全军弃营北撤，仗打不赢了，保住大家的性命要紧！如果天皇帝问起来，那大家都是人证：不是我们不愿打，而是因为晋军实在太多了，与他们相比，我们的人太少啦，寡不敌众啊！

契丹将士"超额"完成了大将曷鲁的撤退命令，将撤退升级成了溃逃。好在他们都有马骑，跑得快，不至于全军覆没。但不是谁都有这么好的运气，原先赶来当食物用的马、牛、羊等牲畜自然全部扔掉了，所有的帐篷、辎重也扔掉了，最倒霉的是那些因天热水土不服的伤病员，跑也跑不了，只能留下来给晋军贡献人头！又有一万多颗契丹军人的首级，以及不少俘虏，因此上了晋军的战功登记簿！

不过，也不是所有的契丹人都跑了或是上了战功登记簿，比如阿保机的二弟，被迫给曷鲁打下手的世里剌葛。想想看，老大宁可让一个堂弟来指挥他的亲弟弟，自己留在契丹，还有什么出头之日？罢了，现在看来，晋军也很强大，投靠晋王也许会是个好主意。于是，剌葛就带着儿子赛保里一起倒戈，投降了晋军。

稍后，李存勖也许故意想给背信弃义的"义叔"阿保机一点儿难堪，以后不在名分上吃亏，收世里剌葛为自己的义子。这样，李存勖与阿保机的辈分就完全乱了：你是我义叔，我还是你义爹呢！

回到战场，一场大战结束了。晋军凭借着李嗣源之勇与李存审之智，大败契丹的世里曷鲁与叛将卢文进，将幽州城外的契丹军营扫荡一空，被困二百余天的幽州城终于解围。周德威再次见到老战友李存审和李嗣源，激动得握手而泣。

世里曷鲁回到契丹，阿保机念他对自己的忠诚和以往的卓越功绩，没有进行任何处罚，将此败轻描淡写地糊弄了过去。但曷鲁自己不能心安，回去就病倒了，数月后（按《辽史·耶律曷鲁传》的说法，曷鲁死于皇都落成之时，那他在幽州战败后活了五个月；按《辽史·本纪一》的记录，那曷鲁在幽州败后还活了十一个月），这位大辽开国第一功臣病死，享年仅四十七，还是虚岁。

第六章

亚子侧身像

王彦章　周德威　史建瑭　朱温

张承业的故事

幽州之战无疑是晋军的又一次重大胜利，但不无遗憾的是，李存勖并没有利用好这次胜利，让它多开花多结果。别说像李嗣源说的那样"直捣西楼"，李存审等人只乘胜收复了距离幽州较近的山北各州，在距幽州稍远的营、平二州，以及渝关天险仍然被契丹占领之时，李存勖就命令北征援军班师南归了。

这样半途而废的结果，使晋军没能恢复由燕山山脉构成的东北部天然完整的边防体系，幽州的东面大门还是敞开无阻的，只要阿保机愿意，契丹军队随时可以毫不费力地再到幽州旅游观光。

实际上，阿保机一点儿也没有浪费这个李存勖主动放弃的出发阵地。他将叛将卢文进升为契丹的卢龙节度使，驻地平州。大概阿保机在遭到晋军的这次迎头痛击之后，觉得妻子述律平的建议还是有价值的，所以他交给卢文进的任务就是像述律平说的那样，不断出动小股骑兵骚扰卢龙各州，抢掠财物，杀害官民，破坏当地百姓正常的生产生活。

因此，晋军虽然打赢了幽州之战，但燕云地区的民生却越来越凋敝。中原与契丹的战争才刚刚开始，以后的日子还长着呢。

李存勖好像对此并没有足够的戒心，九月，他给以幽州班师回魏州的功臣论功行赏，加授李存审为检校太傅，李嗣源为检校太保，阎宝为同平章事。晋军上下喜气洋洋，但在喜气的掩盖下，李存勖听到了一些不够和谐的声音。不久前，有人向他秘密检举说，留守老家，被李存勖尊称为"七哥"的河东监军张承业，在太原作威作福，玩弄权柄，还大肆收受四方贿赂！

李存勖自然不太高兴，这倒不是因为他疾恶如仇，而是隐隐有一丝羡慕：这个张承业，手里怎的掌握着这么多钱财？我白白贵为晋王，手头的钱还远没有他多！

其实，就个人在衣食住行方面的生活消费而言，此时的李存勖绝对算不上奢侈，只是他一来喜欢赌博，二来很好面子，身边总有一班与他志趣相投的心腹同好（可不是有功将士）需要打赏，所以按正常规定拿到的零用钱总是不够花。

到目前为止，李存勖留给绝大多数人的印象堪称英明神武。他上台以来，在河东内政大治，对百姓释放善意，对军队既严抓军纪，又爱兵如子。战场上，李存勖每战总是身先士卒，在他的统率下，晋军的表现远远超过其父李克用的时代，总是一个重大胜利接着另一个重大胜利，就算是英武盖世的太宗皇帝李世民转世，也不见得能超过吧？

按说，这样一个金戈铁马的常胜统帅，关心的应该都是大事，还会像小孩子似的，这么在乎自己的那点儿零用钱吗？

事实是，没错，李存勖还真的很在乎。回去查一查，如果张承业确实有贪腐问题，自己向他多要额度外的零用钱就理直气壮了。更何况，此时距离李存勖离开太原已有整整一年，也该回去探望一下母亲了。要知道，他可是个不打折扣的大孝子。于是，这年十月，李存勖回到太原，主要办一办自己的私事。

其实，张承业受到秘密检举，不是因为他真的腐化堕落，恰恰是因为这个过于另类的老宦官，一点儿不像他的大多数同行，他太刚强、太正直，在种种糖衣炮弹的围攻之下，就硬是不肯腐化堕落！

自后梁发生魏博兵变，梁、晋交锋的主战场转到黄河沿线以来，李存勖就长年出征在外，魏州成为他新的战时大本营，原晋王府和河东镇的大小事务，就全权委托给了张承业。出于打倒朱梁、重兴李唐的幻想，七十二岁的大唐忠仆张承业，焕发出本不该属于他这个年纪的非凡精力，大干苦干加实干，一心一意满足李存勖在前方战场那近乎无底洞般的巨大军费需求。

在开源方面，张承业积极鼓励农桑，公平税收，招募流民，寻找财源，精心储备；在节流方面，他过问每一笔武器生产、战马购买的开支情况，并严格法令，对权贵的请托充耳不闻，对违法贪赃者必然严惩，绝不让一文钱公款从自己的手中浪费掉，或者流失到不该用的地方去。经过张承业的艰苦努力，河东"贵戚敛手，民俗不变"，积攒下丰富的钱粮，成为支撑李存勖南征北战的坚强物质后盾。

只不过，这一切不是没有代价的。太原城毕竟是晋国的心脏首府，而首都从来都是不好治理的，原因无他，不外乎达官显贵及其近亲太多，你要公事公办，很难不得罪一大帮既富且贵，拥有巨大政治能量的人物。

就此时的太原城而言，就住着李存勖的生母曹太夫人（史书没提，但应该还有原李克用的正妻，李存勖的嫡母刘太夫人），李存勖的正妻卫国夫人韩氏，排第二的燕国夫人伊氏等一大堆妻妾（实际上，除了排第三的那位侧室在魏州陪伴夫君，李存勖把其他夫人都留在了太原），另外，还有李存勖的一大堆弟弟。他们与李存勖的私人关系，都比张承业亲密得多。这些人中，我们只知道曹太夫人是个比较正直的人，其他人的情况就不太清楚了。

托关系，走后门，占点儿公家便宜的金光大道，让可恶的张承业堵了，你说让人家憋屈不憋屈？愤懑不愤懑？人家纵然当面不敢言，背后可敢怒，于是张承业受贿大案才这样被无中生有地创造出来。

史书上没有记载李存勖的查案过程，但很显然，关于张承业广受贿赂一事，根本就查无实据。不过，不管这老头子如何严以律己，也不能让咱们的晋王殿下陪他一起当苦行僧吧？从人生观上说，爱好广泛、极具生活情趣的李存勖，和俭朴死板、不解人间风情的张承业，根本没活在一个维度上，倒是与那些暗中构陷张承业的匿名权贵更加臭味相投。

现在，张承业仍然站在道德标杆上，李存勖缺少零用钱的问题没有得到解决，和同好一起玩的时候多不爽啊！他只好不顾自己晋王这个制度最高维护者的法定身份，带头当一次制度的破坏者。

这天，李存勖带着自己最喜爱的儿子李继岌和李绍荣（原燕军降将元行钦）、阎宝等几个自己提拔的心腹将领，来到由张承业主管的泉府。

所谓"泉府",出自《周礼》,是国家储存钱财的仓库,寓意国家收入如泉水一样永不枯竭,与之对应,储存粮食的仓库则被称作"太仓"。既然是国家金库,里面的金银财帛自然都是大大的有。就在一大堆金银财宝的边上,李存勖以慰劳"七哥"辛苦的名义,吩咐摆下酒席,他要与张承业畅饮叙旧。

在张承业那张古板的老脸面前,李存勖不好意思将自己想挪用点儿公款的目的,太直白地说出来,干脆来个曲线救钱包。李存勖酒喝到半醉,大家的酒桌感情发展到最浓、最亲之时,他亲切地喊了一声:"和哥,来给你七伯表演个节目。"

和哥是李继岌的小名。一听到父亲的吩咐,还是个孩子的李继岌很听话,乖乖站出来给众人跳了一支舞。李继岌的父母,都是歌舞戏曲的狂热"发烧友",又有权有势,他们供养着大批私家艺人(当时叫作"伶人"),在这种环境的熏陶下,这孩子的歌舞水平大概不会差。更何况这孩子将来很可能是大家的少主。因此,一曲舞罢,众人齐喝彩,李存勖带着笑意给张承业使眼色:是不是该给孩子一点儿压岁钱?

一般来说,给别家孩子的压岁钱,为的是与那孩子父母联络感情。张承业虽然倔强耿直,也不是木头脑袋,这点儿意思还是懂的,于是,他拿出了一条玉带和一匹马,赠送给李继岌小朋友。从孩子压岁钱的角度说,一条玉带加一匹马,不少了,但这距离李存勖对自己零用钱的期待值,那还差得很远很远!

于是,李存勖只好厚着脸皮,打着痞子腔,亲自开口索贿,他指着库房里那一堆堆形如小丘的金银钱帛对张承业说:"和哥没钱花的时候,七哥你不妨给他一堆,不然,仅仅是玉带骏马,数量太少了,不够用。"

不承想,张承业并不体恤李存勖的要钱心切,正色道:"送给郎君的那点儿礼物,都是用我自己的俸禄买的。至于金库里的钱帛,是用来给大王供养三军的。我可不敢擅自拿公家的钱来做私人的人情!"

本来人家李存勖为了多拿这点儿零用钱,连晋王殿下一贯正直廉明的脸,都羞答答地不要了,谁料还遭到张承业的当面打脸!很少受到挫折的李存勖不由得又羞又怒：我可是晋王！这些东西本来就是我的！连你这个老奴才都是属于我的！

几杯酒已下肚，有点醉意的李存勖禁不住翻了脸，指着张承业大骂起来。在座诸人见李存勖发怒，也惊慌起来，有的上来劝架，有的急急派人去告知李存勖生母曹太夫人。

自觉问心无愧的张承业毫不示弱，带着怒气，顶撞道："我不过是一个半截已入土的老敕使（奉命传旨的钦差宦官），没有儿孙需要我替他们打算，珍惜仓库里这些钱财，只是想用它们帮助大王成就霸业！如果大王您不把自己的基业当回事，那您随便拿去用好了，何必来问老仆？又不是我的钱，我哪里拦得住您？我只是怕将来钱财耗尽，没了军饷的军队人心离散，大王的大业最终一事无成罢了！"

张承业说的话很在理，但谁见过正在发酒疯的人能讲理的？因此，这番话的作用正如火上浇油，让下不来台的李存勖更加怒不可遏。他转过头，对李绍荣喝道："把我的剑取来！"没等李绍荣把剑拿上来，张承业站了起来，抓住李存勖的衣襟，流泪说："昔日，老仆在先王临终前接受托孤遗命，便发下誓言，要倾尽全力，铲除汴梁的巨贼，为国家报仇雪恨！今天，若因为珍惜国帑而被杀，那老仆也算死得其所，到地下也对得起先王了！现在就请动手吧！"

眼看冲动的李存勖真有可能一剑把张承业劈了，刚刚在幽州立过功的降将阎宝连忙跑上去劝架。他当然不敢去拉李存勖的手，就去扳张承业的手，并喝令张承业："你还不快点退下！"

不承想，张承业有很重的道德洁癖，在他的眼中，阎宝那梁军降将的出身已经是难以原谅的原罪了。他曾有一个侄子叫张瓘，曾在梁将刘知俊手下做事，刘知俊反梁后，张瓘带其兄弟共五人前往太原投奔叔父（怀疑就是刘知俊派去向李存勖请援的使者）。他们是张承业的侄子，所以都得到了李存勖的提拔任用。张瓘被任命为麟州（今陕西神木）刺史时，张承业把他叫来，警告说："你不过车度（地名）的一介草民，还和刘开道一起当过土匪，干了多少罪恶勾当？你现在出任地方官，要是再不痛改前非，马上死在眼前！"这可不是吓唬吓唬，稍前，张承业的另一个侄儿犯了杀人罪，立即被张承业明正典刑了，连李存勖下令赦免都没来得及。

从张承业警告侄子的那番话可以看出，像刘知俊那样的，即便反正，在他眼中也是有罪的，何况你个阉宝，还是在走投无路时被迫投降的？我根本就看不起，你还敢狐假虎威？于是，张承业不但不领情，这位年过七旬的老宦官还力道惊人，反手一拳，竟把身为武将的阉宝打翻在地！倔老头儿在展现与其年龄不相符的战斗力的同时，怒斥道："阉宝，你本是朱温的贼党，受晋王大恩不杀，得蒙重用，不但不知尽忠报恩，居然还想用谄媚之举来讨晋王欢心吗？"

要说这阉宝真是冤，好心反被骂成了驴肝肺，其实在这现场，如果说谁有谄媚的嫌疑，也应该是那个替李存勖拿剑，却不肯上来救火的李绍荣。

就在局面有可能演绎成血流五步的悲剧之际，一切突然戛然而止。原来，曹太夫人接到急报，急忙派人来召唤李存勖回去。在这世上，李存勖可以不顾及其他任何人，却不敢违抗他的母亲。李存勖酒也吓醒了几分，放下架子向张承业道歉说："都怪我今天喝了几杯酒，冒犯了七哥，太夫人肯定要怪我。七哥，你就帮我痛饮几杯，算是分担一下我的过错，好吧？"然后，李存勖向张承业敬酒，一连喝了四大杯，张承业却一滴也不肯喝。

随后，李存勖返回王宫，曹太夫人让人给张承业道歉："小儿冒犯特进（张承业在唐朝的官职之一，没有实际职守的正二品文散官），我已经打过他了。"第二天，曹太夫人带着李存勖，再到张承业家中致歉，这起未遂的索贿事件才算结束，大家在表面重修旧好。但张承业已经看清，李存勖不是李克用，那个能与他志同道合、心心相印的晋王，已经没有了。

不久，李存勖可能为了表示歉意，又以代理唐朝天子的名义下诏，加授张承业为开府仪同三司（从一品文散官，比特进升了一级）、左卫上将军、燕国公。但张承业统统不接受，终身只称唐朝尚在时给自己的官职，他与李存勖曾经亲密的私人关系再不复从前。

如果不知道后来发生的历史，那么这一段记载很可能让很多朋友大吃一惊，因为它大大颠覆了此前李存勖留给我们的完美印象。在泉府里向张承业索贿，索贿不成还发酒疯要杀人的李存勖，与我们之前认识的那个在路上遇见挨饿受冻的百姓都会亲自下马慰问的李存勖，是同一个人吗？

以后，李存勖的人生会更加让人惊异，如同过山车一般急速地大起大落，为我们展现了历史太多的惊心动魄，太多的匪夷所思，和太多的无奈遗憾。他被柏杨先生称为"半截英雄"，好像他在打倒后梁前与打倒后梁后，就是完全不同的两个人。真的是这样吗？

在下觉得，从内核上看，李存勖一直就是那个李存勖，只不过大家可能对其前期成功的原因存在一些误读，把他当成了一个理想化的英主，从而影响了我们对他的更深理解。

也许很少有人意识到，以往那些成功展现出来的那个高大伟岸的晋王形象，只是李存勖多面人生中的一个正面而已。正面像虽然也描绘出李存勖的很多特征，但它一来正是人为化妆的重点，容易因美化而失真，二来流于平面，缺乏纵深。所以，要看清李存勖，还需要设法转到他的侧面，去看看那些在其后支撑李存勖正面形象的东西，都是由什么构成的。

那么，现在正被重重耀眼的光环映照得一片灿烂，以至于让人看不清真容的李存勖，究竟是个什么样的人呢？

敬新磨的故事

先从李存勖现在给人印象最深刻的方面说起，那自然就是他屡战屡胜的军事天才。李存勖一生多悲多欢、多姿多彩，自然充满了争论，但相对来说，他的军事才能应该是受非议最小的部分。不管不同的史家怎样看待李存勖这个人，一般都承认他武功显赫，是一位优秀的军事家。

在下觉得，这么说自然不能算错，但似乎还不够精确。因为在一些方面，李存勖显露出一些不同于正常军事家的特点。

拿破仑认为，在一般情况下，一支军队的司令官应该尽量避免去冒生命危险，因为最高长官的死亡极易引发全军的指挥混乱，甚至导致整场战役的失败；但，如果战场形势到了需要司令官做出表率的时候，那他就应该毫不犹豫地冲到最危险的地方去！一般来说，绝大多数人在绝大多数时刻都是乐生怕死的。古今中外的将军，要做到第一条很容易，能做到第二条的就不那么多了。

李存勖却是比较少见的一个另类，他很容易就能做到需要极大勇气的第二条，但常常做不好没什么难度的第一条。在史书记载中，李存勖身先士卒的例子比比皆是，他常常带着少量轻骑，逼近敌营挑战或侦察敌情，在很多时候，他的这种行为超出了作战的实际需要。他多次遇险，差点回不来。他展现出的是一种并不必要的过分勇敢。

最突出的一次例子，发生在不久前他与梁将谢彦章的对峙中。

那次，李存勖带着数十名骑兵打算去梁营挑战，他这个不要命的轻率举动吓到了正在他身旁的老将李存审，老将军连忙抓住李存勖的马头，不让他出营，苦苦劝阻这个小祖宗说："大王您如今是天下义士心中，中兴大唐的唯一希望，岂能不为了天下苍生而珍惜自己的生命？冲锋陷阵、搴旗挑战这种事，是我们这些武夫的责任，您亲力亲为，并不足以光大殿下的圣德。您交给我们去做就行了，老臣虽然算不上勇武，但也不敢把贼众留给君上亲自去对战！"

折腾了半天，李存勖见拗不过李存审，便很有"诚意"地表示："嗯，是我考虑不周，老将军你说得很对！"然后，他打马返回了大帐。

没过多一会儿，李存勖就像捉迷藏似的，找了一个李存审不在身旁的时候，还是带着百余名心腹骑兵急急冲出大营，直奔梁营而去。最有趣的是，在路上时，李存勖一面扬起马鞭给胯下快马加速，以免被李存审发现，一面还对左右心腹说出了一句让人大跌眼镜的话："那个老头子就喜欢兜头给人浇冷水，妨碍人家好好做游戏！"

此前，赵王王镕也以亲密盟友的身份，写信劝告李存勖在作战中要注意自身安全，不要冒不必要的危险。那时李存勖因是对外人，有塑造形象的需要，所以他的回绝英雄气十足："要平定天下，当然得靠身经百战！

如果只是宅在深门大院里，除了把自己养得白白胖胖，哪能有所作为？"

可这时不同，身边都是心腹，李存勖不用再冠冕堂皇，所以这句让人瞠目结舌的话才从他口中不经意地流出。不过，这也就非常难得地揭开了一条小小的缝隙，让我们得以一窥平时都在厚厚的华丽包装下，李存勖真实的内心一角。

原来，让李存勖在战场上如此英勇无畏的重要原因之一，是他把战争当成了一个很有趣的大游戏！所以，准确地说，李存勖其实是一位天分很高的职业级军事玩家！在灭亡后梁前，李存勖当君主的表现总体来说十分优异，一个重要原因就是：在这一阶段，他所干的事，正是他的兴趣所在，他乐在其中，故能全力以赴。

兴趣是最好的老师，你精通某一项技能的前提，是你爱它，你能从钻研它的过程中体会到极大的平常人难以理解的乐趣。物理学家将广义相对论、粒子物理标准模型等基本公式评选为"十一大最美方程式"，而在我辈平常人看来，不就是一大堆字母、数字与符号的组合，晦涩难懂。

不过，军事要特殊一些，有更广泛的受众。模拟战争，几乎是每个男孩子最喜欢的游戏，只不过玩游戏的人很多，能把兴趣变成职业的人很少，能够把水平提升成职业玩家的人就更少。在俄罗斯历史上，公认的伟大帝王彼得大帝，就是以一个军事玩家的身份起步的。

值得注意的是，即使到了统治中期，彼得大帝虽然经过锤炼，成为一位越来越成熟的政治家与军事家，可一直没有褪尽身上的率真、任性、贪玩与孩子气，还经常会干些有趣但无政治意义的事。比如，他派心腹晚上去姐姐的窗子下学鬼叫；他刚学会拔牙，就把手下全召集起来，挨个儿掰开嘴检查有没有供自己露一手的地方；他成立"醉鬼协会"，让一个手下当"酒沙皇"……

了解这位俄罗斯君主，对我们找一个近距离的位置观察李存勖是有帮助的，因为我们可以发现他们身上存在不少相似的地方：喜欢刺激，喜欢有趣的事物，不能忍受枯燥。或者说，都是人生的大玩家。

战争固然是李存勖心中那个最有趣的大游戏，但在这个丰富多彩的世界上，有趣的事肯定不止战争一项。比如说，在不打仗的时候，打猎就是战争类游戏一个不错的廉价替代品。梁、晋恶战期间，因为仗打得多，所以相对来说李存勖的猎打得较少。等将来灭梁之后，李存勖会在史书上留下不少他驰骋猎场的"英雄事迹"，后文再叙。

今天电脑游戏的类型多种多样，有《三国志》一类的战略型（SLG），有《真三国无双》一类的动作型（ACT），还有《仙剑》一类的角色扮演型（RPG），这些都是在下曾经喜欢的。李存勖喜欢的游戏类型似乎和在下相差不大。他因为生得太早，无法享受现代科技带来的娱乐成果，但他拥有吾辈小民踮起脚尖往上蹦也望尘莫及的权力与财富，可以让他用更高成本来实现自己的游戏人生。

战争与狩猎，可以满足李存勖对 SLG 与 ACT 类游戏的需求，而盛唐时出现的一种新的艺术形式，又正好解决了李存勖玩 RPG 类游戏的难题，这便是戏曲。

唐末五代的戏曲相对还比较简单，分成歌舞戏与参军戏两大类，前者以唱腔动作为主，主要是正剧，后者以科白为主，多为滑稽戏。不管歌舞戏，还是参军戏，都已经是在演绎一些小故事了，具备了角色扮演的基本特征。

在当年，戏曲是一种前途远大的新生事物，能当上戏迷的人，绝对是"高富帅"兼时尚"潮人"的象征。当年的李存勖，除了是一位叱咤风云的军事强人，也是一位真正的戏曲界潮人。他对戏曲演艺的着迷程度，完全不亚于他对战争的热爱。

只不过，李存勖所喜欢的这两大类游戏，给他带来了完全不同的历史名声。前者给了他以英武定天下的英雄之名，后者却成为史家抨击他亲小人、远贤臣的铁证。欧阳修总结："方其盛也，举天下之豪杰莫能与之争；及其衰也，数十伶人困之，而身死国灭，为天下笑！"

【作者按：所谓"伶人"，相传出自轩辕黄帝时代。据说黄帝手下有一个叫伶伦的乐官，受命创制了华夏文明最早的音乐，后世便用"伶人"或

"优伶"等词泛指各种演艺人员。这里的"伶人"是广义，细化一点，还可以将当时的艺人分成三类：俳优，负责搞笑的艺人，类似今天的相声、小品演员；倡优，歌舞、戏曲类艺人；以及狭义的伶人，专门演奏乐器的艺人。从史书的记述来看，李存勖身边的伶人，显然将这三类艺人都包括在内了。】

欧阳修的这段话很有名，但在下认为并不能算十分公允。首先，在李存勖"方其盛也"的时候，身边就已经有一大堆"伶人"围着了，甚至连出征作战时都带上战场。即将发生的胡柳陂会战中，他身边一个有名的伶人周匝被梁军俘虏，这就是明证，不用等到他"及其衰也"的时候。也就是说，战争与戏曲两大类游戏，他其实是同时在玩，并无先后。其次，李存勖身边的伶人中固然出了不少"败国乱政"的小人，但如将伶人与小人等同，其实是一种很不公正的偏见。

当时还不存在拥有足够经济实力的市民阶层，艺人无法靠向百姓演出来养活自己，当然也就无法产生能够脱离官府或世家豪门而单独存在的演出剧团，更不可能出现今天意义上的演艺明星。因此，那时几乎所有的艺人都只能以奴婢用人的形式，依附权贵或富豪。没有自己独立的经济地位，就得向主人献媚讨好，这就是伶人的生存方式。

这很容易给人留下伶人都是奴颜媚骨的小人印象。实际上，史书中关于伶人的正面记载并不少见，至于那些反面记载，也不见得会比官员中的败类比例更高。

但不管怎么说，古代的艺人社会地位极其低下，普遍被"正人君子"看不起，只有极少数运气特别好的能够例外。一种是成功转职，不再当伶人的，如此时的晋军一代名将李存审，前蜀的枢密使唐道袭，以及后文将会提到的王峻等。另一种，则是遇到一个像李存勖这样的，喜欢他们，甚至可以说是与他们心灵相通，打成一片的主人。

如果说晋军还是属于河东集团的，李存勖只是里面最大的股东，那他拥有的剧团就完全是自己的了，故而李存勖在他心爱戏曲歌舞上的精神投入，也比同样心爱的战争更加全面。李存勖不但是其私人剧团的大老板和热心观众，也是第一号编剧、导演，据欧阳修说，直到北宋年间，今山西一带都还流传着大量由李存勖创作的戏曲回目，号称"御制"。但光这些还不够，李存勖还是剧团中的重要演员，艺名"李天下"。

正如在战场上，李存勖从来不搞特殊化，是身先士卒的典范。在戏台上，"李天下"也是深入下层的领导模范。在与伶人朋友私下相处的时候，李存勖平易近人到了一个令人吃惊的程度，绝对没有帝王架子或威严，伶人甚至可以肆无忌惮地同李存勖打闹、玩笑，那种亲密无间的程度，让李存勖手下的名臣大将望尘莫及。

回想一下，李存勖在玩战争游戏时，对几个铁杆心腹抱怨李存审说的那句"老头子总妨碍人家好好做游戏"，一个喜欢玩乐、喜欢自由自在、不愿被礼法所约束的大男孩形象，是不是更加立体啦？

李存勖称帝之后，有一次，他化装上台，像小猫似的自呼其名曰："李天下，李天下何在？"谁知，他身边一个叫敬新磨的伶人突然走上前，二话不说，扇了李存勖两个大嘴巴！

说起这敬新磨，他肯定是李存勖身边的伶人团体（以后姑且叫"李天下剧团"）中的头号笑星，平时也是李存勖最好的玩伴，不过大家熟归熟，耳光也不是随便想扇就扇的吧？

众剧团成员都被打皇帝的这一幕吓呆了，李存勖也被打得莫名其妙，却并没有发怒，只是等敬新磨给个说道。只见敬笑星不慌不忙，解释说："理天下的，只能是天子一人，您却喊了两声，第二个是谁啊？"众伶人一听，皆哄堂大笑。李存勖也跟着笑，还是"大喜"，下令重赏了敬新磨。

其实，在李天下剧团里，提到敬笑星对李团长的冒犯，那两个耳光还不能算是最重的。前面提到，等将来李存勖灭梁后，仗打得少了，便将自己对战争游戏的爱好转移到打猎上，为此养了一大群凶猛的大猎狗。有一回，敬新磨去宫里见李存勖，被一只可能还不熟悉他的大狗追着咬，他吓得爬到一根大柱子上躲避，同时高喊："陛下，您别让您的孩子出来咬人啊！"

这句话就太不给李存勖留面子了。古人还有一句辱骂人的话，叫"夷性犬羊"。李存勖当时是以光复大唐的名义当皇帝的，毕竟李克用曾被大唐皇帝编入宗室家谱，当然，大家都知道那份血缘关系是假的。可李存勖只是名义上的李唐皇族，才忌讳别人提到他的出身。

敬新磨哪壶不开提哪壶，李存勖看上去是真的发怒了，亲自张弓搭箭，要射向敬新磨。

敬新磨急呼道："陛下您可不能杀臣！因为臣与陛下是一体的，杀了，对您可大不吉利！"

于是，又轮到李存勖莫名其妙了："你倒说说，你怎么会和朕是一体的？"

敬新磨回答说："陛下开国，定年号为'同光'，天下人都称陛下为'同光皇帝'。那这铜（同）要怎么样才能光呢？当然得时时打磨，您如果把新磨杀了，这铜就光不起来了！"

敬新磨这段拐弯抹角的歪理一出口，再次把李存勖逗得大笑，他马上又把敬新磨刚刚对他，甚至可以说是对后唐王朝的严重冒犯忘到九霄云外去了，重新恢复"哥儿俩好"的状态。

还别说，尽管史书上留下的记载不多，但敬新磨在某些时候确实起到了帮李存勖这面大铜镜磨光的作用。

那也是李存勖称帝后的事。有一次，他在宫里待得无聊，便去中牟县打猎解闷。这中牟县地处河南腹地，在洛阳与汴梁两大都市之间，早就是华夏文明的核心区域，开发已久，所以当地处处是农田，缺少山林，不适合当猎场。李存勖的队伍一拉开架势围猎，马上把大片大片的农田践踏得惨不忍睹。

中牟县的县令是个有正义感的人，他看在眼里，急在心上，找了一个机会奔到李存勖的马前，为民请命道："陛下既为万民的父母，就应该爱惜民众，怎能随随便便摧毁他们的衣食之资，任由他们饿死沟渠呢？"

如果李存勖是个纯粹的政治家，就应该清楚，在长满庄稼的农田里围猎，对自己的建国大业不会有任何帮助，只会落一个不恤民艰的坏名声。那么，不管李存勖内心乐意不乐意，都应该在脸上做出一副从谏如流的表情，最好再重赏一下县令，给史书留一段佳话。就像真正的大政治家，他的前辈偶像李世民常干的那样。毕竟作秀是政治家最起码的基本功，而李存勖并不缺少演技。

问题是，在很多时候，李存勖身上的玩家成分超过了政治家成分。他根本没有在这里表演一个从谏如流好君主的意愿。

相反，玩家李存勖正玩到兴头上，突见有人来扫他的玩兴，禁不住大为光火！你要是李存审那一级别的重臣老将，我倒也可以给你点儿面子，暂时忍忍；可你不过一个芝麻绿豆大的小小县令，也敢败孤家的兴致？李存勖立即对这个县令呵斥道："滚！待会儿再治你的罪！"

摸透了李存勖秉性的敬新磨，看出如果不做点儿什么，这个好县令的结局多半是凶多吉少！他忙召集一帮伶人朋友追出去，把那县令揪回李存勖马前，然后装模作样地骂道："亏你还是个县令，连咱们天子喜欢狩猎都不知道！竟然纵容百姓种粮交税，妨碍咱们的圣天子跑马！如此大罪，岂能不杀？"

李存勖又一次让敬新磨逗乐了。这位无罪的县令才得以免罪。

除了喜欢搞笑，为人还算大体正直，偶尔还能匡正李存勖的错误，所以敬新磨在李存勖的一大堆伶人朋友中，是名声最好的一个。但有关他的记载，仍给人一种强烈的不安感。

让李存勖接受谏言，修正错误的条件是什么？显然，第一种是谏言人有极高的权威，如他的生母曹太夫人，到张承业那样的级别都不一定管用。第二种的条件要放宽很多，如敬新磨，是要让李存勖觉得有趣。除此之外，正与误，是与非，对与错，反而是不重要的！

如果李存勖身边只有一个敬新磨还好，可"李天下剧团"的人数最多时有好几千，谁来担保他们都不会滥用取悦"李团长"的本职才华？事实是，敬新磨并不是李存勖的伶人团体中最得宠的，更不是最重要的。

刘玉娘的故事

真正以伶人身份走近李存勖，并在随后给他一生带来巨大影响的，是一个女人。在正史中，在下并不能查到这个女子的真正名字，但野史都称她为"刘玉娘"，本书也用这个名字。

关于刘玉娘的故事，可以上推到二十多年前的一天。那时，她还只是个五六岁大的小女孩儿，家住在小小的魏州成安县，与父亲相依为命于乱世。她的父亲没有留下名字，只知道绰号叫"刘山人"。顾名思义，这刘山人在街头摆了个小摊，靠给人算卦、看病的微薄收入养家糊口，是芸芸众生中最平凡的一粒微尘。

那些日子留给小女孩儿最大的印象，就是一个字：穷。她的童年很少有美味的零食与心仪的玩具，甚至在吃饱上顿时，都不敢肯定下顿有没有着落。也许就是这样的回忆，让她在后来的人生中，对占有金钱表现出一种不可思议的执着。

如果不是生在乱世的话，等待着这个小女孩儿的人生，可能会和她的父母辈一样平淡无奇：慢慢长大，成家，生娃，然后再看着自己的娃娃慢慢长大，成家，再生娃，体会一份平凡人的艰难与幸福……

但在那一年，李克用为了报复魏博节度使罗弘信对其部将李存信的袭击，兴起大兵攻入魏博，刘家父女的一切都被他们无法抗拒的强大外力改变。那一天，有一队沙陀兵冲过刘玉娘的家乡，看中了正在路边玩耍的小女孩儿那双可爱灵动的大眼睛。于是，一个叫袁建丰的军官，用"专业"的劫持动作，轻易粉碎了女孩儿父亲那不专业的抵抗，将女孩儿从他的身边抢走了，父女俩从此便天各一方，无从相见。

在那个年代，绝大多数被这样抢掠走的人口，都面临着当奴，做婢，被买卖，甚至被当作食物等悲惨命运。不过，这小女孩儿实在是其中为数极少的幸运儿，她虽然也成了一个地位极其卑微的小婢女，但遇上了一个心地还算不错的主人。在那位姓曹的贵妇人的安排下，小刘玉娘在庞大豪华的晋王府中生存了下来，在听人使唤之余，还接受了歌舞和乐器的培训。

但是，在当时，一名伶人干得再出色，也只是各豪门王府中的特种奴隶，真正的大家闺秀是不屑于学习这些演艺技能的。

随着时间推移，小女孩儿渐渐长大，原本就是美人坯子的刘玉娘出落得越来越漂亮，歌舞乐器也越来越娴熟，色艺俱佳，在曹夫人培养出的伶人中出类拔萃。

但是，在当时，再出色的伶人也只是豪门贵族的高级玩物，是没有什么地位的。直到，她被女主人那位喜欢歌舞戏曲，有浓重伶人情结的儿子认识并喜欢上，她的命运才迎来了第二次大转机。

想必大家也已经猜到了，刘玉娘的女主人，就是李克用的侧室曹太夫人，而女主人的儿子自然就是李存勖。这一可遇不可求的幸运，让身份低微的刘玉娘，能够近水楼台，比较容易接触到出身比自己高好几个数量级的李存勖。

不过，基础条件虽然有了，要真正成为让李存勖中意的女人，前路依然是漫长而艰辛的。在没有一夫一妻的法律制约前提下，漂亮女人是古代帝王级大人物身边最不稀缺的资源，李存勖自然也不例外，他光是有记载、有封号的嫔妃就多达十五人。

因此，在通常情况下，要成为帝王注意的女人，光有相貌是远远不够的，漂亮女人多的是，彼此的颜值差距不可能很大，供给一旦大大超过需求，让人看多了很容易产生审美疲劳。何况，有个词叫"门当户对"，王侯之家在婚嫁时，门第显赫，家世清白，这些也是很难绕过去的硬指标。与大量众星捧月的大小姐相比，卑微的小歌女通常连上场竞争的机会都没有。

只是，刘玉娘的运气真不是一般好，她在生命中最艳丽的年纪，正好遇上了第二个贵人：李存勖的正妻，卫国夫人韩氏。

在继承王位之前，李存勖至少已经有了卫国夫人韩氏和次妻燕国夫人伊氏两房妻妾。但当李存勖成为威名赫赫的晋王之后，韩夫人和伊夫人还没来得及细细品味妻以夫贵的荣耀，就发现夫君已经有了新的"好妹妹"，她们在不经意间已经失宠了！

李存勖在继承王位后不久，便亲自出击，取得了潞州夹寨大捷，阵斩梁军在夹寨的代理主将符道昭。这次大胜还给李存勖带来了一件前文没提到的战利品：符道昭的妻子侯氏。李存勖一下就被她迷住了，之后每次出征都只带侯氏同行，并封她为沂国夫人，把韩夫人、伊夫人等其他妻妾都晾在太原城里。

韩夫人等人醋意大发，为了提醒大家不忘侯夫人原本的战俘身份，还给她取了个绰号"夹寨夫人"。（据清代学者翟灏考证，在侯夫人之后，中国才出现了"压寨夫人"这个词，所以"夹寨夫人"可能就是"压寨夫人"一词的源头。）

可这种讥讽并不能给侯夫人带来任何实质性的伤害。韩夫人感觉到了威胁，便想出了一个类似先朝唐高宗的王皇后对付萧淑妃的"好主意"：找一个有吸引夫君潜力的女人来当外援，以分割侯夫人所受的恩宠。这个女人要长得漂亮，有让夫君感兴趣的才艺爱好，有了这两条才能去和侯夫人竞争。还有极为重要的一点，她最好在某方面有严重缺陷，既能斗倒"夹寨夫人"，又不至于威胁自己的存在。

这些条件几乎是为刘玉娘量身定做的。于是，这位年轻貌美、精通曲艺、出身卑微的小歌女，就在韩夫人的精心安排下，参演了晋王府的宫斗大戏，并在不太长的时间内后来居上，成为整幕大戏的主角。

一次，李存勖回太原探望母亲，在家宴上，刘玉娘得到了一次独自表演歌舞，给晋王、太夫人助兴的机会。小歌女似乎意识到，这可能是自己此生飞上枝头的最大机会，发挥极为出色，让同为曲艺"发烧友"的李存勖看一遍，就喜欢上了这个漂亮的少女。一舞终了，就像晚会上表演成功的歌手，被观众要求：再来一个！刘玉娘又吹笙为众人助酒，大秀她在乐器方向的造诣，再让李存勖心动了一把。

第一步看来很成功，那接下来第二步就顺理成章了。等宴会结束，韩夫人非常"贴心"地请求曹太夫人将刘玉娘赐给自己当婢女，以便更好地服侍晋王。曹太夫人欣然同意，刘玉娘就到了韩夫人身边（《旧五代史》

中记"为韩国夫人侍者",但李存勖的妻妾中并无"韩国夫人",应为韩夫人之误)。这样可以让李存勖为了看刘玉娘,少去姓侯的狐狸精那儿,多来自己这里几趟。

马上,在韩夫人的"宽宏大量"之下,李存勖临幸了刘玉娘,韩夫人计划的第二步,又大获成功。

让韩夫人始料未及的是,她成功过头了:小歌女刘玉娘的枕边战斗力竟如此强悍,不但成功地帮她击败她的第一任眼中钉侯夫人,还超额完成任务,夺去了李存勖对女性审美的大部分注意力。更重要的是,刘玉娘的肚子也特别争气,一举中的,生下李存勖的长子李继岌,就是在前文中为张承业表演歌舞的那个孩子。

夹寨之战那年,李存勖二十三岁,李继岌的确切出生时间虽不可考,但至少应在夹寨之战后一年半以上,那时李存勖已是二十四五岁,这放在那个年代的豪门之家,应该算是早婚晚育的典型了。李存勖总算有了儿子,继承人问题有了着落,喜得合不拢嘴,连连向别人夸耀说,这孩子真像我!

母以子贵,早想给自己的新宠一个名位的李存勖,顺势封刘玉娘为魏国夫人,在李存勖的妻妾中,位置仅在卫国夫人韩氏与燕国夫人伊氏之下,排行第三,挤走了原来排第三的汧国夫人侯氏。自此,李存勖每次出征,都是带着刘玉娘同行,韩夫人和伊夫人仍然像以往那样,被晾在太原城里。如果说和原来有什么不同,那就是多了一个同为天涯沦落人的侯夫人与她们做伴。

韩夫人等人懊恼不已,再接再厉,拿出当初攻击侯夫人的劲头,集中火力,抨击刘玉娘那低下的出身:哼,一个乡间穷村夫的贱种,也配当王妃?!

其实李存勖这个人是不太喜欢循规蹈矩的,对于身边人的要求不外乎两种:一种是有用的,能帮他做事;一种是有趣的,能逗他开心。至于高低贵贱什么的,他并不太在乎,要不然他就不会宠信那么多伶人了。

刘玉娘生了儿子,自然证明她是有用的,精通曲艺,也符合李存勖眼中有趣的标准。所以韩夫人等发起的身份攻击，实际上并没有她们想象中的杀伤力。

不过，那毕竟是在大多数人仍然强调出身的中古时代，士族观念尚未褪尽，身处当时那种强大社会氛围中的刘玉娘，不敢轻信自己仅仅依靠夫君的宠爱，就能摆平这些议论带来的负面效应。那么，怎么应对别人对自己卑微出身的议论呢？

刘玉娘使出阿Q的办法，扬言曰：我家先前可阔了！我本是哪个哪个大人物之后，只是因为战乱而落难，才沦为歌女的！如果有人想反驳，那也不怕，因为他们拿不出真凭实据，反正我的亲属又不在太原，找不着就死无对证！

问题是：真能做到死无对证吗？夹寨之战后八年，后梁发生魏州兵变，李存勖乘机入主魏博，与后梁大将刘鄩、王檀等鏖战于河北。为了就近指挥战局，李存勖将常驻基地由太原迁至魏州城，这里距离刘玉娘的家乡成安县城只有六十多公里。此时，刘玉娘的生父刘山人尚在人世，可能还在过着走街串巷、卖药看相的日子，所以打听各种消息比较方便。

某一天，通过今日已不可详考的缘由，这老人意外得知，如今这魏州城里第一号大人物晋王殿下的夫人，就是他当年被人抢走的女儿刘玉娘！刘山人激动万分，虽然不知道女儿在被抢走后经历过什么，但现在已经如此出息了，作为一个父亲，还有比这更让人高兴的吗？

喜极而泣的老人匆匆赶回家，换上了自己最体面的衣服，再前往魏州晋王的临时王宫谒见，希望能与女儿相认。

来到晋王宫，刘山人首先见到的并不是自己的女儿，而是他高贵的女婿——晋王李存勖。听了刘山人的诉说，李存勖略感意外，为了稳妥起见，他得先确认一下这个老人的身份，命人先将刘山人带到旁边的房屋中暂歇，然后召将军袁建丰入见。

李存勖知道，刘玉娘是当年袁建丰抢来的，便向他询问了当时的具体经过。袁建丰回答说："我是在成安北坞得到刘夫人的，当时有一个胡须发黄的中年男人护着她。"李存勖听罢，马上命人将刘山人唤来，让袁建丰看一看是不是这个人。

袁建丰一看，虽然过去很多年，但刘山人那黄胡须的相貌特征很突出，所以他还是很快确定了：没错，这就是当年想拼命护住小女孩儿的那个男人。李存勖大喜，这当然是件好事，他吩咐：快安排他们父女相见，让玉娘惊喜一下！

谁知，当刘玉娘见到父亲的那一刻，她没有一丝惊喜，反而是一下惊呆了！这对她来说，是个艰难的抉择，假如认了这个贫穷而卑微的父亲，那她这些日子好容易编圆的，关于自己高贵出身的一整套谎言，将被瞬间戳破！自己今后就有了实打实的把柄，将有可能永远被韩夫人和伊夫人踩在脚下！不，这绝对不可以！这老父亲也是，多少年没见不都过来了，为什么不老老实实待在家里？干吗非要来找我呢？你不知道你是来添乱的吗？你女儿从别人的女奴拼到今天魏国夫人的位置，容易吗？

一想到那些利益可能损失，高贵的魏国夫人就禁不住怒从心头起，恶向胆边生，彻底压倒了她心中本就不多的亲情。于是，她对着自己面容已老的亲生父亲，厉声斥骂说："我离开家乡的时候已经记得一些事了，我的父亲死于乱军之中，我还在他的尸体旁边哭了好一阵子呢！这是从哪里冒出来的乡巴佬，居然敢来冒充我父亲！"

她先一口否认父女关系，接下来干什么就无所顾忌了。刘玉娘又命令身边的人："把这个老家伙拖到宫门外痛打一顿再赶走，看看哪个骗子还敢来冒认亲戚！"

不知道这是不是刘玉娘第一次泯灭自己的良知，但就如一句哲言所说："浑身湿透，还怕下雨吗？"一个人一旦做过一件连自己也知道是伤天害理的事，而且没有受到任何惩罚，那么在做下一件坏事时，内心的负罪感就会大大降低，直至习以为常。这也就是俗语所说的破罐子破摔。所以，今后再见到这位德行远远落后于颜值的美女，做出更多让人瞠目的恶行时，也就不会再感到意外了。

于是，随着一位贫寒的老父亲满怀喜悦地到来，又在势利女儿难以想象的绝情下，带着无尽的绝望和一身伤痛蹒跚离去，刘玉娘暂时守住了自己的谎言。虽然这个谎言并不难被揭穿，实际上也并非那么重要，因为李存勖知道她在撒谎。但真正值得深思的是李存勖对这件事的反应。

几天后，一个中午，刘玉娘正在宫里睡午觉，突然被吵醒了，听见外面有人喊："刘山人探望女儿来了！"刘玉娘又惊又怒，那老头儿怎么又来了，难道上次还打轻了吗？她急忙起身，却被眼前的一幕气乐了：只见她那个经常没正经的夫君李存勖，穿着与那天老父亲相同款式的破旧衣服，背着占卜用的蓍草囊和卖药用的药匣子，做出各种老态龙钟的动作，正在扮演刘山人。"刘山人"身后，还有他们的儿子李继岌，正乐呵呵地拎着个破帽子给父亲配戏。

刘玉娘又羞又恼，这不是当着众人面揭她的短吗？她不敢冲李存勖发作，就把倒霉的儿子李继岌抓过来，打了一顿，而李存勖竟然没有阻止。之后，这件事成了李存勖宫里的一桩著名趣闻，经常被人提起来供大家闲聊取乐。

这就是李存勖对刘山人探女事件的唯一反应。引起李存勖注意的，竟然仅仅是这件事中所潜藏的喜剧元素！在这件事中，尽管李存勖知道刘玉娘说谎了，确认了她的卑微出身，了解到她鞭笞生父的忤逆，最后还亲眼看见她拿孩子撒气的威风！但让我们震惊的是，这一切就像掉进流沙河的石子，真个是"鹅毛漂不起，芦花定底沉"，丝毫没有改变刘玉娘依旧是他最宠爱的女人这一现状！

原来，对李存勖而言，只要是让他觉得有用或有趣的人，就有机会让他宠信，让他喜爱。除此之外，不仅仅是出身门第不重要，而是其他一切都不重要！今后，我们还会在苏循、温韬、段凝等人身上，一再见识李存勖的"不拘一格降人才"。

大唐太宗皇帝李世民有一句名言："以铜为镜，可以正衣冠；以古为镜，可以知兴替；以人为镜，可以明得失。"那么，张承业、敬新磨、刘玉娘，就可以看作紧挨在李存勖身边的三面有各自代表性的镜子。从这三面镜子中，我们可以看到李存勖除了英武伟岸的光鲜正面，还有不同的侧面像。从张承业那里，我们看到了一个可以没有原则的李存勖；从敬新磨那里，我们看到了一个可以没有威信的李存勖；从刘玉娘那里，我们看到了一个可以没有是非的李存勖。

这些都是李存勖真实的，与政治家这一身份格格不入的侧面，它们在李存勖的事业高歌猛进的时代就已经如此，从未改变。人一生的命运，总是很多内因与很多外因相互影响、相互作用的结果。这些内因，将与复杂多变的时代大势一起，共同造就李存勖一生让人惊异的命运走向和彻底掀翻一个帝国的惊涛骇浪……

第七章

大战胡柳陂

王彦章　周德威　史建瑭　朱温

打过黄河

让我们回到主线剧情。幽州之战并没有改变李存勖重南轻北的战略部署，消灭朱梁仍然是他最大的目标。贞明三年（917）十一月，还在太原的李存勖得到报告，说在今河南、山东一段的黄河河面已经完全冻结，大喜道："连年作战，都是被这条河阻挡，没法过去。现在冰面合拢，是上天赐我破梁的良机。"当天，李存勖离开太原，奔赴魏州。

说来也巧，李存勖走在路上的时候，他的对手梁帝朱友贞也正好离开汴梁，踏上旅途。只不过，让大梁皇帝上路的原因，不是对黄河结冰导致前线安危的担心，而是来自他最信任的宠臣租庸使兼户部尚书赵岩的一席话。

赵岩是这么说的："陛下自登基以来，还没有举行过祭天大典，这可是自古以来，凡帝王受命都要恭行的大礼！正因为少了这项大礼，所以四方不少诸侯才不把您当正统天子看，天下纷乱不息。陛下最好去一趟西京洛阳，完成大典。顺便祭拜宣陵（后梁太祖朱温的陵墓，位于洛阳城南），昭示孝道。"

大梁皇帝觉得祭天大典还是很有必要的，何况这是赵岩的提议，听起来顺耳，实行起来也威风，还能借机散散心。不愧是亲姐夫，一家人就是贴心。好吧，就这么办！

谁知这时，已经不太说话的老臣敬翔偏偏站了出来，倚老卖老，败坏天子的兴致："国家自从刘鄩在魏州战败以来，人心格外不安，财富损失更是巨大，各处府库均告枯竭！纵然让各地官吏加大对百姓的勒索力度，增加的那点儿收入，也不够应付日益庞大的军费开支。一旦举行祭天大典，依例得支出大量的赏赐，这是典型的死要面子活受罪！更何况，现在强大的敌人就在距京城不远的黄河边上，随时等待我们露出破绽，在这种情况下，天子的车驾岂能轻易离开汴梁？等将来北方平定了，要祭天也好，要谒陵也好，都来得及。"

忠言通常都是逆耳的，所以朱友贞听了敬翔的话，很不高兴。契丹人不是已经对晋国开战了吗，局势不是已经有所好转了吗？至于前番魏州失利，那是因为刘鄩无能，我已经让贺瓌取代他了。事实证明，这一年多来，晋军都没能打过黄河，何必危言耸听呢？不过，朱友贞性情温和，也没冲敬翔发火，只是当作没听见，祭天的事仍按计划推进。天子乘舆、仪仗车马、文武百官、护驾亲兵，组成一支华丽的队伍，缓缓离开汴梁西门，向洛阳而去。

相比之下，李存勖要走的路虽然比从汴梁到洛阳远好几倍，但因为身边没有这一大堆花里胡哨的排场，速度要快得多。李存勖十二月下旬便抵达魏州。十二月二十三日，他以打猎为名，冒着寒风，带着一队步骑混合的军队来到黄河北岸的朝城。经过现场检查，他发现黄河冰面已经冻得非常结实，大队骑兵从上面通过，沾不到一滴水珠，最大的风险不过是滑倒。

好极了，不等了！李存勖当机立断，把这次行动的性质，由虚张声势的出猎，改成勇往直前的出击！晋军踏过冰面，杀向黄河南岸的梁军重要军事据点——杨刘城。

杨刘城位于今山东东阿县东北，由于黄河改道，现在位于今黄河北面，遗址掩埋在深深的泥沙之下，痕迹全无。但在当时，它控制着黄河下游最重要的一个渡口，对后梁国都的安全举足轻重。

因此，后梁军方在杨刘城外挖掘了深深的堑壕，堑壕外插满"鹿角"。同时，梁军在沿河数十里修建了多座军营，战时既可彼此呼应，相互支援，也可为杨刘守军提供预警。这些加在一起，组成了一个硬件完备的军事要塞体系。

可惜当时配套的软件，远远比不上其硬件，杨刘要塞此时只有一员不知名的梁将安彦之和区区三千名梁军驻守。三千人要防守杨刘城，还得分出一部分人分散于几十里长的连营，每个军营的兵力之空虚，可想而知。

李存勖发起急攻，梁军沿河各营接连失陷，连稍稍迟滞晋军进军速度的作用都没能起到。很快，晋军便冲到了杨刘城下。李存勖命一队士兵手持大斧，砍断"鹿角"，开辟出数条攻城通道。另一队士兵去附近的苇塘割取芦苇，用于填平壕沟。李存勖本人，也冒着梁军的飞矢流箭，亲自背负着一大捆芦苇，冲向城壕！晋军气势如虹，迅速攻克了杨刘城，生擒守将安彦之。

就在李存勖急攻杨刘之时，朱友贞的庞大车队还在缓缓向洛阳前行。到达洛阳后，大梁皇帝就像身处太平盛世时一样，按部就班地"阅车服，饰宫阙"，准备大典。谁知大典还没有开始，杨刘失守的紧急战报终于送到了洛阳，顿时举朝大哗。民间甚至传说晋军已经攻陷汴梁，前锋都打到汜水关（今河南巩义东，洛河注入黄河处，距离洛阳约一百四十里，即著名的虎牢关）了！

跟随在朱友贞身边的官员，绝大多数家都安在汴梁，听到这些传言，人人惊慌，相对流泪。朱友贞也大惊失色，不过，作为朱温的儿子，胆量还是有的，他至少没有闻敌而逃，而是急命取消祭天典礼，只带着少数随驾亲兵用最快的速度奔回汴梁。

幸好传言并不属实，李存勖攻下杨刘后并没有向汴梁进军，他的这次奇袭是临时起意的，所带的军马数量估计也有限，所以只是分派军队袭击了郓州（今山东东平）、濮州（今山东鄄城北），大掠而去。后梁帝国暂时还没有性命之忧，但的确已有累卵之危。从濮州到汴梁只有不到三百里路程，一马平川，无险可守。试想，李存勖此行如果准备充分一些，决心大一些，那朱友贞就不一定还有家可归了。

面对此现状，身为后梁帝国第一号开国元勋，老宰相敬翔痛心疾首！虽然一朝天子一朝臣，敬翔也知道新皇帝不像他父亲那样能听得进自己的谏言，但不忍心坐视帝国毁于一旦的责任感，还是再次让他站出来，对朱友贞发出一番发自肺腑的逆耳忠言。

敬翔的上疏先是力陈后梁面临的危险："国家连续数年，在战场上屡战屡败，疆域一天比一天小，已到危急存亡之秋！而陛下仍居于深宫之中，与没到过第一线，更没有实践经验的亲信近臣商讨对策，怎么可能准确评估出战胜敌国的策略？"

然后，敬翔将朱友贞与他的父亲和李存勖做对比，透出一股浓浓的恨铁不成钢之感："先帝在世之时，国家拥有河北的广大土地，先帝亲自担任统帅，手下的将领多是威震一时的英雄豪杰，即便如此，还是没能把晋国灭掉。如今，大敌已经出现在郓州，陛下仍然不当回事，脸上都看不到忧虑的样子。我听说李亚子自继位以来，整整十年，不论攻城还是野战，没有一次不是亲当矢石，冲锋在前！最近他们进攻杨刘城，李存勖亲自背负柴草，身先士卒，所以才一举克城！陛下却只是做出一副气质儒雅、从容自若的高士模样，远离战场，难道仅仅靠贺瓌这样的人抵挡大敌，就能期待将李亚子打败、打跑？说实话，我真不敢猜测将来会怎么样！"

最后，敬翔提出自己的建议："当务之急，陛下不要只困在几个近臣围起的小圈子里，最好多听听那些有经验的老臣的话，广泛征求意见，制定出摆脱困局的新策略。不然，真正的大难不过刚刚开始！老臣我虽然愚钝怯懦，但身受国家重恩，不敢不报，陛下如果实在找不到合适的人才，请让老臣到前线去为国家效力！"

看了敬翔的奏疏，朱友贞果然就像敬翔说的那样，马上钻进由赵岩、张汉杰等几个心腹近臣围成的小圈子，共同商议怎样看待小圈子外的敬翔的建议。

赵岩几个人是怀着沉重的心情参加会议的。不久前，晋军南下，让这老家伙碰巧说中了，瞧他这嘚瑟劲儿，字里行间不是冷嘲就是热讽，处处把目标指向我们这几个人，着实可恶！不难想象，如果让这老家伙又得重用，还会有我们的好果子吃吗？所以兄弟们，我们一定不能让那老家伙得逞！

准备停当，赵岩、张汉杰等异口同声，指出敬翔奏章中的口气，完全就是目无君上，怨气冲天，搬出先帝来压皇上，不杀不足以平官愤！朱友贞听了心腹给他的这一顿"深度解读"，也觉得敬翔的奏疏像父母在教训孩子，太不把自己放在眼里了。好吧，我就当作没看见。敬翔的建议遂不了了之。

纵然不能让敬翔去带兵打仗，也得派其他人去收复杨刘，否则，一支晋军始终停留在黄河南岸，无法预料他们什么时候杀向西南，那京城汴梁就受威胁了！

经过紧张筹备，调兵运粮，贞明四年（918）二月，杨刘失陷三个月之后，朱友贞命老将葛从周的衣钵传人，河阳节度使兼北面行营排阵使谢彦章为主将，组织起一支有数万人的大军反攻杨刘。

李存勖在黄河南岸暂时只拥有杨刘这么一个小小的桥头堡，军粮辎重都得从河北运来，不便于大军长驻，留驻在这里的守兵并不多，晋军主力仍驻扎在魏州一带。李存勖听说梁军反攻杨刘，马上率大军从魏州出发，驰援杨刘。

谢彦章不笨，当然想到李存勖不可能对杨刘被围坐视不理，晋军主力肯定会来救援，为此提前做了准备。鉴于屡败之后梁军士气低落，谢彦章不敢轻易与晋军野战，所以将进攻战打成了防御战。梁军开到杨刘城下，并不攻城，而是先修筑高大坚固的环形营垒，既保护自己，也限制守军的活动。

这一招其实不新鲜，夹寨之战中，梁军就是这么干的，最后还输了。谢彦章同时使了一个狠招，赶在李存勖的援兵到来之前，命一队梁军偷渡到黄河北岸，决开北岸的黄河大堤，使杨刘以北数十里变成一片汪洋！史料没有记载，所以我们也不知道有多少河北的老百姓因此葬身鱼腹或沦为难民。

谢彦章的军事目的暂时达到了，李存勖大军离前线还有一段不短的距离，就已经被大水隔阻，一时束手无策。不过，谢彦章把全身心都用在阻止李存勖大军靠近方面，攻城战进行得十分消极，杨刘城暂时没有太大危险。

李存勖自己的军队一时过不了河，另生一计，遣人乘小船悄悄去南岸，招募那些因前几战战败，不敢回营，散落在鲁中山区为匪的梁军败卒。这时的李存勖，名头确实响亮，没费太大劲，便让很多原属梁军的散兵纷纷归降，成了晋军的河南游击分队，持续骚扰梁军的行动。

梁、晋两军在杨刘形成了尴尬的相持局面，谢彦章表面暂时占上风，但他一时攻不下杨刘，就无法将优势发展成胜势。李存勖没有足够的渡船，留在这里也没用，干脆先率军返回魏州休整，准备等河水退去，条件成熟，再以逸待劳，南下救杨刘之围。

四个月后，六月二十一日，李存勖估摸着水退得差不多了，就带着大军再次离开魏州，奔赴杨刘前线。几个月过去，原本因决口而如同汪洋的黄河北岸，虽然淹没面积仍然很大，但水势果然已大减。李存勖亲自驾着一条小船，探测了河水的流速和深浅，发现一些地段水已经浅到可以让士兵蹚水过河。

李存勖大喜，对手下众将说："梁军现在根本没有同我军一战的勇气，他们把所有希望都押在这条河上，指望着借助河水的保护拖延时间，将我们拖累拖垮。我军绝不能听其摆布，即使条件不是很有利，也应该主动渡河攻击，把他们拖入战场！"

六月二十三日，李存勖率领亲军打头，从两天前探测好的地段蹚水渡河。晋军其他各部紧随于后，他们一手拉起铠甲，一手高举着武器，组成严密的战斗队形，在混浊的黄水里缓缓前进。好在河水果然不深，多数地段仅仅没过膝盖。《通鉴》记载，李存勖测量时，水深还能没过长枪，李存勖就不讲道理地让大家不顾没顶的大水涉渡，当晋军开始涉渡时，水位突降，只到人的膝盖。这明显是在制造神话。

梁军大将谢彦章得到晋军正在渡河的急报，连忙率军在对应的黄河南岸列阵迎击，坚决阻止晋军登岸。都靠两条腿的情况下，在堤岸上站着，终究比在河里泡着要占便宜一些，两军开始交锋。居高临下的优势，让梁军鼓起勇气奋力迎击，李存勖军无法登上堤坝，还付出了一定的损失。交战不利，李存勖并不慌张，命令晋军诈败后撤，想引诱梁军追击，使对手离开有利的地形。

不知道谢彦章怎么想的，也许真觉得这是一个把胜势发展为胜利的好机会，真的率领梁军冲下南岸河堤，追击晋军。这样一来，梁、晋两军就都得泡在黄河里搏斗了，人人都是一身泥浆，宛若陶俑。等梁军追击到黄河中流，晋军阵营中的战鼓声与呐喊声同时高响，李存勖命全军掉头，杀了梁军一个回马枪！

这几年来屡战屡败，梁军的士气与战斗力均落晋军下风，常常是一见到李存勖的旗号就会不由自主地胆战心惊。梁军先前凭借堤坝高地还可以挡一阵，一旦失去地利，马上在晋军的强大反攻下败下阵来。更糟的是，陷于深深的河泥中的双足，让梁军想逃也逃不快。于是，梁军士卒大批大批地丧命于河中，不一会儿，一大段黄河水就被血水染成了红色，无数血肉模糊的尸体在浊流中起起浮浮，状极惨烈！

梁军大将谢彦章拼了性命，才算没有成为其中的一员，但当他好容易脱离战场时，由他指挥的军队已经或死或逃，几乎不剩下什么了！李存勖随即渡过黄河，连克梁军设在南岸的四座营寨，杨刘城周边的梁军被扫荡一空，至此，后梁帝国为收复杨刘而发动的第一次反攻，以完败收场。

又一次轻轻松松的大胜，让李存勖的自信心倍增。从杨刘渡口到汴梁虽然还有数百里的路程，但沿途都属于平坦开阔的华北大平原，不再有任何难以逾越的险要。既然如此，何不乘着我军屡胜的破竹之势，发动一次空前规模的总攻，直取汴京，一举灭掉后梁帝国呢！

胡柳陂之战（上）

于是，李存勖回到魏州，下令大规模征调各路军马。晋国管辖下的各个藩镇，王镕、王处直两个小盟友，反正所有能调得出，征得到的军队，都要到魏州集合，要给朱家的后梁来一次致命一击！

与此同时，李存勖也没有忘记争取大盟友的外援。当然，不会再是契丹，他和阿保机已经完全撕破脸了。而蜀、岐反目后的岐王李茂贞，实力已经非常虚弱，人也比较老了（此时六十二岁），派不上用场。至于王家的蜀国，且不说正处于政治动荡期（后文详叙），就算之前稳定的时候，也从来都靠不住。算下来，现在还有相当实力，应该也有一定意愿可以帮帮忙的，好像只剩下老盟友淮南的吴国了。所以，李存勖派人出使扬州，请求吴国出兵北上，与晋军一道南北夹击后梁。

但吴国的实际掌权者徐温对此事显然并不热心。晋、吴联盟是在朱温强势，同时有可能吞并河东、淮南的前提下建立起来的。此一时彼一时，如今梁、晋争霸，梁军节节败退，威风不再，晋军声势大张，百战百胜。在这种情况下，吴国如果真的尽全力与李存勖携手对后梁开战，后梁帝国真有垮台的可能性，那样一来，又出现一个强大统一的中原政权，对吴国会是好消息吗？

正好，吴国此时在南方有战事，进攻名义上从属后梁的百胜节度使谭全播，吴越王钱镠、楚王马殷、闽王王审知等均出兵救援谭全播，与吴军交战。除了最弱小的谭全播，大家其实都没有尽全力，但这么多家势力参战，声势还是不小的。徐温便以此为口实，表示吴军无力北上。李存勖争取外援的努力，就这样落空了。

虽然争取吴国出兵的计划没有成功，但这并没有影响李存勖此战必胜的自信心。因为在击败谢彦章两个月之后，各路晋军及其盟军在魏州完成集结，兵多将广，阵容庞大。

除了李存勖自己的老河东主力和他百战百胜的"银枪都"等精锐的魏博亲军，"太原五虎将"中还活着的四员老将，全都以一方节帅的身份带兵到场了。他们分别是：智勇兼备、用兵沉稳的卢龙节度使周德威，他带来了三万名幽州步骑；有一段时间没参加大战，坚韧不拔的守城达人，昭义节度使李嗣昭，他带来的兵力不详；足智多谋、经验老到的横海节度使李存审，他带来本镇沧州兵一万名；英勇无畏、猛冲猛打的安国节度使李嗣源，也带来本镇邢州兵一万名。

除了晋军各部，赵王王镕与北平王王处直这两位小盟友的军队自然也不敢缺席，同时还有大量的部落军，比如契丹军。李存勖的麾下有契丹军，不是因为与阿保机和好了，他们是幽州之战中归降的世里刺葛所部。另外，还有奚、室韦、吐谷浑等部落提供的骑兵。他们可能也是幽州之战的降兵，又或者是在阿保机征服塞北的过程中南逃避难的部落。

另外，可能考虑这次交战的战场，将位于朱家经营已久的河南、山东腹地，晋军在行军、驻营过程中不大可能指望得到当地人的支持协助，所以李存勖此次出征，不但带了大量作战部队，还带上了古代战史中少见的三万余名不配备武装的魏博民夫充当工程兵，他们能够在不耽误大军作战任务的前提下，迅速完成建造营垒、架设桥梁等工作。

此外，李存勖为了好好工作，需要更好的休息，所以他的"李天下剧团"也一同随军出征。

总之，将这些来历繁杂，操着各种不同的语言，连生活习惯可能都不太一样的各支军队及辅助人员，汇总一处，数量高达十多万人。李存勖得意扬扬地为自己的雄壮之师举行了大阅兵，那场面之大，军容之盛，号称"近代为最"。管他吴人帮不帮，以前我只有两三万兵马时，尚且屡破梁兵，现在拥有如此强大的军力，兵锋所指，何忧不胜！

李存勖刚刚出师南下，又传来了一个好消息：后梁的泰宁节度使张守进造反了。

这个张守进，其实就是几年前，杀掉刘守光的儿子刘继威，然后同时向梁、晋请降的燕将张万进。后来杨师厚北伐，觉得把义昌镇交给这样一个不可靠的降将让人不放心，便以武力强逼他离开沧州，经过一番波折，他调任泰宁节度使，赐名守进。

张守进常常成为末帝宠臣赵岩、张汉杰等改善生活的索贿对象。把柄落在别人的手上，张守进也愿意破财免灾，但他低估了赵岩等人对财富的渴望程度。结果"财"破了一次又一次，"灾"依旧没完没了。张守进自然是又气又恨，深悔当初站队时没站对。这时，他听说李存勖已集结大军，即将南下，感到上天又给了他重选一次的机会，便派使节悄悄潜至魏州，对李存勖说："我要起事，请晋军接应救援！"

然后，张守进等不及李存勖回应，便起兵了，宣布自己归附晋王。朱友贞得到兖州反叛的消息后，大怒，宣布那个姓张的不配享有他的赐名"守进"，恢复其张万进的原名。

李存勖要来了！这是连张万进都能得到的消息，朱友贞自然也不可能不知道，危难当头，他同样竭尽全力，调动各地军队，准备迎敌。梁军由主帅贺瑰、副帅谢彦章、猛将王彦章等部组成的北方军团，阵容也相当可观，人数虽没有明确记载，但从各种迹象看，可能不会少于十万人，与晋军动员的数量相去不远。

另外，为对付造反的张万进，朱友贞又将刘鄩从相对已经不再是热点的黎阳调出来，改任兖州安抚制置使，率军迅速将张万进围困于兖州城中，使他不能出兵与李存勖相呼应。

八月底，李存勖率领他的庞大野战军离开魏州，从杨刘渡口过黄河，然后继续向南，攻入郓州和濮州境内。贺瑰、谢彦章等梁军大将严防死守，沿济水到大野泽一线布防，竭力限制晋军靠近兖州。

对李存勖来说，灭梁的目标当然比张万进的死活重要多了，既然向兖州推进受阻，他就将军队拉回黄河边上，沿着黄河南岸向西前进，进至濮州之北的麻家渡，立下营寨。顾名思义，这是一个渡口，可以相对容易得到河北的物资补给。

得知李存勖军转向西南，梁将贺瑰与谢彦章非常担心汴梁受到威胁，急忙掉兵向跟进，在濮州与麻家渡之间的行台村设下大营，与李存勖的麻家渡大营相邻，双方都以超过十万人的兵力密切监视对方，大战似乎已一触即发。

对于梁军主力出现在自己的面前，李存勖正求之不得，自他出道以来，太多的胜利使他坚信，自己不战则已，战则必胜！梁军最后的精兵都在这里了，只要一战把他们消灭，天下即可平定！于是，李存勖不断向行台村的梁军大营挑战，想将梁军诱出工事坚固的营垒决战。梁军当然不肯轻易出来，李存勖干脆就亲自带上几十人或百余人的小队出营挑战，引诱梁军出击。可梁军还是非常稳重，要不就是坚守营垒，要不就是派少量人马出战。最多的一次，是梁将谢彦章出其不意地在李存勖常走的路上设下五千名伏兵。那次，要不是老将李存审救援及时，李存勖差点栽了跟头，把自己的命送掉。

双方就这样对峙了足足一百多天，未发生大的会战。十二月一日，李存勖实在等得不耐烦了，决定移营，离开补给方便的麻家渡，搬到距离梁军行台村大营仅十里的一处高岗之上，进一步压迫梁军的行动。这是标准的蹬鼻子上脸：你们梁军要还是男人，就出来决战吧！

梁军依旧坚守行台村大营，没有出来，但李存勖也不是一无所获，他歪打正着，意外地引爆了梁军内部的一次严重内讧。

原来，就在李存勖移营的前一天，梁军两员主将贺瓌和谢彦章一起到营外巡视情况，贺瓌突然指着不远处的一片高岗对谢彦章说："你看前面那块地方，地势高阜，四周开阔，是个扎营的好地方。"史书只记录了这么突兀的一句话，但在下猜想，他们当时的对话肯定不止这一句，最合逻辑的对话可能如下。

贺瓌提出：要不我们先派兵占住这片高岗，防止被晋军利用？

在杨刘吃过李存勖大亏的谢彦章竭力反对：我们的行台村大营修得很坚固，坚守不战，就能立于不败之地，如果草率派兵到这里扎营，营未成而晋兵至，怎么办？

贺瓌和谢彦章原本的私人关系就比较糟糕。在此时的梁军大将中，贺瓌以善于指挥步兵成名，而谢彦章是全军公认的骑兵专家。古今中外，国家的军费总是有限的，某部分军队分到的多了，其他部分分到的就必然减少，兵种矛盾一直是军中的通病。贺瓌与谢彦章经常彼此看不起，要不是皇命在身，真不愿意跟对方携手合作。

因此贺瓌很不高兴，觉得这谢彦章纯粹就是逢我必反嘛，他还拿不拿我当主帅？贺瓌于是站上道德制高点，反问道（以下是有记载的）："主上将举国之兵托付给你我二人，国家社稷的存亡就看我们这一战。现在强寇就压在我们的大门口，我们能这样一味逗留不战吗？"

谢彦章毫不示弱，坚持己见："强寇远离其后方，深入我境内，对他们而言最有利的就是速战速决。现在我军深沟高垒，据守津要，敌人岂敢轻易绕过我们深入？如果轻率地与他们决战，万一打败了，则国家大事去矣！"

于是，像往常一样，两位主将谁也说服不了谁，什么新的决定也没能做出，贺瓌的想法就停留在了脑海里，两位将军带着一肚子闷火，一起回营了。

第二天，梁军探哨回报，晋军移营了，新大营的地点正好是贺瓌一天前看中的那片高岗。

贺瓌顿时起了疑心：我刚刚才对谢彦章说那个地方适宜扎营，他却反对，这下好了，才过了一天，那片高岗就让李存勖抢先占了去！有那么巧吗？还是他谢彦章其实已经暗通晋人，当上内奸了！

新仇加上旧恨，促使贺瓌悄悄向朱友贞打了个小报告，说谢彦章很可能已经变节了！为了国家大计，我得采取断然措施！

几天后，贺瓌与行营马步都虞候朱珪定下计谋，以犒军为名，设伏于宴席间，突然发作，一举斩杀了谢彦章，谢彦章的两个心腹骑军将领——濮州刺史孟审澄、别将侯温裕也一同被杀。后梁军中能战的骑兵将领便在一次请客吃饭的过程中大半丧命，只剩下一个铁枪王彦章。可想而知，梁军骑兵部队的士气大受挫折，很可能间接影响了不久后会战的进程。

梁帝朱友贞倒不一定完全相信贺瓌对谢彦章的指控，但事已至此，大敌当前，他已经失掉一个谢彦章，不能再失去一个贺瓌。稍后，大梁皇帝承认了贺瓌先斩后奏的合法性，宣布谢彦章及其党羽罪有应得，并提拔杀人有功的朱珪为平卢节度使，兼北面行营马步副指挥使，代替谢彦章当贺瓌的副手。以王彦章为首的梁军骑兵部队，对这样的处理决定更加愤愤不平。

这一消息很快传到了对面的晋营，谢彦章是不是晋军的卧底，李存勖当然比贺瓌更清楚，他大喜道："梁军将帅自相残杀，真是老天要让他们灭亡！贺瓌既然如此暴虐，大失军心，他的军队还有什么战斗力？我如果绕过他，挥军直取汴梁，汴梁是他们的国都所在，他非出营与我决战不可，那时我军岂有不胜之理？"

晋军的第一号上将周德威却没有李存勖这么乐观，他进谏说："梁人虽然杀了自己一员上将，但就现在来看，他们的军队尚未出现兵变或叛逃的迹象，全军依然保持完整。我们如果轻率行动，想靠侥幸得胜，我看不一定会有好结果。"

这一席话，在出道以来就战无不胜的李存勖看来，完全是危言耸听，一点儿说服力也没有。特别随着李存勖年纪增长，执政和带兵的时间越来越长，由自己一手提拔的新班底越来越壮大，他对周德威等老将的需求度也就越来越低了，他还有多少耐心听他们唠叨？

于是，李存勖果断或者说武断地否决了周德威的进言，坚持自己的方案。我才是晋王，该怎么打，由我说了算！十二月十九日，李存勖命军中的老弱先回魏州，只留下精干士卒十万人。李存勖可能是想控制奔袭汴梁途中军粮的消耗量吧？但值得注意的是，即使是在这样很有可能决定天下归属的大战前夜，陪在李存勖身边的"李天下剧团"也没有回撤。

十二月二十一日夜，李存勖下令拆毁大营，全军开拔，绕过梁军的行台村大营，向着汴梁开去。李存勖大军走得并不快，可见他此行的主要目的并非奔袭汴梁，而是要逼迫贺瓌离开行台村与他决战，这与五年后的那次行动完全不同。所以到十二月二十三日，晋军才慢慢开进至临濮县北的胡柳陂，然后建好营寨，等待梁军。贺瓌果然来了，十二月二十四日凌晨，晋军斥候向李存勖报告，侦察到数量庞大的后梁大军正从后面追来，很快抵达胡柳陂！于是，梁、晋四十年争霸过程中的一次单日规模最大、过程也最曲折离奇的会战，即将打响！

要想比较准确地还原胡柳陂之战，是一件极其困难的事。史书中对这一战的具体过程记载，十分零乱，有很多不连贯的空白点，存在大量彼此冲突的逻辑矛盾。另外，同柏乡之战一样，细致一点儿的记录全部来自晋军一方，这样的记载，即使记录人的立场完全客观，也只能还原真实情况的一半。更何况，完全客观的记录人，史上恐怕从未存在过。

在下当然可以像多数写这一段历史的作者一样，直接将古史中的相关记录抄录了事，对其中的漏洞和矛盾视而不见，但那不符合在下的写作习惯。接下来，在下借助地图的帮助，用推理去填充一条记载与另一条记载之间的空白和矛盾，力争展示一个至少能与大多数记载吻合，在逻辑上说

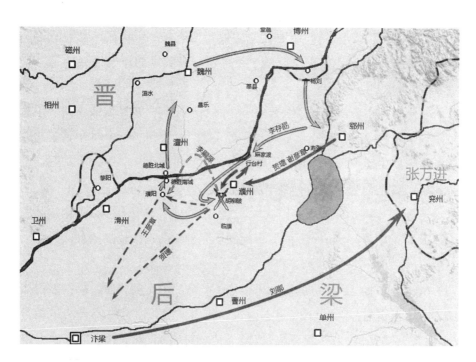

▲ 918 年，胡柳陂之战

得通的胡柳陂之战。

接下来的内容，是在下结合史料与逻辑推导出的假说，它可能比传统记载更接近事实，也可能更远离，但至少在那些历史迷雾面前，在下可以说，自己思考过了。

胡柳陂之战（中）

"胡柳陂"的"陂"，在地名中的读音通常是 bēi 或 pí。要弄清这个名字容易被读错的地方在当时的大致地形，是解读胡柳陂之战的第一个难点。

胡柳陂，亦名黄柳陂，大致位于今河南濮阳到山东鄄城的中间，王称堌镇到辛庄乡一带。与几个重要地点的关系为：濮州、行台村在其东北方向，濮阳县在其西面稍偏北，临濮县在其南面微偏西。

胡柳陂北距当时的黄河约三十里，今天黄河从古胡柳陂当中穿流而过。光是这一事实，就让在下知道，这一带的地形状况有多么不稳定，真正经历了沧海桑田。以今天的卫星地图还原千年前古战场的图景，无太大参考价值。

只能用史书上不连贯的记载来推导了。从史书记载来看，胡柳陂古战场，应该至少有一大一小两座小山包。其中大的一座，史书有的记载为"土山"，有的记载为"无石山"。"土山"不像一个正常的地名，本书用"无石山"这个名字代指。稍小的一座没有记载名称，本书以"无名小山"代指。从战斗经过可以大致推测两座小山包的位置，无石山在西，无名小山在东。

晋军是比梁军早一天到达胡柳陂的，并迅速修筑好了军营。那第一个问题来了，李存勖会将他的营垒建在什么地方呢？稍前李存勖移营于行台村北高冈的事件，可以给出一个间接的答案。虽然这一带的山都不太高，坡度也不太陡，但小山包作为制高点，在军事上依然有视野广阔，稍稍增强军队冲击与抗冲击能力的优势。因此，在下推想，有充足时间做出选择的李存勖，没有理由不将晋军的营垒建在或部分建在（如果无石山不够大，容纳不了李存勖的全部军队）战场内地势条件最好的无石山上。

二十四日清晨，放弃行台村大营的贺瓌大军，尾随晋军，追至胡柳陂。行台村在胡柳陂的东北方向，当地又处华北大平原的核心区，没有太曲折的道路，因此，此时两军的相对位置应该是：晋军主要位于无石山上的军营中，贺瓌的梁军位于无石山东北，列开阵势，缓缓向西南面的晋军军营逼近。

梁军主力终于千呼万唤始出来，早就求战心切的李存勖按捺不住兴奋，准备大打一场。

谁知老将周德威又提出了不同意见，他先向李存勖指出了即刻开战的风险："梁兵是连夜追来的，至少有一个晚上没得到休息，他们刚刚到达，还没有建立营地，而我军的营垒已经修得比较坚固，我们只要守在营中，就没有任何危险。同时，我们应该注意到，这里不比河北，这里是后梁的腹地，深入敌境，一举一动都应该万分小心。而且，这里距离他们的都城汴梁很近，已是梁军士卒的家乡。梁军士卒在这里作战，不仅仅是卫朱姓的国，更是保自己的家。他们现在的士气和战斗力，不能用在河北交战时那些旧经验来判断，而我军是深入敌境之众，对付敌激愤护家之师。如果不施谋略，想要简单硬碰硬地打败他们，恐怕不一定能达到目的。"

然后，周德威提出了自己的作战方略："不如这样，大王您还是率大军守在咱们的营垒中，按兵不动，该休息就休息，该吃饭就吃饭，养精蓄锐。我则率少量精锐骑兵，不断对梁军进行骚扰性攻击，破坏他们修建营地的工作。只要拖到今天傍晚，他们的营地还没有建起来，他们既无法好好休息，又不能顺利埋锅造饭，身心一定极度疲惫。此时，大王再率全军出击，以逸击劳，就有可能将他们一举歼灭！"

周德威的这一作战计划，可以说就是柏乡之战的翻版，老成持重，先立于不败之地，再待敌之可败，李存勖如果照其执行，已处于一定优势地位的晋军，胜利应该是十拿九稳的。

但李存勖有自己的想法，在自信心爆棚的晋王看来，不管横打竖打，自己都会是赢家的前提下，干吗要这么啰唆，干吗不用最简单的方式去赢得胜利呢？

如果按照周德威的方案打赢，弄不好还落个话柄，让别人以为，要不是有他周德威的出谋划策，我就赢不了！其实，他自出任卢龙节度使，不在我身边的这几年，我照样屡战屡胜！倒是他独自在卢龙，还让那个契丹人打爆了。究竟谁才是当今天下的第一名将？是让天下人看清楚的时候了！

李存勖当时有这样的想法，并不见于记载，但也不是在下瞎编的，后来他灭亡后梁，得意扬扬地对人夸耀说："吾以十指上得天下！"可见，他对自己军事才能的自负到何种程度！

七年前，打柏乡之战的时候，李存勖的武功与威望还远不能同此时相比，那时让他放弃自己的主张，接受周德威的建议，已经多少有点勉强，是增加张承业这颗重量级砝码才实现的。而今，张承业没来，他还在太原管后勤，周德威失去了最大的助力，而李存勖的自负与骄傲远胜当年，于是周德威的建议就理所当然地被否决了。

李存勖对周德威说："前些天在黄河岸边的时候，最让人烦恼的，就是这些梁贼老是躲在营寨里不出来。现在好了，贼兵都来到我们面前，这个时候不打，还想等到什么时候？你也算是个见惯沙场的老将了，怎么还胆小如鼠呢？"

说完，李存勖不待周德威争辩，把他晾在了一边。同时，可能是为了防备另外一个"老头子"的干扰，不让自己尽兴地玩眼前这一把战争游戏，李存勖又转过头对老将李存审说："你可以带上辎重队先出发，继续向汴梁方向走，我给你殿后！等料理完这批梁兵，再来与你会合！"

然后，李存勖下令大军出击，与梁军决战。周德威见自己说话已经不管用了，只好率领他的卢龙军随同大军一道参战。但他心中对这一战的结果充满了不祥的预感。他对同自己一起出阵的儿子说："我不知道会死在哪里！"

如果不是站在知晓结果的后来人的角度上，仅仅看周德威给李存勖分析的那些不利条件，在下都觉得周德威对儿子说的这句话有些危言耸听了。双方的兵力估计相去不远，而晋军的精锐天下驰名，抢先占据了有利地形扎营，已经完整地休息了一个晚上，梁军却是屡败之师，且是赶夜路行军到胡柳陂的。不论劳逸之势、地形之利，还是部队的平均战斗力，晋军好像都应该处于优势吧？这么多优势，梁军仅仅靠保卫家园的激愤之心就能弥补甚至反超吗？这一战，晋军即使不能大获全胜，也完全没有大败的道理呀！已经是百战余生的老将军周德威，怎么还会如此悲观呢？

周德威的不祥预感肯定是有原因的，只是那个原因他可能觉得不便说出口，所以前面没对李存勖提起，不过古史在其他地方间接提到了。《旧五代史·晋高祖纪》中有这么一句："（在胡柳陂交战时）总管周德威将左军，杂以燕人，前锋不利，德威死之。"其中特别强调了四个字——"杂以燕人"。

此时周德威是卢龙节度使，卢龙镇差不多就是战国时代的燕国之地，卢龙镇只要在本镇辖区内募兵，招来的当然就是"燕人"。作为老牌的河朔强藩，动不动就和朝廷过招，又天天和塞外的契丹、奚、室韦、鞑靼等游牧骑兵打照面，这些"燕人"其实还是很能打的。

但问题是，有战斗技能不等于有战斗意愿。前文提过，自李存勖击灭刘守光，征服卢龙，就指示周德威，对卢龙镇势力强大且盘根错节的军人集团采取高压政策，逐渐压缩他们的生存空间，直至将这个历史悠久的地头蛇集团逐步消灭。但来而不往非礼也，一个已经生存了将近两百年，有牢固根基的社会团体，不是那么容易被消灭的，高压政策反而激起卢龙军人的反弹。

还记得卢文进的反叛吧？那并不是卢文进一个人干成的，他在当地有强大的兵意基础，整支军队都打心眼儿与河东来的人为仇。卢文进的那支军队如此，其他的卢龙军，又能比他们好多少？之前周德威在新州败于阿保机，固然有新兴的契丹军队比较强悍善战的原因，周德威麾下的卢龙军人，不愿为河东来的外人与掺杂很多卢龙同乡的契丹军拼命，恐怕也是一个重要原因。

所以，周德威虽然为这一战带来了三万名卢龙兵，是晋军中除李存勖本人指挥的河东、魏博军外最庞大的一个野战军团，但坐镇幽州数年的经历，应该让他很清楚，这支军队中的大部分人的忠诚度是靠不住的。如果战局保持平稳，还不会有大问题，一旦战局出现对晋军不利的变化，这些人会不会逃散，甚至倒戈杀向自己人，都是说不准的事！

可是，他如果直接跟李存勖说，对不起，我带的这些兵打不了恶仗，那么请问，你这几年的卢龙节度使是怎么干的？这不是给自己抹黑吗？

在下认为，这才是周德威之前极力主张用最稳妥的方案决战的根本原因，也是方案被否决后如此悲观的最大心病所在。

带领着一支人心不附，指挥不灵，甚至对长官怀有仇恨，一有机会就会坑他一把的军队作战，周德威已经品尝过苦果了。李存勖暂时还没有这方面的感性认识，他真不能高兴得太早，再过几年，他会体会到同样的感受，遭遇比周德威惨得多。

清晨，第一缕阳光掠过胡柳陂，两支庞大的军队已经在这片原野上摆开了阵势，彼此能够看见对方矛尖上的寒光，所有人的肾上腺素都在加倍分泌，紧张地等待着攻击开始的那一刻。

在下综合了各处分散的记载，推导出了临开战时双方的布阵。

两军的主力部队，在无石山之东偏北，组成了两条从西北斜向延伸到东南的平行线，西南边这条是晋军，东北边那条是梁军。

晋军方面，由周德威的卢龙军构成晋军战线的左翼，也就是整条战线的西北端。另外，在下猜想，契丹、奚、室韦、吐谷浑等部落原先的生活环境靠近卢龙，语言隔阂相对较小，与卢龙军的沟通协调要容易一些，所以他们组成的军队可能也部署于这一翼。仅从军士的战斗素质看，晋军的左翼不算弱，但忠诚度有问题。

李存勖亲自统率晋军中最精锐的河东、魏博军，组成晋军战线的中央。另外，李嗣昭的昭义军、李存审的横海军可能也在中央。晋军中央部分全是嫡系，战斗素质与可靠度都最高，是晋军战线中战斗力最强的地段。

特别说一下李存审。他原本在开战前被李存勖打发去带领后勤辎重队朝汴梁继续跑路，但已经有前车之鉴的李存审，显然对年轻的主君在战场上的过分勇敢有些放心不下，所以他把辎重队带到无石山西面，整个胡柳陂战场的最西南端，这个看起来应该是最安全的地带后，就转手把这支没什么战斗力的队伍交给魏博节度副使王缄，自己掉头返回了战线，护卫于李存勖之侧。从事后看，这似乎可以算是李存审无意间犯下的一个错误。

晋军战线的右翼，也就是东南端，由赵王王镕派来的成德军、北平王王处直派来的义武军和李嗣源的安国军组成。与左翼和中央相比，晋军右翼的主体部分，是被普遍认为长于防卫但野战不强的两王盟军，虽有李嗣源部加入，但平均战斗力仍弱于中央和左翼。

显然，李存勖摆出这样一个中间强两翼弱的阵形，是想用最直接的中央突破战术，击溃梁军。

另外，原晋军无石山营垒中是否还留有少量人员，比如陪李存勖取乐的"李天下剧团"，也很难弄清楚。但他们或者留在山上，或者与辎重队在一起，不大可能在前锋战线上。

相比之下，梁军部署更加模糊不清，很难准确还原。按常规，贺瑰作为主帅，那他的位置大概是在梁军战线中央，与李存勖对应。

梁军大将王彦章的临阵职务是"行营左厢马军都指挥使"，那他应该指挥梁军的左翼，另外就在下对战斗过程的推测，也觉得开战时王彦章最合理的位置就是在梁军左翼，在战场的东南端，与晋军右翼相对。

梁军右翼完全没法判断，也许是刚刚升任副帅的朱珪。不过，据后来的记载，此人非能战之将，也可能不是他。

晋军发起进攻，战斗开始了，李存勖亲自指挥的晋军中央攻势最为猛烈。由心腹猛将李建及统领的魏博"银枪效节都"，杀在了最前面，率先冲入梁军阵线，在里边横冲直撞，压迫得梁军中央阵线节节后退。不过，贺瑰善于指挥步军的说法倒真不是吹的，梁军步兵因为兵力充足，为了保家，士气还算稳定，他们组成的阵形很厚，也非常有韧性。在李存勖的强大攻势下，战线中段只是向后弯曲，并没有出现崩溃迹象。

但稍后，出现了整场会战中最让人匪夷所思、最不合逻辑的一条记载：位于梁军左翼的王彦章部骑兵首先支撑不住，脱离战场，向着濮阳方向逃跑！

这条记载有什么问题吗？首先，这不符合史书中对王彦章其人特点的描述。《旧五代史》对王彦章的评语是"性忠勇，有膂力，临阵对敌，奋不顾身"，《新五代史》则称他"骁勇有力，能跣足履棘行百步，持一铁枪，骑而驰突，奋疾如飞，而佗人莫能举也"。总而言之，王彦章的勇猛与顽强，在现役梁军诸将中首屈一指！

这样一位梁军第一猛将，所统领的是梁军中战斗力最强的龙骧军骑兵，位置又在左翼，非晋军的主攻方向，不论怎么看，王彦章如果发挥正常，就算梁军战败，他也应该是梁军中坚持到最后的那一个。凭什么别人都还在坚持战斗，最不该败的王彦章部最先败了呢？

当然，这些不正常的理由远远算不上充分。谁也不能说猛将就不会打败仗，不会逃跑。其实，王彦章此前在史书上并不算多的露脸事迹已经有两次，是失利后从敌人的围追堵截中杀开血路的逃命业绩。所以，真正说不通的地方，还得来看看胡柳陂的战场态势。

王彦章是往哪儿逃的？答曰：濮阳。濮阳在哪儿？在胡柳陂战场的西面稍偏北。王彦章部位于战场的哪个位置？答曰：东南端，梁军左翼。他的西面是什么？答曰：是晋军的右翼，成德、义武、安国三镇兵。他的西北面是什么？答曰：是已向东面突出的晋军中段，由李存勖亲自指挥的晋军中最精锐可靠的河东、魏博等军。

同时，我们还要清楚以下两点：一、胡柳陂地处后梁内地，四面都是后梁的国土，往哪个方向走都有后梁的城池，并非只有一个濮阳可去；二、梁军并没有被晋军包围，返回濮州，或者奔向东南的大道，既平坦又开阔。

好了，现在问题来了。什么是逃跑？逃跑就是躲避敌人，往安全的方向跑。这世上哪有人像胡柳陂之战的王彦章这样，冲着敌人大军的方向"溃逃"的道理？这是突击好吧？这应该叫作"明知山有虎，偏向虎山行"才对吧？

没想到，王彦章这次说不清楚什么原因，被史书记载成"溃逃"的突击，居然取得了梁军好多年来不曾取得的惊人成果！正由于李存勖指挥晋军中段攻击太过积极，晋军战线被拉成了"〉"形，战线中央与左右两翼的衔接部，被相对拉薄了。王彦章一马当先，冲锋陷阵，梁军骑兵迅猛突进，正好打在晋军中央与右翼的衔接点上，竟一下子将晋军战线打穿了！

昔日唐太宗李世民在回顾自己辉煌的军事生涯时，曾简要总结过自己用兵的最基本战术："常以吾弱当其强，强当其弱。彼乘吾弱，奔逐不过数百步；吾乘其弱，必出其阵后，反而击之，无不溃败！"

可以说，到此刻为止，由于李存勖过于轻敌，以及晋军中人数过多、杂牌过多带来组织协调上的破绽，不管梁军是精心策划也好，歪打正着也罢，梁军已经成功达成了李世民战术中最困难的前半截。让"彼乘吾弱，奔逐不过数百步"，更做到了"吾乘其弱，必出其阵后"，实属难得。现在就差着"反而击之，无不溃败"了！李存勖在战场上，从来没这样被动过，王彦章的这次决死突击，做到了以往任何一个梁军将领都没能做到的事！虽然，这多少有些偶然。

关于王彦章部奔向濮阳方向的运动，是突击而非溃败的看法，除了从战场态势图上可以推导出来，还有另外一些记载可以作为逻辑上的旁证。

王彦章后来扬言："李亚子不过是一个喜欢斗鸡遛狗的纨绔小儿罢了，有什么值得畏惧的？"在梁军众将中，敢如此不把李存勖当盘菜的，仅此一例！按理说，他应该至少有一次在战场打败过李存勖，才有底气说出这样的话吧？在下看来，这唯一的一次，只能发生在胡柳陂。

当然，也可以这样解释，这不过是王彦章的大口马牙，大言不惭罢了，根本当不得真。但如果真是这样，只会沦为众人的笑柄。当时就有这样的例子，如赵王王镕的义子，时常率赵军（成德军）追随李存勖作战的王德明（张文礼）。

那么，当时的人如何看待这个同样好出狂言的王彦章呢？

几年后，在郓州为晋军攻克，后梁帝国陷入更加危险的境地时，忠心耿耿的老臣敬翔以身家性命作保，向朱友贞举荐了王彦章，认为只有让王彦章担任主帅，梁朝还有挽回败局的最后一丝希望。敬翔一生，为推荐一个人而以死相谏，只有这一例。

随后，王彦章真正成为梁军主帅，李存勖得知这个消息，对身边众将说："这个人很难对付，要避一避他的锋芒。"在梁军将领中，得到过李存勖如此高度评价的，没有第二例。

显然，他们都没把王彦章当成吹牛大王。假如王彦章不是在战场上给李存勖留下过惨痛的回忆，而是像史书记载的那样，他一遇李存勖必败，甚至别人都还没败他先败，那敬翔的死荐与李存勖的评语，还有一点点的合理性吗？这两位谁是外行？

现在回到胡柳陂战场。在王彦章的骑兵打穿晋军阵地后，梁军左翼步兵跟进，晋军战线被切为两段，因杂牌军较多，而相对较弱的晋军右翼与本方主力一时失去了联系，引起短暂的慌乱。

虽说晋军右翼也有一员上将李嗣源坐镇，但以他此时的地位，恐怕还很难有效指挥赵王与北平王派来的军队。因此，晋军右翼一时战斗力大减，未能及时发起反攻，重新打通与主力大军的联系，并最终导致之后晋军右翼部队的大部分在后来的会战过程中脱离战场逃走。

而更大危机的导火线，则在晋军后勤辎重部队的身上被点燃。

本来作为辎重部队的运输兵，武装水平与战斗技能就弱于正兵，而此时带领他们的，又是文官出身，没有战斗经验的王缄，其战斗力可想而知。他们看见本应是己方军队的方向，突然冲出大批杀气腾腾的梁军骑兵，禁不住大惊失色：梁兵怎么可能出现在那里呢？难道是我们的大军已经被打败啦？

惊慌失措的晋军辎重兵扔下辎重车辆，躲避王彦章的骑兵。梁军是从东面突破晋军阵线杀过来的，晋军辎重兵当然不可能往东，迎着杀过来的梁军骑兵，来一次王彦章式的"逃跑"。西面和南面都是后梁腹地，越往那些方向跑，就离友军越远，当然也不能去。于是，王缄剩下的唯一选择，只能是往北跑，去与自己距离比较近的晋军左翼会合，寻求周德威部的保护。

如果李存审没有奔去前线护卫李存勖，而是留在辎重队，晋军的情况可能会好一些，他可以用辎重车辆垒起临时阵地，固守待援。但缺少带兵经验的王缄做不到，他无力号令，晋军的辎重兵扔掉了手头的车辆、物资，慌不择路，像一大群无头苍蝇，狂奔着冲进周德威卢龙军的阵地！

周德威原本的注意力，都在与对面的梁军右翼部队的交火上，真是没防备阵地的背后会突然遭到大批军队的冲击。这些人还是友军！位于阵形后方的卢龙兵转过头，也蒙了，冲过来的是友军，又没有命令，总不能放箭阻止或持矛相向吧？

于是，没等周德威弄清楚突发状况，更来不及做出反应，他的卢龙兵就被身后友军冲得四分五裂。紧跟在辎重兵身后的，是梁军中战斗力最强的王彦章骑兵，根本没有留给周德威整军再战的时间！

而且，祸不单行的是，贺瓌（或者是朱珪，如果确实是由他指挥梁军右翼的话）发现晋军左翼出现混乱，马上命令梁军主力集中力量对周德威部发起猛攻！情势危急，晋军左翼战斗力不弱，但忠诚度不高的缺陷充分暴露了出来。本就对周德威充满怨气的卢龙兵一看这情况，心想：咱们还玩什么命，快逃吧！更有甚者，可能想到：这是有仇报仇，有怨报怨的好时候了！

卢龙军都靠不住了，助战的部落军自然更不能指望。阿保机的弟弟，已经当过好几次叛徒的世里剌葛又叛变了，带着他的契丹兵投降了梁军，操刀杀向刚才的友军。其余奚、室韦、吐谷浑等军队的情况缺少记录，但他们都没有参加晋军后来的战斗，显然除了少量死掉的，其余不是投降就是溃散了。

于是，晋军左翼完全崩溃！身经百战、屡立奇功的老将周德威一语成谶，与他一同出征的儿子，以及辎重兵的领队王缄等高级将领，全部战死！至于他们究竟是死于王彦章的梁军骑兵，还是死于梁军右翼的步兵，抑或根本就不是死于梁军之手，今天都已无法确知。

仗打到这份儿上，晋军左翼全溃，右翼与中央被切断，辎重粮草全失！不出意外，这将是梁军十余年来未曾有过的全胜之役！贺瓌与王彦章如果能更团结，或者说王彦章能更顾全大局，那这一天，就是他们创造奇迹、扬名天下的日子！

但梁军的胜势在这一刻达到顶点后，终于没有再前进，而是迅速衰退了。原因是，王彦章跑了，他擅自带着梁军中最精锐的那部分军队脱离战场，真的奔濮阳去了。

关于王彦章在取得重大战果，但还没有彻底敲定胜负时，就擅自走人的原因，史书没有记载，在下不可能给出准确的答案，但可以给出一个推测：导火线也许就来自梁军刚刚取得的胜利，击杀了晋军的头号名将周德威！

杀死周德威当然是一项了不起的大功，这项大功应该算在谁的功劳簿上呢？在下认为，当首推晋军辎重兵和周德威的手下卢龙兵。不过，等梁军记功的时候，他们肯定不参与评选，不提也罢。那么，剩下来争功的，就是王彦章的左翼骑兵与梁军的右翼步军。从会战过程上看，王彦章部起到的作用是主要的、关键性的，但如果梁军右翼指挥确实是朱友贞的心腹——大军的副司令朱珪，那么，官大一级压死人，王彦章在争功战中，一丁点儿胜算都没有。

没有记载，但可以假想一个合理的场景。朱珪的人急着抢下周德威等晋军将领的尸体或首级，王彦章的人不服，于是王彦章冲上前找朱珪理论，却被朱珪结结实实一顿狠批。原本就因谢彦章事件憋了一肚子火气、怒气、怨气的梁军骑兵，终于在脾气火暴的主将王彦章的带头下，像火山一样爆发了：贺瓌、朱珪，你们这两个卑鄙小人，得意什么？要没有我们这些骑兵舍生忘死地冲锋陷阵，你们什么也不是！走，兄弟们，我们不伺候了！

于是，晋军方面扬胜讳败，记载王彦章是临阵脱逃。而梁军方面的两位长官贺瓌、朱珪事后写报告，自然也不可能为这个既惹人厌又确实对后来战败负有责任的王彦章说好话，他只能是临阵脱逃！王彦章在胡柳陂的临阵脱逃，遂成史书上的铁案。

从史书留下的记载来看，王彦章不太善于与人相处，非常傲慢、粗暴，又缺少耐心，疾恶如仇，绝不会忍辱负重，与朱友贞的心腹的关系极差。总之，他是个情商比较低的人，个性中的缺点突出。所以，他虽身处乱世，又有将才，官职却升得很慢。这不能简单地视为朱温、朱友贞屈待英雄，很大程度上，这也是他自己咎由自取。

在我看来，胡柳陂之战中的王彦章，略略可以视为日本关原之战中西军将领岛津义弘的加强版，在某一刻表现神勇，但不顾大局，对本方的最后战败负有不可推卸的责任。如果史实与我的推测相差不大的话，那史书记载中王彦章的临阵脱逃，可以说既有些冤枉，也真算不上太冤枉。

胡柳陂之战（下）

在左右两翼都发生巨变的时候，李存勖怎么没有反应呢？在下觉得，他应该还和贺瑰的梁军中央部分纠缠在一起，分不出手来，可能也不能及时发现左右两翼的变化。不过，当这变化已经由量变发展成质变，一直在奋勇冲杀的李存勖发觉情况不对头了：虽然他刚刚还在中央地段占据上风，但怎么在不经意间，自己的两翼好像都被打垮了！梁军大阵的中央虽被他打开了，但已经没有用处，自己正面没有呼应的兵力，梁兵是主动让开中央，从自己的两侧冲到自己的后面去的，并非被打败。

李存勖如果回过头，就可以发现一幕更不祥的景象：自己留在无石山的营垒，已经插上了梁军的旗帜！李存勖的心也许紧了一下：他带来随军，陪自己取乐的"李天下剧团"的成员，怕是凶多吉少了，里边还有一个他特别欣赏的伶官叫周匝。当然，他更可能已经来不及想这些，只是喃喃自问：这破仗究竟是怎么打成现在这样的？左翼的周德威，右翼的李嗣源，你们都干什么去啦？

周德威已经战死，李嗣源好容易集合起右翼中属于自己的那一万名安国军，由自己与两个心腹将领李从珂、石敬瑭带领，向西北面突进，打算先登上无石山，看清楚战场情况后再做决定。

但他来晚了，无石山营垒之前已经被梁军乘胜夺取。梁军发现南面有晋军来抢山，反应十分迅速，暂时撤去部分旗帜，在山上营垒中设伏等待。

混乱中，李嗣源来不及细察，匆匆冲上山，正正落入贺瓖优势兵力的伏击圈之中。自然又是一番激烈的拼死苦斗，李嗣源才算带着他的亲兵勉强突出重围，杀到山下。到了山下一看，亲兵死伤惨重不说，他最信任的两个心腹将军，石敬瑭还在，李从珂却不知去向！

李嗣源的直辖部队兵势已弱，再想抢登无石山，是做不到了，没办法了解全面的战场情况。而此时，凡李嗣源眼中看得到的，被打散了建制的各支零散晋军，大都在往北逃。李嗣源只好派人向他们打听："看见晋王了吗？知道晋王现在在哪儿吗？"

没有统一的答案，但很多溃兵都说，看见晋王往北走了，可能要过黄河了。听了这些不知谁先传出来的战场谣言，李嗣源无心再战，遂命石敬瑭殿后，率其所部军队向北撤出战场。而同属晋军右翼的成德（赵军）、义武（北平军）两军，可能随李嗣源一起，或者更早就向北溃散或撤退了。至此，晋军左右两翼均失去了战斗力，损失极为惨重，而二十四日的太阳，刚刚爬至南边天空的正当中。

可以说，二十四日上半天的战斗，暴露出李存勖在军事上此前从未显现的缺点，如屡胜之后的骄傲轻敌，不能做到知己知彼，以及对于太大数量军队的协调指挥能力不足等。不过，到了下半天，又是李存勖优点的展示时间了。

在如此不利的情况下，李存勖没有慌张，而是马上恢复了冷静。现在战场太大，人太多，局面太乱，李存勖既搞不清楚全局战况，也很难将自己的命令传达给各支军队。李存勖没有认输撤退，也没有草率地回军发起反攻，而是决定先稳一稳，让现有的军队重新恢复有效指挥。

李存勖爬上无石山东面的无名小山，将帅旗高高竖起，让战场上尽可能多的晋军散兵看到，赶来这里集合，以便将他们重新组织起来再战。

这一招效果良好，那些没有溃散，尚在各自为战的晋军零散部队，看见李存勖的帅旗，纷纷赶到无名小山来会合。其中还有李嗣源的义子李从珂，他与李嗣源一起在无石山遭遇梁军伏击，被打散了，从山的另一侧突围而出。李存勖将这些建制被打乱的部队稍加整顿后，留在战场上的晋军士气稍有恢复。

与此同时，贺瑰也在无石山上做着差不多相同的事。除了王彦章的骑兵甩开大军去了濮阳，一部分梁军向北追逐北撤的晋军李嗣源等部，大部分梁军都在向无石山集结。两军各占一个山头重新编组，暂时脱离了接触。

从上半场的战斗结果来说，晋军的数量损失可谓十分惨重！左翼溃灭，右翼溃散，丧失了差不多三分之二的战斗力（当然，并不是说死了三分之二的人，大部分是被打散了）！不过，晋军损失的绝大部分是战斗力或可靠度不够高的杂牌部分，河东、魏博等李存勖指挥最得心应手的精锐嫡系，还比较完整地留在战场上。从好的方面来看，恰恰因为杂牌部队不在了，李存勖指挥协调大数量军队方面的缺陷就不存在了。因此，晋军损失的三分之二只是数量，战斗力的损失远没有那么多，剩下的三四万晋军仍是一支很有战斗力的劲旅。

相比之下，梁军的数量损失要小得多，保留下来的兵力可能是晋军的两倍左右。但因为梁军步、骑之间撕破脸，王彦章赌气跑路了，梁军失去最精锐的突击力量，所以其战斗力的损失，要大于表面上的数量损失。

李存勖决定要把这一战打下去。他如果知难而退，刚刚征服的河北各州县不知会发生怎样的连锁反应。李存勖指着西边的无石山，饱含激情地对身边众将士说道："今天，能最终控制那座小山的一方必能取胜，我和你们一起上，去把它夺回来！"

说完，李存勖一马当先，率领身边的亲卫精骑冲了过去，李从珂、李建及两员勇将紧随其后。在李存勖的带头激励下，晋军重新振作精神，以百倍的勇气奋力杀上了无石山！无石山上的原晋军简易营垒，在几轮争夺中估计已经残破，梁军兵尚多，贺瑰可能也没有完成重新编组与布阵，结果在李存勖的猛攻之下，竟压不住阵，节节后退。

又是一番激烈苦斗，梁军最终守不住自己山上的临时阵地，纷纷败退下山，在山的西侧重新布阵。李存勖重新夺回破破烂烂的无石山营垒，可以居高临下，俯瞰整个战场。

这时，天色已至黄昏，不论是晋军还是梁军，都持续战斗了差不多一整天，已极为疲惫，快要打不动了。而且，除了随身携带的干粮，他们都没有机会好好吃一顿饭。

原本，晋军在山下，视野不广，看不清敌人有多少。现在站在山头往西边一看：乖乖，原来梁军的人还有这么多！山下黑压压一大片，全是敌人！有的将领心生惧意，建议李存勖先撤，等将这一战中被打散的人马重新集合，与梁军兵力相当后再决战。

李存勖也有些迟疑，周德威、李嗣源两员大将下落不明，自己的军队确实快打不动了，梁军又有人数优势，夺回无石山也算稍稍扳回了点儿面子，不算是完败。是不是真的应该撤出战斗，徐图后举呢？

李存勖正踌躇间，大将阎宝走过来，坚决反对现在撤退："现已确认，敌将王彦章的骑兵已经全部跑到濮阳去了，现在山下的敌人，全是贺瓌的步兵，并非很难对付。而且现在天色已晚，我们的人虽然很累，但他们更累，毕竟他们昨晚就没睡好，比我们更急着想回到营房好好休息。我们只要利用居高临下的有利地势冲下去，必然可以将他们打败！"

然后，阎宝警告说："大王您这次深入敌境，交战虽不顺利，但失利的只是两翼偏师。如果这样就认输了，收兵撤退，必然极大地鼓舞敌人的斗志，他们必定会发起大反攻。那些被暂时打散的军队，要是听说梁军再一次大捷，也必然不战自溃，就别指望他们还能归队了！凡处于决定胜败的关键时刻，一定要清醒地看清情势，一旦情势有利，就该马上做出决断，不可有一丝犹豫！大王大业的成败，就在这一战！如果不能拼死把此战打胜，纵然收拾败兵，平安北归，人心一去，河朔之地恐怕也就不能再为大王所有了！"

稍后发生的事实证明，阎宝的推测还真不夸张。当晋军的第一批溃兵逃过黄河，河北开始出现李存勖战败的流言后，重镇相州就发生了守将孟守谦据城叛变的事件。要是晋军战败的消息坐实，还不知道会激起多大的波澜。

阎宝不愧为良将，不知为何他当初在后梁那边，身居节度使，地位也不算低了，为何从无如此卓越的表现？

晋军中资历最深的上将，昭义节度使李嗣昭完全赞同阎宝的意见，补充说："从早上到现在，贼兵一直没能建起营垒，天快黑了，他们又渴望找地方休息，很难再坚持了。我们可先派精骑攻击骚扰他们，让他们无法吃上晚餐，军心肯定会动摇。一旦见到梁贼阵形不稳，出现后退迹象，那就是他们已经撑不住，要崩溃了，我们马上全军杀下山，定可全胜！如果我们现在收兵回营，他们也可以回去休息整顿，来日再战，胜负就难料了。"

李嗣昭的建议，基本上就是重复了开战前周德威的方案。激战经过差不多一整天后，又回到了原点。

李嗣昭还没说完，晋军中一向是行动派的勇将李建及已经披上盔甲，挂上长槊，准备出击了。跨上马，他回头对李存勖道："贼兵中最能打的大将已经逃走了，而大王您的精锐骑兵没什么损失，对付山下这些疲惫之师，就如摧枯拉朽般容易！大王您只管在山上观战，看我们为大王破贼！"

李存勖先是愕然，继而褒奖道："要不是你们几个及时提醒，我差点就犯下大错了！"

李存勖这么说，当然就是同意打了。李建及于是又转头对士兵大喊道："咱们今天丢失的辎重粮草都在山下，现在你们跟着我，去抢回来就可以开饭了！"

言罢，晋军由李嗣昭、李存审、李建及等率精锐骑兵打头，大声呐喊着，冲下无石山，杀向梁军大阵！由于兵力对比已经是梁军居优，为迷惑贺瑰，李存勖又仿照幽州之战中李存审的主意，让元城县令吴琼与贵乡县令胡装（两县均在魏州城内，东城区为元城县，西城区为贵乡），率没有武装的后勤民夫在大军之后，拉着树木的枝条往来奔走，制造出一种尘土飞扬、杀声震天的大场面效果。

山下的贺瑰估计早就想撤了，他的军队虽然还大体保持完整，但饥疲至极，已经不能再战，不然，也不会这么容易就被远远少于自己的敌人从有利地形上赶下来。不得不赞叹一句，周德威的战场经验确实老到，他对梁军在得不到正常休息和进食的条件下，何时是体力崩溃点的判断，十分准确。

但贺瓌仍然硬撑着，不肯下令撤退，就是害怕晋军乘势追击，让他转胜为败。晋军不先退，怎么办？那就摆一只纸老虎吓唬吓唬他们。于是，贺瓌强命他那些已经站都站不稳的士兵，摆一个大阵，做出我们仍然很有力量、准备再战的样子！老天爷保佑，让李存勖快点儿撤退吧！给我的军队一个喘口气的机会吧！

然而，随着山上喊杀声的响起，晋军像饿狼般冲下来，贺瓌的心彻底凉了。显然，晋军没被纸老虎吓住，自己并不算丰满的理想，已经被更加骨感的现实无情碾碎！

这成为胡柳陂大战的最后一幕，空有人数优势的梁军抵挡不住晋军最后的冲击，很多人连逃跑的力气都不够了！他们脱掉盔甲，扔掉兵器，以便能驱动自己仿佛已灌满铅的双腿。但失去武装的梁军士卒更成了晋军的活靶子，在李嗣昭、李建及等人的冲杀下伤亡惨重！

当夜幕彻底笼罩胡柳陂，战场上的喧嚣才渐渐平静下来，无石山西侧的原野上躺着三万多具梁军士卒的尸体，丢弃的盔甲、兵器堆积如山！李存勖终于用自己的沉着冷静和刚刚恢复的从谏如流，在会战的下半场扭转乾坤，反败为胜！

胜利的晋军回到营地休息，同时清点军队，统计损失。这一清点统计，李存勖才得知，周德威父子早在上午就战死了！李存勖一惊，继而放声大哭。他想起周德威在开战前所说的被事实证明极有见地的金玉良言，回忆这位如师长般忠勇老将的音容笑貌，禁不住悔恨交集，捶胸顿足地泣道："丧我良将，这都是我的过错啊！"稍后，李存勖下令任命周德威还活着的一个儿子周光辅为岚州（今山西岚县）刺史，聊以告慰功臣。

不过，周德威战死真正最重要的后果，是拐弯抹角地导致五代另一个重要人物的登场。

周德威在生前拥有两个重要职务：一是内外番汉马步总管，一是卢龙节度使。他死了，自然都需要找人接替。接任内外番汉马步总管的，是原先的副总管李存审，这倒很自然，麻烦的是卢龙节度使。卢龙是晋国境内最大、最重要的藩镇，从周德威的实践来看，这地方既紧邻契丹，外患严重，当地的军民也很不好治理，近两百年的河朔风气不是说着玩的，需要一个重量级人物来坐镇。

最后，李存勖决定由自己来接任卢龙节度使，这样，他一人身兼河东、魏博、卢龙三镇。不过，李存勖并不会分身术，虽然名义上兼任三镇节度使，实际上，除了他的驻地魏博，另两镇需要找别人来代理，如河东，现在就是由张承业帮他管着。所以，李存勖又让李嗣昭做卢龙的代理节度使。可李嗣昭长期坐镇昭义，那地方也极为关键，不能放松，于是稍后，李存勖让自己特别信任的一个宠臣——中门使李绍宏，前往幽州，实际主持卢龙的军政要务。

李绍宏，原姓马，本是一宦官。而中门使，是隶属藩镇的幕僚，大致可看作藩镇的参谋本部参谋长。这个职务没什么品级，但一般都是节度使的亲信才能担任，如果你侍奉的这个节度使很牛，比如此时的李存勖，那这个职务是很有前途的。自然，这个职务也是很容易遭人妒忌，遭人中伤的。

既然是参谋本部，自然不会只有一个参谋，所以李绍宏不是李存勖身边唯一的中门使。实际上，李存勖之前已经任命过四位中门使，李绍宏排位第一。另外三位，分别是李存勖的姐夫（或堂姐夫）孟知祥，与李克宁、张承业、李存璋一起聆听过李克用遗命的吴珙，还有一个不知道是什么来历的张虔厚。

不过到了后来，吴珙和张虔厚都不知惹上什么麻烦，被治了罪，李绍宏又去了幽州，李存勖身边的中门使就只剩下孟知祥。孟知祥是个谨慎小心的人，他觉得中门使这个职务太容易得罪人了，以前还有个极得李存勖喜爱的李绍宏站前边帮自己挡枪，现在自己独任中门使，实在是太危险。于是，孟知祥找了个借口，辞去中门使一职，申请调往外地。

李存勖对姐夫还算是客气，没有强硬拒绝，但提出了一个条件："你想避事找清闲，但我身边不能没有人办事，你要找到一个人来代替你，才能离开。"于是，孟知祥推荐了自己的一个朋友担任中门使。五代第一参谋长，就此脱颖而出。

孟知祥推荐的这位朋友，名叫郭崇韬，代州雁门人。其实他出道很早，二十多年前，他就是李克用之弟、昭义节度使李克修的心腹。郭崇韬精通吏事，办事精密，又足智多谋，极得倚重，看起来前程似锦。但不幸的是，不久，倚重他的李克修因一次接待工作没干好，被李克用一顿鞭打训斥之后死掉了。郭崇韬遭受池鱼之殃，一连多年只能在太原担任一个叫典谒使的小官，负责接待来往的宾客，一直默默无闻。不过，这个职务接触的人多，让郭崇韬能够在平凡的岗位上积累人脉，广交朋友。

也许是熟悉礼仪，接待工作做得好，郭崇韬得到一次出使凤翔的机会，帮助领导与李茂贞套了交情，回来后因功升教练使。顾名思义，教练使就是负责训练军队的，正好当时孟知祥也在河东当教练使，这两位在后来都非常重要的大人物就此成为同事，并结成密友。不过，不管是郭崇韬还是孟知祥，他们大展拳脚的事迹都还是在将来。我们先把镜头转回当下。

胡柳陂会战算是结束了。这是一场有决战规模，但没有决定效果的大战役，梁、晋两军投入了总计超过二十万人的庞大军力，以期一决雌雄。结果是各自损失了三分之二的有生力量，双方的力量对比没有发生大的变化，但均遭重创，暂时都打不动了。晋军虽然最后控制了战场，但从损失比例来看，也很难说算得上一场胜利。

第二天，李存勖放弃了向汴梁进军的打算，改道向西，打算攻取濮阳以及濮阳正北黄河上的德胜渡口。这次要一举灭梁已经不太现实，那么，至少为将来南下攻梁打造一条更便捷的通道。

得知贺瑰大军已溃，原本不顾大局，擅自撤退到濮阳的王彦章，也不知是担心汴梁有失，还是觉得光靠自己这点儿骑兵守不住濮阳，反正，他放弃这座县城，率部奔汴梁而去了。李存勖没费什么劲儿就拿下了濮阳，暂时在当地休整。

再说，就当胡柳陂主战场恢复平静的时候，这次会战的余波仍在主战场之外荡漾。双方还有很多被打散或脱离主力的将士，奔跑在追击或逃亡的路上。

跑得相对从容的是李嗣源，他带着残部一路向北，在道上成功击退了身后的梁军追兵，但没有找到李存勖，只好再往北，踏着冰面渡过黄河，向着相州的方向退却。

又走了一段，李嗣源才得知，原来李存勖根本没有离开战场，仍然坚持战斗，最后还打赢了。这下子麻烦大了，自己算不算是临阵脱逃？打了一辈子仗，还从没有过这样的耻辱呢！懊恼万分的李嗣源只好带着忐忑的心情，掉头南返。

二十五日后，李嗣源赶到濮阳，与刚刚占领濮阳的李存勖会合。弄清李嗣源在会战中的作为，李存勖当然是不太高兴，喝问道："你以为我死了是不是？渡河想要去干什么？"

李嗣源不敢争辩，只得叩头请罪。李存勖想了想，觉得李嗣源的过错毕竟情有可原，而且他的义子李从珂刚刚立下大功，就不治罪了，只是象征性地罚李嗣源喝了一大杯酒，这件事就算勉强过去了。但两人之间的私人关系，已无法恢复昔日的亲密。

李嗣源是带着一支成建制的军队北撤的，所以他脱离战场的过程并不具备代表性。晋军中多数北逃者，一路上要比他辛苦得多。比如，战死的辎重兵领队王缄有一个叫张宪的同僚，就差点命丧黄泉。

张宪，字允中，晋阳人，出身一个军人世家，但不知道他家的基因是怎么遗传的，张宪不喜欢舞刀弄枪，偏偏喜欢读那些不合时宜的儒家经典，尤其精通《左传》，以学识得到李克用幕僚李袭吉的赞赏："年轻人好好努力，将来一定能成大器。"后来，他果然以文才入仕，历任太原府参军与魏博推官，成为李存勖的扈从秘书之一。

周德威、王缄等人战死之时，晋军左翼的幸存者纷纷往北逃，其中就有张宪和他的一个堂侄张朗。在梁军追兵的驱赶下，他们一直跑，直奔到黄河边，踏冰渡河。也许是因为踏冰过河的人太多，张宪快要跑到北岸时，冰面突然破了一个大洞，张宪掉到了冰冷的黄河水里。张朗大惊，忙伸出马鞭去接引张宪，情急之下却总够不着。

张宪怕冰面再塌，急道："孩子，你快走吧，别让两个人一起死在这里！"

张朗哭着回答："我怎么能眼睁睁让季父独死，就算一起死，也对得起良心！"

也许他们的举动真的感动了阎王，张宪终于抓住了马鞭，两个人都得以逃生。

在交战结束时，李存勖也向军中查问张宪在哪里。很多人说好像和王缄一起死了。李存勖很难过，吩咐一定要把尸体找到。几天后，他才得知张宪逃到了黄河北岸。情节与李嗣源有相似之处，过程没有李嗣源好看，但张宪是不带兵的文官，所以李存勖丝毫没有生气，反而很高兴，随即升张宪为掌书记、水部郎中。

与张宪的逃生过程对应的，是贺瓌的逃亡之路。作为战败的梁军主将，贺瓌是晋军追兵最重要的目标，一路上，他身边的亲军被完全打散。跑到最后，贺瓌身边只剩下一个幕僚还在跟随。

这位二十一岁的年轻幕僚，姓和，名凝，字成绩，生得相貌堂堂，是天平镇郓州人，可以算天平镇濮州人贺瓌的半个老乡。少年时，和凝就很对得起他的字，成绩很好。据说他曾梦见仙人赐给他一束神笔，之后虽然没能像马良那样画什么有什么，但才思更加敏捷，不管什么书，他简单看一遍就能通达大义。十七岁时，和凝就考中了明经科，十九岁又考中进士科！

和成绩的这个成绩是非常了不起的，须知唐代素有"三十老明经，五十少进士"的说法，意思是考进士举很难，到五十岁能考中进士的都算是年轻有为了。和凝仅仅比十八岁中进士举的纪录保持者郑畋大了一岁！但如果考虑到郑畋中举时，其父郑亚正是当朝宰相李德裕的红人，而和凝上推八代祖宗都是平民百姓，那么和凝这个纪录的创造恐怕更不容易。他不愧为一代学霸。只可惜当时并非太平盛世，五代的笔杆子远没有枪杆子吃香，和凝没能凭借进士科考试成绩平步青云，而是接受聘用，进入了贺瓌的幕府。

这时，精疲力竭的贺瑰觉得自己这次多半是不能幸免了，不想让一个大好青年陪自己送死，就对和凝说："你不用跟着我了，快自己逃命去吧！"

和凝不走，正色说："大丈夫当为知己者死！我所担心的，只是没有死对地方，岂能在这个时候独自逃生！"

和成绩强的不单单是考试成绩，他射箭也是一把好手。眼见有几名晋军追兵追上来，和凝先是厉声呵斥，然后一箭将冲在最前面的一名追兵射死，其余数人被惊退。于是，说起来似乎有点不太合理的一幕发生了，一员百战老将军，竟在一名年轻文官的保护下，得以逃生。

回到家，贺瑰对儿子们说："昨天要是没有和公，我就回不来了。和公文武全才，又有志气，将来一定能成大器，你们兄弟要好好侍奉他。"贺瑰还将自己的女儿许配给了和凝。和凝从此声名鹊起。

不过，在那几天成为真正新闻热点的战场脱队者，还不是这些大人物，而是几个姓名未被记录下来的晋军士兵。他们也不知道是怎么搞的，在晚上脱离了大队，一路前行，过了一个白天，到了下一个傍晚，茫茫然来到一座大城市的郊外。这里的路他们都不认识，也找不到本方的大部队，便向路旁的农夫打听："我们是晋王的士兵，你们看见我们的大营在哪儿吗？"

农夫听了，撒腿就跑，因为离他们不远处的大城市，就是后梁帝国的首都汴梁！之前，已经有梁军败兵逃回来，说前方大败。乖乖，还没过多长时间，晋军竟然已经杀到京城来了！

片刻之后，汴梁举城大哗，城中原有的驻军大多已经被派去支援前线了，胡柳陂战败之后逃回来的散兵还不足一千人！此时城中守军兵力空虚，皇帝朱友贞急命征集城中所有男丁上城墙，参加守城。但显然他对这些乌合之众的战斗力并没有信心，又想逃往洛阳。无奈天色已晚，而且他和那几名晋军士兵一样，都不知道"李存勖大军的大营在哪儿"，万一出去撞上，不是自投罗网吗？所以朱友贞纠结了一番，还是忍住了逃跑的冲动。

十二月二十四日凌晨，梁军尾追至胡柳陂

十二月二十三日，晋军抵达胡柳陂，驻营于无石山

濮州、行台村方向

无名小山

无 石 山

濮阳方向

临濮方向

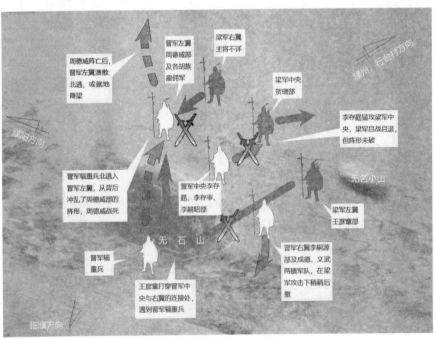

周德威阵亡后，晋军左翼溃散北逃，或就地降梁

晋军左翼周德威部及各胡族雇佣军

梁军右翼主将不详

梁军中央贺瑰部

李存勖猛攻梁军中央，梁军且战且退，但阵形未破

晋军辎重兵北逃入晋军左翼，从背后冲乱了周德威部的阵形，周德威战死

晋军中央李存勖、李存审、李嗣昭部

梁军左翼王彦章部

晋军辎重兵

王彦章打穿晋军中央与右翼的连接处，遇到晋军辎重兵

晋军右翼李嗣源部及成德、义武两镇军队，在梁军攻击下稍后撤

无 石 山

濮州、行台村方向

无名小山

濮阳方向

临濮方向

280

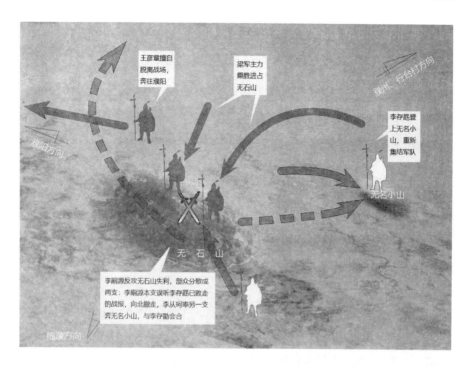

▲ 918 年，胡柳陂之战详细过程

好在几天后消息渐渐落实，大家才弄明白，汴梁暂时是安全的，因为李存勖的大军损失也非常惨重，他们根本就没有南来，而是西进占领了濮阳，然后从濮阳正北面的德胜渡口过黄河，回河北去了。

德胜之战

当然，说晋军已经都回到河北也不完全正确，李存勖在过黄河时，感到德胜渡口的位置真不错，对汴梁的威胁远胜杨刘渡口，应该预先占领，将它建成军事要塞。这样，等军队休养生息，恢复元气之后，下次就可以从这里出发，直取汴梁！

于是，李存勖命大将李存审留守德胜，并于第二年（贞明五年，919年）正月，让李存审在德胜渡口正式筑城。城建工程被黄河隔开分为两部分，北岸筑德胜北城，南岸为德胜南城。（后来，澶州的治所由顿丘迁至德胜，北宋时的"澶渊之盟"，即发生在李存审所筑的德胜北城。再后来，黄河改道，南城被淹没无存，北城则保存下来，发展成今天的河南省濮阳市。）

事实证明，李存审真是个复合型人才，登台亮嗓时是一名优秀歌手，临战指挥时是一员上将，教育子女的水平让很多老师俯首，就连客串一把包工头都是高手。他只用了月余，在梁军还来不及做出反应的时间内，就让两座坚固的、在中国历史上颇有影响力的新城拔地而起，屹立于黄河两岸。

按计划，南北两城还要架设浮桥，让天堑变通途。这项工程要完全完成的话，以后李存勖要过黄河，就如同去自己的后花园散步一样容易了。只可惜，架设浮桥的材料一时凑不齐，架桥的进度慢于筑城的进度，桥暂时还没有架成。

德胜渡口距离汴梁只有二百余里，如果走今天的高速，不过两个小时的车程。如果李存勖用骑兵奔袭，没有阻拦的话，一天内就可到汴梁城下找朱友贞聊天！

不过看起来，朱友贞与李存勖好像也没太多的共同语言。朱友贞能感觉到的是，晋军控制的德胜两城，就犹如抵在后梁帝国胸口的一把尖刀，只要李存勖养起精神，往前一刺，就可能给他的后梁帝国造成致命伤！

文弱的朱友贞不像他强悍的父亲朱温，在刀尖丛中也能怡然自得，他只要一感觉到危险临近，就没法淡定了。于是，他决定不管困难有多大，也得尽快把胸前这把尖刀挪开。于是，仅仅在胡柳陂之战过后四个月，朱友贞再次命贺瑰挂帅出征，要他不惜一切代价，收复德胜。至少，要让晋军不能使用德胜渡口。

后梁帝国的动员体系确实比较高效，算得上五代第一流。尽管刚刚遭遇胡柳陂之战的惨重损失，但所辖的各地藩镇还是像变戏法似的，挤出新的军队，百道齐发，会集到德胜渡口，集结到贺瑰麾下，又组成了一支数万人的大军。

要怎么用有限的力量，去完成朱友贞交代的沉重任务呢？贺瑰决定，集中兵力猛打德胜南城，不去管北城，以节省兵力。因为只要拿下南城，晋军就无法使用德胜渡口，从这里过河了。

但攻打南城的时候，怎么阻止近在咫尺的北城守军和后续的晋军援兵支援南城呢？贺瑰想了一个办法，用竹索将十余艘在当时算大型的军用战船连在一起，组成一个巨大的水上平台，然后又在平台四周筑起木制城垛，外面蒙上新剥下的生牛皮，加强抗打击能力与防火性能，将它变成一座坚实的水上城堡。为了行文方便，我们姑且称它"贺瑰水堡"。完工后，贺瑰将"贺瑰水堡"开到德胜南、北城之间的黄河中流，下锚停住，几乎完全阻断南、北城之间的正常联系！

李存勖也知道梁军必然反攻德胜，当他得知贺瑰军队的行动后，马上便集结起一支大军，离开魏州，南下增援德胜。不过，看来李存勖缺少水战经验，对贺瑰出的新招毫无思想准备，等他率大军进入德胜北城，才发现自己空有铁骑劲旅，却对梁军停在黄河上的那大怪物束手无策。晋军拥有的船只既打不过"贺瑰水堡"，也几乎通不过它的火力封锁到达南城，只能听着南城方向隐隐传来的喊杀声忐忑不安。

李存勖一时想不出办法，又很担心南城的安危，便在军中找到一名潜泳高手马破龙，让他悄悄游过黄河，前往南城。这时，德胜南城的晋军守将名叫氏延赏，他又喜又忧地对出现在面前的马破龙说："请转告晋王殿下，梁军的攻势很猛，城中储备的弓箭和石块都快要用完了，城池随时有陷落的可能！"

李存勖接到马破龙的回报，心急如焚，他下令在大营门口堆积大批金银财帛，重金悬赏能够有办法击破梁军水上堡垒的能人。

没想到，重赏之下，勇夫还没出现，倒先来了几十位神人。他们个个口怀绝技。有的说能吐火，让梁军战船片刻间灰飞烟灭；有的说能封住梁军的兵刃，让我军将士个个刀枪不入。从叙述上看，这些人可能有一定的魔术功底，也许在舞台上表演能让多数人看不出破绽。但问题是，对面的梁军不是他们舞台上的托啊！所以，当李存勖怀着"万一有一个是真的呢"的想法，让这些神人上去一一实践时，他们全部败下阵来，没能完成把《五代史》写成《封神榜》的重任。

在下怀疑，这批突然冒出来的神人，会不会是后梁方面秘密派来忽悠李存勖，以便拖延晋军救援时间的敢死队？不然，他们怎么能带着立刻会穿帮的戏法去送人头？

李存勖更加着急，以至忧形于色，经过这帮人这么一瞎折腾，又耽误了些工夫，德胜南城不知还能不能守得住？主忧臣辱，对李存勖忠心耿耿，统领银枪都亲军的猛将李建及，又一次站了出来，慷慨激昂地说道："贺瓌已将全部兵力集中于此，把赌注全押在这一战上，他现在的部署，是以不变应万变，只要成功地阻止我军渡河，他便胜券在握。对于这样的敌人，是很难用计谋来战胜的，要打败他，只有拼命了！大王您就交给我吧！"

李建及的作战计划分两部分进行。

第一部分，是组织一支敢死队。李建及回到银枪都营地，身披重甲，举起手中的长槊高声动员道："哪里有因一衣带宽的水流阻隔，就让贼兵如此嚣张的道理？我们现在就去揍他们！谁愿意跟我来？"在深得人心的将军的激励下，众将士群情激昂，纷纷上前报名。李建及从中挑选了三百名勇士，穿上重甲，手持利斧、大盾，乘上轻快灵活的小船，冲向梁军巍峨的水上堡垒！

与此同时，李建及计划的第二部分也在紧张地进行中。晋军紧急准备了数千个木桶，桶里装着木柴，灌满了油，带着它们前往德胜渡口的上游。

这时，李建及敢死队的小船靠近了梁军的水上堡垒。他们分成几个小组，无畏堡垒上居高临下的梁军，以及如大雨般射来的飞箭和落下的石块，强行突入组成水堡的各艘艨艟的连接处。然后，敢死队各小组分工协作，有人负责挥动利斧砍断连接各战船的竹索，有人则手持大盾掩护同伴。

李建及敢死队队员的铠甲上都插满了箭矢，他们被射成了一个个大刺猬！史书没告诉我们他们中间有多少人有幸看到第二天的太阳，但确凿无疑的是，他们用自己的勇敢完成了这次壮举。被砍断了连接竹索的"贺瑰水堡"顿时散了架，在黄河水流的冲击之下，重新分散成一艘艘大战船，一时间失去控制地相互碰撞着，纠缠着，场面狼狈不堪。

紧接着，数千个燃烧着的木桶突然漂流而下，冲向正四分五裂的"贺瑰水堡"。原先"贺瑰水堡"外围有一圈生牛皮制成的防火屏障，并不害怕火攻。但现在散了架的水堡，已经处处都是破绽，承受不了这样一次大规模火攻，片刻间，原先组成"贺瑰水堡"的梁军战船纷纷被点燃，变成了漂在河上的一个个大火炬！

在这"水深""火热"之间，原先驻守"贺瑰水堡"的梁军士卒大批或被烧死或被淹死，很快伤亡过半！而晋军的船队紧跟在火攻木桶后面杀来，梁军大败。李建及又是一舟当先，渡过黄河，进入德胜南城，南城守军士气大振！

稍后，贺瑰得知，自己苦心打造的水堡已经化为飞灰，晋军援兵已经开进德胜南城！显而易见，这一仗已经不可能打赢了，虽然他刚刚还离胜利如此之近！

灰心失望的贺瑰下令解除对德胜南城的包围，收兵东退。此时，尽管入城的晋军援军数量还不多，但李建及等人还是不顾以寡敌众，也不顾连续作战的疲劳，立即开城追击梁军。梁军士气已失，被晋军一直追杀至濮州，又损失了千余人，贺瓌只得率残部退入原行台村的旧军营。第一次德胜会战，以晋军的胜利结束。

这一战晋军的胜利，大半应该归功于银枪都将李建及的出色表现，而且，这不是他第一次立下大功。李存勖很高兴，不必说，原先堆积在军营门口的金银财帛，全部赏赐给李建及！

李建及没有将一文钱赏赐放入私人腰包，而是将这些钱财全部搬进"银枪效节都"的军营，然后把手下将士都叫了出来："这一战打得好，兄弟们都是好样的！这是晋王的赏赐，大家把它们分了！另外，别忘记给战死的兄弟留一份！"顿时，军营中一片欢声雷动。

对李建及来说，用这种方式处理自己因功所得的赏赐，已经成为一种习惯了。正因为李建及既英勇善战，又待手下极厚，连一向号称强悍难制的魏博银枪都官兵也变成了他的粉丝团。大家服其勇，感其德，才能与这位外来的长官同心协力，屡建奇功！

这一切原本没人觉得有什么不妥，但这一次有些变化，因为有一双新来的眼睛，正在暗处盯着被士卒爱戴的李建及。

这双眼睛，属于一个叫韦令图的宦官，他刚刚被李存勖任命为银枪都的监军。李存勖作为一位常年驰骋疆场，并非长于深宫的君主，却对宦官这个群体的印象很不错。这也许同他与张承业的交往有一定关系，那个忠诚、正直、大公无私的人，什么大事交给他，都能让人放心。因此，除了伶人，李存勖也相继提拔了不少宦官，比如前文提过的李绍宏。

但很可惜，张承业其实是宦官群体中杰出的另类，并不具备代表性。而李绍宏、韦令图都是那种比较符合人们传统印象的具有代表性的宦官。

没过多久，韦令图的一份小报告就直达李存勖面前："刚刚，李建及把本属于自己的赏钱，全部分给亲军将士。这么做很不正常啊！这世上有谁会不喜欢钱呢？一个人如果连钱都不喜欢，那只能证明他想得到的东西远比钱更了不得！我建议不能再让李建及继续担任亲军的指挥官了！"

李存勖听罢，暂时没有做出任何反应，但在内心对李建及的信任度从此打了折扣。

再来看看梁军一方，贺瑰病倒了。这也难怪，短短半年，竟连续两次在眼看就要胜利的时候，又上演剧情大反转，让自己完全失败！正所谓希望越大，落空时的失望也就越大，这样的反复刺激，让这位老将非常痛苦，万念俱灰，僵卧孤村不自哀。

在卧榻上，在没日没夜的痛苦煎熬中，贺瑰仿佛又回到了让他感念一生的时刻。印象中，那个威武如天神般的男子，亲自扶起跪倒的自己，对自己说："你本是良将，不幸误投庸主，你今后若能尽忠于我，我不会亏待你的……"先帝呀，我愧对您的嘱托，不过，我已经尽力了……

贞明五年（919）八月一日，后梁帝国的北面行营招讨使，兼宣义节度贺瑰，病死于军营。随后，朱友贞任命开封府尹王瓒为北面行营招讨使，接替贺瑰，全面负责对晋军的战事。

王瓒，本是唐末河中节度使王重盈的儿子，原保义节度使王珙的兄弟，但地位并不突出，避开了王珂与王珙的王氏内讧。朱温吞并河中后，为了向世人展现自己对已故"舅父"王重荣家族的"深情厚意"，刻意提拔了这位看起来没有危险性的王瓒。

所以，王瓒的堂兄弟王珂死于非命，而王瓒在后梁帝国混得风生水起，平步青云。他先后历任皇帝亲军的诸卫大将军，两次出任节度使。等到朱友贞当上皇帝，又让王瓒接任自己的旧职，成为帝国首都的府尹。这件事透露出这样一个事实，王瓒与赵岩、张氏兄弟、朱珪等人一样，是得到朱友贞信任的心腹之一。

不过，王瓒能够接替贺瑰，并不仅仅源于他是朱友贞信得过的人，应该说，在朱友贞的所有心腹中，他算是最有带兵能力的人。

王瓒其人，性格严厉，不讲情面，带兵时军纪极为森严，令行禁止，无人敢违，颇有西汉细柳营那位古名将之风。当然，王瓒没有周亚夫那么高的将才。不过，对于朱友贞来说，此前还没打过仗的王瓒，是给他感觉最好的军队统帅人选。毕竟当年汉文帝看中周亚夫时，周亚夫也没什么战绩不是？

接受任命之后，王瓒的行动还是非常积极大胆的，他认为梁军不能被动防守，也应该主动进攻，把仗打到晋国的地盘上去。由于此前刘鄩防守有方，此时黄河北岸的黎阳仍在后梁军队的掌握之中，王瓒借此便利，统率五万大军从黎阳渡过黄河，打算袭击李存勖的驻地魏州。

但大军行动在这一马平川的华北大平原上是很难保密的。梁军只推进到澶州顿丘县，便遇到了晋军大将李嗣源的阻击。深入晋境的王瓒，见偷袭不成，又变得有点心虚了，他不敢在晋人的主场与李嗣源放手一战，远远见到晋军，立即掉头南撤，返回了河南。

王瓒的第一套作战方案就这样有点不太光彩地破产了，但他毫不气馁，马上又推出了第二套方案。王瓒的第二套作战方案，类似球赛中的人盯人战术：梁军进驻德胜上游，相距仅十八里的杨村，然后在这里仿照德胜，在黄河南、北岸分别筑起两座城寨，并在两座城寨之间架起一座浮桥，沟通南北岸。

这样一来，晋军使用德胜桥头堡的任何行动，都会很快被梁军发觉。假如晋军从德胜出发袭击汴梁，杨村的梁军既可以提供早期预警，让汴梁守军早做准备，也可以第一时间采取行动，破坏晋军的行动。

这时后梁帝国较之晋国，也许在军事实力上已稍落下风，但在经济实力上仍有一定优势。杨村的筑城工程一开始，从洛阳运来的建筑材料，从滑州运来的粮食，就络绎不绝地充满了水、陆大道，大批军人和民夫加班加点，很快便完成了王瓒的工程规划。与此同时，晋军方面缺少建材，连接德胜南、北城的浮桥一直没架起来。

眼见在本方工程进度上落在梁人的后面，李存勖急命番汉马步副总管、兼振武节度使李存进赶赴德胜，督促施工。李存进来到德胜，施工人员对他解释说："架设浮桥需要用竹索连接船只，两岸再用石仓铁牛固定竹索，现在我们既缺少竹索，也没有巨石，所以桥建不起来。"

李存进一听，对这些施工人员的死脑筋颇不以为然：难道没锅灶你们就不吃饭啦？没床铺你们就不睡觉啦？没茅坑你们就不方便啦？非常时期，哪来这许多穷讲究？李存进命人采集了大批芦苇，搓成绳索代替竹索，又命人在两岸挖了几个大坑，移种几株大树，再把绳索绑在大树上，这就代替了石牛。

在李存进的指挥下，晋军花了一个月完成了德胜浮桥的架设，梁、晋两军遂在杨村、德胜间形成新的对峙。

杨村之战

可能由于在胡柳陂会战伤了元气，李存勖的用兵方案显得没原先那么大胆了，他没有主动攻击王瓒，也没有理会还被困在兖州城中的张万进的求救，而是在魏州征集了数万民夫，前往扩建德胜北城，在王瓒的眼皮子底下开工筑城。梁军要是不出来，让晋军从容巩固自己的阵地，王瓒在朱友贞那里恐怕就不好交差了；梁军要是出来更好，李存勖正好发挥晋军在野战方面的优势。

果然，驻扎于杨村的王瓒无法对李存勖在德胜的行动无动于衷，但王瓒非常谨慎，没有轻易出动大军与晋军决战，而是学习晋军以前的常用战术，不断组织精锐突击队，对晋军战斗力有限的施工队，进行不间断的骚扰性攻击。

当然，晋军之所以能在夹寨、柏乡等战役中用这种骚扰战术欺负梁军，是因为晋军有骑兵优势，可以在他们想打的时候让你跑不掉，在他们想跑的时候又让你打不了。因此，除非后梁方面能够解决战马的大批量供应难题，并培训出数量可观的骑兵部队，否则要想对晋军玩什么"以其人之道还治其人之身"的戏法，几乎是不可能的。

不过，在下既然用了"几乎"这个词，就是说在一些特殊情况下还是会有例外。正巧，德胜、杨村战场，就属于例外的范畴。

德胜、杨村都是横跨黄河两岸的军事要塞，双方军队要碰面的话，除了南岸、北岸两条陆路，还有中间黄河这条宽阔的水路。虽然比起江南人来说，河南人只能算是水战的外行，但要比起旱鸭子成色更地道的河北人，河南人平均玩船的技术还是要略胜一筹的。

这样一来，梁军就能利用船只运送突击队，根据战况，选择对己方有利的时间和地点发动袭击，打得赢就打，打不赢就上船，晋军那些精锐的铁骑对此也只能干瞪眼。于是，在短短的一两个月内，梁、晋两军间就发生了一百多次中小规模战斗，竟是互有胜负，梁军并未落入下风。

值得一提的是，在其中一次战斗中，李嗣源的心腹爱将石敬瑭，阻击登上河岸的梁军突击队，结果在混战中，其固定马鞍的皮带被梁军士兵砍断。要命关头，幸而冲出一个叫刘知远的中级军官，救下了石敬瑭，还把自己的战马换给石敬瑭骑乘逃生，自己则骑上石敬瑭那匹断了马鞍带的马，缓缓后撤。

梁军突击队不敢远离河岸，担心万一中伏跑不了，便没有乘胜追击。于是，一次有可能改变历史，让五代中的两个朝代胎死腹中的机会，就这样从梁军手中溜走了。而凭此契机，刘知远成了石敬瑭最信任的心腹，深深影响了很多年后的历史路径。

李存勖与王瓒在德胜、杨村间纠缠不下，可就苦了兖州城中的张万进。他在贞明四年八月就在兖州造了朱友贞的反，原以为马上就能加入李存勖麾下，站在胜利者一边。没承想一场胡柳陂大战打下来，李存勖的南下进程受阻，之后，梁、晋两军交锋的战场，一直在黄河边上，离兖州老远。

晋军不来，梁军却早就来了，张万进被梁将刘郭围困于兖州城中，历时已超过一年，城中守军的处境已极其困难，马上就可能完蛋了！

张万进派去向李存勖求救的最后一位使节，名叫刘处让，是张万进最亲信的将领，对张万进很忠诚。来到晋营，刘处让竭尽全力，一而再，再而三地游说，乞求李存勖尽快发兵救援兖州。但李存勖鉴于胡柳陂会战差点惨败的教训，对派兵深入梁境的做法比原来慎重多了。何况张万进此人，见到燕国不行了就背叛刘守光，见到后梁势衰就背叛朱友贞，这样的人会对自己有忠心吗？好像也不值得花太大代价去救吧？因此，尽管刘处让磨破了嘴皮子，李存勖一直没有答应出兵。

想到兖州城马上就要守不住了，心急如焚的刘处让只好抛弃了常规渠道的申请方式，转而去制造新闻热点，希望用舆论影响决策。

刘处让跑到人来人往的晋军军营大门口,当道一站,拿出一把小刀,把自己的耳朵割了下来!然后,刘处让不顾自己一脸是血的惨状,调出自己最大的嗓门,放声大哭道:"兖州正处于生死存亡之间,张大帅让我来请求援兵,如果我辜负了大帅的嘱咐,要不来援兵,那我活着还不如死了的好!"

这一下子,整个晋军大营都轰动了,李存勖也禁不住在心里赞道:"好一个义士!那还是分些兵去救兖州吧!"然而,还没等李存勖的救兵出发,新的战报传来,梁将刘鄩攻克了兖州,叛将张万进被满门抄斩!

真是遗憾啊,晚了一点儿!李存勖顺势停止了救援兖州这次并不太心甘情愿的军事行动,只是提拔刘处让为行台左骁卫将军,将此人纳入自己麾下。

引诱梁军攻击德胜,以便野战破敌的计划未收到预期成放,李存勖只好另想办法。这时,晋军探哨打探到一个情报:梁军在距离杨村约五十里一个叫潘张的村庄修筑了大型军垒,将它作为杨村大营后方的囤粮基地。李存勖顿时眼前一亮,有了一种类似曹操见到许攸时的感觉。

接下来,梁、晋两军的交战经过,又是扑朔迷离,各种记载矛盾重重。其中,第一个让人琢磨不透的谜案是:潘张的准确位置究竟在什么地方?

南宋史学家胡三省在给《通鉴》作注时解释说,所谓潘张,是潘、张聚居的地方,在黄河河曲处。问题是,有句俗语叫"黄河九曲",这潘张所在的河曲处,究竟是哪儿呢?

在下能找到的所有历史地图都没有标注这个小地方。《柏杨版资治通鉴》称,潘张位于今河南省范县南,但如此一来,梁军的屯粮地就位于晋军德胜大营之东,梁军的杨村大营却位于德胜大营之西,梁军每次给杨村大营运粮,就得从晋军眼皮子底下越过!这显然太不合逻辑了,也与随后这一战的交战记载矛盾重重。且王瓒在杨村筑城时,其物资补给都是从杨村西面的滑州(河南滑县)运来的,滑州距离德胜约一百二十里,距离杨村约一百零五里,稍远。梁军在差不多滑州与杨村的中间建一个后勤补给站,逻辑上是讲得通的。那么,潘张应位于杨村之西的黄河南岸。

问题是，在几年后梁、晋间的另一场会战中，潘张的合理位置似乎又应该在德胜之东，也就是柏杨认为的那个地方，虽然在那一战中潘张并不重要。在下怀疑，或是后一战的记载在细节上有误差，或是当时在黄河沿岸有不止一个叫作潘张的地方。

好了，回到主剧情。探听到梁军"七寸"所在地的李存勖有些技痒难耐，决定亲自去探探路。于是，屡教不改的李存勖，又一次带上少量精锐骑兵，出德胜南城，沿黄河南岸西上，深入梁军重兵集结的后方，袭击了梁军从潘张到杨村的运粮队伍，获得一次小胜，还抓了不少俘虏。

但李存勖可能没把那队梁军的运粮兵抓干净，或是在别的地方走漏了消息，梁军主将王瓒得到消息，马上出兵，在李存勖返回德胜大营的必经之道上设下埋伏。结果李存勖一回来，便被梁军团团包围于路上，不但把刚刚赚到的小利还了出来，还差点把老本都赔了进去！李存勖几经苦斗，怎么拼杀都突不出重围。

在最危险的时候，正得李存勖器重的亲军勇将李绍荣（元行钦）发现了被围困的主公，马上奋不顾身地杀入重围，砍断梁军拦阻的长矛，又斩杀梁军头目一人，最后几乎是单人匹马地将李存勖又救了出来。待得脱险，李存勖一时情不自禁，感激地握住李绍荣的手，流泪发誓说："今后将与卿共享富贵！"从此，李绍荣成为李存勖最宠信的亲兵将领，逐渐取代原来的李建及。

说起来，这都不知道是李存勖第几次在战场上死里逃生了，其实，这些惊险经历几乎都是可以避免的。只能说这哥们儿玩的就是心跳！他要是生在今时，没仗可打，也一定是一位狂热的极限运动爱好者。

用自己那种有个性的战场极限运动方式爽了一把之后，李存勖完全摸清了杨村梁军的要害所在，熟悉了路径，条件成熟，可以发大招了。

十二月五日凌晨，李存勖派一支步兵连夜出发，乘夜色掩护潜至潘张营下，同时以轻骑捕杀来往于潘张与杨村之间的梁军斥候。

天明时分，王瓒得知李存勖攻击了潘张，但具体情况不明。如果杨村的梁军失了潘张，那就像当年官渡的袁军失了乌巢，这仗基本上就输了！

于是，王瓒不得不倾巢出动，集结大军出杨村南城，向潘张方向反攻。梁军沿黄河南岸的陆路前进，没有走黄河水道（从记载来看，这一年的冬天比上一年暖和得多，黄河水面没有冰封，但估计河面上应该已有不少浮冰，不方便大型船队的航行）。无疑，这正是李存勖最期待的。

会战的初始阶段，梁军打得还不错，严格说，根据对前半截会战记载较详细的《旧五代史·石君立传》来看，打得不错的是负责守卫潘张屯粮营地的梁军偏师，而非王瓒亲自指挥的杨村大营主力。这也才符合《旧五代史》中对王瓒"严于军法，令行禁止，然机略应变，则非所长"的评语。

在下查不到究竟是哪一员梁将负责守卫潘张，但可以说他的发挥相当好。这员梁将在潘张寨内设伏，假装抵挡不住，放攻击的晋军部队进入寨内，然后收网，一举生擒了晋将石君立、赵将王钊等十余员将校。这样的战果，在梁、晋争霸后期的梁军一方，还是比较难得的。

【作者按：据《旧五代史·王彦章传》记载，在王瓒的前任贺瓌担任梁军主帅时，李存勖曾进攻潘张，王彦章公然违抗贺瓌的指令，带自己的人擅自救援潘张，并将晋军打退。此后他有可能在一段时间内留守此地。王彦章很不会做人，与朱友贞的心腹（王瓒也是朱友贞的心腹之一）的私人关系极差，有功绩被主帅抹杀也比其他人更合情合理。在下猜想，此战中守卫潘张的梁军将领，是王彦章的可能性较大。】

当然，梁军能够在潘张小胜的最重要原因，并不是自身打得有多么好，而是李存勖的醉翁之意根本就不在潘张，而在梁军杨村主大营的王瓒也。所以，负责进攻潘张的，也只是晋军的少量偏师。潘张是否拿下来并不重要，重要的是把王瓒调出杨村，调到李存勖预设的战场就行了。

这时候，李存勖已经达到了自己的目的，王瓒这条大鱼被从杨村大营中调出来了。所以晋军主力没管潘张如何，全被李存勖拉过去，准备聚歼王瓒所部。李存勖的用兵依旧以刚猛为主基调，他以铁骑为前导，一举突破了王瓒的大阵，然后各军继进，冲击梁军。

激战中，亲军猛将李建及一如既往，奋勇当先，结果被梁军击伤了手臂。李存勖看到这一幕，立即解下自己所披的战袍、玉带，赐给李建及。晋军亲军都知道：晋王正看着我们，他就在我们中间！众将士士气高涨，攻击更加猛烈！梁军虽然还在苦苦支撑，但渐渐支持不住。严厉军法的力量虽然可畏，毕竟不是无限的，梁军阵脚先是被压制得后退，继而松动，最后便崩溃了！

主战场的战败，使梁军在潘张分战场取得的小小胜利变得微不足道。第二次德胜争夺战，再次以梁军的败北告终。

王瓒大败之时，晋军可能堵住了他返回杨村南城的道路，他只得乘一条小船渡河，逃往杨村北城。他带来的几万大军没有留下明确的伤亡统计，但损失肯定小不了。因为随后朱友贞就解除了自己这位心腹的北面行营招讨使之职。想想看，贺瑰与朱友贞的关系远没有王瓒这么铁，在胡柳陂战败都没被解职。

不过，这一仗打完后被解除了军职的，有属于输家的梁将王瓒，也有本属于赢家的晋将李建及。

这件事说起来，也要怪李建及自己不避瓜田李下之嫌。原先已经有人提醒过李建及："韦公公正在打你的小报告呢！"但李建及听了，丝毫不以为意：我和晋王是什么交情？我的功劳是靠着一次又一次出生入死，拿命换来的！岂是韦令图那个家伙动动舌头，打打小报告能比的？晋王怎么可能相信那个小人，而不相信我呢！

于是李建及以往怎么做，之后还怎么做。此次会战，李建及受了伤，又立了功，当然又得到了李存勖的特别赏赐。而他一回到军营，照样将这些赏金转手分给手下的银枪都将士。更离谱的是，因为这些赏金本来是给他一个人的，要分给这么多将士，略显少了点儿，李建及还拿了自己的一些私财补贴进去！

人人有赏，见者有份，银枪都的亲兵自然是人人喜悦，感激晋王和将军的慷慨。但也不是每个人都高兴，比如监军韦令图，他马上又打了一份小报告到李存勖面前：李建及又拿着您赏的钱去收买军心了，嫌您赏的钱不够多，甚至动用了自己的私财，此行为如此不合情理，李建及他究竟想干什么呢？

再一再二，李存勖也感到不能再放任李建及这么我行我素下去了，于是他任命李建及为代州（今山西代县）刺史。其实，李存勖给有功的将领加授一个刺史头衔并不少见，但这些将领当上刺史后多数并不用去当地上任，仍留在军中参与作战，只是可以多领一份工资，享受更好的待遇。但这次不是这样，李建及同时被解除了指挥亲军的内外牙都将职务，须前往代州上任，从此远离他敬爱的晋王李存勖，也远离那些和他亲若兄弟、曾生死与共的银枪都战友！

李建及蒙了，原来他对晋王的忠心耿耿，他出生入死的累累战功，真的就敌不过韦令图的小报告！名将李建及带着一腔愤懑上路，不到一年便郁郁而终，享年五十六。

这件事第一次动摇了李存勖在亲军将士心中高大伟岸的完美形象，可以说，这是李存勖事业由盛转衰的过程中一个不太引人注意的重要节点。

不过，历史的魅力之一，就在于它充满了不确定性，如李存勖罢免李建及的兵权，虽然害处明显，但你不能简单地认为这件事他肯定做错了。

可以举个实例。几十年后，五代另一位雄主的手下，又出现了一位各方面看起来，都与被外放前的李建及非常相似的人：同样是亲军名将；同样在以往的战斗中多次表现出对主君的耿耿忠心；同样英勇善战，屡立奇功；同样极得军心，与亲军将士称兄道弟；同样资历未达一流，军中多有超过他的老资格，不太像一个潜在危险性很大的人。

对历史稍微熟悉的朋友大概都猜到这个人是谁了。谁能说，如果李建及一直执掌亲兵的话，他就一定不可能或没有机会做出类似陈桥兵变的事呢？特别是李存勖后来的作为，又为那类事的发生提供了那样大的便利。

好了，让我们离开猜想，回到当时。

再说朱友贞得知王瓒战败，自己心腹中看起来最能打仗的人也不是李存勖的对手，只好叹了一口气，将王瓒召回汴梁，继续担任开封府尹，另外，任命天平节度使戴思远继任北面行营招讨使，指挥对晋作战。

王瓚回来了，除他之外，梁军在潘张小胜中擒获的晋将石君立等人也一同被押送到汴梁。朱友贞原先就听说过石君立的善战之名，很想把他收为己有，便派人以优厚待遇为诱饵，劝石君立投降。石君立却是一条硬汉子，回应道："我身为晋军败将，如果一朝倒戈，为梁朝打仗，就算我肯尽心竭力，谁还能相信我的诚意（临死前的刘知俊应该有同感）？何况各人有各自的主君，我怎能忍心为仇敌所用，去伤害自己原先的兄弟手足！"

见石君立不肯投降，朱友贞还是不忍杀他，便模仿他父亲当初收降贺瓌的方法，将一同被俘的其他晋将全部杀掉，只留石君立一人，囚于大牢，希望用苦难慢慢消磨他的意志，等待他投降的一天。但石君立毕竟不是贺瓌，他与朱友贞比拼起了耐心，坚决不降。

我们先不管蹲大牢的石君立，看看其他更重要的事。

且说戴思远就任了梁军主帅，他对整个战局的指导思想，有点接近他前任的前任的前任刘鄩。他们都认为此时的梁军，已经没有在大规模野战中战胜晋军的把握。只有坚守要点，尽量避免决战，等待有利战机的降临，才是最明智的选择。

不过，战机这种东西，常常是一种可望不可即的稀缺资源，纵然你拿出趴在树桩旁等兔子的顽强毅力，可它就是不来，怎么办？不知道是出于戴思远的主意，还是出于朱友贞的授意，后梁方面决定将一个以前刘鄩用过但没成功的老办法再尝试一遍。于是，一件有些蹊跷的事，就此发生。

那位一生三叛，最后在成都被王建杀害的名将刘知俊，有一个叫刘嗣彬的族侄，绰号"刘二哥"，少年时就追随刘知俊征战沙扬，积累军功，慢慢升至将校。刘知俊反梁时，刘嗣彬没有参加，又因为血缘关系不那么近，未受牵连，继续在梁军中服役。

就在戴思远就任梁军主帅后的一天，刘嗣彬突然瞅了一个机会，脱离梁营，带着数骑人直奔德胜晋营投降。李存勖听说是刘知俊的侄子来投降，很有兴趣，便亲自接见。

只见刘嗣彬义气纵横，慷慨陈词，在李存勖面前直言抨击后梁的朝政

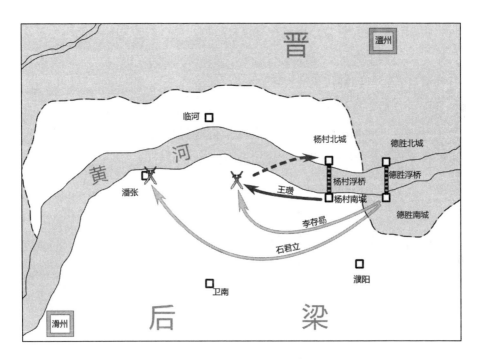

▲ 920 年，杨村、潘张之战

腐败，将帅无能，已有必亡之势！又说自己愿从此誓死追随晋王，赴汤蹈火，剪除逆梁，为族叔报仇，为家族雪耻！

一席话听得李存勖大悦，他当即下令，挑选一处上好的田宅，以及自己的锦衣玉带赐给刘嗣彬，并把他新收的心腹留在亲军中任职。刘嗣彬感激涕零，连连叩谢。

不过，由于戴思远的谨慎和其他新战场的出现，对峙于德胜、杨村之间的晋、梁两军，有一年余没有发生大的战斗，刘嗣彬愿为李存勖赴汤蹈火、报国仇家恨的誓言，也就没有机会履行。一天，原本什么大事也没有发生，正得到李存勖欣赏器重的刘嗣彬突然不告而别，瞅了一个空子，离开德胜晋营，奔回杨村梁营去了。

很快，关于这件事"真相"的传言散播开来，刘嗣彬其实是梁军方面派来行刺晋王的刺客，但他没有想到李存勖待他如此信任，如此恩重，所以他深受感动，不忍心下手。可他也不愿意背叛后梁，当个贰臣，于是，完成不了任务的刘嗣彬又回去了。

以传统道义观念看，这是在下在五代史中看到的一则情节接近"关羽义释华容道"的故事。不同点在于，这件事是真的，而《三国演义》中的那件事只是文学创作，尽管这起真实事件的知名度还没有虚构故事的万分之一高。

第八章
奸雄迟暮

王彦章　周德威　史建瑭　朱温

河中背梁

且说就在这起拖时间且不成功的刺杀计划进行期间，在梁、晋交界的另一个区域，又发生了一起大事，从而引爆了梁、晋交锋的第二战场。

事情是由朱友贞的名义兄长护国节度使朱友谦挑起的。说起来，朱友谦在某种程度上可以算是朱友贞的大功臣，朱友珪弑父一事正是由朱友谦首先爆的料，这不但让朱友珪在天下人面前名誉扫地，还迫使他将自己唯一能够信任的老将韩勍派往河中，削弱了自己本就薄弱的根基。正是有了朱友谦的这些铺垫工作，稍后朱友贞的兵变才进行得无比顺利，成功就任。

那么，不好意思，你现在都当上皇帝了，吃水不忘挖井人，是不是该给兄弟意思意思啦？

不过，朱友贞不这么看问题，将功折罪，赦免了朱友谦一度降晋的罪过，已经很够意思了。再要得寸进尺，那就没有意思了！

于是，让朱友贞由均王升级为皇帝的过程中，出力最多的三个人得到三份截然不同的回报：杨师厚，位极人臣，权势甚至一度凌驾皇帝朱友贞之上，不过好在他不负众望地及时死掉了；赵岩，飞黄腾达，成为皇帝第一宠臣，既富且贵，在中央的影响力无人能及；朱友谦，基本上什么新东西都没捞着，只是得到了既往不咎，允许其继续执掌河中的承诺。

执掌河中，听起来不错，但这东西早就是我的，何劳你来赏赐？朱友谦对汴梁宝座上那位名义弟弟的小气，颇为不满。早知如此，我还不如一直留在李存勖那边呢，晋王待人看起来还大度得多。

如今，晋军已打到了黄河南岸，名义弟弟已是焦头烂额，自顾不暇。朱友谦觉得这是一个机会，一个帮助朱友贞改正赏罚不明的错误的机会。

于是，贞明六年（920）四月，朱友谦突然派他的儿子朱令德出兵，西渡黄河，袭击同州（今陕西大荔），赶走了驻守于此的忠武（后梁的忠武镇，仅辖同州一州）节度使程全晖。然后，朱友谦上疏给朱友贞，请求任命朱令德为忠武节度使。

这是赤裸裸的明抢啊！朱友贞的脾气虽然不能算坏，可也不是任人拍打的乒乓球，接到上疏一时大怒：这都大敌当前了，自己人还来添乱！大梁皇帝立即就此事下了一道圣旨：想要同州？门儿都没有！马上把你的军队撤回河中去，等候处理！

圣旨发出去不久，朱友贞的怒气稍稍平息了一些，开始恢复了一点儿逻辑思考的能力：朱友谦可是有过投降李存勖前科的，如果逼得太紧，他故技重施，再去依附晋国，怎么办？

想到这一点，朱友贞觉得自己可能犯下大错了，急忙又下了第二道圣旨，下令让朱友谦兼任护国、忠武两镇节度使。这虽然与朱友谦的请求略有出入，但实质上没什么不同，也能稍稍保全一点儿皇帝的面子：我可不是你要什么就给什么。

同时，朱友贞命人快点儿把携带第一道圣旨的使节追回来！这套亡羊补牢的方案本身是合理的，但在执行上出了问题，负责传达第一道圣旨的使节工作实在太敬业了，根本没给追他的人留下一点儿机会，早早便把圣旨送到了河中。

就这样，使节不能追回，朱友贞只能追悔。朱友谦二话不说，立即倒戈，再次向李存勖请降。这样的好事李存勖自然没有拒绝的道理，他立即以大唐天子代理人的身份，用墨制诏书（正式的皇帝诏书用朱笔书写，墨笔书写表示自己不是皇帝，只是代行天子执权）任命朱令德为忠武节度使，并派王正言送去一套象征节度使权力的节旄。于是，战略地位重要，又十分富庶，对梁、晋双方均非常关键的河中之地，就此又一次更换了新东家。

河中丢了，这是朱友贞无法容忍的，他只好在不动用戴思远军团的前提下，又努力拼凑出一个新军团，以刚刚平定了张万进叛乱的泰宁节度使刘鄩为主帅，感化节度使尹皓、静胜节度使温昭图、庄宅使段凝等为副，集合兵力，反攻同州。

在这几位仁兄中，刘鄩是咱们的老熟人了，不用再多介绍。

尹皓是朱温的禁卫军将领出身，相对不太重要，大家只要知道，他与刘鄩的私人关系比较糟糕就行了。

温昭图是个新名字，但他其实已经出过场，就是当初接受李茂贞招安，混了一个节度使头衔的挖坟大盗温韬。原来，温大盗见岐王的势力越来越弱，就带着他占有的那两个小县城地盘和偷盗皇陵攒下的巨额财富，倒戈投降了后梁，并改成了现在的名字。降梁之后，温昭图利用手中的钱财大肆贿赂后梁帝国的当权者，尤其是巴结上了朱友贞的第一宠臣赵岩，正混得风生水起。

段凝，与温昭图相似，也是个旧人换的新马甲。他就是那位拍马高手，靠妹子的枕头风与厨子的献食功，得到朱温赏识提拔的原怀州刺史段明远。与尹皓一样，他与刘鄩的私交也比较差。

在下认为，这四人组合可能是朱友贞组织过的最糟糕的方面军领导班子。里面不但有两位军事能力平庸的盗墓贼和马屁精，主帅与副手间还极易扯皮，而更糟糕的是，主帅刘鄩与朱友谦还是儿女亲家（据刘鄩墓志记载，刘鄩有三子——刘遂凝、刘遂膺、刘遂雍，其妻室中均无朱友谦女，估计刘鄩另有女嫁给朱友谦的儿子）。

一接到这个任务，刘鄩就没有大义灭亲的决心，而是寻思着：世间安得双全法，不负皇上不负卿？想来想去，刘鄩觉得，朱友谦反复已经不是第一次了，这次只要不把他逼得太急，其叛梁的决心恐怕也不会那么坚定。另外，刘鄩既然有一个女儿在河中，平日里应该多有书信往来，大概也对河中军民普遍不愿意背叛后梁的情况有所了解。既然如此，何不试试不战而屈人之兵呢？

于是，刘鄩还没赶到同州前线，就先停下来不走了。他先礼后兵地给朱友谦寄去一封亲笔信，劝亲家公不要执迷不悟，赶快回心转意，现在后悔还来得及。其实皇上的第二道圣旨已经决定把同州给你了，只要回来，一切既往不咎。我等你一个月，如果到时候还不回来，老哥我只好对不起了。

刘鄩似乎没有考虑到，河中不是兖州，它不在后梁的腹地，而是与晋国紧邻，李存勖要出兵援救朱友谦，比援救张万进容易多了。对梁军来说，这一战是最耽搁不起的，如果朱友谦不打算回来，给对手从容准备一个月，那他还有什么胜算？

出乎刘鄩的意料，朱友谦仿佛吃了秤砣铁了心，对他的来信不予理睬，反而积极与李存勖联络，请求救援。李存勖深知河中的重要性，尽管他此时仍在与戴思远部梁军对峙于黄河两岸，但看得出来，戴思远的战略指导是守而不是攻，所以李存勖不以为意，放心地从德胜前线和晋国后方抽调军队，组成了一支阵容相当可观的援军，奔赴河中。

据记载，参与这支援军的晋军重要将领，就有昭义节度使李嗣昭、横海节度使李存审、代州刺史李建及、慈州刺史李存贤等。不过，他们既然是从不同的地方赶来的，到达河中的时间自然有先有后，先到的晋军为避免暴露战役企图，并不急于过河前往同州，而是在河中附近集结，等待大军到齐。在此期间，一些对晋军不利的民情正在酝酿聚集。

原来，自当初王珂向朱温投降以来，河中归附朱梁的时间已接近二十年。在归梁前，河中反复沦为强藩争战不休的修罗场，归梁后却保持了很长时间的相对和平，少有战乱。因占有中原最大的盐场，河中本是中原地区的富庶之地，通常生活越有保障的人，越向往安定的环境，越不喜欢轻易去与人玩命。因此，河中军民对这些年在后梁王朝统治下的日子还是比较满意的。

而今，各路大军突然云集于河中，一时人心惶惶，唤起了有点年纪的人对二十多年前那些可怕岁月的回忆。战火一开，将会有多少人因殃及池鱼而死于非命？蜂拥而至的晋军士卒会不会在这里烧杀打劫（这些恐怕是难以完全避免的）？这些可能性姑且不论，光是当地因此而飞涨的粮价，就让多数人觉得日子要过不下去了。于是，河中军民大多对朱友谦的决定颇有非议，这其中甚至包括朱友谦的几个儿子。

面对汹汹民意，朱友谦的几个儿子也觉得，还不如就按刘郭说的做。本来嘛，站在咱们河中的立场，还是以前那种脚踩两只船，表面属于梁朝，但也不与晋国敌对的日子最好。现在完全倒向晋国，失去了回旋的余地。于是，他们一起劝告父亲朱友谦："晋王虽然对我们有恩，但他的主力大军正与戴思远对峙于大河之上，我们有急难时不一定能够指望。人生在世，宁可做点儿对不起人的亏心事，也要把保全自家富贵当作重中之重。所以我们不如就照刘郭的信上所说，先向梁主认错请降，恢复臣属关系。等刘郭的军队退走，再向晋王解释修好也不迟。"

但是，朱友谦对儿子们说："上一次我们和朱友珪闹翻时，晋王亲率大军来解救我们的危难，以致打到晚上还挑灯夜战，并且当面与我立下誓约，绝不相负！这一次，尽管晋王正与梁军对峙于河上，一接到我们的告急，马上抽出名将精兵来救我们，并资助了我们急需的各种物资。这一件件莫大的恩惠，大家都看得见，我们要是还做出忘恩负义的事，那不就像邓祁侯说的那样，'还有谁会来参加我的宴会呢'（意思是将被天下人看不起）。"

于是，朱友谦否决了儿子们的提议，也不顾河中的军心民意，坚持附晋。从此，朱友谦仿佛变了一个人似的，死心塌地追随李存勖，再没发生反复，并将这份忠诚保持到了自己生命的最后一刻。只可惜，他只猜中了前头，没有猜中结局。

简单介绍一下朱友谦提到的邓祁侯，是春秋时期诸侯国邓国的最后一代国君。有一次，他的外甥楚国国君楚文王，为了进攻申国，途经邓国，邓祁侯身边的亲族认为唇亡齿寒，都劝邓祁侯乘楚文王入城之机将他杀掉，否则楚王必有吞灭邓国的野心。但邓祁侯认为楚王是自己的至亲，不会那样做，便不接受众人的提议，反而殷勤款待了楚文王。结果第二年，邓国果然为楚文王所灭。

不知是不是朱友谦的历史知识有限，他竟然举了这样一个不吉利的典故来作比，也许，是冥冥之中自有天意？

很快，此次行动的晋军主帅李存审也抵达了河中。先到一步的李嗣昭马上提醒他说，河中人心不稳，再等下去可能生变，应该速速与梁军决战，以免夜长梦多。于是，李存审不敢稍歇，到达河中当天便率大军西渡黄河，悄悄推进到位于河中府与同州中间的朝邑县。

李存审一到前线，便挑选了二百名精兵穿上护国军的衣甲，混在护国军中，向梁军发起挑战，想引诱梁军出击。

此时，一直指望朱友谦能不战而降，做事比晋军慢了半拍的刘鄩，还不知道晋军援兵已至，仍以为对面的敌人只是多年未经大战、战斗力有限的护国军而已。昔日故元城的惨败，让刘鄩认为，李存勗的兵，确实不好对付；不过朱友谦的兵嘛，还是比较好欺负的。如果不能从朱友谦的士兵身上将在李存勗那边失掉的面子找补回来，怎么医治好我们心灵深处的创伤呢？另外，在谈判的同时，施加适量的武力，也是促使谈判成功的有力筹码。

所以，同州前线的护国军不出击则罢，一旦出来，梁军就予以猛烈反击，将其打退不算，一般还要穷追不舍。现在见护国军又出来了，刘鄩马上派出步骑反击。糟糕的情报工作让梁军轻敌冒进，结果当然是被晋军诱进陷阱。李嗣昭率晋军设伏于北，朱令德的护国军布阵于南，南北夹击，给了草率深入的梁军一顿痛扁。最后，梁军抛下数千具尸体后败退回营。

打了这一场败仗，刘鄩才确认晋军真的来了，而且数量并不少。他大吃一惊，不敢再轻易出战。不过好在此战损失不算惨重，梁军主力尚存，刘鄩命令军队固守大营，朝邑的晋军也不是那么容易将他完全打败。

见刘鄩据守罗文寨，抵死不出来，李存审便与李嗣昭商议说："俗话说'困兽犹斗'，如果把梁军逼到绝境，他们为了活命，一定会和我们拼命，那样，我军即使得胜，损失也会很大。不如将包围圈松开一个缺口，他们见有一线生机，人人都想逃命，然后我军乘其溃逃，加以痛击，可获全胜。"

李嗣昭完全赞同李存审的意见，让李建及部撤下，前往沙苑牧马。并且，在晋军的有意"帮助"下，罗文寨中被围的梁军很快探得这一条李存审有心让他们知道的情报。

按说以梁军主帅刘鄩"一步百计"的名声，应该不难看出晋军的真实意图所在，但已陷于死地的梁军，骤然见到得救的机会，就像溺水的人胡乱抓住了一根稻草，哪里还能保持理智？谁要敢强令他们不准逃生，给我留在寨中等死，你说他们会不会和你拼命？于是，当晚刘鄩、尹皓等梁军将领，就率剩余军队，借助夜色掩护，从晋军让开的缺口逃走。

晋军早像一名垂钓者聚精会神盯着浮漂，梁军一动，立即从两侧痛击，只想逃跑、不想作战的梁军被彻底击溃！晋军一路追杀到渭河边上，沿途满是梁兵的尸体，以及被梁军抛弃的兵甲、辎重，刘鄩、尹皓的梁军将领都与部队被打散，差不多是单骑逃生！

再次被晋军打得大败，刘鄩以前攒下的名将之威名完全扫地，他自己可能都觉得没脸见人了，便上疏称病，引咎辞职。大概他已心力交瘁，想学葛从周前辈那样离开是非场，隐居乡间，了此残生。

然而，树欲静而风不止，刘鄩的副将尹皓、段凝二人，为了将他们可能要承担的战败责任推卸干净，积极上疏揭发刘鄩在此役初期按兵不动，以至坐失战机的罪行。并且，他们还给刘鄩做出了合乎情理的有罪推定：刘鄩把他和朱友谦的亲戚关系，看得比国恩、军法还重，故而有意逗留不进，等待晋军援兵到来，这一战让他指挥不败才怪！

今天无法确知此前刘鄩欲招降朱友谦的想法是否秘密上报过皇帝，是否得到过默认，但既然已经大败而归，指望还有人来给他顶罪显然是非常不现实的。朱友贞愤怒了，他曾经是那样器重刘鄩，在这个将军身上寄托过最大的期望。但希望越大，失望越大。故元城之战后，朱友贞不再迷信刘鄩的将才，仍然相信他的忠诚，可现在，朱友贞在一再失望之后，由怨转怒，已再难压制心中涌出的杀意。

于是，朱友贞批准了刘鄩的辞职请求，安排他到洛阳养病，同时密令洛阳留守张全义将他除掉。

龙德元年（921）五月二日，六十四岁的刘鄩，带着数十年的功名化作尘与土的无限遗憾，在留下万贯家财和一位据说有倾国倾城之容，可能比他小四十多岁的新娶娇妻后，暴亡于洛阳。关于他的死，一般认为张全义派人下毒所致，但也有记载说刘鄩是正常病死的。

个人觉得，刘鄩是唐末五代将领中，名气高于实际的两大实例之一（另一个是李存孝）。与李存孝被众多旧小说、戏剧、民间传说抬高不同，刘鄩被抬高的源头学术一些。如沈起炜所著《五代史话》说："（梁末帝时期）后梁可用的大将以刘鄩为第一。"也许正因为这一句权威评语，不少关于五代的著作，大多将刘鄩的将才捧得过高。在下以为，对前辈传道精神的最大尊重，不是循规蹈矩，不敢越前人的雷池一步，而是努力寻找前辈的不足之处，有理有据地加以改进。

细查史书，不难发现刘知俊一生的战史，比刘鄩辉煌多了。刘鄩用兵最大的缺陷，是缺乏打硬仗的能力。越是缺乏打硬仗的能力，他越不敢亮剑，越害怕与强大的敌人硬碰硬，越发倾向使用投机取巧的诈术来取胜。

本来刘鄩选择扬长避短，也不能说就是做错了，但问题是仅仅比智谋，他也并不能压倒他的对手。在两军的多轮交锋中，刘鄩既曾被李存勗的计谋骗到，也曾落入李存审的圈套，勇已落败，智亦不胜，他战败一点儿也不让人意外，所谓朱友贞催战云云，不过托词而已。

刘鄩本算得一个有才华的人，但朱友贞没将他用对地方，他就应该去当一名优秀的参谋，辅佐一位智谋稍逊于他，但更有决断力与勇气的主帅（依在下看，刘知俊、杨师厚不用说了，就是贺瓌、王彦章，以至王瓚、戴思远，恐怕都比刘鄩适合当主帅），用他的智谋与主帅的勇气取长补短。那样安排，恐怕才是梁军能拿出的最好阵容。无奈阴差阳错，刘鄩坐到了本不该由他来担当的职位之上。

孤忠辞世

也许有细心的朋友可能已经发现了一个小细节：梁军大败而归后，三位副将中的尹皓、段凝都为推卸责任打了刘鄩的小报告。而在三人中人品最不高尚的温昭图，怎么不去跟风洗刷自己呢？答案是，温昭图有更要命的事需要奔忙，与之相比，损人利己、落井下石之类的工作就显得不那么紧要了。

原来，大获全胜的晋军并没马上收兵回去，李嗣昭、李存审似乎想超额完成任务，又带着军队向西多走了一段路。在几乎没遭遇梁军像样抵抗的情况下，晋军开进至下邽（今陕西富平东），特意拜谒了位于下邽北面十余里外，几座早已被温昭图盗窃一空的李唐皇陵（包括睿宗李旦的桥陵、玄宗李隆基的泰陵、宪宗李纯的景陵）。

河东两代晋王一直以大唐忠臣自居，并以此作为对抗朱梁的道义旗帜。当然，平心而论，直到此时，李存勖向天下人挥舞这面大旗时，基本还算得上是问心无愧（尽管晋王身上的忠义色彩很快就要打折扣了）。这一刻，数万身经百战的勇士，齐聚于大唐历代先皇的陵前，一齐放声大哭，同时流泪发誓，一定要消灭伪梁，诛尽危害国家社稷的奸贼！

哭声与誓言震撼着古老的关中原野，如果那天的风大一点儿，说不定已经隐隐传进了静胜节度使温昭图的耳中。这些皇陵他盗过，紧挨着他的辖区崇州与裕州。另外，据最新情报，朱友谦在集结军队，准备进攻崇州，他们会不会只是晋军的前锋呢？

那几天，温昭图真是心慌慌，惊惶惶，寝食不安，不可终日。晋军如果现在进攻，他怎么办？打吗？肯定是打不过的！降吗？他有案底在身，也不敢轻易言降。温昭图只好遣人重贿他在朝中抱住的大腿赵岩，乞求赵岩给他找条生路。自然，与救自己的命相比，害别人的命就不那么重要了。

这时，朱友贞也完全不看好温大盗的军事才能，很担心温昭图或是守不住辖区，给梁军再添败绩，或是走投无路而叛变降敌。可要直接将温昭图调离静胜镇，朱友贞又怕他和他手下那帮大盗小盗不愿离开经营多年且盗墓资源丰富的根据地，因而生变。

在双方各有所求的前提下，经过赵岩的穿针引线，朱友贞派了一位宦官前往崇州去游说温昭图，承诺在河南内地给他换一个更大、更富庶的藩镇为条件，让温昭图自己上疏请求内调。温昭图觉得这个主意不错，同意了。于是，他被调到许州（今河南许昌），任匡国节度使，而静胜节度使一职则由朝廷委派，在前文露过一次脸的守城战专家华温琪来接任。这也意味着，静胜镇的半独立地位被取消。

不知道和华温琪到任有没有一点儿关系，反正晋军没有继续西进，班师了。李存勖代替早已不存在的大唐天子下诏，封朱友谦为西平王，以前朱温封给朱友谦的冀王爵位同时作废。朱友谦自然对李存勖十分感激，寻思着应该做点儿什么，以报答李存勖的大恩。这时，朱友谦听到了一则传闻。

原来，就在前不久，李存勖突然在一次众人聚会之时，拿出了几封信件，请官员传阅。大家一看信封，寄信人大有来头，竟是当今天下实力可以排进前五的两位大头目——前蜀皇帝王衍和吴国国王杨溥。再一看主要内容，是王衍和杨溥在反复劝说李存勖：谦虚虽然是美德，谦逊就不好了，以晋王您今日的威名武功，早就应该登基称帝了！

等众人看完信，李存勖清清嗓子，发表了一通无比忠贞的讲话：“从前，王太师（前蜀上一代皇帝王建）曾写信给先王（李克用），说大唐既然已经灭亡，为了抵制朱温的伪梁，应该各自称帝。但先王坚决拒绝，他曾告诫我说：‘当初，皇上临幸石门，我起兵勤王，诛杀了奸贼，一时间声威震动天下！在那个时候，假如我有二心的话，挟持天子，占据关中，再让人写一道禅位诏书，谁能阻止得了我？只不过我家世代忠孝，不能做辱没祖先的事，就算是死，也不可以去当谋朝篡位的乱臣贼子！你将来接了班，也要竭尽全力复兴大唐，不要效法王建那些人！’如今，先王已逝世多年，但他的声音仿佛还在我耳边，所以这一类的议论，我不忍听，也不敢听！”

李存勖说得非常动情，泪下沾襟，场面十分感人。但李存勖的手下多数都是聪明人，能够透过现象看到本质：晋王您真要对那件事一点儿想法都没有，直接把那几封信烧掉不就完事啦？何必要保留下来，还要请大家一同观看呢？其实，如果心里再阴暗一点儿，甚至会怀疑那几封信不是王衍和杨溥写的。

于是，以此事为契机，晋国境内拥戴李存勖登基称帝的舆论呼声开始高涨。各地官员的劝进书，如雨点般飞至李存勖的驻地魏州，而魏州当地官员（甚至可能就是李存勖自己的），更是安排了一出大手笔。

在魏州有一座开元寺，寺里有一位法名叫"传真"的老和尚，不早不晚，非常及时地向官府进献了一枚玉玺。据传真老师傅说，他在四十年前，也就是黄巢打进长安的时候，曾住在京城，于混乱中得到了这件宝物。宝物上面刻着八个古体篆文，他看不懂是什么字，也不清楚这东西价值几何。后来，他一度想把它卖掉换钱，但有识货的人告诉他：这是国宝！不是普通人能使用的！于是他一直密藏至今，直到幸见当今晋王功德盖世，非凡夫可比，才拿出来进献。

李存勖马上召来相关专家进行鉴定，确认这就是大唐皇帝使用过的玉玺，上面的八个篆书写的是："受命于天，子孙宝之。"这消息一传开，晋国各级文武官一起向李存勖祝贺：此乃天意呀！这不就是老天爷已将大唐天下的正统移交给晋王的明证吗？

在中国古代，有一件传承了一千多年，可惜现在已经找不到的 S 级顶尖国宝，叫作传国玉玺。它是秦始皇在统一天下时，命工匠以盖世名玉和氏璧为原料制作的，代替了三代的九鼎作为华夏最高权力的象征。自此，中国历代的皇帝和想当皇帝的人都以拥有传国玉玺为正统，没有传国玉玺的皇帝，虽然在实际上不会损失什么，但在心理上总让人感觉有点名不正言不顺。

传国玉玺上刻了八个篆文："受命于天，既寿永昌。"显然，这与传真师父进献的玉玺并不一致。但这并不是魏州的相关工作人员粗心大意所致，而是因为此时关于传国玉玺的下落还是比较清楚的，就在朱友贞的手上。

那魏州发现的这枚玉玺又怎么解释呢？其实很好解释，皇帝使用的玉玺远不止一枚。传国玉玺因其过于神圣的象征意义，后世的历代皇帝怕不小心弄坏了，一般舍不得真用它在诏书上盖章，都会另外制造一批玉玺用于实际工作。这枚"受命于天，子孙宝之"，据说是大唐开国之初，由太宗皇帝李世民下令制造的（当然，前提条件是这枚玉玺真是传真师父四十年前得之于长安，而不是魏州相关人员临时赶制的），所以也很了不起。

在这一轮强大的舆论造势之下，李存勖由晋王升级为皇帝的进程，看来已不可阻挡。这些消息传到太原，惊动了晋国的大管家河东监军张承业。这位年逾古稀的老者，不顾自己身体状况已经不太好，仍匆匆离开太原，风尘仆仆地赶到魏州，觐见李存勖，意图加以劝阻。

张承业知道，现在要是不留余地地直接反对李存勖称帝，恐怕已经不会有效果，所以他采用了先强调称帝困难的方法，来动摇李存勖的决心。

张承业说："大王父子血战天下三十年，一直高举着为国家铲除仇雠，恢复大唐宗社的忠义旗帜。而今，篡国元凶还未被消灭，民间的财力已经快被征收殆尽，大王却要先正大号，这既冷落了天下志士之心，也会耗费大量钱财，让我们的财政更加捉襟见肘。这是老奴认为现在不应该急于称帝的第一个原因。

"老奴从咸通年间起，多年服侍于大唐的宫掖，亲眼看到国家每有重大的典礼，所需的仪仗、法物，以及百司所要承担的礼仪、杂务，都要花上一整年时间来准备、训练，可事到临头，仍常常出错。大王如果要化家为国，建立新朝，自然是最隆重的大典，不能草率了事，贻笑于人。可现在大王手下，就找不到精通礼乐的人才，怎么可能将大典办好呢？这是老奴认为现在不宜称帝的第二个原因。凡事应该量力而行，不要轻信旁人的胡乱议论。"

张承业说完了困难，见李存勖没有回应，只是低头若有所思，觉得事情可能还有转机，便趁热打铁，加大了他缓兵之计的火力："大王为何不先灭了朱家，为两位被害的先皇（唐昭宗李晔与唐哀帝李柷）报仇，平定吴蜀，一统天下，然后再寻访李唐皇宗后人，拥立他为帝。到了那个时候，即便高祖（李渊）再生，太宗（李世民）复出，谁还能居于大王之上？天子必然也会顺应人心，禅位于有功之人。大王您辞让得越久，将来的天下才会越稳固。老奴没有别的想法，只是因为身受先王的大恩，想为大王奠定万世的基业罢了！"

李存勖终于回答了："其实我也不想当皇帝，可是大家都这么劝我，我也不能无视大家的呼声啊！"

七十五岁的老人家这才明白过来，他已经无法阻止一个新朝代的诞生了。这几十年来，张承业一直兢兢业业地辅佐两代晋王，鞠躬尽瘁地忘我工作，就是有一个已经越来越不切实际的幻想，支撑着顽强而又天真的他。

现在，张承业所有的希望全都无可挽回地破灭了，老人家禁不住悲从中来，放声大哭，连前两段话中那些策略性的托词都被扔到了一边，向全天下泣诉出他真正的心声："诸侯血战，都是为重兴大唐，而今大王您自己夺了去，辜负了老奴的一片忠心……"

张承业带着无限的悲怆离开魏州，一回去就病倒了。而另一个老头儿，即将出现在李存勖的面前。

平心而论，张承业的忠义虽让人感动，但对天下大势的评判很不客观。如他说"诸侯血战，本为唐家"，可实际上，复唐的旗号虽然经常被人打出来，但这天下早就没有一个诸侯真心在为唐而战了。又比如，他认为李存勖如称帝，会冷落了志士之心，但事实是，李存勖的绝大多数部下以及附庸势力，都巴不得李存勖早一点儿登上皇位，他们好借此攀龙附凤。

而在这些准备沾光的人中，表现最突出的，正是后梁叛臣，刚刚再次加入李存勖阵营的西平王朱友谦。朱友谦早有心做点儿什么事，来报答李存勖的两次施救之恩，等他摸清楚现在李存勖最想干的事是什么，马上倾其所能，积极配合之。

于是张承业才刚刚病倒，李存勖阵营内，除掉身兼河东、卢龙、魏博三镇节度使的李存勖本人外，全部十一位节帅（护国节度使朱友谦、昭义节度使李嗣昭、横海节度使李存审、义武节度使王处直、邢洺节度使李嗣源、成德兵马留后张文礼、新州节度使王郁、振武节度使李存进，还有一个虚领的天平节度使阎宝）就在朱友谦的牵头策划之下，一起上疏：请李存勖尽快登基为帝，承继大唐的皇统！

李存勖心里再怎么千肯万肯，也不能急吼吼地马上答应，否则就太没有风度了。所以李存勗回书给诸位节帅："不允。"大家都是明白人，朱友谦又组织江湖同道二上劝进书、三上劝进书，直到李存勗都不好意思再拒绝为止。

除了在口头上带头上书劝进，朱友谦还做了很多实实在在的后援工作，来帮助李存勗解决登基称帝所面临的一些切实困难。

比如说，张承业在反对李存勗称帝时，提出的第一个理由是没钱，办不了。朱友谦就借着河中的富庶，带头捐钱，其余各镇节度使也纷纷跟进，很快凑起一笔数量可观的巨款。登基费用的问题解决了。

张承业反对称帝的第二条理由，是李存勗手下没有精通礼仪的相关人才，办不好。对于这一条，朱友谦使出他雪藏很久的一道撒手锏——苏循。

苏循这家伙，在唐末就已经是四朝老臣，历仕了懿宗、僖宗、昭宗、昭宣帝四代皇帝，官至礼部尚书。苏循的生年虽无记载，估计他的年龄和张承业相差不会太多，但人品相差就太多了。朱温篡唐时，他是唐朝旧臣中卖身投靠力度最大，第一个公开宣称唐帝应该禅位给梁王的人。

苏循如此卖力地讨好朱温，就是想在新朝混个宰相当当，所以朱温一称帝，他就让儿子苏楷等同党在朝中大造舆论，说他帮助梁祖登位厥功至伟，应该升任宰辅！谁料，人不要脸也不一定就能天下无敌，苏循如此无耻，让敬翔也看不下去了，他向朱温做出了一份对苏循的鉴定报告："实唐家之鸱鸮，当今之狐魅，彼专卖国以取利，不可立维新之朝。"

于是，就因为敬翔一句话，苏循、苏楷父子被刚刚享受他们贴心服务的朱温革去了官职，逐出朝堂。父子俩在后梁朝的荣华富贵梦碎了一地，只好带着一腔绵绵无绝期的恨意奔往河中，投靠朱友谦。

朱友谦知道这位前礼部尚书精通各种礼仪，而且是一位阿谀高手，将来可能用得着，将其豢养于麾下。果不其然，十几年之后，终于又有了让苏循发挥强项的好时机。

龙德元年（921）七月，受朱友谦派遣，苍髯老贼苏循，带着他那一身奴颜媚骨，来到魏州觐见新主李存勗。

才一进入魏州内城，苏老头儿就扑通一声，在众目睽睽之下，弯腰跪下，向着李存勖的临时王府叩头，说这叫"拜殿"。待入殿见到李存勖，苏循马上对他行了面见皇帝才用的三跪九叩大礼，长满白发的脑壳撞得地面直响。叩拜完毕，没等坐在上边的李存勖从意外的喜悦中清醒过来，苏老头儿又扭动身躯，跳了一段舞，亏他这么大年纪，竟然没有闪到腰。

更厉害的是，在起舞之际，苏循还不忘炫耀过人的演技。只见这个也许是因为脸皮厚度过于惊人，而堆出了满脸褶皱的老头儿，泪流满面，仿佛喜极而泣似的呼喊着："万岁呀！老臣不幸遭逢乱世，被迫隐居乡野，想不到今日能有幸重睹万岁的天颜！"

这还没完，第二天，苏循又向李存勖进献了三十支大笔，并说这是"画日笔"！原来，按照唐朝的制度，中书省起草好诏书后，会将发文日期空缺，交由皇帝审阅。皇帝如果同意，便用朱笔将日期填上，这一步骤称为"画日"，画日之后诏书才算正式生效，可下发执行。而皇帝用于在诏书上填写日期的朱笔，也就是所请的"画日笔"。

拜殿、起舞、献笔，李存勖被苏循用这一连串他从未享受过的，高强度、高质量的连环马屁拍得晕晕乎乎。这真是个人才啊！李存勖大喜之下，立即下令：恢复老奸臣苏循在唐朝时担任过的礼部尚书之职，并加授河东节度副使！如果他能凭借自己在礼仪方面的专业知识，帮李存勖主持完登基大典，那还不知要高升到哪里去。苏循也乐开了花，他终于要迎来自己仕途的春天，从此前程似锦了！

不知道这位新任河东节度副使，究竟有没有去太原的官衙上过任，要是到了太原，和那里正在卧病的新同事河东监军见一面，会不会引起一场类似正反物质相遇的大爆炸？

有记载说，病榻上的张承业听到苏循将要成为他的新同事，更加怒不可遏。本来按张承业的想法，苏循这样负恩叛国的奸佞小人，在逃也罢了，若已捉拿归案，不拖出去五马分尸，那都属于量刑过轻！可李存勖见到苏循，不但不加以治罪，反而给他高官厚禄，对他宠信有加！

呜呼！这天下还有没有一点儿公道？兴复大唐姑且不论了，你忘了你曾无数次发下誓言，要替大唐铲除那些罪大恶极的国贼、奸佞吗？难道这曾经庄严誓词的每一字、每一句，都被丢弃了吗？

张承业彻底心死了。不久，这大唐王朝的最后一位忠臣，一位可能是整个中国历史上人格最高尚的宦官，卒于太原。有说他是病死的，也有说他是绝食而死的。

张承业享受了极高的哀荣，晋王李存勖（李存勖未在张承业死前称帝，这其中不知道有没有给这位老人留点儿面子的因素）的生母曹太妃亲自披麻戴孝，以子侄礼为他守丧。稍后，李存勖在魏州闻知此讯，悲痛得数日吃不下饭，后追赠张承业为左武卫上将军，谥号"正宪"（内外宾服曰正，博闻多能曰宪），以表彰其功绩。

曹太妃的悲伤大概是真诚的。但对于李存勖，他在痛惜失去了一位贤辅的同时，可能也暗自感到了一阵轻松吧？从此，不会有人再对他花钱指手画脚，也没有人阻挠他登上帝位了！

不知是不是天意，那位极力怂恿李存勖称帝的礼仪专家，也没能圆自己的宰相梦。某一天，心情愉悦的苏循，品尝了一杯"蜜雪"（大概是一种用蜂蜜和冰制成的冷饮），然后就病了，而且没多久，他就抛下尚未到手的宰相高位死了，上路的时间竟比先得病的张承业还早一点儿。

这究竟是冷饮喝多了对身体不好，还是有人实在看他不顺眼，而在冷饮里做过什么手脚呢？在下更希望是后者。据《太平广记》所记，当时河朔之人，都在背地里"尊称"苏循、苏楷父子为"衣冠枭獍"。"枭"是一种传说中的鸟类，会吃自己的母亲；"獍"是一种传说中的兽类，会吃自己的父亲。

死去的人自然落不到实惠，所以在这一轮劝进与反劝进的过程中，真正得利最多的是朱友谦。起码在这个时候，他在李存勖眼中的亲密度大大提升了：如此为自己当皇帝操劳奔忙，不能亏待啊！所以，在不远的将来，朱友谦能与两位功绩远远超过他的人并列，成为受到李存勖首肯的后唐三大开国功臣之一。

王元膺之乱

细心的朋友已经发现了，前面一个章节中，有好几位重要的老朋友不见了。前蜀的皇帝不是王建吗？吴国吴王不是杨隆演吗？成德镇的头儿不是赵王王镕吗？所以接下来，我们将时间暂时回调，看看梁、晋主战场之外的其他一些地方这些年发生的事。

且说前蜀皇帝王建，在宠臣唐道袭的配合下杀掉干儿子王宗佶后，为了让其他干儿子死了接班夺权的不轨之心，非常高调地立次子王元膺为太子，还让他主管成都的禁卫亲军。不承想，太子王元膺与他的宠臣唐道袭又起了冲突，王建只好暂时罢去唐道袭的内枢密使，让他离开成都出任山南西道节度使，避避风头。稍后岐军南下，攻入山南西道，王建发动最后一次亲征，在安远军击败名将刘知俊后，准备以宠臣唐道袭在此次会战中战功卓著为理由将他调回中央。

乾化三年（913）二月，差不多就是朱友珪殒命洛阳宫之时，王建命唐道袭解除山南西道节度使之职，回成都重任枢密使。

听说唐道袭又要回来了，他的死对头太子王元膺感到非常愤怒。难道就眼睁睁看着这个戏子官复原职，再利用他执掌机要、接近老头子的便利来收拾我吗？前面已经倒下了王宗涤（华洪）、王宗佶，王元膺虽然是王建的亲儿子，可也不敢托大，认为自己就能保证绝对安全。

更何况，王元膺还是一个非典型太子。本来，就中国古代史的大多数实践来看，太子这个职务因其地位过于敏感，极容易招来父皇的猜忌，所以干太子的人一般都是比较低调、隐忍的，不求有功，但求无过。可王建这位太子是个大大的反例，他从不知低调为何物，做事一向强硬，唯恐别人不知道他以后要当皇帝。高调的太子做事也高调，所以王元膺一得知唐道袭要回来，立即决定先下手为强。

乘着唐道袭还没回到成都，王元膺用最严厉的措辞上了一道奏疏，列举了唐道袭的种种罪过，说无论如何不能让这样的人回来执掌朝廷机要。

王建看了奏疏，见都过去好几年了，儿子对宠臣还是如此仇恨，当然让他很不高兴。不过，他现在舍不得轻易放弃其中一方，就勉强和了一次稀泥，改任唐道袭为太子太保，内枢密使由潘峭担任。

太子太保，所谓"三师"之一，其官职的原意就是当太子的老师。让唐道袭当太子的老师？给恨他入骨的王元膺上课？这不是让火星去撞地球吗？当然不会了，因为太子太保这个官衔，脱离它原意的时间已经很久很久了。

按唐制（前蜀的官制基本沿用唐制），太子太保是从一品高官，唐代真正有权力的官职最高只到三品，三品以上全是荣誉性虚职。所以，那时一个一品、二品的高官，除非他兼有三品及以下的官职，否则他不是被"挂机"，就是已经退休了。

唐道袭从兴元回到成都，节度使的职务没了，又没能回任枢密使，只捞到一个中看不中用的太子太保，看来王建亲儿子的威力确实不是干儿子能比的。以疏间亲有难度，唐道袭要想斗倒这个新对头，还需等待更好的时机。

不过看来，这个时机并不是很难等，因为王元膺的情商之低、人缘之差，都和他的相貌不相上下，他脾气还又暴躁又猜忌，既凶狠又霸道。而且王元膺喜欢交往的都是粗野武夫、伶人乐师这类身份低下的人，最讨厌那些一本正经，规劝他不可以这样不可以那样的道德君子。不管成色有几分，朝中大臣多半都是以道德君子自居的，这样的太子怎么可能得到他们的拥护？

王元膺自认前蜀帝位的继承人，在这个世界上，除了父亲王建，他并不怕谁，所以他行事嚣张，动不动就得罪人，很成功地为自己在朝中树立了不少敌人。除了唐道袭，还有两个人最突出的，分别是内枢密使潘峭和翰林学士承旨毛文锡。

潘峭，大美女赵解忧（花蕊夫人 1.0 版）的丈夫潘炕的弟弟。两年前，他哥哥潘炕解除枢密使之职，去黔州任武泰节度使，留下的位子由他顶上。当初潘炕能当上枢密使，就是得益于唐道袭的推荐，可知潘氏兄弟与唐道袭的关系应该不坏，可能是官场同党。

毛文锡，字平珪，高阳人，唐朝太仆卿毛龟范的儿子，是个颇有些才华，也有些良知的文人。他最著名的一次事迹，是有人建议王建，乘枯水季节在长江三峡上筑坝，等涨水的时候再决开大坝，淹没下游荆南高季昌的地盘。毛文锡极力反对："高季昌不向大蜀臣服，有罪的不过他一个人，他辖区内的百姓有什么罪？陛下正当施恩德于天下，怎么能让境外的百姓去当鱼鳖呢？"王建估计也没太认真，这个不靠谱的计划便被阻止了。

言归正传。一转眼就到了这一年七月，王建打算在七夕节（七月初七，民间传说牛郎织女相会的日子）那天出游，与民同乐。七月六日，得意扬扬的王元膺为此自然而然地干了一件不符合他身份的事，召集成都驻军各军使、朝中文武官员，以及各宗室亲王等，在自己的府邸举行大宴会，至于目的，据说是要研究明天天子出游时的礼仪准备工作。

多数大臣虽然不喜欢王元膺，但也不敢轻易招惹这位太子爷，于是很快，府邸里便冠盖云集，前蜀帝国的上层精英会聚一堂，场面非常热闹。然而，堂内的第一主角王元膺并无笑容，在他看来：自己这个迟早要转正的后补皇帝，权威不应该低于父亲，我既然召群臣来聚会，那群臣中就不允许有人无故迟到、早退或旷工，在确认权威得到所有人充分敬畏与尊重之前，我不能给这些人好脸色看！

王元膺开始阴着脸给大家点名。还好，第一号眼中钉唐道袭也赔着笑脸来了，证明他还是有一点点自知之明的。但接着点下去，王元膺刚刚趋向良好的心情又骤然恶化了，因为他发现，潘峭、毛文锡、王宗翰三个重要人物居然缺席了。

潘峭、毛文锡这第二号、第三号眼中钉不用说了，这集王王宗翰原姓孟，本是王建姐姐的儿子，虽非同姓，但确系皇亲，曾出任东北面招讨副使，指挥军队与岐军交战，因而在军中有一定威信，在皇族中也算得上一个有些分量的人物。

王元膺勃然大怒，马上给自己讨厌的官员做出了有罪推定，当着在座的百官咆哮道："我召开聚会，集王竟然不来，肯定是潘峭、毛文锡这两个浑蛋在背后挑拨离间！"此语一出，宴会上的喜庆气氛顿时被一扫而空，众人忐忑不安，只能屏住呼吸，看着上面那个嚣张跋扈的丑陋少年如何大发雷霆。

这其中最心惊胆战的人莫过于唐道袭，因为按照王元膺的席位安排，坐在他旁边的两位，一个叫徐瑶，一个叫常谦，都正用不怀好意的目光盯着唐道袭。这两人都是王元膺最信任、最铁杆的心腹，王元膺的亲兵就是交给他俩来带队的。这两人中，常谦的事迹不详，但徐瑶值得提一提。

徐瑶，字伯玉，是王建的许州老乡，也是早在河南时就追随王建的老部下之一。虽然名字听起来文质彬彬的，但他其实是一个勇猛好斗的粗野武夫，长得也奇丑，江湖人称"鬼魁"，是少数能让王元膺与之合影（假如当时有照相技术的话）而不会产生丝毫自卑感的人（不知道王元膺宠信他和这有没有关系）。

不知道是不是因为缺什么就要补什么，这徐瑶还是蜀军将领中有名的大色狼之一，他经常强暴良家妇女甚至有家世、有身份的女子，受害女子众多，据说只有过一次失手。

那次，徐瑶抢来了美丽的俞氏，俞氏拼命抗拒，大骂他："我丈夫是有名的乡贡进士，你是哪里蹦出来的鬼娃，敢对我无礼？"徐瑶大怒，抽出剑来吓唬俞氏。不想俞氏大喊一声"我宁死"，就一头向剑口撞过来！徐瑶急忙收剑，这下子轮到他佩服了：了不起，我从未遇到过这么勇敢的女子！随后，他才让人放走了俞氏。

现在，回到王元膺的宴会上。清秀白皙的唐道袭，被徐瑶长时间近距离地注视，那滋味肯定好受不了。于是，高贵的太子太保不敢再待下去，胡乱编了个借口，逃也似的离开了。

第二天，七夕节，大蜀皇帝王建一早刚起床，就得知太子求见。王元膺是来告状的，他控诉说："潘峭、毛文锡在背后搞鬼，阴谋离间我们兄弟之间的手足深情！不知道他们背后有什么不轨企图。对这些奸臣，您应该严惩！"

按史书记载，王建大怒，对太子的要求有求必应，马上下令将潘峭、毛文锡二人革职流放。但在随后的人事任免令中，王建让潘峭的哥哥，受过唐道袭举荐之恩的潘炕，重任内枢密使，可见他对自己这位跋扈且掌握京城兵权的太子也有了一些猜疑。毕竟朱温是怎么死的，王建应该已有所耳闻。

王元膺刚刚满意地退了出去，唐道袭就进了宫，可能是王建将他召进去了，就是想从这位最信任的心腹口中了解一下昨天宴会上究竟发生了什么事。

唐道袭一听，敏锐地意识到自己苦苦等待的一举扳倒太子的机会终于降临了！于是他微一沉吟，向王建爆出了一条惊天动地的大料："昨天太子发怒很突兀，大家都十分意外，我后来悄悄遣人打听，从太子身边人处打听到一条惊人的消息，只是不知道真假：太子昨天召集在京诸将、诸王饮宴，是想效法当年钟会、姜维之故事，将去参会的人都抓起来，制造暂时的权力真空，以便他举兵行大事！不料集王、潘峭那些人没去，使太子的计划不得不暂停实施，所以他才怒不可遏！"

王建听罢，倒吸了一口凉气：这小子真的等不及要抢班夺权了吗？结合王元膺的一贯表现，显然唐道袭的话很合理，也很有说服力。

唐道袭知道成功已然在望，便趁热打铁，踹出了临门一脚："此事虽真假莫辨，但防人之心不可无。外面安危不可知，陛下不能轻易离开皇宫。同时应召驻于城外，与太子没有隶属关系的屯营兵入城宿卫，以备万一！"

于是，王建下令，取消原定的七夕出游计划，并授权唐道袭调兵入城。随后，成都城宣布戒严，紧张不安的气氛笼罩了节日中的前蜀国都。至此，唐道袭的计谋已经成功了八成，毫无疑问，在这样的强烈刺激下，王元膺那个一打就着的"打火机"，一定会沉不住气先动手，那样谋反大罪就坐实了！

果然，王元膺本来还在准备着陪父皇出游，狐假虎威地好好耍一番威风，突然得知出游取消，全城戒严，而且对头唐道袭还在调兵入城，不由得大吃了一惊。但他的反应正如唐道袭所料，是炸药式的，立刻就爆了！

王元膺先让自己宠信的伶人安悉香去召唤天武军使喻全殊，率兵到东宫来护卫。天武军一到，王元膺立即展开凶狠的大反扑，开始捉拿朝中那些自己不喜欢的人。

最讨厌的家伙自然莫过于唐道袭，但唐道袭已经集结了一批屯营兵，不是那么好抓，所以王元膺先跑去大臣的住宅区，逮捕了潘峭和毛文锡。一见"仇人"，丑太子分外眼红，抢起膀子就亲自动手拷打，差点将这两位大臣活活打死。一起被王元膺抓住的还有成都尹潘峤，他运气好一点儿，只是被关押，暂无性命之忧。成都城陷入恐怖状态，内外皆惊慌不安。

在抓人打人的同时，王太子也在忙着集结忠于自己的军队，准备和唐道袭算总账。七月八日，那些忠于王元膺的军队将领，徐瑶、常谦、严璘、王承燧等各自带兵来会合，王元膺见自己兵强马壮，认为可以动手了。

大兵簇拥之下，王太子身穿铠甲一路前行，路过中书令王宗贺的门口。这王宗贺也是王建的义子，曾在王宗涤（华洪）手下打过仗，而王宗涤是被唐道袭害死的，王太子觉得这个人可以争取，就叫开门动员说：走，和我一起杀唐道袭去！

王宗贺是聪明人，在他看来，王元膺此时的举动是标准的作死。王建还活着呢！于是他冠冕堂皇地回绝道："要起兵杀唐道袭，没有什么过硬的理由，也没皇上的诏书，太子最好还是三思而后行。"

王元膺没有听他的话，可能还在心里啐了一口：胆小鬼！然后他指挥军队杀向神武门，唐道袭的屯营兵集结地。唐道袭的计策大获成功，太子真的造反了，现在只要等老头子王建下令平叛，一切便大功告成！

但谁能想到，这次唐道袭看不见自己的成功了。他与前天对他无情注视的徐瑶、常谦等人战于清风楼前，运气实在背，先是中箭败退，然后被抓住砍了头！王元膺的军队得胜，杀上了瘾，大砍入城的屯营兵，杀得城中到处是死尸！

王元膺与唐道袭交战之时，在皇宫之内，刚刚复任的枢密使潘炕紧急觐见王建。潘炕奏报说："太子殿下只是与唐道袭争权罢了，应该没有异心。皇上您应该速速召见大臣，稳定人心，讨伐作乱的徐瑶、常谦等祸首！"潘炕不愧是唐道袭的朋友，表面上看他这段话说得大公无私，甚至替太子开脱罪名，但徐瑶、常谦正是太子手下最铁杆和最能打的两个将军，让皇帝下诏公开指斥他们为叛逆，太子党岂能不土崩瓦解？

王建虽然有点舍不得太子，但也别无选择，他招来老臣王宗侃、刚刚与太子划清界限的王宗贺、前利州团练使王宗鲁等，命他们奉诏讨贼。很快，王宗侃等带人开出皇宫，打着天子旗号在西球场门前列阵，杀向太子党的军队。同时，城外后续屯营兵也在王建另一个义子王宗黯的带领下，架梯爬入大安门，夹击太子党。

原先，太子党的军队认为他们要收拾的人是残害忠良的唐道袭，所以士气很盛，作战勇猛。可骤然间，他们的对手成了皇帝，还没搞清楚怎么回事，自己已经变成了叛逆，士气顷刻崩溃了。太子党仅死伤数十人便纷纷四散而逃。王元膺手下第一勇将"鬼魁"徐瑶战死，另一勇将常谦则保护着太子逃往龙跃池，躲藏到一条游船的船舱之中。

【作者按：龙跃池即唐代成都的景点摩诃池。它原为隋文帝子蜀王杨秀为扩建成都城而挖出的人工湖，王建称帝后改称"龙跃池"，王衍继位后又改名"宣华池"，后渐渐干涸，民国年间被彻底填平。位置大致在今成都体育中心到成都博物馆之间，在当时紧邻成都皇城。】

第二天早上，娇生惯养的王元膺受不了一整天没东西吃的煎熬，从躲藏的船舱中爬出来，向船上的人乞讨食物。王元膺那张极具个性的脸实在太有名了，船上的人马上认出这个人就是大蜀国在逃的太子！众人动手将他与常谦扣下，马上上报官府。王建得到报告，急命集王王宗翰去把太子带回来。

不想没过多一会儿，王建接到王宗翰报告说，自己到达龙跃池时，见到的只是王元膺和常谦的尸首，他们之前已经被看押的卫士杀掉了！

似乎出身卑微的统治者，多数比那些世代贵胄更重视亲情，王元膺这个太子虽然一身毛病，但在王建看来，太子天资还是不错的，也比较喜欢他，不然也不会对他一再放纵。乍闻噩耗，王建怀疑是王宗翰因与太子有隙，私自将他杀掉，再一想自己白发人送黑发人（这一年王建已经六十六岁，王元膺只有二十一岁）的感伤，忍不住当众大哭，一口一个"我的儿啊"，听得众人心惊肉跳。

如果这件事过后，王建要追究起太子被杀的责任，以王元膺在朝中树敌之广泛，不知有多少人要被牵连其中！当务之急，是将这件事定性。于是，宰相张格及时呈上了"慰谕军民榜"的草稿。王建读到里面"不行斧钺之诛，将误社稷之计"一句时，不禁暗自叹了一口气：自己这个儿子确实咎由自取，得罪的人太多了，众怒难犯！于是，王建控制了一下自己的情绪，说出蜀国大多数大臣都希望他说的那句话："朕怎么敢以私害公！"随即，他下诏废太子王元膺为庶人。

稍后，王宗翰上报了一个据说私自杀死王元膺的小兵，将他砍头了事。太子的敌人们，也就是朝中大员，都不会再受到追究，等待他们的是追授的荣誉与褒奖。干掉太子的主谋，出师未捷身先死的唐道袭，被追赠正一品太师，谥"忠壮"。一身是伤的潘峭被从东宫解救出来，重任枢密使。倒霉的是废太子的心腹死党，他们被论罪处死的多达数十人，其余多被革职流放。

王元膺没了，但大蜀的皇帝还得有一个得到所有人公认的法定继承人，否则将来王建一归天，蜀地很可能会爆发内乱。潘炕代表朝臣奏请王建，应该尽早确立太子，填补王元膺留下的空缺。

这时，王建活着的亲儿子还有十人，分别是：长子，普王王宗仁，生母仅是个身份低微的宫人，且身有残疾，形象很差，所以王建不喜欢他；三子，雅王王宗辂，生母为宫人宋氏，据说长得很像王建，故很得王建喜欢；四子，褒王王宗纪，连生母是谁都无记载，不太受重视；五子，荣王王宗智，生母为妃子陈氏，也不受重视；六子（或九子），兴王王宗泽，生母为褚姬；七子（或八子），彭王王宗鼎，与王宗泽同母，生性较为淡泊；八子（或七子），信王王宗杰，生母为乔妃，在王建看来，他是自己的亲子中最有才华的一个；九子（或十子），忠王王宗平，与王宗泽、王宗鼎同母，也没什么影响力；十子（或六子），资王王宗特，王宗智同母弟，也不重要；最小的十一子郑王王宗衍，这位兄弟就比较重要了。

王宗衍的生母是正受王建宠爱，艳名远扬的"花蕊夫人2.0"徐贤妃（也有记载说"花蕊夫人2.0"是徐贤妃的妹妹徐淑妃），所以他年纪虽最小，只有十五岁，但竞争力很强。按史书记载，王宗衍的长相酷似汉昭烈帝刘备，"方颐大口，垂手过膝，顾目见耳"。除了长相特别"高贵"，这孩子还很聪明，文采不错，擅长写香艳诗词，且特别喜欢玩，与王建曾经侍奉过的僖宗皇帝李儇颇为神似。

正因为候选人太多，王建有点拿不定主意。在他看来，老三王宗辂与老八王宗杰是较为合适的太子人选。不过，既然刚刚经历过大乱，王建觉得新太子最好是一个能得到朝中大臣拥护的人，以免重蹈王元膺的覆辙。因此，他想征求一下朝中文武对太子人选的意见。

看来上了年纪的老奸雄王建，开始出现糊涂了，从前面的王元膺事件中就已看不出当年那个"贼王八"的奸诈狡猾，显得反应迟钝，几乎是被手下人牵着鼻子走。现在更是变本加厉，他竟没有注意到，在做出如此重大决策时，必须回避直接利益相关方。他的这个想法还没有向朝臣提出，就先让他的枕边人徐贤妃知道了。

这个聪明的美女大喜，本来她虽然得宠，但她生的儿子王宗衍年纪太小，名分劣势太大，当上太子的机会十分渺茫。不过，老头子既然想改改规矩，让朝臣选一个太子，那自己儿子的机会就来了，因为选举这玩意儿是可以用各种方法来操纵的呀！

徐贤妃马上在第一时间找来了心腹宦官飞龙使唐文扆，让他悄悄出宫，找到宰相张格，请其帮忙为自己的儿子王宗衍拉票。

请人帮忙，帮的还是大忙，徐贤妃当然不能让唐文扆空着手去，所以在张格面前就出现了一笔巨款，足足一百镒（合二千或二千四百两）黄金！

于是，这位在王建眼中，一向廉洁自律的"清官"不淡定了，乐滋滋地收下了唐文扆带来的黄金，并且拿钱就办事，非常有信用地为立太子一事暗中活动。

张格先是连夜写好了群臣共同推荐王宗衍为太子的奏章，然后以极高的效率拜访了中书令王宗侃等一大批朝中重臣。张格欺骗他们说，自己接到了皇帝密旨，想要立郑王为太子，但他老人家希望咱们做大臣的能够体贴上意，先联名举荐。

见张格说得入情入理，王宗侃等人也就信以为真了。反正不管怎么选，这太子之位都不会落到我们这些外人头上，既然皇上已经想好让谁当太子，咱们只要表示衷心拥护，别没事给自己找不痛快就行了。另外，王宗衍那个孩子嘛，看起来还行，至少不像他二哥王元膺那么可恶。于是，众文武纷纷在张格写好的奏章上签名，一致拥护王宗衍为太子人选。

等凑够了签名，张格正式把奏章送了上去。已经有些糊涂的王建一看，满朝文武中的大多数人竟然都拥护王宗衍当太子，不由得深感意外，因为他实在没看出这个小儿子究竟有何过人之处，能把他的哥哥全都比下去。

放心不下的王建再招来相士给儿子们相相面。这一招自然难不倒张格、徐贤妃等人，很快，被人悄悄打过招呼的相士，带着夸张的表情惊叹："十一皇子的面相真是贵不可言哪！我数十年来相人无数，从未见过如此贵人！"

大臣的拥护，相士的首肯，可能还有徐贤妃与徐淑妃两位美女温柔绵绵的枕头风，叠加在一起，终于让年迈的王建放弃了自己原先的判断，迷失于张格、徐贤妃等人编织的那张阴谋大网之中。王元膺死后第三个月（李存勖攻克幽州，生擒刘守光那个月），前蜀太祖王建正式立小儿子王宗衍为太子。王建对这位新太子的厚待，毫不逊色于旧太子，让他执掌天子六军，为他开设"崇勋府"，设置幕僚，为他亲手创建的前蜀帝国步入衰亡的快车道狠狠踩了一脚油门。

无独有偶，后来大名鼎鼎的清朝康熙帝也搞过一次类似的选太子的活动。那时，他废掉太子胤礽（皇次子）不久，在畅春园召集文武大臣，让众人在他不喜欢的皇长子之外的诸皇子之中，推选一个堪任太子的人选，还信誓旦旦："众议谁属，朕即从之。"稍后，选举结果出来了，皇八子胤禩得票最多，谁料老滑头玄烨立即食言，不仅没有"朕即从之"，反而大发雷霆，要严厉追查所有投票给胤禩的大臣："你们是结党营私！"在下一直怀疑，玄烨做出如此自扇耳光的举动，很可能就是想起了九百多年前王建第二次立太子的这段典故。

原本自王建称霸蜀中以来，除掉刘知俊就任岐军主将的那小段时间以外，在军事上一直都只有王建欺负他的邻居，从没有王建的邻居敢欺负前蜀。但也许是王元膺之乱的消息传到了外边，让王建的邻居感到有机可乘，此后一年，前蜀一连遭到两次上规模的进犯。

先动手的是王建最弱小的邻居，荆南之主高季昌。还挑着荆南节度使头衔的渤海王高季昌认为，以前荆南镇的地盘有七个州府（江陵、峡州、归州、忠州、万州、夔州、涪州），他实际上只控制了其中三个，瞿塘峡以西的忠、万、夔、涪被前蜀占有，一直让他心有不甘。现在，高季昌觉得是机会收复"失地"了。

于是，高季昌尽其所能组织了一支舰队，亲自挂帅，逆江而上，进攻巴蜀的东面门户夔州（今重庆奉节）。此时的夔州刺史，正是当年通过向王宗侃进言，促使王建严治军纪从而赢得人心的谋士王先成。面对荆南大军压境，王先成向他的顶头上司镇江节度使嘉王王宗寿请领一批铠甲。王宗寿是王建族子，在王建还在许州贩私盐时就追随左右，是前蜀第一级的老资格。他可能对当年王先成阻挠兄弟发财心怀不满，竟在此时乘机给这个下属穿穿小鞋，只发给了王先成一批布袍。

不过事到临头，铠甲不足也得打仗。好在蜀军还有天险可凭，王先成率部据险死守，高季昌一时无法攻下。等荆南军锐气稍挫，王宗寿率军来战，他先在江上架设浮桥，人来人往，显示这是蜀军的补给要道，引诱荆南军队来攻击。高季昌果然中了计，驱动战船向前，欲焚毁浮桥。不承想，荆南船队进至浮桥边，潜伏大江两岸的蜀军突然拉起于此沉在江里的数条横江铁锁，高季昌的水军顿时就被锁死于大江之上，进不得，退不得，挤作一团。更倒霉的是，紧接着风向又突变，大火反烧向荆南舰队，蜀军乘势猛攻，荆南军大败，损失了五千余人，连高季昌的座舰都被打沉，他只好紧急跳上一条小船逃生。

战是打赢了，但事儿没完，轮到蜀军的两位有功之臣相互算账。王先成悄悄派人进京，打算弹劾王宗寿。王宗寿则更狠，在路上截下王先成的密使，随后以主帅身份召见王先成，将其斩首于营中。王建得知王宗寿擅杀功臣之后，发了一通火，但什么处分也没下。前蜀的纲纪，正在一步步败坏之中。

大长和国

高季昌败退后不久，前蜀又遭到了一次更大规模的进攻。这次进攻前蜀的，是一个在中国历史上名声非常小的国家——大长和国。

名声小，是因为它来自一个被大多数史家忽略的区域——云南。纪录片《神秘的西夏》中，颇有不平地说："二十四史中唯独没有《西夏史》！"不知道纪录片怎么得出这个结论的，其实，在中华大地上出现过的古国，没能在正史捞到一席之地的例子多了去了，其中有些古国的重要性，未必不及西夏。

"云南五代"（云南在其独立成国的五百多年内，大致经历了南诏、大长和、大天兴、大义宁、大理这五个朝代）就是一个很典型的例子。今天不论是比史学界的研究，还是比在民间的知名度，"云南五代"史都远远不及西夏史。这种忽略，不见得是因为云南不重要。作为云南人，在下简单介绍一下唐末五代时的云南。

本书开初阶段，位于云南的南诏国，是非常露脸、非常牛的。《新唐书·南诏传》中有一句名言："唐亡于黄巢，祸实肇于桂林。"细细说起来，唐朝在桂林长期戍重兵，最后引爆庞勋兵变，就是因为南诏不断进犯大唐西南边界。尤其是酋龙成为南诏皇帝后，更是"大战三六九，小战天天有"。而王仙芝、黄巢起事的直接导火线，就是南诏军队围攻成都，迫使唐廷抽调中原五镇军队，以及当时号称第一名将的高骈支援蜀地。

可以这么说，南诏就是导致唐朝灭亡最大的外部诱因！不过，此后，大家很久都没有听到来自云南的消息了。这么一个在唐朝后期如此凶猛的西南国度，到了唐朝真正分崩离析、天下大乱的时候，为什么如此安分守己，没有按照往年的习惯，出兵北上，趁火打劫，来分一杯羹呢？

先从那位黄巢起义说起。严格来讲，南诏景庄皇帝的原名根本就不叫"酋龙"，而是叫"世隆"（此时南诏的汉化程度高于契丹，通用文字就是汉字，所以这个"酋龙"与"世隆"，并非"阿保机"与"安巴坚"那样的音译差别）。但唐朝官方认为，"世"字犯了太宗皇帝李世民的名讳，"隆"字犯了玄宗皇帝李隆基的名讳，所以不予承认，于是就给这位南诏君主生造了"酋龙"这个名字。这被中原史书沿用。

以南诏当时的汉化程度，他们当然了解中原文化，了解华夏文明中的"避讳"制度。明明知道，却有意而为之，只此一条，就可知当时南诏与唐朝的外交关系有多么糟糕了。

世隆是南诏王朝的最后一位强势君主，在他之前的三代南诏王，劝龙晟为弄栋〔南诏学习唐朝制度，也将其除国都阳苴咩城（今云南大理北）外的领土，划分成丽水、永昌、剑川、弄栋、银生、会川、拓东、通海等八镇节度使管辖〕节度使王嵯巅弑杀，而劝利晟和劝丰佑，不过是升级为权臣的王嵯巅（他曾受赐南诏国姓"蒙"，有的文章叫他"蒙嵯巅"）的手中玩物。

唐宣宗大中十三年（859），十五岁的世隆即位为南诏王。登位伊始，他便在尊师郑思孔的谋划下，借外戚出身的大将军段宗榜之手，以迎拜缅甸（骠国，此时已沦为南诏的附庸国）进贡来的金佛为名，诱杀了权臣王嵯巅，一举夺回了权柄。

世隆这个人，残忍好战，雄心勃勃，有称霸天下之志。他在当王子时，就亲见王嵯巅率军攻唐，带回大量金银珠宝和数以万计的工匠、美女，实在让人眼红。现在轮到自己大权在手，难道还能让姓王的奸臣比下去？

于是，世隆先是将自己职称升级为皇帝，表示与李唐平起平坐，然后又大力扩军备战，组建了号称"爨白军"的骑兵部队、号称"罗苴子乌蛮军"的步骑混合部队和号称"望苴子瓦军"的象兵部队。据说，在世隆统治期间，南诏军队膨胀到三十万人之众。如果这个数据大致可靠，也就是说，当时的南诏以不到唐朝十分之一的人口，拥有了相当于唐朝三分之一的武装力量。也许与后来的契丹相比，这并不算夸张，但请注意：南诏也是农耕民族，不是可以轻易实现全民皆兵的游牧国家。

要办成一件大事，需要两大必备要素：一是能力，二是意愿。军队有了，世隆就让人在自己的手上文上"通蕃打汉"四个字，谎称是从母亲肚子里带出来的胎记，以此向国人宣扬：上天早已注定，要他征服蕃汉！

至此，一切顺理成章，世隆统治南诏的十八年间，由他发起的战争几乎没有停止过。往西，世隆打败东印度洋的海上霸主狮子国（今斯里兰卡），强化对骠国的宗主地位；往南，他先后击败女王国（又称"哈利奔猜王国"，在今泰国北部）、吴哥王朝（中心在今柬埔寨，但比今天的柬埔寨大很多）、占城（今越南南部）。不过，世隆最重要的战略方向还是往北和往东，他先后发动了八次对唐朝的大规模进犯，最终损人不利己地把唐朝和自己一同拖入地狱。

之所以不利己，是因为世隆的理想高过了现实，他和他的南诏国都追不上他腾飞的雄心。世隆在军事上虽非庸才，可也算不上什么盖世名将。他一度击破唐军，吞并了安南，却又在唐将高骈的打击下被迫全部吐了出来；他数次包围成都，也始终不能攻克。南诏与大唐之间，打成两败俱伤的消耗战。试想，连唐朝都被这一连串战争折腾得够呛，国力比唐朝弱得多的南诏，自然更禁不起消耗战的折磨。

国人反对，舆论不支持怎么办？世隆就多砍几颗脑袋来立威，"年少嗜杀戮，亲戚异己者皆斩"。兵源枯竭，拉不够人手怎么办？世隆命令将国内十五岁以上的男丁都强征入伍，在南诏国耕田劳作的只剩下老弱妇孺。国库空虚，凑不够庞大的军费怎么办？世隆就挖空心思，到处弄钱。抽取重税之类的常规手段不用说了，甚至连当初诛杀王嵯巅时用到的重要道具，也就是从缅甸（骠国）进贡来的那尊千两金佛，都被世隆下令熔化成了金锭，拿来救一时之急！

传说当年缅甸（骠国）送金佛到南诏来时，派了一个年少的比丘尼（尼姑）随行侍奉。等国师郑思孔奉令来收缴并熔毁金佛时，这位已出落成美丽少女的虔诚佛教徒，看着正在熔化的金佛，禁不住泪流满面，在口中默默发下诅咒："本希望世代供奉您，今已不能如愿，只愿世尊您能转世投胎，灭了这个可恶的国家！"

这梨花带雨的一幕让郑思孔看见了，国师大人不禁一惊：咦，没想到这山谷寂寞的古寺里也有美丽的百合！于是，郑国师倚仗权势，强行将女尼纳为小妾。临幸之夜，女尼梦见金佛入怀，后为郑思孔生下一子，取名郑买嗣。

这个传说的真实性显然并不太高，即使我们不考虑这属不属于封建迷信的因素，如果郑买嗣真的生于世隆统治时期，那么等到他在南诏政坛崭露头角、经验老到地排斥政敌时，还最多只是个十几岁的少年，这恐怕不大可能。但这个说法能够广泛流传，并进入明朝大才子杨慎的《南诏密史》，证明在佛教化的南诏，其国内的各阶层，对世隆穷兵黩武的统治已经到了"官怨民怒，上下俱困"的程度了。

此时，南诏帝国的政治架构近似晋国，不是李克用、李存勖父子的晋国，而是春秋中后期那个晋国，那个公室权力逐渐衰退，赵氏、魏氏、韩氏、智氏、范氏、中行氏等六大家族正在兴起的晋国。世隆统治时期的南诏，除了皇族蒙氏，统治集团内部也正好形成了比较稳定的六大家族——段氏、高氏、杨氏、赵氏、董氏、郑氏，南诏几乎所有提得上号的高官，都被这六大家族垄断，并对此后云南历史的演变产生极其深远的影响。

此前，六大家族中还没有产生出一个老大。为了对付强大的王嵯巅，他们团结在世隆的周围，随后又支持皇帝的扩张政策。但如果经过实践，这种政策不能给他们带来利益，而是带来危害，并且这种感受越来越成为共识时，蒙氏皇族的统治基础就越来越松动。

更糟糕的是南诏的民族架构。直到今天，云南仍然被称作"民族博物馆"，其民族的种类之多、分割之细，让人叹为观止。南诏就不存在一个主体民族，最主要的两个民族被称作"白蛮"与"乌蛮"。白蛮，一般认为比较接近今天的白族，而乌蛮，比较接近今天的彝族，但实际上并不能精确对应。白蛮平均文化程度较高，当时主要分布于滇西，也就是南诏的核心统治地域，乌蛮则主要分布于滇东各地，多远离政治中心阳苴咩城。

南诏皇族蒙氏，就偏偏属于乌蛮，而六大家族中，除郑氏是汉人，其余五家都属于白蛮。由此可见，蒙氏皇族不论在统治集团内部，还是在苍山洱海间的统治核心地域，都是少数派。一旦不能再继续团结多数派，其统治将变得岌岌可危。

唐乾符四年（877）（朱温离开家乡，投奔黄巢的那一年），三十三岁的世隆不顾自身国内上上下下的反对意见，御驾亲征，攻入蜀地，发动他的最后一次攻唐战争。士气低落的南诏军进至嘉州（今四川乐山），便被一支唐军伏兵来了当头一棒。这一战，南诏军队的损失虽然并不算大，但他们的皇帝背上竟中了一箭（背上中箭，真是唐军射的吗），不能继续指挥作战，只得仓皇撤军。退军至越嶲（今四川西昌）时，世隆因伤重不治，病死于景净寺。

据说世隆临终前，大小便失禁，尸身和屎尿混合在一处，臭气熏天，竟然没人帮这位曾经威名赫赫的皇帝清洁一下，让他死得体面一点儿。负责给世隆火葬的巫师，还落井下石，对赶来办理后事的太子隆舜说："只有罪孽深重的人，尸体才会是这样的！"可见世隆在其统治后期是多么不得人心。

有了父亲的前车之鉴，继位的南诏新皇帝隆舜一上台，便罢免了积极支持对唐开战的，以国师郑思孔为首的主战大臣，任命豪族中的主和首领赵隆眉为首相，对南诏原先的国家战略来了一个一百八十度的大调整。据说隆舜曾对赵隆眉说："（父王）战地万里，夜不过卧床六尺；掠金万车，日不过美食五餐；得美女数万，只玩得几个过瘾。"这段话格调不高，但充分体现了一位纨绔"皇二代"对和平的向往。

于是，在赵隆眉的主持下，南诏向唐朝请求和亲，希望能迎娶一位唐朝公主，借此实现双方关系的正常化。

在漫长的王嵯巅和世隆当政时期，南诏一直稳坐唐朝外患排行榜的第一把金交椅（在这一阶段，吐蕃、回纥都已衰落，而契丹尚未坐大），所以唐廷根本不相信南诏的和平诚意，不愿意下嫁公主。但要一口回绝，又害怕南诏再次进犯，毕竟此时唐朝已被黄巢搅得天翻地覆，正疲于应付，实在不希望再开辟一个对南诏的第二战场。

于是，唐廷对南诏的和亲请求表示意向性同意，愿将安化长公主（唐懿宗之女，可能是唐僖宗李儇的姐姐）嫁给隆舜，但在实际操作上，唐廷不断制造借口，拖着不办，考验南诏的耐心。和亲大事总是办不成，自然让负责此事的南诏首相赵隆眉十分着急。

与唐朝的宰相制度类似，南诏的宰相被叫作清平官，通常也是数人担任，这时南诏的清平官有四人。其中有赵隆眉和赵隆眉推荐的同党段义宗、杨奇鲲。这三个人有一个共同的特点，都是南诏的"海归"，留学于大唐，对汉文化充满好感，造诣也不低。还有一个人是隆舜亲自提拔的新人，原国师郑思孔的儿子，传说中为金佛转世的郑买嗣。

郑氏家族能再次杀回南诏政坛核心的原因，据说比较"无厘头"：郑买嗣向隆舜进献了一颗大宝珠，声称是他从洱海龙王那里弄到的"龙珠"，特将此"龙珠"献与伟大的陛下，南诏唯一的"真龙"！

说不清楚隆舜是为了搞平衡，防止朝中赵隆眉一党独大，还是真被"真龙"的马屁拍晕了（从隆舜的一贯表现看，此人的智商好像不太高，真有可能是后者），总之郑买嗣就靠这献宝之功，硬是挤进了南诏的最高决策层。

赵隆眉一派感到了威胁，他们需要尽快做出成绩。在奏请隆舜批准后，赵隆眉、段义宗、杨奇鲲三人组成了一个高级别的迎亲使团，出使成都（这时唐僖宗已让黄巢赶到了成都），打算使尽浑身解数把安化公主接走。在出使的路上，汉文化修养很高的杨奇鲲，还写下了《途中诗》一首，以纪念这次出使：

> 风里浪花吹更白，雨中山影洗还青。
> 海鸥聚处窗前见，林狖啼时枕上听。
> 此际自然无限趣，王程不敢暂留停。

由诗文看来，赵隆眉等人应该对此行充满了期待，但他们没有想到，这是他们犯下的最致命的错误。郑买嗣抓到这次机会，悄悄派人送信给唐将高骈，假装好心地介绍南诏的情况，说赵隆眉等三人都是南诏最杰出的人才，没了他们，南诏对唐朝就没有威胁了！

当时唐廷对南诏国内的情况了解并不太深，郑家是南诏六大豪门中唯一的汉人（有说段氏为十六国时代北凉王段业之后，但不大可信），郑买嗣的七世祖郑回曾倾尽全力，促成南诏孝恒王异牟寻归附唐朝的历史，使得高骈相信了这份来路蹊跷的情报。

高骈上疏唐廷，称赵隆眉等三人是南诏王的谋主，不能放他们回去，最好除掉，然后南蛮可图！接到高骈的奏章，唐僖宗李儇极不厚道地杀掉了本为和平而来的赵隆眉、段义宗、杨奇鲲三位南诏宰相，撕毁了与南诏的婚约，给大唐的外交史写下非常不光彩的一页。

不过，这一起恶性外交事件，并未引发唐朝与南诏之间的新战争，双方进入虽敌对但不冲突的冷战时代。

唐朝方面不用说，根本没有余力考虑什么"南蛮可图"。南诏主动求亲，急于与唐朝和解，根本原因也是世隆在位期间透支了南诏的国力，现在已经精疲力竭，打不动了，这种状况不会因几个主和派大臣的死而轻易改变。这并非像某些史书认为的那样，是高骈深谋远虑的结果。

这件事真正的影响力，不在唐和南诏两国之间，而在云南的萧墙之内，它帮助郑买嗣清除了所有有力的政敌，南诏政坛从此进入郑氏一家独大的时代。

从本质上来说，南诏的"圣明文武皇帝"隆舜，是个一点儿也不圣明，要文没文，要武没武的教科书级昏君。他喜好游猎，懈怠国政，爱慕虚荣，贪恋女色，偏听偏信，满足古史中一个坏君主应该具备的大多数特征。郑买嗣则无师自通，刻意投其所好，成功将这位南诏皇帝引向了亡国灭家的不归之路。

郑买嗣让同党杨登奏报说，中原大乱，有很多汉家女伎流入南诏的东都鄯阐（今云南省会昆明。其实在唐朝已经有一个叫昆明的地方，在今四川盐源县，有一种说法，南诏侵吞大渡河以南之地，将昆明等地的百姓迁往鄯阐，鄯阐遂出现"昆明"的别称，到元代正式改名）。隆舜听了，食指大动，便离开国都阳苴咩城，东游鄯阐。之后，这位南诏皇帝乐而忘返，长期滞留鄯阐，在杨登的侍奉下醉生梦死，逐渐脱离了南诏传统的政治中心，那里的国家大事都被郑买嗣把持。

唐昭宗乾宁四年（897）（清口之战发生的那一年）的一个夜晚，在位已二十年的南诏皇帝隆舜，在鄯阐府文庙与女伎交欢时，突然遇刺身亡，据说嘴唇、舌头、阳物都被刺客割走，死状比他父亲还惨！

刺客没有抓到，当晚服侍隆舜的女伎也不知去向，弄不清楚隆舜究竟是被谁干掉的。但隆舜当时住宿淫乐都是由杨登安排，杨登最有动手的便利，而隆舜死后郑买嗣成了最大受益人，故后人多认为这是郑买嗣指使杨登干的。稍后，郑买嗣逮捕了杨登，将其处死，并通告境内称："竖臣杨登弑君，服诛，并灭九族！"这究竟是不是灭口，不得而知。

大家能够看见的，是在隆舜皇帝的葬礼上哭天抢地、悲恸欲绝的郑相国。当然了，再怎么"欲绝"也不会真的去"绝"，因为泪人似的郑买嗣当着众臣的面儿，宣誓说，他要鞠躬尽瘁，完成隆舜皇帝未尽的遗愿！然后，给自己安排了辅政大臣身份的郑买嗣，拥立隆舜的儿子"白衣太子"舜化贞继位，史称"南诏孝哀皇帝"，中央大权从此尽归郑氏所有。但南诏自世隆以来的国贫财困，民生艰难，以及地方权力分散于滇西各大家族与滇东三十七部之间，民间不时有人造反等种种糟糕的现状，并没有什么改变。郑买嗣的权力基础，远远算不上稳固。

郑买嗣究竟要实现隆舜皇帝的哪些遗愿呢？

其中有一项，大概是再与唐朝和解。郑买嗣以新皇舜化贞的名义遣使向唐朝告哀，想恢复与唐朝的正常关系。当然，这次郑买嗣不会像赵隆眉那样傻傻地亲自当使节。

当时的昭宗皇帝李晔接到南诏国书，打算回复诏书，但已经占据巴蜀的王建倚仗自己的强大武力，上表反对："南诏不过是一个西南小夷，不足以辱没天朝诏书（其实那个时候的'天朝诏书'多数等同于废纸），只要有臣在西南，他们必定不敢犯边！"这样一来，郑买嗣欲修好唐朝，取得外交政绩的希望，因王建拦腰一棒而落空。不知后来云南郑家与巴蜀王家的冲突，与这件旧怨有没有关系。

郑买嗣实现隆舜皇帝遗愿的重点还是内政。他说隆舜生前曾许愿要造大观音铜像，遣人到各地各部收缴铜铁，防止它们被铸成容易引发不安定状况的兵器。为教育大家接受现状，安分守己当顺民，郑买嗣大力宣扬佛教。其中最著名的一个文化工程，是他让博士内常侍王奉宗、张顺等绘制的，有"中国第一部连环画"之称的《南诏中兴画卷》。

《南诏中兴画卷》由近三千字的文字卷和十三段画面的画卷两幅长卷组成，主要讲述了南诏蒙氏皇族的祖先，因虔诚信佛得到善报，阿嵯耶观音亲自下界点化相助，从而创建南诏国，君临云南的神话故事。它是南诏极少数完整保存至今的国宝级文物，有非常高的史料和艺术价值，只可惜今天它已经不属于中国，现藏日本京都一家博物馆。

整个画卷的中心思想便是：南诏国是君权佛授的神圣国家，蒙氏皇族是得到佛祖认可的正统统治者，你们这些凡人只能好好服从佛意，不要妄想着变天！如果从这个角度看，画卷的制作似乎体现了郑买嗣对蒙氏皇族的耿耿忠心。但细一琢磨，里面似乎隐藏一个逻辑陷阱：蒙氏皇族的统治权是由佛授予的，佛自然也有权力将它收回。在云南同期出现的另一个人造神话中，郑买嗣可是金佛转世！

舜化贞在位的第五年（公元902年，唐天复二年，氏叔琮第三次攻太原，李克用几乎要逃跑的那一年），皇妃为他生下一个儿子，南诏又有了新的正统皇位继承人。郑买嗣不知是不是受此事的刺激，好像不愿意等下去了。他向舜化贞进献美酒祝贺，二十五岁的舜化贞饮下后，一病不起，不久死去。

郑买嗣一脸悲痛地向守寡的皇后奏称："皇上不幸英年早逝，群臣无主，人心不安，请让老臣抱幼主上朝与群臣见面，明定皇统。"舜化贞的皇后不疑，将只有几个月大的小皇子抱给郑买嗣。郑买嗣抱着皇子出去，乘人不备，捏碎了这个小婴儿的阳物。小婴儿大哭不止，但这个年纪的婴儿啼哭很正常，旁人竟未起疑。第二天，小皇子夭折，追赶头天死去的父亲而去！

舜化贞的皇后这才起疑，欲召郑买嗣来诘问，但郑买嗣已经要动手了。皇帝和皇子接连暴亡，这清楚地证明蒙氏皇族不再受到佛祖护佑！郑买嗣眨眼间撕掉戴了几十年的忠臣面具，声称替佛行道，他要调集军队，恭行天诛！事发突然，阳苴咩城的蒙氏皇族几乎没有防备，皇族成员八百余人很快被郑买嗣逮捕，拴成长串，押解到曾经象征蒙氏皇族权势与威严的五华楼下，然后在屠刀之下血染宫阙！郑买嗣还下令：在全国追捕出逃在外的蒙氏宗族成员，务必不使一人漏网！

自古以来，权臣弑主以至篡权夺位的事例并不少见，但能做得像郑买嗣这么决绝，手段如此狠毒者，罕有其匹，完全让几年后朱温干的那些事相形见绌。

自唐贞观二十三年（649）细奴逻立国开始，创造了云南历史上武功最强悍时代的南诏王朝，至此灭亡，共传十三主，立国二百五十三年。由于立国时间较长，宗族繁衍庞大，蒙氏皇族并没有像郑买嗣希望的那样被完全杀光，仍有极少数逃脱隐藏，但从此销声匿迹，不再对后来的历史有什么影响。

踏着前朝皇族尸骨铺就的篡位大道，郑买嗣成功自立为帝，尊七世祖郑回为高祖，改国号为"大长和"，改元"安国"。但"国"并没有从此"安"。只从地图上看，大长和国与南诏几乎没有变化，但实际上，它的国力在进一步衰退，郑买嗣没建下值得一提的功业，得位完全靠的是耍弄阴谋。本来就矛盾重重、从未能实现一体化的云南政权，更加离心离德。与蒙氏有同族之谊的滇东乌蛮三十七部，还有银生、景东、镇沅、金齿白蛮等多不满郑氏统治。郑买嗣竭力安抚，也只能做到不让造反而已，无法让他们为自己所用。

为了维持安定，郑买嗣只好继续发挥自己的强项。佛家有云："救人一命，胜造七级浮屠！"郑买嗣反其道而行之，他的做法是，杀人一命，多造七级浮屠！郑买嗣称帝期间，大长和国唯一值得说一说的事迹，就是不停地修佛寺，造佛像。他铸造了佛像一万多尊，送往寺院祈福。

后梁开平四年（910），没打过仗，但也杀了不少人的郑买嗣归西了。他的儿子郑仁旻继位，追谥他为"桓帝"，还尊了父亲一个很牛的庙号——圣祖！

在中国历史上，"圣祖"这个庙号一共只被用过五次，但有三次都是尊给远古的、带有传说性质的始祖，他们是：唐圣祖李耳（道家创始人老子，道教的太上老君）、前蜀圣祖王子晋（周灵王太子，传说其修道成仙，并为王姓始祖）、宋圣祖赵玄朗（民间信奉的财神赵公明）。真正尊给皇帝的只有两次。以前在下看到清康熙帝庙号敢叫"圣祖"，觉得清朝官方太过，后来看到大长和国的事迹，方知"一山还比一山高"，将奸臣戏演了个十足全套的郑买嗣，死后竟然也是"圣祖"！

奸雄迟暮

话说，当时在前蜀与云南政权之间，黎州（今四川汉源）与雅州（今四川雅安）之西，存在着不少羌、氐人部落，其中最强大的有三支，依其首领的姓氏，被称作"刘部""郝部""杨部"。唐朝时曾给三部首领封以王爵，所以又号称"三王部落"。另外，当地人喜欢用石块垒叠成堡，极具地方特色，号称"镧金堡三王"。

"三王部落"长期在云南政权与中原政权之间两面讨好。以往唐朝的多任西川节度使，觉得可以利用"三王部落"探听云南方面的情报，好对云南方向发生的进犯提供预警，便每年赏给"三王"绢帛三千匹，遂成定制。

不过，两面逢源才是发财王道。于是，"三王部落"一手领着唐朝发的赏，一手接着南诏给的钱，当起双面间谍，同时为双方提供对方的情报，小日子过得那叫滋润。虽然从事后来看，他们给双方提供的情报，好像质量都不怎么样。

可是，等王建入主西川，"三王部落"的那点儿猫儿腻自然骗不过这只老狐狸。不仅如此，王建手握的重兵，也是以前历任西川节度使无法相比的，所以王建一上台，就很干脆地将每年赏给"三王部落"的这项例行性开支精减了。

当时在任上的三位部落王，分别叫刘昌嗣、郝玄鉴、杨师泰，自然对成都出现的这位吝啬的新领导十分不满，只是他们实力太弱，敢怒不敢言。他们只好在心头暗暗祈祷：什么时候让云南那边再出一个世隆那样的人，痛打蜀兵，替咱们出口恶气。

此后，三部落一面继续给南诏（大长和国）当卧底，向其通报蜀中的虚实，一面时刻准备着，为挑动云南兵北犯而奋斗。在郑买嗣的时代，他们的准备没什么结果，"郑金佛"还是有自知之明的，自己要与百战中杀出的一方霸主"贼王八"较量刀兵，那多半讨不了好。不过，等二十一岁的郑仁旻上位时，情况就有变化了。

经历过世隆统治时期穷兵黩武之苦的那一代滇人大都死去，国内是在数十年和平中成长起来的新一代。那些不曾尝过切身之痛的人，回忆起那个武功显赫的年代，反而有了一种向往，看见一丁点儿火星都禁不住喊打喊杀。年轻气盛的郑仁旻，正是他们之中的一员。因为没有实际拿得出手的功业，郑家在云南的威信一直比不上前朝蒙氏，人心多有不服。不过，这一切并不难改变，只要抓住机会，来一次战争，一场大胜，之后便什么都有了！从理论上说，这并不错，之前的李存勖，之后的柴荣，都是靠一场大胜开启自己的辉煌时代的。

终于，郑仁旻和大金堡三王，都等到了他们所认为的机会。"三王部落"给他送来了似是而非的情报——蜀中内乱。渴望建立武功的郑仁旻，兴奋地匆匆动员了大量军队，挥师北犯，渡过前蜀与长和的边界大渡河，直取黎州。

梁乾化四年（914）十一月十三日，长和军进犯的消息传到成都，王建立即命宗室夔王王宗范（后妃周氏在嫁给王建前，与前夫所生的儿子，据说原姓张）、嘉王王宗寿（王建姐姐的儿子，见前文），以及蜀军唯一没被王建清洗的名将兼中书令王宗播（许存），共同组成一个方面军司令部。

主帅是王宗范，但实际指挥主要由王宗播负责，统军南下御敌。

　　本来前蜀军队的主力多在北线与岐国纠缠对峙，南线因多年未发生什么大战，守备较为薄弱，对长和军来说是个机会，但数量可能接近十万人的长和大军攻入前蜀境内后，并没有抓住机会，用好自己的数量优势。

　　主要原因就是郑仁旻非能战之人，没有前辈世隆的胆量，不敢让军队长驱直入攻向成都，只想蚕食边界上的一两个州。所以，他只是一面将黎州城团团围住，一面在黎州城北潘仓嶂、山口城、武侯岭连续布下三道防线，以阻截前蜀援兵。但这样一来，长和军的兵力被分散成几个部分，变相削弱了在每一个战场的力量。

　　围城的长和军攻打了十多天，黎州未下。十一月二十四日，前蜀援军到达潘仓嶂，一顿猛冲猛打，大破多年来没打过什么大仗的长和军队，阵斩长和军大将赵嵯政等多人！

　　十一月三十日，蜀军又在山口城击败长和军，长和军阻援部队收缩兵力于武侯岭，试图在这里借助险要阻止蜀军前进。接下来十多天，蜀军连续作战，屡破长和军，先后攻陷长和军十三座营寨，粉碎了武侯岭防线。正围攻黎州的长和大军北面，已不再有任何屏障保护。

　　连胜之下，已处优势的王宗播等蜀军将帅又出巧计，他们并没有直接南进去解黎州之围，而是先分出一支军队绕过黎州，去截断长和大军架设在大渡河上的桥梁。此举如若得手，进犯的长和大军失去退路，有可能全军覆没！

　　黎州城下，已有几分惊弓之鸟成色的长和围城大军，发现有一支蜀军奔着大渡河上的桥梁去了，无不大惊失色。他们急忙放弃对黎州的围攻，弃营南奔，要拼命保住自己回家的路。

　　这时候，王宗播等蜀军将领才挥师追赶，大破先是撤退，后演变成溃退的长和大军。从黎州城到大渡河边的一路上，躺倒了数万具长和士卒的尸体！

　　长和败兵们冲到大渡河边，还好，桥还在。此刻的他们已经没有与蜀军再战一场的勇气，个个争先恐后，只想着赶快过桥回家，逃出这可怕的修罗场。

大渡河自古以来就以水流湍急著称，很难架设浮桥，所以它上面的古桥多为远离水面的铁索桥或藤索桥。红军长征中飞夺的那座泸定桥，就是其中的典型代表。大家可以设身处地想象一下，惊慌失措的几万溃兵，没有秩序，没有纪律，发疯似的一起拥向一座索桥，会是一幅怎样惊心动魄的壮观场面？

挤满了太多人的索桥，合情合理地断裂了，桥上的人全都落入河中！更多的败兵其实并没有挤上桥，但也被身后疯狂拥来的同伴挤入河中！于是，汹涌的大渡河中，又多了数万具浮尸！最后，只有少量长和败兵游过河，逃回了本国。

大获全胜的蜀军接着在大渡河上重新架桥，打算乘胜南进，攻入大长和国。但桥梁尚未完工，王建亲自叫停了这个计划，下令蜀军班师。看来，这位越来越趋向保守国策的老奸雄，并无心去占领他看起来油水不大，而且肯定很难治理的云南之地。提心吊胆的长和皇帝郑仁旻这才松了一口气，前蜀与长和的战争自此画上了休止符。

在云南政权对汉地的历次进犯中，后梁乾化四年的黎州之战，应该是输得最干脆、最麻利、最没有波折也是最惨的一次！据《锦里耆旧传》说，被杀掉和溺水而死的长和军士多得难以计数，战场投降的有三千多人，缴获的兵器、盔甲、牛马、军粮等，多达八千余车。在被斩的首级中，竟有官居"坦绰""布燮"的清平官（宰相）数人，看来大长和国至少半个中央政府都覆灭在大渡河边了！

整个云南为之胆寒！从此，云南政权彻底改变了南诏时代咄咄逼人的对外政策，变成中原政权的所有邻居中最爱好和平的一个（当然，这并不妨碍今后云南内部三天两头打内战）。双方不管王朝如何更替，再也没有发生过值得一提的军事冲突，一直要到三百四十年后，忽必烈的蒙古兵渡过金沙江，攻灭大理国为止。

如果夸张一点儿，可以这么说，黎州一战，为西南边界打出了三百年的和平，这可以算是前蜀政权为华夏文明做出的重要贡献之一。

　　不过，在这一战中，真正倒了大霉的还不是郑仁旻和他的大长和国，而是根本没参战的锢金堡三王。王宗播等在被长和军遗弃的大量物资中，发现了他们劝诱长和兵北犯，并为之提供情报的书面证据，密报王建。于是，王建下旨，征召刘昌嗣、郝玄鉴、杨师泰等三王到成都朝见，三王虽然心虚，但慑于蜀军军威，还是不敢不来。

　　后梁乾化五年（915）正月，王建登上得贤门，接受了得胜之师盛大的献俘仪式，随后下令大赦天下。不过，刘昌嗣等三王不在赦免之列，他们被押赴成都闹市，斩首示众。接着，蜀军开进"三王部落"，拆了锢金堡，没人敢反抗。

　　这是王建晚年少数可以值得骄傲的大事，但整体上看，他的运势已经和日渐苍老的身体一样，如夕阳西下，无可挽回。

　　接受献俘礼这一年年底的一个夜晚，前蜀皇宫突然失火，火势迅速蔓延，波及广泛，冲起的火光让整个成都城都能看见。火情紧急时刻，兼中书令王宗侃急忙召集禁卫军，打算进宫救火。但事发突然，王建一时间无法查明这火究竟是怎么烧起来的，不敢排除这是人为纵火，好借此乘乱发动政变。惊恐中的王建下令宫中护卫紧闭宫门，严禁外人进入。

　　因为王建把防备政变的工作放在了救火之上，别说宫外人，就是宫里人都不能全数参加救火，所以这场大火烧得十分潇洒，十分尽兴，直到天明时分仍在燃烧。宫中有一座高楼，名叫百尺楼，王建自夺取成都以来，每有财政盈余，都换成细软，储存于楼中。这一晚，全楼都被烧成了灰烬，王建积攒了几十年的巨额财富几乎化为乌有！

　　如果"财去"能换来"人安乐"，那也不是不能接受的，但很显然，算计了别人一辈子的王建，不管表面如何风光，其内心早已深陷在自己也可能被人算计的恐惧之中，再无安乐可言了。

　　也许与这种心理上的煎熬有一定关系，据史书记载，王建自后梁开平五年（公元911年，那年王建六十四岁）起，记忆减退，甚至间歇性出现神志错乱。随着时间推移，他的病情缓慢却不可逆转地恶化。其实，关于王建晚年那一个个大失水准的决策，基本都是在他患病之后发生的。自然，有时候他神志清醒过来，又会感到后悔。

有一次，王建出行，途经夹城（前蜀宗室亲王居住的高级小区，类似唐代的十六宅）外，听见太子王宗衍正和一大帮亲王在里面斗鸡、玩球，欢乐放纵的喧闹之声，纵然离得很远都能听得见。这场景王建曾经很熟悉：这不就是唐僖宗李儇复生了吗？

王建心里一动，叹息说："我历经百战才打下的江山，这帮小子真有能力守得住吗？"细细思索，王建感到有些后悔，觉得自己被貌似忠良的张格骗了，他开始对这位自己曾十分欣赏的名臣之后非常反感。同时，王建考虑应该再更换一次继承人。

据王建观察，亲儿子中好像就数信王王宗杰比较不错，不像其他兄弟那么贪于享乐，还经常对国家时政提出改进意见，颇有可取之处。当初就应该选他才对吧？

但王建的意识已经是时而清醒，时而糊涂，再加上宫内的徐氏姐妹、宦官首领唐文扆，宫外的宰相张格等人，已经围绕着王建编织起了一张大网，使他的意志不再能够畅通无阻地施行，结果，王建刚刚露出打算改立王宗杰为太子的苗头，王宗杰就突然暴亡，死因不明！

王建感到震惊，为了平衡徐妃一党，他振作精神，下旨召继刘知俊之后担任北面行营招讨使，因而手握重兵的王宗弼回成都。王宗弼本名魏弘夫，背地里卖过义父王建的马，又当过顾彦晖的干儿子，那时他叫顾琛。

王建认为，王宗弼"沉静有谋"，有一定能力，但又不是太有能力，有一定威望，又不是太有威望，暂时掌握着北方兵权，正好与控制京城禁军的徐妃一党相抗衡，可以托付大事。不过，王建的记忆力真是不行了，已不大记得王宗弼当年那段历史。几年后发生的事将证明，尽管过了很多年，王宗弼从来也没有荒废过自己的"专业技能"。

暂时而言，王宗弼的忠诚度还不是最要命的问题，要命的是王建这一举动，极可能引起了徐妃一党的恐惧，迫使他们铤而走险。

据《通鉴》记载，王宗弼接旨后，迅速回到成都，却见不到王建，不只是他见不到，是大多数朝臣都不能觐见皇帝。此时前蜀的宦官首领，一直以来属于徐妃一党的内飞龙使唐文扆，封住了宫门，宣称王建病重，需要静养，因此不见群臣。王宗弼等三十多个重臣每天前往皇宫问安，都被唐文扆以王建有令为由挡了回去，就连太子王宗衍都被阻拦，见不到父皇。

《通鉴》上说，唐文扆这么做，是在等王建断气，好举大事。王建对自己被隔离数天没有反应，至少证明他的病危不是假的，而且已经可以肯定，大蜀皇帝的病情不会再有好转。

王建的病情为什么在这最关键的时刻突然恶化？原因可能是中了毒。据《北梦琐言》记载，信王王宗杰的暴亡使王建起了疑心，徐氏姐妹、唐文扆、张格等密商后，让宫中尚食在进献给王建的鸡肉馅烧饼中下了毒。

可问题是，王宗衍已经是太子，依法理将自然继位，徐妃一党还有什么大事好举？阻拦太子侍奉又是何意？从各种迹象看，徐妃一党在外部的大敌当前时，内部正钩心斗角，并悄悄发生了分裂。或者是徐氏姐妹对曾是她们主要同党的唐文扆产生了怀疑，决计除之；或者是决定牺牲唐文扆来实现与王宗弼的妥协，以避免伤及王宗衍的继承权；再或者，就是两者合二为一。

再说，仅仅控制了宫中，并不能给日益孤立的唐文扆带来安全感，他还需要监控大臣的动向，于是他让同党、潘炕之子内皇城使潘在迎负责帮他看着外朝。不料，潘在迎已经反水，秘密会见王宗弼，声称唐文扆将图谋不轨！

后梁贞明四年（918）五月三日，王宗弼为首的一干大臣采取了强硬手段，他们聚众撞破宫门，冲进宫中，闯入王建的寝殿，强行觐见病榻上的皇帝，弹劾唐文扆阴谋叛国。随后，王建下旨贬唐文扆为眉州刺史，他留下的空缺由宦官宋光嗣取代，一向依附唐文扆的翰林学士承旨王保晦被革职流放。

不过，这些旨意可能与之前唐文扆向群臣宣示的圣旨一样，都已不是王建的本意。按《十国春秋》的说法，群臣闯宫觐见皇帝这一天，王建似乎已经不能说话，却发了一道书面遗诏给诸大臣，主要内容是：

"我遭逢乱世，以武力平定秦、蜀，幸得诸公的忠诚辅佐，才得以建国称号……太子虽然自幼就有贤德的品质，但依长幼排序本不当立，是诸公的一致请求于外，后妃们又对他偏爱于内，我不能违背众意，才立他为储君。你们今后要勉力辅佐他，不要毁了我一手创建的国家基业……如果今后太子表现不堪大任，可以将他放逐至别宫，但一定不要杀他。其余的王氏子弟，诸公可以择贤者而立。徐妃的兄弟可以给他们丰厚的俸禄，但不要让他们掌兵，以免给他们招来大祸……"

这道带有遗诏性质的文字，内容有些奇怪。站在王建的角度推想，即使他对王宗衍有些不满意，但此时显然已经不可能再更换太子，为了国家权力的平稳过渡，王建应该努力加强王宗衍继位的合法性，而不应该是削弱这种合法性。而这道诏书，简直就是在为将来权臣废掉王宗衍提供合法依据。这究竟是出自王建的本意，还是王宗弼等勋臣与徐氏姐妹一党讨价还价后，相互妥协达成的合同？在下有些怀疑：这个时候王建还活着吗？躺在宫中的那个人会不会只是一个替身？

按照正史记载，从徐妃一党中分裂出来的唐文扆一派被打倒，新的政治平衡大致建立之后，六月一日，前蜀高祖王建终于没有必要继续活下去，病死于宫中，后追谥神武圣文孝德明惠皇帝，葬于成都郊外抚琴台（今位于成都市区西北抚琴东路）。

王建死去的第二天，太子王宗衍继位，为与兄弟相区别，去掉了"宗"字，改名王衍，是为前蜀后主。前蜀帝国从此结束了它并不长久、含金量也有限的兴盛期，开始步履坚定地走向衰弱……

第九章

血战成德

王彦章　　周德威　　史建瑭　　朱温

知训作死

说过西南的巴蜀、云南，再来看看东南的吴国。后梁贞明元年（公元915年，大长和国伐蜀大败后的第二年），吴国国王仍然是十八岁的文弱少年的杨隆演，但谁都知道他其实不重要，重要的是站在他背后的徐温。徐温这一年已经五十三岁，同所有处在他那个地位的大人物一样，也得开始认真考虑并安排自己的接班人问题了。

在家天下的时代，首脑人物的接班人通常都是自己的儿子。根据现有的记载，徐温共有一个养子（徐知诰）和六个亲子（徐知训、徐知询、徐知海、徐知谏、徐知证、徐知谔）。徐知诰在诸子中年纪最长，能力也最强，平日表现得对义父徐温极为孝顺，胜过所有亲子，并在军、政两方面都已经有实际工作经验，表现还不错。但是，无论徐知诰如何"长"与"贤"，也改变不了他身上并未流淌徐温血脉的现实，在自己还有一堆亲儿子的前提下，他不可能是继承人的首选。

那么，处于候选人名单中最优先位置的，就要数徐温亲生的长子徐知训了（徐知诰的心腹谋士宋齐丘私下称徐知训为"三郎"，可能在他之上还有过早夭的哥哥）。让人遗憾的是，徐知训是一个纨绔子弟，文不成武不就，还傲慢自大，盛气凌人。不过，徐知训至少在一个方面比王元膺强，总能在老父徐温面前扮演一个乖儿子的样子，使得徐温对他的印象还不错，觉得别人的批评可能言过其实，认为这个儿子只要历练历练，还是可以担当大任的。

于是，杨隆演奉命下令，加封徐温为齐国公，镇守与扬州仅一江之隔的润州，留徐知训在扬州辅政。今后吴国，除特别重要的机要大事仍须派人征求徐温的意见，日常政务改由徐知训负责。当然，徐知训毕竟年轻，为了防止自己不在时他压不住局面，徐温又给儿子留下一文一武两位很有分量的重臣。文的，是曾设计除掉朱延寿、张颢的谋士严可求；武的，是朱温曾经的结拜二哥，百战猛将朱瑾。

严可求是徐温的第一号心腹，徐温自然对他非常信任；朱瑾说不上是徐温的心腹，但他是徐温给徐知训请的兵法老师，由老师来照顾学生，也合情合理。

至于徐知诰，徐温让他继续担任升州防遏使兼楼船军使，也是重用，但不出意外的话，与接班人无缘了。

自从受命坐镇升州，徐知诰就很用心地经营这块领地，花了数年时间，大规模营建升州城，到了后梁贞明三年（公元 917 年，晋军与契丹大战于幽州那一年），建城工程基本完工，重新定名为金陵府。由徐知诰重修的金陵，规模较之六朝时的建康台城扩大了不少，位置则稍稍南移，西、南两面依托秦淮河为屏障，东面在今龙蟠中路西侧，北面在今珠江路、广州路一线。崭新的城市，城舍壮丽那不用说了，刚刚建成，便有大批商户纷至沓来，它迅速繁华了起来。

徐温听说金陵新城建好，也找了个时间去视察一番，顺便慰劳勉励徐知诰。不想一番视察下来，徐温喜欢上了这座新城，是呀，比他现在住的润州强多了，他有点不想走了。

徐温的心腹陈彦谦看出徐温的心意，便建议说，要不咱们把镇海的总部搬到金陵来？徐温一听，正中下怀，便下令要和干儿子换换房子，他来升州，调徐知诰去润州当团练使。

徐知诰接到义父的命令，心里又是失落，又是恐慌。

失落，大家都很好理解。毕竟自己起早贪黑，辛辛苦苦大干特干了好几年，才把新房子盖起来，卧榻都还没焐热，突然就不是自己的了。这事儿放在谁身上也愉快不起来，即使这个人是一直扮演着大孝子的徐知诰。

恐慌，是因为义父给他安排的新家在润州，那里距离扬州很近，换句话说，是距离他名义上的弟弟徐知训很近。徐知训很早就看这个与自己并无血缘关系的哥哥徐知诰不顺眼了：就凭那个不知从哪块石头缝里蹦出来的野种，也配当我哥？其实不只是徐知训，徐家兄弟大多对抢了他们风头的名义大哥无好感，只有老四徐知谏和徐知诰关系不错。

以前有一次，徐知训请兄弟聚会，徐知诰大概不想去享受免费的白眼，没有去。见徐知诰没来，徐知训的反应同王元膺类似，当着众兄弟的面就破口大骂道："那个乞丐生的野种，敬酒都不吃，难道想吃剑！"

这句话很快就传到了徐知诰的耳中，他吃了一惊。徐知训可得罪不起，毕竟人家才是徐温的亲儿子，你一个干儿子和人家亲儿子斗，那基本上是保输不赢的。

于是不久，徐知训再次请客，徐知诰不敢怠慢，纵然酒无好酒，宴无好宴，也得忍耐着前往。但他没想到情况比他以为的更恶劣，徐知训竟是个言而有信的人，正打算在这次宴会中，把请大哥"吃剑"的承诺付诸实施，已伏下武士，准备动手。

眼看徐知训就有可能除掉徐家兄弟最大的潜在竞争者，这时，唯一和干哥哥关系好的徐知谏，客串了一把鸿门宴上的项伯，胳膊肘朝外拐，悄悄踩了徐知诰一脚，示意他快逃。徐知诰会意，学当年刘邦一样谎称上厕所，尿遁逃生。

徐知训发觉徐知诰逃席，更是大怒，取了一柄佩剑交给侍卫官刁彦能，命他追杀徐知诰，完事后提人头来见！不过刁彦能也另有想法，他追上了徐知诰，却没有动手，只是举剑向徐知诰示意，然后就掉转马头回去了。徐知诰这才算逃过一劫。刁彦能回去后向徐知训报告，徐知诰跑得太快，自己没追上。

想想这件往事，徐知诰至今仍心有余悸，因为面对徐知训的攻击甚至迫害，他只能躲闪防卫，不能还手，可千防万防，也难免有防不胜防的时候吧？如果说徐知训惹不起，那咱跑到升州离得远些，也可以算是躲得起。可现在按义父的意思去距扬州极近的润州上任，那岂不是连躲都躲不了啦？

想了又想，徐知诰觉得还是不去润州的好，便向徐温上了一道申请，请求将自己调往宣州任职，但很快又被徐温否决。徐知诰见避无可避，不由得忧心忡忡，闷闷不乐。

正当徐知诰失魂落魄的时候，他手下的一位谋士提醒了他一句："这说不定是一件好事呢！"

说这话的人名叫宋齐丘，其籍贯有多种说法，但可以肯定他的童年生活在江西，其父宋诚原是唐末江西霸主钟传的重臣，官居镇南节度副使。宋齐丘自幼好学，通晓权谋之术，据说曾梦见自己乘龙上天，因此颇为自负，认为自己将来定能建功立业，扬名史册。

然而，没等宋齐丘有所表现，钟家就让吴国灭了，宋家的家境由天上跌到了地下，穷困到连正常生活都难以维系。空有帝王术却无谋生技的宋齐丘，被迫流落到秦淮河上，好在这位落魄的宋公子还挺有女人缘，竟有一个姓魏的倡伎愿意养他，他得以勉强糊口。时间不久，徐知诰到升州任职，开始延揽四方宾客，打造属于自己的小班子，宋齐丘终于等到了时来运转的日子。

有一天，徐知诰无事，到郊外闲游，宋齐丘乘机找了个门路，混进了他的随从圈子。一行人游至凤凰台（今南京城内西南隅，凤游寺一带），宋齐丘突赋诗一首言志：

> 养花如养贤，去草如去恶。
> 松竹无时衰，蒲柳先秋落。

徐知诰听出此诗有深意，便召宋齐丘独对。一番对话下来，徐知诰发现这是一位奇才，大为赞赏。从那时起，宋齐丘就成了徐知诰最重要的谋士，所有大事都要和他密商定夺，宛如刘备遇孔明，符坚待景略。

宋齐丘提醒徐知诰，徐知训不仅仅与你有矛盾，实际上，"三郎"那个公子哥对待身边人还是"一视同仁"的，只要在他欺负得到的火力范围之内，都难逃他的欺压打击，他树敌极广！像徐知训那样，毫无底线地将自己的幸福建立在属下、同事甚至是长辈、上级的痛苦以至恐惧之上，岂能持久？一旦出事，润州与扬州只隔了一条长江，能够以最快的速度去收拾残局，接管中央。这是上天赐给你的恩典啊！你应该感谢，而不是拒绝。

徐知诰听罢，恍然大悟，一改愁容，高高兴兴地前往润州上任。

其实，自徐温离开扬州，徐知训身边没有了能够管束他的人，他的表现就与宋齐丘对他的评语高度吻合，只是大家害怕遭到打击报复，谁也不敢向徐温说实话。何况向亲爹检举亲儿子，一听就没什么胜算，还是忍一忍吧！于是，徐温能够看到的报告，都是夸奖徐知训如何年少老成，治政有方，举朝赞誉，被大家尊称为"昌华相公"云云。

在扬州城中，名义上官爵、地位比徐知训高的，大有人在，但实际上，这里所有人看见徐知训，都像森林里的动物看见走在老虎前面的那只狐狸，无不俯首听命，战战兢兢。

甚至离得远的也不一定能幸免。有一次，徐知训听说远在抚州的威武节度使李德诚的家里养着数十名歌伎，便马上派人通知李德诚：我要了，快给我送过来！

谁知李德诚竟敢不把歌伎们送来，只是派人带来一句道歉的话："对不起，我家中的歌女现在年纪都很大了，很多已经生了孩子，没有资格侍奉贵人。等我重新找一些年轻漂亮的，再给公子送来。"

徐知训勃然大怒，当即对着李德诚派来的使者破口大骂："等我将来杀掉李德诚，连他的老婆也甭想跑掉！"

至于就在徐知训身边的人，那更是躲没法躲，藏没处藏。最让人吃惊的，是连吴国名义上的一把手吴王杨隆演，竟然也沦为徐知训欺负取乐用的道具。

徐知训有一个和李存勖相同的爱好，酷爱唱戏。独乐乐，自然不如众乐乐，所以徐知训唱戏，总喜欢强拉软弱的吴王一起上台表演。毫无疑问，每次演出，徐知训都是当仁不让的男一号，杨隆演一般负责扮演他的家奴。徐知训让高贵的吴王梳着古时小屁孩儿才梳的总角发型，拎着破帽，穿着破衣烂裳，在自己后面亦步亦趋。这样，既能衬托出剧中男主角的高大伟岸，看着一位一国之君让他随心所欲地呼来喝去，又能带给主演徐知训无比充实的成就感。

这么一件有趣的大玩具，仅仅用来给自己配戏，当然是有点浪费了，徐知训决定让杨隆演物尽其用，因此他不管去哪儿，都拉这个名义上司作陪，史书上因此记录了不少徐知训虐玩杨隆演的事迹。

一次，这两位贵族少年去浊河泛舟游玩，游罢，船只靠岸，杨隆演先上岸，徐知训不悦，马上就拿出弹弓，把吴王当成了真人活动靶。

又有一次，徐知训召众人到扬州禅智寺赏花，突然借酒发疯，逮谁揍谁，谁也不敢还手。从游的大臣瑟瑟发抖，一旁的杨隆演甚至被吓得哭出声来。杨隆演有几个忠心的侍从实在看不下去，乘徐知训不注意，扶着主君偷偷离席，上船逃走。徐知训得意扬扬地大发一通淫威后，突然注意到他最大的那件玩具不见了，追又没追上！于是，暴跳如雷的徐知训亲手操起铁锤，将几个仍留在现场的杨隆演的侍从活活打死！

不知道是因为主忧臣辱，还是徐知训的暴虐已经让很多人感到朝不保夕，在徐知诰被调任润州之前，已经有人发起过反抗。

梁贞明二年（916）二月一天深夜，乘着徐温留给徐知训的武辅佐朱瑾有事去润州，杨隆演身边的禁军将领马谦、李球突然发难。他们强扶杨隆演登上城楼，召集后备库兵，欲进攻徐知训。别看没事时的徐知训威风八面，可一旦有事，他就慌了神，急命人去牵马，想弃城而逃。

关键时刻，徐温留给他的文辅佐严可求连忙制止他："京城突发兵变，正是人心最慌乱的时候，此时你如果抛弃部众自己走人，那还忠于你的人也就群龙无首，大势将不可挽回！"然后，严可求一面让徐知训调集军队死守住王府总部，一面紧急通知朱瑾回援，做完这些事，严可求自己像个没事人似的回房睡觉，还故意把呼噜打得山响，以示镇静，徐知训一派的人心才稍得安定。

经过一夜对峙，第二天一早，朱瑾赶回扬州。他到双方的交锋线上看了一眼，回头对徐知训说："不用担心，这帮小子很容易对付！"然后，朱瑾跨上骏马，冲到阵前，挥动马鞭，指挥军队向兵变部队发起攻击。不愧是曾与朱温缠斗多年的结拜兄弟，朱瑾老将出马，果然是一个顶俩，不，应该说是一个超俩，兵变部队迅速被朱瑾击溃，马谦、李球二将被擒，随后被斩首，兵变平定。

这一次，如果不是有严可求的镇定与朱瑾的武略，徐知训很可能被自己捅下的大娄子一炮打翻。只要是个正常人，都应该知道吸取教训，多少收敛自己的恶习，同时好好感谢人家严谋士和朱老师才对。但徐知训真不是个正常人，好了伤疤就忘了疼，一切照旧。当然，准确地说，他也没有全忘，还是记住了一些东西：原来朱老师的马和朱老师的妻妾一样，都让人心动！

朱瑾的马是有来头的。传说朱瑾投奔杨行密时，既恨结拜老三翻脸无情，又感淮南杨行密知遇之恩，总想立奇功以报。他最拿手的就是纵马驰骋，在战场上冲锋陷阵，但到了淮南，不再有李克用送马，而没有好马冲锋就减了威力，所以他经常怏怏不乐。

一天，朱瑾睡午觉，梦见有个白发白眉的老者对他说："你想要的好马已经生了。"朱瑾惊醒，仆人来报，自家的母马刚刚生了一匹小马。朱瑾急忙奔至马棚，发现这刚出生的小马驹果然品相非凡，是难得一见的宝马良驹，不禁大喜。自古猛将爱宝马，朱瑾更是爱得夸张，自得这匹宝马后，跟宠儿子似的，冬天怕它冻着，养在厚厚的锦帐里，夏天怕它被蚊虫咬，养在薄纱制成的蚊帐内，更舍不得借给人骑。

除了宝马，朱瑾也很有桃花运。他原先的妻子，就号称当时的绝色美女之一，只可惜南逃时来不及带，已经让朱温抢了去，后又进了尼姑庵。来到淮南后，朱瑾续娶了"三十六英雄"之一老将陶雅的女儿陶氏为妻，还纳了不少侧室，重新组建了一个大家庭，其中有一个爱妾据说长得姿容绝世。

朱老师太不像话了，有这么好的马，又有这么多艳丽的师娘，着实让徐知训没法淡定读书。

徐知训于是做出一个在他看来非常合理的要求：希望朱老师能把宝马和师娘送给他。不承想，朱瑾跟那个李德诚一个德行，也是个吝啬鬼，无视他是徐温的大公子，竟然不肯把他想要的东西乖乖奉上。

奇了怪了，难道我想要的东西还有弄不到手的？徐知训就不信那个邪，一天，不知什么原因，朱瑾让他的爱妾去徐知训家问安，徐知训立即将心动化为行动，把小师娘强暴了！稍后，爱妾回家哭诉，朱瑾禁不住大怒，开始有了反徐家的想法。但没等朱瑾有所动作，先动手的却是徐知训。

在自己身体力行，做了如此明确的行动指示之后，朱老师仍然不肯把自己想要的东西送来，徐知训决定：干脆把朱老师做掉算了！徐知训花钱雇用了几个武林高手，让他们乘夜潜入朱府，去刺杀朱瑾。但是，百战余生、雄武绝伦的朱瑾不是好惹的，这些刺客去一个死一个，去一对死一双，尸体全被朱瑾秘密埋在了自家的后花园里当肥料！

徐知训发现自己派去的刺客全都人间蒸发，也有些吃惊，恐怕还是采用合法手段收拾朱老师更有效。他便让杨隆演下令，在泗州（今安徽盱眙北）设立静淮镇，任命朱瑾为静淮节度使，先把他赶出扬州。至于赶出扬州之后徐知训要如何给老师补刀，史书上没有写，在下也不好瞎猜。但作为当事人朱瑾，显然对此有非常不好的预感，所以这员被逼到墙角的老将心一横，做出了一个要命的重要决定：罢了，大不了掉个脑袋碗大个疤！豁出去和这姓徐的小畜生拼了！

兵法讲究兵不厌诈，在拼命之前，兵法教师朱瑾先做出向学生低头的样子。徐知训设私宴给朱瑾饯行，朱瑾独自一人赔着笑脸就去了，在酒席上对徐知训毕恭毕敬，点头哈腰，一副"我知道错了"的表情，好像他才是犯了错的学生，上首坐的才是对他严加管教的老师。此情此景，徐知训的虚荣心颇为满足：曾自称从小不知道什么叫害怕的朱老师，到底还是怕自己了！

第二天一早，朱瑾又奔徐府，回请徐知训，请看门的转达：自己即将远离，想再见相公一面，有厚礼馈赠。

听说朱瑾离开前会有厚礼，被朱老师接二连三的谦卑姿态迷惑，警惕性大大降低的徐知训，便带着数百名护卫和幸灾乐祸的微笑来给老师送行。来到朱府，朱瑾已经摆下盛大的酒宴款待来宾，徐知训的随行人员入席，纵酒呼卢之声充斥着众人的耳膜，一切看上去都像常见的酒宴一样，比较热烈，也比较正常。唯一不和谐的，只是房廊下多了两匹可能是朱瑾刚买来的烈马，正桀骜不驯地相互冲着对方喘粗气。

外厅是给那些粗陋的下人吃饭的地方，怎能配得上徐大公子您这样的贵人？只见朱瑾赔着笑脸，殷勤地邀请徐知训进内室一同饮酒。徐知训没有起疑，昂然走进内室。

一进内室，徐知训大喜。原来，朱瑾将他最爱的那匹宝马牵了出来："这马，今后就赠予郎君了。"这还不算完，朱瑾又让爱妾出来给徐知训进献歌舞，并说："如果郎君喜欢，酒宴完了就把她带回去吧！"

双喜临门，徐知训不禁大为得意，事实证明：世人都是弹簧，你越硬，他们就越软！这不，连一向有英雄之名的朱老师，都在自己的威压下变得识时务了！不过，徐大公子就没有想过，弹簧这东西，你压得越狠，反弹力就越大吗？

这时，内室外房廊下的那两匹烈马突然不知怎的挣开了缰绳，踢打撕咬到一起，弄得外面极为吵闹，连酒宴的声音都被盖过了。

内室，朱瑾的妻子陶氏出来向徐知训叩头行礼：我家老爷今后都要仰仗三郎了。徐知训得意地回礼，就在他低头的一瞬间，朱瑾突然拿起手中的笏板，狠狠地砸向徐知训的后脑！徐知训当然是应声倒地，紧接着，朱瑾原先伏下的卫士跃出，挥刀砍下了徐知训的人头！整个谋杀一气呵成，外面徐知训带来的数百名卫士毫无察觉，根本来不及护卫。

朱瑾提着徐知训的人头出门，徐知训的卫士看见后，吓得一哄而散，回去报信了。朱瑾没有理睬他们，直奔王府，拿出人头给吴王杨隆演看，并说："我已经替大王除掉了这个大害！"

看清这颗熟悉的死人头，懦弱的杨隆演被吓得魂飞魄散：老天爷，徐大公子死了！这可不是说着玩的！在当今整个吴国，还有谁能够抵挡徐温即将爆发的雷霆之怒？

杨隆演赶紧用衣服遮住脸，转身就逃，一边逃，一边喊："这是舅父（因杨行密原先的正妻是朱延寿的姐姐，杨隆演平日便将同样姓朱的朱瑾叫作舅父，实际上并无亲戚关系）你自己干的好事，你自己承担，我可什么也没看见！"

不知道朱瑾之前是否有过扶持杨隆演，起兵讨伐徐温的计划。如果有的话，这个计划在这一刻已经化为泡影。看着杨隆演逃去的方向，朱瑾气得大骂道："你个婊子生的，干不成大事！"

没办法，朱瑾只得把徐知训的人头往柱子上一摔，拔剑往回冲。这时，扬州内城已经关闭，子城使翟虔等人正带兵从各处拥来抓捕朱瑾。朱瑾见无法杀出王府大门，转身奔向后院，再从后院翻墙逃走。但他毕竟已经是五十多岁的人，身手不如年轻时敏捷，翻墙落地时没站稳，一下摔伤了脚踝。眼见追兵逼近，他已经逃不掉，朱瑾回头对他们说："我为千万人铲除大害，所有后果愿一身担当！"言罢，挥剑自刎！

利刃划过，颈血喷流，三十一年前，汴州结义的朱氏三雄终于可以再度相会于黄泉。当然，他们把酒言欢，相逢一笑泯恩仇的可能性估计不太大，恐怕还是接着打群架。

与桃园结义那三位仁兄大不相同，汴州结义的这三位兄弟没能让人们看到人性中美好的一面，既没有对友谊的忠诚，也见不到对信义的执着，却留下尔虞我诈的精深算计和你死我活的相互仇杀。更让人丧气的是，史书读得越多，你越会发现，汴州模式，而非桃园模式，才是历史上结义兄弟的主流。

朱瑾死后，先是作为罪人陈尸于扬州北门示众，虽然当时正是六月盛夏，但民间传说朱瑾死而不腐，苍蝇蛆虫都不敢去招惹他的尸体。朱瑾杀徐知训的动机并不见得单纯，但他那句"为千万人铲除大害"的话，却不是虚言。于是，很多素不相识的扬州百姓出资出力，私下将朱瑾埋葬。

当时扬州正有疫情，人皆传说，连瘟神都害怕朱瑾，只要取朱瑾坟上的土和水服下就能痊愈！于是，就不断有人到朱瑾坟上取土当药，每取完一次"药用土"，都要填上更多的新土，也许是想借助朱瑾的神灵给它们"开光"吧？结果，朱瑾的坟墓像有生命似的，一天比一天高大醒目。

后来，徐温得知这一情况，勃然大怒，下令将坟刨开，挖出朱瑾的尸身，投入城北的雷塘喂鱼！但紧接着，徐温就病了，他梦见朱瑾挽弓射他。他又下令将朱瑾的尸体捞上来，葬于雷塘边上，与同样葬于雷塘边上的隋炀帝杨广，成了死后的邻居。

另外，朱瑾自刎了，也无法兑现他临终前愿一身顶罪的遗言，因为让不让他一身担当，搞不搞株连，并不是他说了算的。

顺义改革

朱瑾死的时候，说了算的人还远在金陵。但他的代理人已经在最短的时间内，来到了扬州。为了等待宋齐丘的预言应验，徐知诰早在扬州城内埋下了一名叫马仁裕的眼线。见徐知训已死，马仁裕立即出城渡江至蒜山，将这个消息告诉徐知诰。

徐知诰立即在最短的时间内率军渡江，进驻扬州，迅速稳定了人心，恢复了正常的社会秩序，实际上临时接管了徐知训留下的空缺，开始执掌吴国的日常行政大权。虽然徐知诰在内心对名义弟弟的自取灭亡充满了惊喜，但他一定得做些为徐知训报仇的事，来取悦义父。

在金陵，徐温得知徐知训被杀后，非常震惊，由于此前徐知训的信息过滤工作比较出色，徐温一直认为自己的儿子是比较出色的。可谁知道，这样优秀的被自己寄予厚望的儿子，突然就被人杀掉，他既痛心又愤怒，认定这起事件不会是偶然的，背后一定隐藏着一个庞大的组织，他需要对朝中进行一次大清洗，宁可错杀，不可放过！

首先遭殃的自然是朱瑾的家人。他们被全家逮捕，随后依照徐温的命令，被满门抄斩！

临刑之前，朱瑾的妻子陶氏，看着即将砍向自己脖颈的鬼头大刀，忍不住大哭起来。朱瑾的爱妾是个异常坚强的女中丈夫，坦然对陶氏说："姐姐，有什么好哭的？我们马上就能和老爷重聚了！"陶氏听了，努力收住眼泪，与朱瑾的爱妾一起从容就死，使每一个看到这一幕的人无不感慨叹息。

朱瑾杀徐知训那天，虚领泰宁节度使（泰宁镇此时属于后梁）的淮南老将米志诚听到风声，马上带着十几名亲随骑兵奔出家，一路打听朱瑾在哪儿，听说朱瑾已死，才反身回家。当天米志诚并未与朱瑾见面，他当时究竟想干什么，是要抓捕朱瑾，还是站在朱瑾一边共同起兵倒徐，真相并不清楚。

但徐温可能平日就不信任米志诚，听到这条消息，立即给这员沙陀人出身的老将做出了有罪推定：他肯定是与朱瑾同谋！虽然自己一时还到不了扬州，徐温还是密令先到扬州的徐知诰与老伙计严可求：设法诛杀米志诚！

米志诚也是吴国有名的勇将之一，严可求怕处置不当，会激之生变，就制造了一个假消息，谎称吴军在袁州大破马楚之兵。在扬州的文武官员听到这消息，都例行性地入见吴王，表示祝贺。

一般大臣觐见吴王时，当然是不能携带武器的。米志诚就这样赤手空拳进了吴王府，被严可求埋伏好的勇士当场拿下！随后军队包围了米志诚家，又抓走了米志诚所有的儿子，父子一行全被斩首！

除了这位很可能是被冤杀的米志诚，还有一个十足的倒霉蛋，不知为什么也被徐温列进了第一批黑名单。

李唐王朝派往淮南的最后一位宣谕使是李俨（原名张播，是晚唐宰相张濬的儿子，前蜀宰相张格的弟弟。在下不清楚李晔为何毫不避讳而将哥哥唐僖宗李儇的原名赐给他）。那时唐昭宗李晔正被挟持到凤翔，所以派李俨来的人实际上是岐王李茂贞，而非唐朝皇帝。不过，这并不妨碍杨行密及其政治继承人揣着明白装糊涂，把李俨当成了一件高级政治装饰品，一遇重大事件就把他搬出来，以彰显杨家对大唐王朝的忠肝义胆，宣示淮南集团在道义上的合法性。如天复二年（902）杨行密受封吴王，开平二年（908）杨隆演再受封吴王，都是由李俨以大唐天子的名义下旨册封的。

在那些日子里，李俨在淮南虽没有什么实际权力，但地位极其崇高，待遇自然也非常丰厚。但随着时间推移，大唐王朝的背影渐渐淡去，李俨作为政治装饰品的用处也渐渐消失了。他没资格住在扬州了，便寄居于海陵县（今江苏泰州），供应渐无，连温饱都成了问题。

更倒霉的是，徐温平时不关注他，此时突然想起了他：李俨一定对自己的生活境遇不满吧？不满的人就会有动机造反吧？朱瑾造反，他多半也是同谋吧？在这一串莫名其妙的逻辑链牵引下，李俨也被抓了来，与米志诚一同处斩！

按徐温原先的本意，杀米志诚、李俨只不过是大清洗前的热身活动。不久，这位吴国的实际主宰者赶到了扬州，准备穷搜朱瑾一党，再大开杀戒，给儿子报仇！

扬州的文武官员因此人心惶惶，十分恐惧。因为如果细细追查谁和徐知训有过梁子，恐怕大多数人都跑不了，毕竟徐知训早已欺负人上瘾，没受过他欺压的官员估计不多。说远了，连徐知诰都不一定脱得了干系。

同样，严可求虽然是徐温的第一心腹，但徐温把儿子交给你，你却把他弄没了，恐怕也难脱辅助不力的责任。于是，徐知诰和严可求虽然彼此并不相与，却很快达成共识，必须给徐温将要进行的大清洗踩刹车。

好在徐知训已经死了，不能再打击报复举报他的人，徐知诰、严可求便将这些年来徐知训如何胡作非为，欺上凌下，让众人敢怒而不敢言的斑斑劣迹，一股脑儿地全告诉了徐温。徐温骤然间详细了解了儿子的另一面，怒气渐渐消解。

据说，为了平息徐温的怒火，消弭即将到来的大狱，徐知诰和严可求都极力劝解，他们中有人甚至可能采用了伪造证据、诬陷死人的手段。

马令的《南唐书》记载，当时在徐知训的宅第内搜到了一幅画，画的是徐家的全家福。不过和一般全家福的一团和气不一样，这幅画上的徐温披枷带锁、身被五木，就像马上要拖出去砍头的死囚，徐知询等兄弟也个个被五花大绑，等待受刑。唯一例外的是徐知训，他正身着衮冕，坐在中央正座上发号施令，好不威风！古代肖像画的像真度一般不太高，为了防止观画者认错，此画的作者还非常贴心地在每个人物旁边注上了名字。

据说，欣赏过这件写实派艺术品之后，徐温勃然大怒，骂道："这个狗畜生死得太晚了！"于是，徐温的愤怒有了新内容，计划中的大清洗就只清洗到米志诚、李俨，没有继续扩大。

同王建处理王元膺事件一样，徐知训的亲随都以不能及时矫正拯救主子的过错之罪，全体受到处罚。只有刁彦能曾给徐知训写过不少规劝的信，所以未受牵连，反得奖励。不过，在下怀疑这可能与刁彦能救过徐知诰一命有关，毕竟他们连那样奇葩的画都能搜得到，要搜到其他一些想搜到的东西，估计也不是难事。

尘埃落定，不管徐知训是不是咎由自取，死有余辜，他的死都让徐温重新面对一个大问题：让谁来当自己的继承人？

这时在扬州城里，还有一个同样关注这个问题，甚至比徐温更关注的人，那就是徐知诰。为了不让已经飞进自己盘子的熟鸭子再飞走，徐知诰再放了一个大招。

时值七月，长江下游的天气依旧闷热潮湿，影响着人们的正常休息。即使对徐温这样的大人物，老天爷也不会给予特别关爱，直到他到扬州住进干儿子徐知诰的府邸。

当晚徐温睡下，感觉天气还不错，时有微风，很快让人睡意渐浓。徐温略觉有异，睁开睡眼，蒙眬间见有一人正侍立于床前，轻轻给他打着扇。徐温问了一句："谁啊？"那人答道："小儿知诰。"徐温说："天晚了，你也快回去休息吧。"徐知诰应了一声，却没有离开。徐温小睡了一阵子，醒过来发现徐知诰还在床前给他打扇，便说道："你是有政事的人，怎么能为这种下人干的小事耽误国家的公务？"徐知诰这才退下。

徐温睡到半夜，又一次醒过来，却见一个女子侍立床前，代替徐知诰为他打扇。再一问，原来是他的儿媳，徐知诰的妻子宋夫人。徐温忙让宋夫人不要过劳，也赶快回去休息。

说起来，还好这件事是发生在徐温身上，要是发生在朱温身上，一定被传成丑闻。所以此事并未衍生出任何绯闻，只是让徐温深受感动：毕竟这是他在自己所有娇生惯养的亲儿子、亲儿媳身上，从未看到过的孝心啊！

徐温还有五个亲儿子，但一来他们年纪偏小，二来徐知训的教训让徐温有了一朝被蛇咬之痛。硬从他们中间选一人扶上去，会不会变成第二个徐知训？看见井绳已有恐惧感的徐温想想，还是等他们长大一些再说。在此之前，养子徐知诰确实各方面都比较优秀，又懂礼又孝顺，做事也比较让人放心，就让他先干着吧。

于是，徐温接受了徐知训死后扬州出现的新现状，徐知诰被任命为淮南行军节度副使、内外马步都军副使等要职，接替徐知训，主持吴国的日常工作，从而非正式地坐到了徐温继承人的位置上。

至于徐知诰高升后空出来的润州，徐温改由自己的四儿子，与徐知诰私交最好的徐知谏接管。

做好这些善后工作，徐温返回金陵。吴国的政治格局开始了一个新时代。

首先感觉到变化的是吴王杨隆演和扬州的文武官员，他们的苦日子终于熬出头了。与从小娇惯、嚣张跋扈的徐知训大不相同，以养子身份长大的徐知诰早就习惯了低调做人，现在虽然已身居高位，也没有发生太大改变。在名义上司杨隆演的面前，徐知诰毕恭毕敬，面对下属他同样态度谦卑，给予相处的所有人留下一个良好的第一印象。

徐知诰在扬州当政后，以宋齐丘为谋主，很快在其权力范围内推行了一系列影响深远的新政，促进了江南经济的大发展，使中国经济重点南移的趋势加速，赢得了吴国朝野上下真正的赞誉。

徐知诰新政的一些内容是比较常规的。如以身作则，厉行节俭，选贤任能，宽大施政，杜绝请托等。这些做法在古代，很多负责任的执政者都干过，并不出奇，真正让徐知诰有资格迈入古代优秀政治家之列的举措，是他对吴国税制的重大改革。

要想真正理解徐知诰、宋齐丘发起的税制改革，需要了解一下中国经济史的内容，了解中国从李唐中期到赵宋前期出现的一个奇异的可能让现代人感到匪夷所思的经济现象。

唐朝的基本税赋制度，主要经历了前后两个阶段。前期实行的是租庸调制，基本特征是土地国有，国家以每个成年男丁为单位，将国有土地授予民户，在男丁死后收回。然后，国家根据授田记录向民户征收相应的粮食（租）、纺织品（庸）以及无偿劳役（调，不愿服劳役的也可缴纳纺织品代替）。由于征收标准以实物计算，征收的也是实物，故租庸调是一种典型的实物税。

唐中期以后，一方面国家机器逐渐老化，对于豪强多占土地、不按规定退还土地，越来越束手无策，国有土地越来越少；另一方面，随着人口数量的自然增长，按制度规定所需的授田数量不断增加，租庸调最终失去了存在的基础。

同时，随着经济发展，货币化程度提高，征收实物的弊端也越来越明显，不论是征收成本，还是运输、调配、使用，都远不如直接收铜钱来得方便。在以上这些因素的作用下，唐德宗时的宰相、经济学家杨炎对税制进行重大改革，推行了两税法。

与租庸调制相比，两税法最关键的改变有：一、不再坚持土地国有，承认土地私有，国家也不再负担给成年男丁授田的义务；二、税收的基本单位由男丁改为田亩，占有土地多者多交税，少者少交税，税收负担与财富挂钩；三、征收的计量标准，由原先的实物改为铜钱，换句话说就是以货币税取代了实物税。当然，两税并非只收钱，没有铜钱的也可以缴纳征收时与铜钱市场价相等的实物，以便方便变现。在两税法实施的初期，基本物价较高，号称"钱轻物重"，百姓也乐于交钱。

经济学认为，货币是实现财富合理调配与交换的最有效率的工具。毫无疑问，用货币税代替实物税，肯定是经济制度上的一大进步。两税法一经施行，也确实证明它是一个卓有成效的好制度，大幅度提高了唐朝中央政府的收入，因其将税收与财富直接挂钩，也合理分配了百姓的负担。但是，当时谁也没有预见到，两税法的一个副作用以此为起点，开始慢慢发酵。

官府收税时以收钱为主，当然要重视铜钱的质量，不能收些重量与成名不足的恶钱上来凑数，所以要严禁民间私铸恶钱，不然政府就亏大了。同时，必须保持铜本位的基本稳定，铜钱的价值既不能过高，也不能过低，市面上的铜钱必须有足够的流通数量，否则这套税收制度也没办法良好地运行，因此国家对铜钱的需求量迅速增加。

与此需求正好矛盾的是，唐朝金属铜产量的最高峰是在两税法诞生前的玄宗年间，之后铜产量一直持续走低，再加上一些内外因素的作用，金属铜更加短缺。

先说外部因素。唐宋时代中国经济的发展程度无疑立于世界的顶端，中央王朝铸造的铜钱在东亚甚至更广阔的区域具有了一定国际货币的属性。在对外贸易中，中国的铜钱渐渐流入与中国有外贸往来的国家，甚至成为某些国家的主流货币。这就意味着，对中国铜钱的需求，不仅仅限于国内。但铜钱毕竟不是美元，它的铸造成本不低，古人也意识到这个问题，曾多次下令禁止铜钱外流，但实际上很难控制。

内部因素就更要命，国家这有限的铜资源，最大的用户从来就不是国家的铸币产业，而是遍布全国的佛教寺院。佛像、铜钟、香炉，甚至铜柱、铜瓦，这些佛寺中常见的标配，件件都是用铜大户。而铜一旦进入了寺院，就基本上退出了市场流通，沉淀下去了。佛寺越来越多，大大加剧了铜资源的紧张。实际上，此前唐武宗李炎发起的"会昌法难"，与此后周世宗柴荣发起的"显德灭佛"，原因之一就是国家铸币产业与和尚争夺这不多的铜资源。

国家的铸币量一直赶不上市场交易的需求量，而且缺口越来越大。表现在物价上，就是渐渐由"物重钱轻"变为"物轻钱重"。但为了维持以两税法为核心的经济体系的基本稳定，国家又不能容许铜钱过度升值，否则大量只生产实物的百姓，会因为交不起货币税而破产。

也许有朋友会觉得：铜钱又不是纸币，它不易磨损，古代经济的增长速度又没法与现代相比，即使每年投入市场的新增量小，但历年铸造加起来的保有量大，不应该出现太大的需求缺口。可惜，另一个新生产业使这一假设不再成立。

因为铜钱的升值被官方限制在一定程度内，一个奇异的现象就渐渐产生了，虽然相较于谷物、纺织品等实物，铜钱在升值，但相较于系出"铜门"的其他"师兄弟",像什么铜盆、铜镜之类,铜钱却在贬值。这种效应不断累积,到了后来,铜钱竟然成了最不值钱的铜制品,与其他铜器的差价十分惊人。

据《唐会要》记载,早在唐德宗统治末期,大臣张滂的上奏中就提到,每铸造一千个铜钱,要消耗六斤铜,而这六斤铜如果做成其他铜器可以卖六千个铜钱!在如此巨大的差价面前,困扰中国历代王朝几百年的民间私铸恶钱现象完全绝迹,一个新兴产业"销钱为器"应运而生。

所谓销钱为器,就是有相应技术的人将铜钱收集起来,熔化后重新制成其他铜器出售,以赚取其中的差价。官府自然对民间这种做法深恶痛绝,一再下令严禁,一经发现,就要严厉惩处。但在巨大的利益面前,如何可能完全禁得住?大诗人白居易感叹:"官家采铜铸钱,成一钱破数钱之费也;私家销钱为器,破一钱成数钱之利也。铸者有程,销者无限,虽官家之岁铸,岂能胜私家之日销乎?"

因此,虽然每年有新铸钱流入市场,但市场上的铜钱总保有量根本不会增加,反而在不断减少。市面上铜钱流通量严重不足,导致了"钱帛兼行"和"短陌钱"现象,同时害苦了不具备"销钱为器"这门手艺的绝大多数百姓。

就徐知诰改革前的吴国来说,吴国原来的税收制度直接脱胎于两税法,但因军费开支巨大,不得不有所加重,主要分为"亩输钱"和"丁口钱"两项。

亩输钱是土地税,将辖区内的田地分成上、中、下三等,规定每年上等田每顷交钱两贯一百文,中等田每顷交一贯八百文,下等田每顷交一贯五百文。而且必须使用足陌钱,也就是每贯一千文,不能短少。如果没有铜钱,也可以交纳市价相等的金、银,不再收取谷物和绢帛。丁口钱则是按丁收税,它的收取标准缺乏记载,但也规定只收钱,不收物。

这样一来,每到特定的日子,农民不得不将辛苦劳作所得,送上市场,卖给大商人,换取不易得到的现钱,用于缴纳赋税。无疑,那几天的农产品价格肯定会被收购商压得很低很低:反正价钱再低,你也非得卖出去不可，不然你还敢抗税不成？官府得到了便利，富商积累了财富，受害者总是处在社会底层的广大农民。

在底层生活过几年的宋齐丘深知这些弊端，多次向徐知诰嚷嚷：农民真苦！徐知诰于是颁布政令：凡天祐十三年（公元916年，梁贞明二年，唐朝虽已灭亡多年，晋、吴、岐三国在很长一段时间内仍使用唐朝年号）以前的欠税，一律免交；天祐十四年的欠税可以等到丰年再补交。

但宋齐丘觉得这不过是扬汤止沸，解决不了大问题。他又建议徐知诰说："国家财富的根本，在于百姓耕田种桑生产出来的粮食、绢帛。而钱这种东西，既不从是地里长出来的，也不从是蚕嘴里吐出来的。向百姓收税，不收他们有的粮食、绢帛，却收他们没有的钱，这是在逼着他们舍本逐末，放弃生产，去设法赚钱。但如果大家都不去生产实物，钱又有什么用？"

接着，宋齐丘提出一项惊呆了所有人的税改方案："干脆取消丁口钱，至于其他的税种，也让百物交纳实物，不用再交钱。"不收钱了，统统改收实物，你知道会给税收部门的同志增加多少倍的工作量吗？

宋齐丘又加上了一段新方案中物与钱之间的折算标准：在收实物税时，全部按历史最高价估算，绢每匹折钱一千七百文，绸每匹折钱二千四百文，绵每两折钱四百文。而此前交税被压低的市价通常是绢每匹五百文，绸每匹六百文，绵每两十五文！如果按钱做标准计，政府的主税收至少在短期内，将减少为原来的三分之一甚至四分之一！

于是朝议哗然，愤愤不平者尖锐地指出，如果实行这套方案，政府每年的收入将损失万亿！

宋齐丘也不退让，反驳说："国家虽然暂时失财，但财富留在了民间，这个世界上哪里会有民间富而国家穷的道理？"

徐知诰顶着巨大的压力，思索再三，拍板说："这才真正是劝农的上策！"之后，徐知诰便以宋齐丘的方案为基础，发起了以改善民生、拉动生产恢复为目标，重新用实物税代替货币税为主要手段的"顺义改革"（顺义为吴王杨溥的年号）。

古史中对"顺义改革"的评价极高，说由于新税法的施行，种田养蚕等基础的第一产业重新变得有利可图，大大提高了百姓的生产积极性。只用了大约十年，吴国境内几乎所有被战乱抛荒的土地，重新种上庄稼，成为良田，田亩之间到处可见为养蚕而种植的桑树、柘树，人烟稠密，鸡犬之声相闻，一个传统农业社会所能达到的太平治世重现于江淮。吴国因此至少在经济上实现了富足。两百多年后，南宋大学者洪迈忍不住称赞说："自吴变唐，自唐归宋，民到于今受其赐。"

无疑，税收由实物向货币过渡，才是经济发展的大趋势，从这个角度看，反趋势而动的"顺义改革"是一次制度倒退。但可以这么说，它是一次实事求是的制度倒退，它与当时的经济发展水平相适应，至少在推行的相当长一段时间内，确实做到了造福于民和提升国力的目的，总体而言，利大于弊。

由此可以发现关于制度这个东西的两个特点：其一，好制度不一定是先进的制度，但一定是与它所存在客观环境相适应的制度；其二，一个制度，不管制定时的初衷有多么良好，施行效果有多么显著，都不可能一直好下去，当它由社会发展的助推器变成桎梏时，就应该被改变。

不过，有些事我们应该注意到。首先，宋人对"顺义改革"的赞美，在一定程度上是因为他们只用享受江淮经济发展带来的成果，而不用承担改革时显然并不小的成本。当时的吴国可不一样，税制改革推行，肯定会导致在相当长一段时期内，吴国政府对其国内人力物力的动员能力明显下降。而当时处于群雄角逐的乱世，不是太平时节，吴国难道不会因此而一时在争霸战争中落后手吗？

其次，我们应该清楚，尽管当时徐知诰掌握了吴国的日常行政权，但吴国真正的一把手仍然是徐温。无论是徐知训还是徐知诰坐镇扬州时，决定吴国争战杀伐的大权，始终由徐温牢牢把握。徐知诰、宋齐丘的改革，必然会砍到军费，如果得不到徐温的同意，根本不可能执行！

这样问题就来了：一直负责吴国对外争战的徐温，时时需要大把花钱，怎么能容许干儿子和他的手下出招，来绑缚自己的手脚呢？除非，它实际上在某方面也迎合了徐温的需要。

徐温偃武

在这一时期内，徐温正在攻打吴国最弱小的邻居，南边的百胜镇。

百胜节度使谭全播，是个很有意思的人物，一个好像没有野心的非典型乱世割据者。百胜军这支小势力的兴起，可以追溯到黄巢下江南时。那时，唐朝在南方的各级政府机构受黄巢、柳彦章等反唐武装的扫荡，出现了大量的权力真空，民间武装便纷纷兴起，填补空白。其中有些是依附唐朝的，如钟传、董昌、钱镠等，但也有些是响应反唐武装，比如谭全播和他的表弟卢光稠。

谭全播、卢光稠都是江西南康人，两人同为赣南豪杰，彼此不但沾亲带故，还私交极深。其中，谭全播有勇有谋，能力比较强，在江湖上已有一定名气。卢光稠相传是东汉大儒卢植之后，长得相貌堂堂，颜值比较高，但当时名望远在表哥之下。

乘黄巢北上，人心浮动，有心要借乱世改变命运的谭全播，便和卢光稠一道聚众起兵，赣南的江湖人士听说是老谭大哥带头（起兵时谭全播五十一岁，卢光稠四十五岁），纷纷响应。谁料人马聚到一起之后，已被众人默认的首领谭全播，却将众小头目召集一起，问他们说："现在大家聚众于此，是想当一支打家劫舍的土匪，还是想干一番大事？"众人说，那还用说，大家跟着你，当然是想干大事了。

谭全播于是就接着说："如果想干大事，那就得有一个好首领。卢公相貌堂堂，真不愧为我们的好主公！"众人听了，有点蒙，不对吧，我们可是听说你老谭的名声才来入伙，谁认识姓卢的？不用说，大多数人不同意。

谭全播见了，抽出剑将旁边的一棵小树砍断，厉声说："凡不接受我的建议，不愿拥戴卢公为首的，我就让他与这棵小树一样的下场！"这样，卢光稠就顺利当选了这支军队的第一任老大，谭全播为谋士，因其足智多谋，军中号称"小诸葛"。

卢、谭起兵之后，首先攻占了虔州（今江西赣州），以为根本。第二年又越过南岭，拿下韶州（今广东韶关），由卢光稠之子卢延昌镇守。然后先败后胜，击走了流窜岭南的王绪（闽国创建者王潮兄弟的前领导），又攻占潮州，据三州之地，实力发展到最大。

好景不长，卢氏在岭南的扩张，是岭南霸主刘隐不能容忍的。他派其弟刘岩率数万大军进攻卢光稠，一举击败卢光稠之兄卢光睦，攻陷潮州，随后又越过南岭直取虔州。危急时，谭全播指挥若定，利用山险，以伏兵打败刘岩，卢家势力才转危为安，但从此已无力与周边势力争衡。为求自保，卢光稠向梁帝朱温称臣，朱温以虔、韶、吉三州（吉州实际并不在卢光稠手中）设百胜镇，以卢光稠为防御使，授太保太傅，并加封为"舟汝王"。

开平五年（911），卢光稠病死，临终想让谭全播接任，但又被表哥坚决拒绝了，继任者便成了卢光稠的长子卢延昌。不过，谭全播不想坐的位子，有的是人想坐。大将黎求乘卢延昌外出游猎之机，发动兵变，杀掉卢延昌，自立为百胜之主。天予不取的谭全播只好称病辞职以避祸。稍后黎求暴亡，牙将李彦图又自称百胜节度使。乘百胜内乱，已继承兄长之位，成为岭南之主的刘岩再次发兵打百胜，攻取了韶州，百胜镇只剩下了虔州一隅之地。

稍后，李彦图又死了，虔州百姓聚集于谭全播府门前，恳请他出来主持大局。七十八岁的老翁谭全播，勉为其难地接受了他二十七年前就可以拥有的老大的位子，只是年已垂暮，只能据守小小的百胜，勉强守成，再无精力干大事了。当初真是何苦来哉！谭全播衰老，百胜军弱小的现实，让徐温动了心，决定出兵兼并虔州。

后梁贞明四年（918）初，吴军奇袭虔州。徐温特别提拔了一个名不见经传的亲信小将王祺当主帅，也不动用自己的直辖部队，而是抽调了镇南镇的洪、抚、袁、吉四州驻军归其指挥，这等于徐温在开拓疆土之时，顺便轻轻地削了削藩。

不过，这种有利于巩固徐温政权的一举两得之法，显然会伤害到吴军对外作战的能力。未来导致赵宋王朝武力不振的那一套，将从中御、兵不知将、将不知兵等军制弊端，已经在徐温的手中初见端倪。

谭全播事前毫无防备，直到吴军突然出现在虔州城下，城中守军才知道大敌已至。形势危急，谭全播知道，自己的军队虽有"百胜"之名，但并无百胜之实，只能一面死守，一面寄希望于外援。从虔州出发的使节分别奔往杭州、福州、潭州，同时向吴越王钱镠、闽王王审知和楚王马殷求救。

马殷、王审知都担心吴国过于强大会对自己不利，但又不愿当出头鸟，把吴军的主攻方向吸引到自己身上，所以虽然都出兵救援虔州，但都没有出太大力气。

马殷派将军张可求率楚军一万人，进至虔州之西的古亭（今江西崇义西南）。同时，一支主将不详、人数也不详的闽军，进驻虔州之东的雩都（今江西于都）。楚、闽两军与虔州城中的百胜军遥相呼应，使城下的吴军有如芒刺在背，不敢放开手全力攻城。

相比之下，吴越的地盘虽然距离虔州要远一些，但钱镠对此事的重视好像超过了马殷和王审知。毕竟吴楚之间隔着罗霄山，吴闽之间隔着武夷山，而吴与吴越的边界缺少天然险要可守。从军事地理的角度看，吴与吴越同属一个区域板块，很难让两个国家长期共存，所以钱镠对吴国的扩张行动反应最激烈，他派了第九子钱传球为主将，统兵两万人袭击吴国的信州，以收围魏救赵之效。

信州守将是吴军中的猛将周本，但可能因为徐温的猜忌，信州的守兵只有千余。吴越军突至信州，周本仓促应战于城外，因寡不敌众而失利，败回城中。但失利之后，老将周本反而冷静下来，他命将城门大开，城内紧急搭建了不少空帐篷，让城外看到好像城中有兵的样子。同时，周本带着左右幕僚登上城头，摆上宴席，饮酒作乐，演了一出经典的空城计，等着吴越军的到来。

钱传球来到城下，看到这幕情景，心中起疑：看这架势，城中恐怕是有埋伏吧？且周本是当世名将，谁知道他刚才的失利会不会是诈败诱敌呢？钱公子下令往城头射箭试探一下，但不知是吴越的弓箭手害怕伏击不敢靠太近，还是也有吴军在城头用箭还击，总之箭矢飞来飞去，连城头周本的酒兴都没有影响到。钱传球越发不敢轻入，对峙到夜里，不清楚吴军底细的吴越军悄悄撤走，掉头南下汀州，直接支援闽军去了。

吴军攻虔州的战事久拖不决。能力平庸的吴军主将王祺，一面攻城，一面对付近在咫尺的楚、闽两军的骚扰性攻击，疲于奔命，再加上谭全播在当地很有威信，颇得人心，这虔州城就久攻不下。

王祺出师时，大公子徐知训还在扬州城狐假虎威，兴致勃勃地调教吴王杨隆演。等徐大公子向朱老师伸手要马、要女人的时候，虔州未下；等朱老师反杀徐大公子，又自杀时，虔州未下；徐知诰入主扬州，全面接管徐知训权力时，虔州未下；徐温至扬州善后，默许徐知诰占有投机所得的权力时，虔州未下；等徐温又返回金陵，接到李存勖密使带来的邀请吴军北上夹击后梁的公文时，虔州城仍然守得挺结实！

也算是因祸得到的一点点福吧，徐温本来就很担心后梁若败，必然变得更强大的晋国将是吴国更大的威胁，无奈双方是长期盟友，这话不好直说，徐温便借口虔州战事，有理有据，不用撕破脸皮地回绝了李存勖的邀请。

与虔州城成反比的是，王祺的身体不结实了。可能他觉得自己的表现实在愧对徐温对他的破格提拔，军中又出现瘟疫，他就病倒了，无力再指挥作战。徐温得知情况，很痛苦、很无奈地暂时停止他"兵将分离，将从中御"的制度尝试，改派这些南征部队的原长官镇南节度使刘信代替王祺，指挥虔州会战。

刘信是杨行密时代留下来的老将之一，他本是兖州中都县人，早年经历不详，可能参加过唐末的饥民暴动，队伍被打散后南逃，投奔了杨行密。在淮南军中，他因多次作战有功，得到提拔，升为将领。但是，在杨行密的老部下中，刘信显然列不进特别出色的一流人物，不然我们也不会到现在才看到他的大名。但现在，比刘信强的老将多已死去，没死的也往往被有意压制，比如周本，刘信的地位就显得突出了起来，所以他的形象在徐温眼中就渐渐变得不那么顺眼。这次用他打虔州，实在是有些不得已。

到达前线接过指挥权，了解了战况之后，刘信认为此战胜负的关键，不在攻城，而在于打援。于是，刘信抽选精锐乘夜偷袭了位于古亭的楚军大营。楚军没想到此前一直表现消极的吴军，会突然积极主动起来。楚军猝不及防，大败而溃。接着，刘信又挥师向东，攻击吴越、闽两军大营。两军听说楚军已经战败，吴军又要攻过来，竟都不战而退，至此，百胜军外援断绝，只能孤军奋战。

但出人意料的是，纵然援兵一个也不剩，虔州守军依然很顽强，刘信接连猛攻了几天，死伤数千人，仍攻不下来。刘信现在是镇南节度使，死的是镇南的士兵，让他有点心疼。

或许还是不战而屈人之兵更好一点儿？刘信便停止进攻，派人进城游说谭全播。谭全播也知道，如果吴军不顾伤亡再打下去，虔州必被破。于是，经过谈判，谭全播接受了一个比较屈辱的和平条件：一、向吴军支付大笔犒军费，补偿吴国在此战中的损失；二、放弃百胜以前同时向后梁与吴国两面称藩的政策，今后只冲着扬州方向喊老大；三、为保证喊老大的诚意，谭全播向吴国派出人质为抵押。而刘信保证吴军不进虔州，保留百胜的半独立地位。

拿了谭全播送出的钱财和人质，刘信觉得自己也算完成任务了，起码比那个王祺强多了不是吗？刘信便一面班师，一面将停战结果写成报告，上报昔日的老同事徐温。

可刘信也不好好想想，如今他与徐温之间早就不是同事关系了，徐温正愁没有机会敲打敲打他。接到报告，徐温震怒，我要的是拿下虔州，不是听虔州喊老大！

于是，刘信派来的使者倒了大霉，被徐温抓起来猛抽了一顿鞭子！使者一边挨着冤枉打，一边还得听着徐温训斥："我不是打你，我是打刘信！"

刘信此时有一个儿子刘英彦，在徐温的亲军中任军官，徐温把他招来，给了他与另一个军官朱景瑜三千名士兵，然后对着刘英彦又是一顿恐吓："你父亲位居上游，手握重兵，居然连一座小城都拿不下来，看来是打算造反了！现在让你带着这支军队去那边，和你父亲一起反！"虽然史书无载，但在下透过纸背看到了当时刘英彦颤抖的双腿。

徐温的这段话当然是不能当真的。能当真的是徐温同时对朱景瑜的指示："谭全播的士兵多是些未脱产的农夫，这次虔州被围了将近一年，他们误了农时，又饥又饿，其妻儿还在村子里等他们回家。刘信解除包围，他们庆幸之余，当然忙着回家。如果听到大军又至，谁还愿意再吃二遍苦？自然是躲起来不再入城。谭全播能守的，不过一座空城。再次出征，必能攻取！"

看见使者带回来的鞭痕，以及紧接着到来的儿子与军队，刘信确认了两件事：一、徐温很生气，后果很严重；二、徐温不害怕他造反，也没有真认为他敢造反，他还有挽救的余地。在这一点上，徐温算得上料事如神，刘信确实不敢造反，不敢去尝试当第二个李遇，那唯一能做的就是撕毁自己刚刚与谭全播签订的停战协议，再打虔州了。

徐温对百胜军的判断料事如神，吴兵突至，虔州果然没多少守兵了，惊恐之下迅速崩溃。谭全播被迫弃城，欲逃往闽国，在雩都为吴军追兵所擒。徐温用兵近一年，终于兼并了弱小的百胜，完成了杨氏吴国的最后一次扩张。

回顾这次以强凌弱，仍旧打得很艰难的虔州之战，我们会发现，在徐温治下，民生正在改善，经济力量正在回升的吴国，其军事力量却正在衰退中。

军力衰退的主因，是军事人才的逐渐凋零。世传为诸葛亮所作的《后出师表》中有这么一段话："自臣到汉中，中间期年耳，然丧赵云、阳群、马玉、阎芝、丁立、白寿、刘郃、邓铜等及曲长、屯将七十余人，突将无前。賨、叟、青羌、散骑、武骑一千余人。此皆数十年之内纠合四方之精锐，非一州之所有！"把目光拉回五代，会发现杨吴的情况与蜀汉大同小异。比如说，足智多谋的淮南第一名将李神福，是河北洺州人；长期担任李神福副手的刘存，是河南沁阳人；徐温执政初期，四大佬之一李简、曾以二百五十骑恶斗梁军的勇将李厚、让朱延寿佩服的贾公铎，皆是河南蔡州人；击退过朱温的猛将柴再用，是河南汝阳人；朱温的结义二哥、名将朱瑾，是河南宋州人；擅长指挥骑兵的名将安仁义、李承嗣、史俨、米志诚，皆是代北沙陀人；以及刚刚提到的刘信是山东兖州人；等等。除了将领，士卒也一样，吴军中著名的精锐部队黑云都，成员几乎都是从河南来的。

但这些都是老黄历了，徐温掌权之后，吴国除了吸纳部分新被征服的江西势力，其武装力量几乎找不到一个有本土之外人员加入的例子。

杨行密假如不是以其海纳百川的胸怀，将这些"数十年之内，纠合四方之精锐"聚于麾下，而是仅仅依靠淮南老乡，还有可能在群雄逐鹿中崛起一方，创建吴国吗？

当然，杨行密的成就是在特定历史条件下做到的，徐温不可能复制。在大一统王朝刚刚崩溃之初，天下纷扰，乱世英雄走四方，志同道合的豪杰之士容易相聚一处，共创大业。等列国在血与火的搏杀中诞生并稳固下来，新秩序渐渐形成，彼此对峙中，人才的流动性必然会大大降低。

但徐温不用承担主要责任，不代表他没有责任。精兵良将逐渐凋零之时，诸葛亮大声疾呼："若复数年，则损三分之二，当何以图敌！"他也设法努力培养了姜维这样的军界新人。而在杨吴权臣徐温的身上，找不到类似的焦虑和努力，他甚至做了不少清除或闲置老将，加速吴军军力衰退的事。

这也并不难理解，史上大多数王朝的内部冲突都十分严重。徐温是一个用非法手段夺得大权，战功一般，威望有限，没有过人军事才能的领导人。对于他来说，那些战功大，威望高，可对外扬威的虎臣，对内真可能就是随时会吞掉自己的虎狼！比如自己重用过的朱瑾。这些人岂可不严加防范？

同期处境远比徐温优越的王建，在清除武臣时做得远比徐温凶狠。"国家若无外患，必有内忧；若无外忧，必有内患。外忧不过边事，皆可预防，惟奸邪无状，若为内患，深可惧也！"几十年后，另一个更重要的大人物做出了这一番多少带有主观色彩的总结，并将其作为王朝立国的基本国策，长期坚持，深刻地影响了其后三百年的中国历史进程。不能简单认为它就是错的，它其实是对一段长期血腥历史的痛苦反思，其精神源头我们已经在徐温、王建、徐知诰等人的身上看到了。

既然安全与武力二者不可得兼，那徐温自然是舍武力而取安全。这样一来，在徐温的统治下，吴国军力就会不可避免地弱化，不再有当年曾与梁、晋并驾齐驱的强势。

还有一点应该注意，五代十国其实只是一个大分裂时代的后半段，前半段藩镇割据，早在安史之乱结束时就开始了。即使是并不强大的地方势力，庞大的中央也常常拿它没办法，这是一种持续一百多年的常态。在那个时代出生并长大的人，恐怕不会有多少"统一不可避免，割据不可持续"的宿命观。

既然天下一统的日子很可能遥遥无期，更不可能由自己来完成，那还不如放弃那种不切实际的幻想，用心经营好自己的地盘，才现实得多。于是，虽然执掌南方首强吴国，徐温不但没制定过如何统一天下的大战略，就连统一南方的中战略甚至统一江浙的小战略，都被他非常现实地放弃了。

虔州之战后，吴与吴越的战争仍在持续。后梁贞明五年（919）三月，吴越王钱镠接受梁帝朱友贞发下的伐吴诏书，让那位当过田頵人质的儿子钱传瓘当主帅，统军三万北上。

钱传瓘是钱镠诸子中最能干的一个，他这次统率吴越军，主力是水军，这一年又正好大旱，为了扬长避短，他没有沿以往双方交战时常走的江南河（大运河长江以南那一段）进军，而是先经松江（今上海吴淞江）进东海，然后北上入长江，溯流而上，这样，沿途皆水面广阔，还可以直接威胁江边的扬州、润州。

吴国方面得报，忙编组一支水军，由将军彭彦章（原割据赣中之彭氏兄弟的弟弟，象牙潭之战后为周本所擒，后降吴为将）、陈汾率领，前往拦截。四月八日，两支水军相遇于狼山（今江苏南通，当时还是位于长江口的一个小岛，现在已与江北连成一体）之南的江面上（这一段江面又名"狼山江"）。吴军位于上游西北方，吴越军位于下游东南方。

吴军主将彭彦章十分勇猛，或者说有点有勇无谋，他一见到吴越军的战船，就下令舰队猛冲过去。吴将副将陈汾不满彭彦章以降将身份位居己上，作战消极，他指挥的那部分战船行动迟缓，没有跟着彭彦章一起上。于是，吴军水师就像一个技术低劣的拉面师傅手中的面团，刚刚被拉长，一下就拉断成了两截。

此时正刮着西北风，吴国水军的前半截，也就是彭彦章部，因为既顺风又顺水，冲得飞快。但冲得过快，要刹车就困难了。钱传瓘毫不慌张，让吴越水军往北一偏，让开长江主航道，利用狼山岛对长江水流的阻碍，停在水流和缓的地段。

于是，在风流、水流的帮助下疾冲的彭彦章舰队刹不住脚，从吴越舰队的旁边掠过，冲到下游去了。钱传瓘乘势攻向彭彦章的后背，彭彦章只好下令舰队掉头迎战，这样，双方的处境便发生了逆转：吴越军由原来的逆风逆水，变成了顺风顺水，从而占据了优势。

交战前，钱传瓘已在战船上准备的大量草灰、细沙、豆子，现在都派上了用场。钱传瓘先下令在本方战船甲板上撒上细沙，用于防滑；顺风扬起草灰，使得下风方向的吴军士兵几乎睁不开眼；两军战船一接近，吴越军士卒将豆子抛撒向吴军战船，吴军士兵一踩到豆子往往滑倒，更加被动。一切条件成熟，吴越军顺风向吴军战船喷射秘密武器猛火油，四百多艘吴军战船变成了水面上漂浮的四百多个大火炬，吴军大败！

吴军主将彭彦章奋力抵抗到最后，全身受伤数十处，见败局已无可挽回，愤而自杀，所部裨将以上七十余人被俘。在整个交战期间，拉在后边的吴军副将陈汾，也不知道是因为幸灾乐祸，还是让吴越军的攻势吓住了，一直按兵不动，坐视彭彦章部覆灭。

狼山江战败的消息传来，徐温大怒，命将败将陈汾斩首，家属没官为奴，家产没收，其中一半分给彭彦章的遗属。然后，徐温亲自出马，扬州的徐知诰、润州的徐知询等徐家嫡系武装全部出动，扬州、润州一线重兵集结，准备阻截钱传瓘。

六月，吴越军在沙山（今地不详）受挫。钱传瓘见前边吴军兵多势众，他的水军在江面上虽然一时无敌，但只待在水上，显然没法攻城略地，便决定避实击虚，将大船停泊于香弯（今江苏江阴东），军队登陆南下，打算夺取常州。

徐温得报，派右雄武统军陈璋带一支偏师出海门（今江苏南通市海门区，位于狼山之东，当时是长江的出海口，故名海门，还不是陆地），袭击骚扰吴越的后方，自己则率大军南下常州，追击钱传瓘。

七月七日，在这个传说中牛郎会织女的日子，徐温统率的吴军，与钱传瓘统率的吴越军相会于无锡。在交战前，徐温得知，六年前在千秋岭之战中倒戈降越的原吴将曹筠，此时正在钱传瓘军中，便悄悄派人秘密告知曹筠："当初让你提出的正当要求没得到批准，而失意离去，这全怪我处置不当，不是你的过错！你的妻儿在这边都得到很好的照顾，你不必挂念。"曹筠没想到徐温对自己竟如此宽宏大量，既意外又愧疚，不由得深深后悔投降吴越。

战斗由钱传瓘发起。刚开始时，吴越军攻势很猛，又赶上徐温正好发高烧，不能指挥作战，吴军群龙无首，军心有些慌乱。在钱传瓘的攻势下，吴军的前锋部队被击败，吴越军一方箭矢如雨，直射向吴军的中军主帐。

形势危急，徐温的心腹陈彦谦找了一个身材相貌和徐温有几分相似的人，穿上徐温的盔甲，坐在大帐中装模作样地发号施令，稳定人心，同时让徐温退到幕后，赶快治疗、休息。徐知诰则率吴王府亲军顶了上去，暂时稳住了战局。

那高烧来得快，去得也快，不多时，徐温恢复了清醒，吴军重新得到统一有效的协调指挥。徐温发现，由于天旱多日，战场上的草木多枯黄，且风向也对吴军有利，于是顺风纵火，大火向着吴越军的方向烧去，吴越士卒慌乱避火，阵势动摇，战局开始发生逆转。这时，在吴越阵中的曹筠突然倒戈，杀向身边的吴越军，吴军乘机大反攻，吴越军遂全线崩溃！

败逃中，钱传璙仗着坐骑得力，纵马跃上高岸逃生。吴越将领何逢、吴建等战死，士卒战死者一万余人。与此同时，吴军陈璋部袭击香弯也取得了胜利，吴越军水、陆皆败，大批溃兵逃向苏州。

见情况有利，徐知诰向徐温建议说，愿率两千名步兵，穿上刚刚缴获的吴越军军服，拿上他们的旗帜，伪装成败兵混进苏州，然后里应外合，夺取这一重镇！不少将领也认为，吴越军的强项在水军、舰船，当年大旱，长江外的江南各河道水都很浅，不利于战船行动。此时正是乘胜进击，一举消灭吴越的千载良机！

徐温显然并不这么看，他对徐知诰说："你的计谋很好，但我只想息兵安民，此计不能用。"

他又对众将说："天下战乱的时间太久，百姓所受困苦太深，钱公也不是可以轻视的人，如果打下去，陷入长期分不出胜负的消耗战，那才是各位需要担心的。现在乘着我军得胜立之以威，再收兵怀柔示之以恩，那双方就能实现和平，两地之民从此安居乐业，两国君臣从此高枕无忧，不也是一件大好事吗？"

于是，领导拍板了，多数服从少数，吴军乘胜收兵。作为刚刚打了败仗的吴越一方，自然更愿意停战，此次战争便在高潮之时戛然而止。之后，双方经过谈判，交换了战俘，如徐温所说，吴（以及后来的南唐）与吴越之间实现了较长时间的和平，两地之民真的有二十多年可以安居乐业了。而徐知诰、宋齐丘主持的税制改革，实际上也是在与吴越实现和平，徐温认为有了削减军费的现实条件后，才同意全面推行的。

而且，徐温同意税制改革，还有大家不太容易注意到的另一个目的。在此之前，吴国其实没有统一的税制，稍有独立性的刺史、节度使都有权在自己辖区内出台土政策，掌握自己辖区内的财政大权。而徐知诰的改革一开始，要统一吴国境内的税收标准，就要派出很多相关官员到各地督导执行，其实也是借助义父的武力优势，在削弱各地方实力派的财权。所以徐温怎能不乐见其成？徐氏天下，将稳如泰山矣！

回过头分析徐温与吴越和解的决策究竟是对还是不对。在下认为，当时的吴军众将认为有机会乘胜一举攻灭吴越，是有点过于乐观了。

无锡之战，是吴与吴越长期交战史中，继十八年前临安之战、六年前潘葑之战后，吴军获得的第三次大捷。但是，在这段时间内，吴越军也取得过苏州保卫战、千秋岭之战、狼山江水战三次大胜。这样看来，双方在较大的战役中也就打了个三比三平，且其中的千秋岭之战与水军毫无关系。总体而言，吴军较之吴越军，数量优势或许有之，质量优势可看不出来。

就数量来说，后来吴越纳土降宋时，有常备军十一万五千人，那是承平日久后的数量，此时估计不会比那时少，故一战损兵万人，对吴越虽是重挫，也还没到伤筋动骨的程度。作为开创基业的一方首领，钱镠的实力远远超过谭全播，能力和在当地受拥护的程度，丝毫不会逊于谭全播，那么参照此前虔州之役的经过，吴越怎么可能是当时的吴国能轻易灭掉的？

不过，话又说回来了，徐温要灭吴越虽然不容易，但怎么也不可能比李存勖以弱晋百战反灭强梁更难。而不灭吴越，一旦北方完成整合，吴国是无法与之抗衡的。说到底，还是徐温没有李存勖的雄心，对本国武装力量膨胀强大后自己能否有效驾驭自信心不足，将实现内部安定放在了称霸天下之上。

就在无锡会战的这一年，徐温接受严可求的建议，为避免李存勖灭梁后向其称臣，正式扔掉了唐室忠臣的面具，宣布建国。杨隆演的头衔虽然还是吴王，但此前他是唐朝的名义藩属吴王，此后是不从属任何王朝的吴国王。徐温拥有了大丞相、都督中外诸军事、镇海宁国节度使、东海郡王等一大堆显赫的新头衔，进一步在名、实两方面强化了自己的权力。

第二年，软弱窝囊了一辈子的杨隆演病死，后来被追加了与三国司马懿相同的尊贵称号——高祖宣皇帝。虽然这两个人连一点儿相似之处都没有。

徐温拒绝了旁人的劝进，越过杨隆演不安分的三弟杨濛，立其四弟杨溥为吴国王，次年称帝。关于他们的历史，以后再说。

成德兵变

如果说吴蜀两国掌门人的更替，对此时梁、晋争雄的历史主线影响并不大的话，成德节度使赵王王镕的退场可就极大地改变了李存勖原先的战略部署，至少为后梁帝国延长了一年的寿命，可以说影响了后梁灭亡后甚至后李存勖时代的历史演变。

自从李存勖收取河北之后，赵王王镕、北平王王处直的地盘，已经被李存勖的晋国从四面包围，仿佛大海中的孤岛。成德、义武两镇失去了以往在梁、晋两强间摇摆的便利条件，只能安安心心地当晋国的附庸，老老实实地将自己绑在李存勖的战车上。

不过，王镕对此显然并没有什么存亡之类的烦恼，相反，他觉得自己轻松多了：不用再对附梁还是附晋这一类难题进行很伤脑筋的利益与风险计算了。虽然他还需要不断派出成德子弟披甲走上战场，但战争都发生在远离成德镇的地方，只要不和李存勖翻脸，他王镕就能在镇州舒舒服服地过太平日子，这可是好多年来他都没有享受过的。

曾经生于忧患的王镕，精神基本放松了下来，开始进入死于安乐的轨道。王镕重新扩建装修了王府，重修之后的赵王府，据说不论是里面的亭台楼阁，还是人工池塘里的画舫游船，其豪华奢侈都引领了当时的潮流。

王镕的豪宅是用来让自己和美人风花雪月，体会生活情趣的。但王镕毕竟是成德四州之主，日常公务繁多，想想看，如果尊贵的赵王正与美女吟风弄月，体会生活情趣，老有人进来打扰，一会儿递送文件，一会儿请求批示，那岂不是一件大煞风景的事？

为了不让这些日常俗务败坏人的好心情，王镕决定充分开发手下的主观能动性，让做事比较认真负责的行军司马李蔼、宦官李弘规两人，分管成德的军、政事务，替自己工作。而另一位在拍马技术上造诣精深的宦官石希蒙，则负责陪自己游玩享乐，两人间的关系之铁，据说亲密到了常常同榻而眠的程度。有了这三个人，王镕轻松实现了工作、生活两不误。问题是，王镕视李弘规、石希蒙为左右手，李弘规、石希蒙却互视为死对头。

为了让自己幸福的日子能够天长地久，王镕还迷上了佛和道。平常他除游乐，基本上不是与和尚谈论佛法，就是与道士探讨仙术。他不惜给道士原始的化学研究投入巨资，帮助他们炼制长生不老的丹药，尽管在历史记载中此类投资基本上都是血本无归。

仙药这么牛的东西，显然应该选择一个有仙气的地方，才更容易炼制成功。镇州附近哪个地方最有仙气呢？道士王若讷推荐，当首推镇州西北百里外的西山。西山，又叫房山，是太行山脉的一个支系，上面建有多家佛寺和道家的西王母祠，所以它又有一个别名西王母山。

于是，王镕在房山上修建了豪华别墅，时不时就离开镇州到房山一游，在别墅住上几个月。

后梁贞明六年（公元 920 年，朱友谦第二次叛梁，归降李存勖那一年），王镕又一次出游房山。赵王出游，那派头自然非比寻常，每次随行的文武官员和护卫的军士，加起来常常不下万人。王镕在房山上的别墅装修虽然豪华，但规模并不大，从行的人不可能都住进去，绝大多数士卒只能住帐篷，露宿于山头。

对住在豪华别墅里，忘却烦恼，向往长生的王镕来说，这是一段幸福的时光，而幸福的时光总是过得特别快。不知不觉，几个月过去，就到了年底。但对从行的大多数人，尤其是那些护卫的士兵来说，这段日子就没这么惬意了：腊月的寒风已经吹遍了华北大地，他们眼睁睁看着大王和亲信在豪宅享尽人间之福，他们却要远离家人，头顶连一片遮风挡雪的瓦片都没有，个个冻得颤抖，人人怨声载道。

好不容易，总算等到王镕玩够了，决定返回镇州，众人这才松了一口气：受了几个月罪，终于可以回家过个年了。

谁知，这支庞大的旅游团才刚刚走到山下的鹊营庄，离镇州还很远，王镕突然又不走了。原来，他最贴心的宦官石希蒙说，既然出来一趟，就应该玩得尽兴，要不咱们再到别的景点去转一转？王镕觉得石希蒙说出来的话太暖人心了，那好吧，暂时停下来，好好研究接下来去哪儿游乐。

但是，另一位宦官，相当于成德大管家的李弘规，听说王镕还不打算回去，连忙来劝阻说："如今咱们的大盟主晋王殿下，正亲率兵马与梁兵恶战于黄河两岸，每天要忍受风吹雨淋，冒着流箭飞石拼死拼活，而大王您身处安全的后方，不担一点儿辛苦不说，甚至将本该用作军费的钱浪费在游乐之上，这让天下人怎么看您，怎么议论您？何况现在不是太平盛世，人心并不安定，大王却带着这么多侍从和官兵远游在外，让王府根本长久空虚。万一有心怀不轨之人乘机发动兵变，关闭城门，阻止我们回去，那时候该怎么办？"

　　李弘规话说得很重，王镕也听得动容，表示同意。不料李弘规一走，石希蒙深恨这个同出宦门的竞争对手阻挠自己应得的恩宠，便造谣说："我听说李弘规私下对人宣扬，大王您就是个木偶，他想让您干什么您就会干什么！其实大王一家，久镇成德，深得人心，哪里会有人有二心？这分明是他在颠倒黑白，挑拨大王与将士的感情！"

　　王镕听罢，信以为真，大怒，于是又变卦了，赌气似的停在鹊营庄不走，也许是想让旁人好好看看：我才是赵王，谁也别想指挥我！

　　已经在野外喝了好几个月西北风的护卫将士，原本听闻李弘规劝谏成功，都很高兴，急切盼望回家。谁知就这么一眨眼工夫，赵王说话又不算话了！将士群情激愤，争相打听：是哪个挨千刀的浑蛋干的好事？

　　李弘规本就深恨石希蒙谄媚，见士气可用，便干脆再给他们一点儿火星，引爆众人的怒气，发动一次马嵬坡式的兵谏。

　　王镕滞留鹊营庄的第三天，亲军都将苏汉衡突然率领一队亲兵，披甲持刀，杀气腾腾地闯进大帐！帐内，王镕和石希蒙大惊而起，却见众军士拔刀出鞘，语气如刀锋般坚硬："将士们停留在旷野的时间太久了，愿跟随大王回去！"

　　就在这剑拔弩张的紧张时刻，李弘规适时出现了，他一面招呼军士不要冲动，一面瞟了一眼正在瑟瑟发抖的石希蒙，半进谏半要挟地对王镕说："石希蒙蛊惑大王游乐无度，既劳民伤财，又丧失人心。据我调查，他还在秘密勾结奸党，准备图谋不轨！请大王马上下令将他正法，清除祸本，告慰人心！"

谁知王镕的表现比李隆基硬气，都逼到这份儿上，还是舍不得失去自己最贴心的奴才，咬紧牙关不答应。不过，此时此刻已经不是王镕说了算，亲军高声呐喊着，将石希蒙从王镕身边硬拽了出去。外边一声惨叫过后，亲军又将石希蒙身体中主要用于谄笑、拍马、进谗言的那个组成部分带了回来，扔在王镕的脚下！

看着亲信血淋淋的人头，王镕真的被吓住了，连忙从谏如流地宣布：立即起程，马上返回镇州！

不知道李弘规、苏汉衡这些人是怎么考虑的，也许他们确实是王镕的忠臣，所恨者只是石希蒙而已，只要"清"掉了这个"君侧"，王镕仍然是他们的好领导。毕竟从历史上看，当年领导马嵬兵变的陈玄礼也得善终。于是，他们不再有进一步的行动，而是服从命令，护送王镕回镇州。

但王镕和他们想的不一样。当天晚上，回到镇州的王镕一摆脱亲军的控制，就秘密召见了两个人。一个叫王昭祚，王镕的长子，朱温之女、后梁普宁公主的丈夫（尽管王镕早就和后梁翻脸，但这门亲事并没有作废），他此时的职务是成德节度副使；另一个叫王德明，王镕的义子，此时的职务是镇州的城防司令（防城使）。

这位原名叫张文礼的杰出"嘴炮军事家"王德明，深得王镕的器重，是王镕派去支援李存勖作战，总计三十七都成德远征军的司令长官。无奈真实的战争不能靠嘴炮打赢，几战过后，表现拙劣，常常拖大军后腿的王德明，惨遭李存勖退货，王镕只好派遣另外一位叫符习的将军代替他指挥成德远征军。

尽管没在战场上给义父王镕长脸，但王镕仍然很喜欢这个牛皮功、马屁功都很精湛的义子。镇州防城使这个职务，算不上位高权重，但掌握总部的城防兵，非常关键，非绝对信任的心腹不能担任。这不，出了事儿，王镕第一时间想到的，除了亲儿子，就是这位自己绝对信任的义子。

当天深夜，由王昭祚领头，王德明率城防兵突然包围了李弘规、李蔼、苏汉衡等人的住宅，然后破门入室，大开杀戒。待天明时分，因鹊营庄兵谏事件而被满门抄斩的多达数十家！镇州全城笼罩在恐怖之中，尤其是亲军中流言极多，都说这不过是第一拨，接下来王镕还要彻查兵变，穷搜同党，不知还要砍多少颗脑袋！会不会牵连到我们呢？亲军士卒人心惶惶，像火堆旁的一桶黑火药，现在还没爆，只是因为暂时还没有火星溅到它的导火线上。

杀掉李弘规和李蔼容易，但事儿还得有人做，他们留下来的空位该由谁来填补呢？王镕想了想，交给外人终究还是不如交给儿子（不包括义子）。于是，王镕就让王昭祚接管成德的军政大权，而为杀李弘规等人出力最多的王德明并没能分到自己期待的那份大蛋糕。

王德明很不满，又看到成德军心浮动，有机可乘，不由得蠢蠢欲动：你不给的东西，我不会自己去拿吗？自己动手，还可以拿得更多！也许从现在开始，我们还是恢复他的原名张文礼比较合适，因为他已经决定把收留他、重用他，对他有大恩的义父干掉！

正好，新年到了，领导给大家发笔奖金过年是例行公事。但今年稍有不同，王镕深恨亲军胁迫他，还杀死了他喜欢的好奴才，所以特别吩咐，其他各机构人员都照例发奖金，唯独亲军一个子儿也不发！这说明领导的怒火还没有熄灭！亲军士兵更加恐慌，那一条条流言显得越来越真实，有五百名曾隶属李弘规的亲军士兵，正商量集体逃亡，张文礼把他们请来喝酒。酒过半酣，大家的情绪酝酿得差不多了，张文礼突然娴熟地调动五官，做出一副真情流露、痛不欲生的苦瓜脸，酒后吐谣言曰："实不瞒各位兄弟，大王命我将你们全部坑杀！可你们十多年来披甲持戈，保家卫国，好多兄弟还跟随过我，我是实在不忍心！现在，我如果不杀你们，必将获罪于大王；可要不让你们知道而枉死，又怎么对得起咱们的兄弟情义？呜，我该怎么办啊？"

张文礼一边说着，一边带头大哭，士兵受到感染，哭声响成一片。情到激愤处，不知谁率先喊了一嗓子："大王如此对待我们，我们岂能继续向他效忠？"

好，等的就是这一句！当天深夜，亲军发动了第二次兵变，一队人翻墙冲进赵王王府，杀死了正在与道士做法事的王镕，又砍下了他的人头。然后，兵变军人拥至张文礼家，请求张文礼出来当他们的首领。

从当年背叛刘守文时起，张文礼就一直期待着有朝一日登上一方诸侯的宝座。现在梦想成真，哪里还会客气？张文礼马上宣布自己就任成德留后，然后恶狠狠地下令：将义父王镕一族，不分男女老幼，全部杀光！

哦，对了，有一个人千万别杀！那是王昭祚的妻子，后梁普宁公主。自己干的这事儿，很有可能会招来李存勖的讨伐，那样的话，得为自己向后梁求援留条后路。

除张文礼特别下令保护的普宁公主，王镕还有一个小儿子叫王昭诲，在大难之日被一个忠诚的军士悄悄带出王府，在一个地窖里藏了十多天，后又剃光头发，化装成小和尚。但张文礼对王家遗孤的搜捕越来越紧，这样仍不能保证这个孩子的安全。

这位没有留下姓名的忠义之士，找到一个具有半官方身份，来镇州做生意的楚国茶商李震，恳求他设法将孩子带出城。不知道他们有过怎样的交谈，只知道李震答应做这件风险极大，却看不见收益，而且本来就与他毫不相干的事。

也许是因为当时楚茶行销天下，镇州卫兵也无意刁难这些与人为善的楚商，他们没有搜到藏在装茶竹篓中的王昭诲，王镕的唯一遗孤这才幸免于难，逃到楚国，后在衡山出家为僧。

对历史而言，这是一段一点儿也不重要，完全可以省略的小插曲，但它也是有价值的，证明了不管在多么黑暗的时刻，人世间始终有善良和信义存在。

不过，除了普宁公主与王昭诲，王家数百口，再无人幸存。

从唐穆宗长庆元年（821），成德将领王庭凑杀节度使田弘正一门三百余口，夺取镇州起，到后梁贞明七年（921）王镕被杀止，回鹘王氏共传五世，易六主，统治成德正好一百年。王家最后的遭遇与当年的田家如出一辙，这莫非就是所谓的报应？虽然来得晚了一点儿。

要杀的不仅仅是王家人。王氏在成德的统治时间太久了，积淀深厚，其人脉和影响力不会马上消失，其同情者仍然很多，要不然，王昭海是怎么不见的？一般的同情者没多大危险，但如果是军人，特别是将领，就很不安全了。于是，张文礼紧接着清洗成德老将，消除军队中的不安定因素，然后换上自己人。

只不过，张文礼最想清洗的一个人，暂时还清洗不了，那个人就是顶替自己担任成德派遣军主将的符习，此时正带着一万名精兵在李存勖帐下听用。

提到李存勖，这才是最让张文礼不放心的事。如今与王庭凑时代不能相提并论，张文礼虽然坐上了成德之主的位子，并不意味着他已经大功告成，开基创业。在当今天下，成德实在是太弱小了，如不取得各国的承认，在各大势力纵横捭阖的大棋局找到属于自己的平衡点，那么张家在成德的统治必然长不了。尤其是对强大的已将成德、义武两镇围成孤岛的晋国，张文礼可不敢幻想，李存勖会用和平的原则来处理成德事变。

于是，张文礼上台后干的第二件大事，就是派出大量使节，与周边的各大势力进行公开的或秘密的沟通与联络。

第一要紧的，自然还是要先报告大盟主李存勖。

报告内容分为三部分。第一部分是讨好李存勖。张文礼紧跟朱友谦的风，上书劝进李存勖早登帝位，以满足万民的期待！第二部分，说明成德的新情况：镇州发生了兵变，前节度使赵王王镕不幸被杀，我受到将士推举，暂时主管成德军政。大王您是不是可以给我一份正式的委任状（旄节），好让我能够更好地为大王您效劳？第三部分，说符习等人在外边的时间已久，将士思归，请求将他们调回成德，我将另选精兵，到大王帐前听用。

其实早在王镕上书之前，李存勖已经接到成德兵变的报告。那时的情景颇有戏剧性。李存勖正与众将举行宴会，突然得报王镕被杀，李存勖好像死了至亲似的，当时就把酒杯扔到了地上，流着眼泪，满腔悲愤地对众人说："赵王和我曾经手握着手缔结盟约，情分之深，坚如金石！他何尝做过什么对不住人的事？竟遭此覆灭祖宗，断绝后嗣的惨祸！实在太冤枉了！"

稍后，张文礼派来请求任命的使者到了，李存勖勃然变色说："张文礼犯下的是不赦大罪！不逃远点儿，还敢厚着脸皮向我索要旄节！"但李存勖的左右悄悄进谏说，张文礼固然罪大恶极，可现在大军正与梁军缠斗于黄河两岸，最好不要在身后再树一个敌人。现在不如顺水推舟，答应张文礼的请求，先稳住他，将来有机会再做处理。

李存勖想想，现在确实有些无奈，只好答应张文礼的一项请求，以代行唐朝天子的名义发布诏书，任命张文礼为成德留后。至于另外两项请求，请李存勖称帝，因张承业阻止而暂停。而要调符习一军回成德的要求，李存勖先不搭理，把此事暂时扣下。

回顾一下李存勖与王镕的交往史，很难让人相信，这两位仁兄之间会有多么深厚的私交。李存勖在众人面前反应如此激烈，恐怕还是感到这是一个千载难逢的彻底解决成德问题的良机！

魏博、成德、卢龙，史称河朔三镇，是藩镇割据最典型也最老资格的三大标本，当年就像大唐帝国肌体上生命力极为顽强的三块大肿瘤，让大唐帝国的后半辈子时时感到痛不欲生。无疑，李存勖如果想开创一个强盛的新王朝，它们迟早是要被解决的。而今，魏博与卢龙都已被李存勖收入囊中，就差成德这最后一块硬骨头了。

以前，王家在成德树大根深，王镕又善于左右逢源，让李存勖有些不好下手，毕竟伸手还不打笑脸人。现在好了，张文礼有弑主之罪在前，又是个外来户，从他的手上夺取成德，名正言顺，估计难度也不会太高！

只不过，这次兵变实在事发突然，不但李存勖所率晋军主力正与梁军对峙于黄河沿岸，另一支晋军也在李存审指挥下，攻入关中，击败刘郡。短时间内，李存勖凑不出足够的机动兵力，只得把攻取成德的想法暂时拖一拖。

正好，张文礼也是这样想的，他不敢轻信李存勖会对此事无动于衷，不能在这一棵不可靠的大树上吊死，所以他从镇州派出的使节，也不会专注于魏州一地。

路程最近的一队成德密使去了定州（今河北定县），求见义武之主北平王王处直，重申成德与义武的传统友谊，谋求合作。

另一队成德密使来到了契丹控制下的平州，拜见了张文礼以前的同事，现在的契丹卢龙节度使卢文进，希望通过卢文进的渠道，取得契丹帝国的支持。

路途最艰险的一队密使才是张文礼真正的重点，他们携带着张文礼的密信，竟然设法穿越了梁、晋对峙的火线，渡过黄河，来到后梁国都汴梁，觐见了大梁皇帝朱友贞。张文礼的信上是这样写的："成德兵变，王镕全族均死于乱军之中！不过，在关键时候，臣挺身而出，总算保得普宁公主安然无恙。而今，臣已经从北边招来了强大的契丹铁骑，只要朝廷能抽出精甲万人，从德州、棣州渡河北上，晋人将连逃跑都来不及！"

看了张文礼的信，知道事关重大，朱友贞又有些犹豫不决了：究竟要不要从其所请呢？还是集思广益，请众臣发表一下各自的看法吧！

朝中第一号元老敬翔坚决主张出兵救援张文礼。毕竟当初正是李存勖抓住了后梁魏博兵变的机会，才将梁军完全逐出河北，现在风水轮流转，该着李存勖遇上麻烦了，我们还有什么好客气的？敬翔大声疾呼："陛下如果不乘敌人内乱的良机恢复河北，今后恐怕再也没有打败晋人的机会了！"

嗯，敬老头儿说得好像有一点儿道理，不过朱友贞也知道，偏听则暗，兼听才是明君。所以他不能草率决断，也得听听别人的意见，重点就是赵岩、张汉伦、张汉杰等这批心腹的意见。

赵岩、张汉伦等人都很讨厌敬翔，谁让这老家伙经常仗着老资格与我辈作对？赵、张等人异口同声，着重强调后梁自身的困难："现在强敌就在黄河边上，我军倾尽全力去抵挡，都还怕挡不住，怎么还有能力分出一万名精兵去救张文礼？何况张文礼是个反复小人，首鼠两端，根本就不是诚心归附我大梁，只想借助我们的兵力保全他自己一方诸侯的地位罢了。就算他成功了，对我大梁又有什么好处？"

嗯，说得也有道理。这回好办了，简单地数数人头，敬翔的一票赞成，显然没赵、张等心腹的多票反对多，朱友贞就否决了出兵救援张文礼的计划，只给了张文礼的使者一番精神鼓励，可能还有任命张文礼为成德节度使之类的空头人情，写下诏书，封存在蜡丸里，让使者带着回报张文礼。

不过使者这次回去，就没有来时这么顺利了，才一到黄河上的渡口，就让晋军的巡逻兵逮了个正着，朱友贞发给张文礼的蜡丸诏书自然也被截获。在下有点怀疑，当初使者能够这么容易到达汴梁，可能是李存勖有意让手下睁一只眼闭一只眼放过去的，为的就是等使者回来时抓个人赃并获！去汴梁的使者被抓了，张文礼派去契丹的使者同样在回来的路上当了俘虏。

李存勖恼了，既然张文礼这么不安分，急急跳出来找死，那就怪不得他了。李存勖下令，将被抓的使者都放回去，好让张文礼明白：你玩的那点儿猫儿腻，我全知道，就洗干净脖子等着吧！

然后，李存勖召来了成德派遣军的将领符习、赵仁贞、乌震等三十多人（史书没有将这些人一一列名，但里面应该有一位名叫赵弘殷的中层军官），将张文礼那份被扣压了多日，请求将符习等人调回成德的表章拿出来，请他们看：张文礼来信让你们回镇州，你们愿不愿回去呀？

关于张文礼杀害王镕一家，又在成德搞清洗，清除异己的事，符习等人自然已有所闻。虽然张文礼特意提拔符习的儿子符蒙任自己新设都督府的参军，又派人带来大批金帛犒赏派遣军，极力显示友善，但大家都是在道上混了这么久的人，知道什么叫作缓兵之计。他们原本与张文礼关系就不睦，现在如果真的回去，那很可能就等于"二师兄"进屠宰场！

符习等人齐齐跪倒在李存勖的面前，痛哭失声！符习泣言："臣本是赵人，家中几代都侍奉王氏。这次出征之时，赵王赐臣一柄宝剑，勉励臣荡平凶寇再凯旋。谁料言犹在耳，赵王却已遇害！自从听闻噩耗，臣悲痛得只想以剑自刎，以答谢赵王的大恩。可仔细想想，我们这么死了，却让凶徒逍遥法外，又有什么好处？张文礼不过卢龙一个叛将，赵王没有看透他的小人本性，过度重用，反招来他的恩将仇报！臣虽算不上勇武，宁愿在晋王麾下血战到死，也绝不能回去屈身侍奉凶手！"

看到成德众将群情激愤，李存勖很满意，他要的就是这个效果，便在火上加了一桶油，慷慨激昂地激励他们说："我与赵王为讨国贼，歃血为盟，情义犹如骨肉！听闻他变生肘腋，我与你们一样悲痛！你们既然都怀念旧主的恩德，那愿意为他报仇吗？"

"愿意！"声音来自众口，虽不整齐，但很有力。

"好，我一定会帮你们的！"

几句话之后，明明是李存勖想让这一万名成德精锐替他打头阵，却变成李存勖疾恶如仇，助人为乐。毫无疑问，此战即将开打，而战争过后，新的成德不可能再是过去那个独立的河朔强藩。

义武兵变

八月七日，在王镕被杀差不多半年后，李存勖下令罢免了张文礼的职务，任命符习为成德留后，又派了晋军中两员久经战阵的大将阎宝、史建瑭出师，会同符习的军队，取道邢、洺北上，讨伐张文礼。

出师仅四天后，讨伐军首战告捷，拿下了赵州。从克城之速，以及赵州刺史王铤投降，而李存勖又让他继续担任赵州刺史来看，赵州应该是不战而降的，也许王刺史还借机慷慨激昂了一番，表示赵州绝不会屈从于奸贼张文礼之类，以博得李存勖的好感。

成德总共也就四个州，赵州就这样连声响都没听见就丢了，极大地震撼了镇州的张文礼集团。原本张文礼就有病，肚子上长了一个大疮，正在卧床治疗，赵州失守的消息一传来，张文礼突然就落地成盒了。关于五代这第一"嘴炮军事家"的死，史书一般记载他是在震惊之下暴病身亡，不过，也有史料说他其实是被儿子张处瑾干掉的。

据记载，张文礼至少有三个儿子，分别叫张处瑾、张处球、张处琪。从史书虽然处处自相矛盾，但仍理得出一些线索的记载来看，三兄弟中老大张处瑾在不同记载中的面目冲突太多，模糊不清；老二张处球似乎最能打，之后镇州之役的大部分战斗多与他有关，将才应该在其父张文礼之上，所以对晋军的态度也最强硬，可能是此后张氏集团真正的核心人物；老三张处琪就是个酱油瓶，可有可无。

不管张文礼是自然死亡，还是在儿子的"协助"下死亡，总之既然他已经死了，张氏集团还活着的人，感到有了一个把罪责推给死人从而保全活人利益的机会。毕竟小小孤岛般的成德，与晋国这个将它四面包围的汪洋大海作对，胜负的结果自然可知。

在镇州，张处瑾下令严密封锁消息，不让城中人知道张文礼已死，防止军心涣散，同时，他与心腹韩正时谋划死守。但是，在另一边，一队准备前往魏州，向李存勖认错求和的使团正在紧张筹备中。

史书记载在这里又出现了分歧。

一种说法是，为了表达今后追随晋王的忠心，大公子张处瑾带上掌书记张允，大着胆子亲自奔赴魏州，觐见李存勖，请求晋军缓师。

晋军确实停下来了，尽管从赵州到镇州相距不过百余里，沿途也没有什么险要，急行军一天可至，但自八月十一日夺取赵州后，整个八月的中下旬，晋军都没有再进攻，似乎在等待和谈结果。

但这次和谈显然不会有什么好结果。张家希望取代王家做成德之主，在此基础上可以重新当李存勖的小弟。不管先父有什么过错，他已经死了，王镕为您做过的服务，我们可以接着做，甚至做得更到位。

然而李存勖想的是借此时机，彻底解决成德问题，哪里会给张家人继续玩逍遥游，乘乱割据一方的机会？于是，张处瑾和张允一到魏州，便成了自投罗网，都被李存勖扣压，关进了大牢，和谈自然破裂。

张家班的头目变成了更强硬的老二张处球，不过，更重要的影响是，让在镇州已经盘根错节，生存了几代人的亲军集团得知：李存勖不能容忍的并不仅仅是他们换了一个老大，而是压根不想让河朔藩镇以往那种独立自主，以军为本，让大兵惬意的幸福生活持续下去！

想想刘守光完蛋后，卢龙军人在李存勖治下的倒霉经历吧？卢文进他们是怎么造的反？不就是因为晋人当头之后，他们不但待遇降低，升职的机会减少，还要被逼着离开家乡，到梁、晋血战的前线，去为和自己本不相干的战争送命！

前边那只兔子死得那么惨，后面的狐狸看见能不感到触目惊心吗？镇州的成德军人不见得对卢龙来的张文礼父子能有什么好感，但张家父子至少是愿意维护河朔风俗的，如果让李存勖得手，那咱们的好日子就可能从此一去不复返了！

有人要砸咱们的饭碗，怎么办？跟他干！于是，留在镇州的成德军，士气被非常现实的原因激励起来，准备与李存勖派来的军队决一死战！虽然在对面，也有一万名成德军。历来成德军的战史上，攻城或野战都找不到太亮眼的成绩，但如果论守城，尤其是保卫自己生于斯长于斯的家园，保卫河朔那种"大兵优先，中央靠边"的生活方式，可都是英勇顽强的！

当然，在更多的记载中，这次谈判，张处瑾没有来，主动到魏州报名吃牢饭的只有张允，但谈判结果相同。这位与三国某个二流武将同名的文臣，今后还会有他的故事，暂且不表。

九月初，阎宝指挥着晋、赵联军重启进攻，大军渡过距镇州城仅四里的滹沱河，将镇州团团包围，并在地势较高的城西北设立主营，准备掘开滹沱河河堤，以水灌城。

为打破封锁，张家班发兵从城中出击，兵变功臣，已升为深州刺史的张友顺也带兵来援，内外夹攻晋军，于是镇州城下发生了第一场恶战。交战结果，晋军惨胜，生擒了敌将张友顺，并将张家军赶回城中，但晋军名将，曾以数百骑在蓨县吓退朱温数十万大军的史建瑭，在交战中中箭身亡！

李存勖接到报告，也吃了一惊，看来成德新冒出来的张家势力并不像自己原先主观认为的那样好对付。现在晋军南北皆有大敌，成德之战不能久拖不决，否则太容易给梁军和契丹人提供可乘之机。考虑到这些，李存勖打算暂时离开梁、晋对峙的前线，亲征镇州，以期速战速决。

当然，在离开之前，先得给对面的梁军一个教训，至少暂时把他们打怕，让他们不敢在自己打镇州之时，跑出来拖后腿。

李存勖先放出风声，说自己已经率大军北上，德胜的晋营正在唱空城计。梁将主将戴思远此时正驻军于德胜之西的杨村，接到探报后，信以为真,决定集中兵力袭击德胜北城,北城若下,晋军的南城断了后路,自然也就不可能守下去。此举如果成功,梁军就能将晋军这座距离梁都汴梁最近的桥头堡拔除。

谁料在这个计划实施前,有个梁军军官跑到晋营投降去了,戴思远即将出击的情报轻易被晋军掌握。见大鱼咬钩,李存勖便命李存审守卫德胜北城,故意示弱诱敌,自己则与李嗣源分兵设伏于两翼,等待戴思远到来。

十月七日,戴思远进攻德胜,正中了李存勖的埋伏,梁军再次大败。据称因死伤和失踪,梁军减员达两万人,戴思远逃回杨村,暂时估计梁军是不敢再出来了。

这样一来,李存勖觉得自己可以放心北上了。他将德胜一线的晋军一分为二,一部分由李存审、李嗣源两员宿将指挥,防备梁军;自己率另一部分北上镇州,讨伐张文礼的儿子们。

到这时为止,李存勖解决成德问题的计划,执行得还算比较顺利。但计划这东西,经常都没有变化来得这么积极、这么有活力,很快,一些新因素的加入,让李存勖速战速决摆平成德的计划完全落空。

新因素被激发的源头,来自此时一位最关心镇州战事的人。这个人并不是李存勖,而是李存勖的另一个小盟友,义武节度使北平王王处直。

比较一下与王镕的交情,可以说,王处直要比李存勖资深得多,也亲密得多。自从二十一年前,王处直接替逃跑的侄儿王郜当上义武节度使以来,王处直与王镕就互为最铁杆的战略盟友,立场向来一致。两位王兄一起向朱温弯下膝盖,也一起倒戈,造了朱温的反,然后一起到太原拜李存勖的码头,一起参加了柏乡大战……

就连在战场上,也不知是巧合还是有意,从柏乡到胡柳陂,作为李存勖小盟友参战的成德军和义武军,总是肩并肩挨在一起配合作战。大家想一想,王处直非常关心镇州战事,会是怎么一个关心法呢?是惊闻老朋友王镕惨遭灭门,义愤填膺,还是盼望大盟主李存勖尽快取胜,屠灭张文礼一族,为老朋友报仇雪恨?

当然都不是，王处直可是个很理性、很冷静的人，很少有那么感性的冲动。如果论城府，他要比他那位先走一步的老友王镕深多了。

比方说，就像王镕宠信石希蒙，在很久以前，王处直身边也有过一个很器重却不受义武军将士待见的人。那个人名叫李应之，是一个道士。当年，王处直当上义武节度使之初，生了一场大病，找了好几个郎中都没治好，经人推荐见到了李应之。这位李道长大概懂得一些医术，还很善于把治疗用驱鬼之类的法术包装起来，他不仅把王处直的病治好了，治疗过程还显得非凡医可比。如同高骈见到吕用之，王处直服了：李道长真是仙人啊！

王处直舍不得让神通广大的"李仙人"就这么离开，劝其留下，让李应之加入幕府，升任义武行军司马，在那段时间，义武每有大事小情，王处直都要找李应之商议，"仙人"同意的才执行。得到这么大的权力，不用来作威作福，那不是傻子吗？"李仙人"觉得自己不可能是傻子，所以他在定州的日子过得很嚣张，飞扬跋扈，指手画脚，借机谋取私利，从而成功地得罪了义武的大兵。

李应之不是宦官，所以很重视对接班人的培养。原先，他在战乱中收留了一个据说姓刘，小名叫刘云郎的孤儿，充作自己的徒弟。正好那时王处直唯一的儿子王郁跑路了，与王处直脱离了父子关系，李应之就推荐自己这个徒弟："云郎这孩子不寻常，生有异相，将来应该是个能做大事的人。"

那时王处直对"李仙人"言听计从，就收了刘云郎为自己的义子，改名王都。这王都本是乱世孤儿，童年备尝艰辛，又跟着李道长学会了不少察言观色、装神弄鬼的本事，所以聪明机巧，很善于讨好王处直，很快便与他师傅一样深得王处直的宠爱。

但不久，义武军人对李应之的不满积攒到了临界点，另一次"马嵬坡"式的兵变爆发了。兵变部队包围了李应之的住宅，冲进去大砍大杀。李应之被杀，但据说并没有找到他的尸体，也可能是逃了。兵变士卒不肯就此罢手，又包围了节度使府衙，请求王处直把王都交出来处死！

关键时刻，王处直比李隆基硬气，他走出大门，对兵变士卒好言劝解说："王都不过一个未成年的小孩子，和他有什么关系？"众士卒想想好像是这么回事，便渐渐散去，王都这才免去了当第二个杨玉环的命运。

第二天，王处直召见了兵变将士，言辞恳切地高度表扬了他们的义举："哎呀，我经过调查，才发现李应之果然是个骗子，要不是你们行动及时，差点酿成大祸！你们的功绩我不能忘，可以把昨天所有参与者的名单报上来，以便发放赏赐！"

名单送了上去，赏赐果然发了下来，参与者人人有份，皆大欢喜！但是等几年过去，大家都差不多淡忘此事后，那些参与者便出于各种各样的原因陆续丧命，不到二十年，名单上再无一个活人！

仅此一事，可让我们看到王处直的隐忍和心机，远非王镕能比。不管和他多亲密的人丧命，他的面部五官都能够根据需要而非心情，来展现出最适宜的喜怒哀乐。

如今，得知镇州兵变，王处直同样不带感情地、理性地评估了此事件可能对义武产生的影响。

王处直认为，在当今天下，成德已经算不上什么强镇，义武就更加弱小。并不强大的两镇，之所以在周围邻居都已被李存勖吞灭的情况下，现在还能按河朔传统活着，最重要的原因之一，就是成德与义武唇齿相依，长期保持的铁杆盟友关系。如果这一次坐视李存勖吞并成德，那就像虢国灭亡之后的虞国，自己的义武必然也保不住！

总之，只要保住成德的独立，不让它被李存勖得到，就是现阶段义武最大的利益所在。不管成德的头儿是王镕还是张文礼，对于义武的利益而言，都是可以忽略不计的小事。

于是，在见到张文礼派到定州的第一批使节后，王处直就成了当时最爱好和平的人。他给李存勖写信，提出：大敌当前，咱们反梁同盟内部要团结，就请您赦免张文礼，不要讨伐成德了！毕竟武力是不能解决问题的，只有谈判才是消除争端的正确途径！

李存勖当然不会傻到相信外交辞令的程度，王处直是怎么想的，他心里岂能不知？但你王处直再怎么不愿意看成德败亡，就凭义武镇那副弱不禁风的小身板，动动嘴皮子可以，还敢动手吗？

于是李存勖佯装不知王处直的想法，站在道德的制高点，义正词严地回复："张文礼弑杀恩主，罪恶滔天，义不容赦！他还在暗中勾引梁兵，万一得逞，恐怕也是你们义武的大敌。所以我打他，也是在帮你！"然后，李存勖完全不顾王处直的反对，对镇州的军事压力越来越大。

晋军打镇州，王处直感觉如同打在自己身上一般，心急如焚。不过，以义武军的实力，要救援镇州，与李存勖翻脸的话，无异于提前自杀！那怎么办？是等死，还是找死？王处直都不想选，他想采用第三选项：去找一个大块头的帮手来对付李存勖。

王处直决定先去求助自己的儿子。这个儿子，不是深得王处直宠信，已经升任义武节度副使的义子王都，而是当初在朱温攻定州时，甩开父亲自己逃命，因而断绝了父子之情，已经很多年没见面的长子王郁。

当年王郁追随王部逃到河东，虽然当了王家孽子，但当时的晋王李克用待他不薄，将一个女儿嫁给他，之后他就留在了晋国，职位逐步高升。晋与契丹爆发幽州之战后，晋军乘胜收复了山北四州，但暂时没有恢复威塞镇的节度使建制，降低一级设新州防御使。稍后，李存勖有了一次重大的用人失误，此时被他委托担任新州防御使的人，正是妹夫王郁。

王处直怎么会突然想起要和王郁重叙父子之情呢？原因就是王郁正坐镇山北。看看地图就知道了：山北四州，位于义武镇的正北方，由此再往北，就是已经非常强大，发展势头不减的契丹帝国。而契丹帝国，正是王处直计划中的那个大块头帮手。

王处直秘密遣使去找王郁，请求这个儿子利用地利之便，不惜代价，设法引诱阿保机南犯。只要契丹大军杀入中原，李存勖怎么还可能安安心心地围攻镇州呢？

王郁和王处直一样，心里也不存在"夷夏大防"一类的东西。但是，我凭什么帮你，我们不是已经断绝父子之情了吗？你不是宁可认一个姓刘的小叫花子当儿子，也不承认我是你儿子吗？我将来既不能继承义武镇的地盘，又不能继承北平王的爵位，我操那份闲心干吗？

王处直早想到王郁会乘机要挟，也慷慨地开出了一张很难说能不能兑现的大单：放心，只要你能帮为父干成这件大事，为父就废去王都，让你回来当继承人！

好极了，成交！重新对未来充满期望的王郁，忘记他原本的职责，忘恩负义地，兴冲冲地上路了。他要亲赴契丹，去觐见契丹人的"天皇帝"阿保机。

后梁龙德元年（921）十月，也就是李存勖发起对成德张家班的讨伐战争两个月后，王郁得到阿保机与述律平夫妇的接见。

正如前文所述，其实在见到王郁之前，阿保机就已经通过卢文进接到了张文礼的求救信。不过，阿保机并没有爽快地答应出兵，毕竟事实已经证明，在契丹人的所有邻居中，晋军是最难对付的。上次打幽州，契丹军收获不大，损失却是自阿保机出道以来对外进犯中最大的一次。你说我要有这工夫，去东边揍渤海国是不是更划得来？

王郁看出了阿保机的犹豫：这可不行啊，要是此行弄不来契丹军队，那自己人生这最大的一次机遇就脱手而飞了！

很有上进心的王郁，为了完成父亲托付的艰巨使命，早日当上义武节度使的继承人，本着钓大鱼就得扔大饵的原则，便用夸张的语气引诱阿保机说："您都不知道镇州那地方有多好。那里金帛堆起来，有山一般高！那里遍地的美女，多如天上的云朵！您要去得及时，那些全是您的！您要去晚了，就全让李存勖拿走了！"

阿保机听了，果然怦然心动，是呀，为了诱人的高收益，是值得冒高风险的！但他身旁的述律平听了，可有些不是滋味。王郁的前一句说得挺好，"金帛如山"，让人一听就感觉很高兴。但后一句"美女如云"，这算什么意思？虽然述律平有强大的部族背景，其权势地位并不来自阿保机的宠爱，也不是怕有什么汉家美女来和自己竞争，但无论如何，作为一个妻子，总不可能会因为丈夫有了更多更漂亮的女人而备感欣慰吧？

当然，这意思要直接说出来就不好听了，于是述律平也用冠冕堂皇的言辞，唱反调曰："我们的西楼（此时契丹帝国的都城，又叫皇都或临潢府，后改称上京，位于今内蒙古自治区巴林左旗），满山遍野皆是牛羊马匹，守着这些，生活也足够富足快乐了，干吗还要劳师远征，冒着巨大的风险，去抢夺一点儿蝇头小利呢？而且我听说李存勖用兵如神，至今天下未逢敌手，你去和他交手，万一败了，后悔还来得及吗？"

阿保机一步步走到今天，从来都是积极进取，有哪一次成功是靠守在西楼放羊牧马得来的？他虽然很尊重律平，但还是果断地拒绝了妻子的保守主义论调，再用一发糖衣炮弹封住她的嘴："张文礼有重金五百万贡献皇后，不要白不要，等我去帮你取来！"

然后，阿保机迅速集结了一支规模庞大的契丹劲旅，据说有大军十万人，号称三十万人，挥师南下，发动了他的第三次大规模南犯。

王郁成功了。不过，他成功的仅仅是这一次使命，而不是拿回继承权，成为下一代义武节度使的最终目标。因为他的父亲王处直肯定不会兑现对他的承诺了。这倒不是说堂堂的北平王不讲诚信，而是就在王郁游说阿保机期间，王处直已经变成了过河的泥菩萨，自身难保。

这事要怪就得怪王处直自己的保密工作做得不够好，他密信王郁，打算勾引契丹军队南下的事，竟弄得义武镇总部很多人都知道了。

什么？要与契丹蛮夷联手，背信弃义地袭击友军？这样的事如果发生，那咱们还有什么"义"可说，什么"武"可言！好多将领、幕僚都苦劝王处直：咱们千万不能引狼入室，千万不能与契丹人合作！但王处直已经铁了心，在他看来，义武的独立高于一切，所以对这些谏言一概不听。

自脱离成德，独立建藩以来，义武镇就是对唐朝最忠诚的藩镇。历任义武节度使，为了不被身旁强大的卢龙、成德所吞并，都采取了高举忠义大旗的方法，经年累月，耳濡目染，使得义武军人较之河北其他藩镇的同行，相对多了对朝廷、对华夏正统的认同感。他们与山北那些早已与契丹人打得火热的大兵同行是有区别的，一想到王处直大帅将有可能带领大家走上耻辱之路，义武军的各个将领大多不情愿。

当然，最不满意的人绝不是他们，而是王处直原先默认的继承人王都。王都倒没有太深的民族情怀，但凭借这么多年在军府里锻炼出的政治嗅觉，他准确判断出，王处直让王郁去勾引契丹，肯定是以牺牲自己的继承权为代价的！如果让王郁成功当上下一任义武节度使，那自己将来的处境不堪设想！

一狠心，王都选择性地忘记了王处直这些年来对他的一件件大恩，决定来个"你既不仁，我亦不义"，向心腹书吏和昭训密议：如何布置个好计策，把我那个义父解决掉？

正巧，镇州方面又派使节来到定州，大概为了避人耳目，王处直没有在总部接见，而前往城外东郊设宴，与使者密商救援成德的事宜。王都抓住机会，率亲兵设伏于道上，等傍晚宴散，王处直在返回府邸的途中，遇到伏兵，众叛亲离，被义子抓了个正着。

王都向又惊又怒的义父表示，这并非是自己忘恩负义，这是大家的呼声："将士都不愿意把契丹人迎进来，没办法，只好请令公您先搬到西院去住。"（当时的官员府邸习惯以东为上，西院通常给退休人员养老）然后，王都将他的义父王处直以及义母们一并押送西院，软禁了起来。王处直手下不属于王都一党的心腹，以及王都的几个名义弟弟，都遭到了王都的清洗。

自乾符六年（879），王处存以神策军军官的身份被唐朝任命为义武节度使以来，先传子王郜，又传到弟弟王处直，历经三任，长安富商出身的王家人共统治义武四十二年。

王都自立为义武留后，稍稍稳固了自己的地位，马上遣使将这件事上报给李存勖。虽然王都干的事与张文礼那些烂事有异曲同工之妙，但不管动机如何，王都反对王处直勾结契丹，私德虽有亏，却合于公义。对李存勖而言，王都此举更是立了大功。于是，李存勖高度赞扬了王都的"大义灭亲"，立即批准他接王处直的班。

痛击契丹

就在王都发动兵变之时，李存勖已统率大军，亲至镇州城下，准备攻城。城中张家班的首领（或是张处瑾，或是张处球，今天已难确知）久闻晋王大名，还是有些畏惧的，便又派弟弟张处琪、幕僚齐俭为使，出城求见李存勖，想争取一个有条件投降。

但李存勖对成德已是志在必得，不想接受一个打折扣的胜利，借口张处琪、齐俭没有礼貌，将二人扣留关押，去和先来一步的张允（也许还有张处瑾）做伴。然后，李存勖出动全军，开始猛攻镇州！

我们都认栽服软了，你还不肯放我们一马！非要我们死？被逼到墙角的张家班，以及不愿被卢龙化的成德军人，团结一心，奋力抵抗。李存勖亲自指挥，晋军猛攻了十多天，还是毫无进展。

不过，如果没有援兵，困守孤城的一方无论如何顽强，也很难长期坚守。毕竟，城中的粮食是会吃完的，箭矢是会射光的，士气在看不到希望的战斗中，也是会慢慢消退的。于是，张家班派心腹韩正时率一千名精骑，找了个空当突出包围，奔往定州求救。李存勖发觉，命一队晋军立即追赶，追至行唐，击垮了成德军这支小部队，斩杀韩正时，挫败了张家班此次求援行动。

由于被围于城中，不了解外部情况，张家班不知道他们让韩正时突围求救，其实是一次不折不扣的画蛇添足。

第一，就算韩正时能够成功突围到达定州，也不可能要来一兵一卒的义武援军，因为王处直已被王都推翻，而王都正一心一意紧抱李存勖的大腿。

第二，就算韩正时不出去，阿保机统率的契丹大军也已经大举南下，为着对金帛、美女的向往，正朝着镇州的方向一路杀来！

阿保机此次带来了十万大军，对外号称三十万，声势极盛。有王郁带路，本由他镇守的山北防线便向阿保机敞开了大门。气势汹汹的契丹大军没费什么劲儿就接收了山北四州，然后在王郁叛军的引导下，出其不意，一举拿下天险居庸关，一步便来到幽州城下！替李存勖主管卢龙军政的宦官李绍宏大为震惊，又见契丹人多势众，不敢出城阻击，只得命令全部兵力登城死守，至于城外民众的生死，李公公已经无暇顾及。

没有了阻碍，契丹军队便如决堤的洪水般，顺势淹没今北京周边的广大平原，攻占了檀州（今北京市密云区）、顺州（今北京市怀柔），以及附近十多座县城，然后将大批百姓绑成串，押往北方为奴！

但阿保机并没有进攻幽州，毕竟他几年前才在这座坚城下吃过大亏，估计此城不是短时间内能够攻克的。何况就算能攻克，阿保机这次也不愿为攻幽州耽搁时间，更不能为眼前这点儿开胃小菜，错过了去镇州发大财的良机。于是，阿保机就采用了类似后世的蛙跳战术，带契丹的主力部队绕过幽州，南下攻取城防没那么坚固、守兵也没那么多的涿州。

这时涿州的城墙已年久失修，甚至有兔子通过，它们打洞钻进钻出。在契丹军队的凶猛攻击下，涿州城的守军奋力坚守了十天后沦陷，守将李嗣弼被俘。

这被俘的晋将李嗣弼并非无名鼠辈，他是李克用的弟弟、担任过昭义节度使李克修的长子。在李存勖初出江湖的夹寨之战中，李嗣弼是名将李嗣昭的副手，对潞州的长期坚守是有功的。这样一位被认为善于守城的将军守涿州，仅十天就兵败被俘，显示出契丹军队的攻坚能力正在稳步提高。同时，也给涿州以南的晋军造成了很大的心理震撼：李嗣弼被擒，涿州丢了！那涿州以北是不是都沦陷了？

涿州成为契丹大军前进的基地，阿保机接下来有两个选择：或者进攻定州，这样做稳妥一点儿，但可能耽搁时间，赶不上镇州的分赃盛宴；或者再来一次蛙跳，绕过定州，冲向镇州，这比较快捷，但在身后留下一个有重兵把守的定州不太安全。

负责带路的王郁（现在他已经卖国有功，被阿保机认作干儿子，不知是叫刘郁、世里郁，还是叫耶律郁）建议一定要先拿下定州，那样既能保障大军后路安全，也可以顺便伸张正义，为小人的生父报仇！是呀，毕竟人家这么辛辛苦苦，为的就是要继承义武这份家族产业。如果自己白辛苦一场，定州仍归王都，那阿保机能不能得到镇州的金帛、美女，与自己何干？

阿保机此次南犯，开局打得这么顺，王郁的带路之功不可磨灭，且晋军尚强，阿保机现在也仍然需要王郁的配合帮助，便接受王郁的建议，命太子耶律倍与王郁为前锋，杀向定州。

得知契丹大军即将到达定州，王都忙派人向李存勖紧急求援。同时，不知道是王都对义父多少还有点愧疚之情，或者是想检查一下，义父及其支持者还有没有可能，乘着契丹军队的到来，瞒着自己搞小动作，试图复辟。总之，后梁龙德二年（922）大年初一，王都来到西院给王处直拜年。

王处直一看见已经高升的义子，登时怒不可遏，大骂道："叛徒，我什么地方对不起你？"然后，他像一只孤独的、受伤但没致命的老狼，疯狂地扑上来，对着王都又打又扯又咬！王都在侍从的帮助下，扯烂了衣袖才逃出来，再不敢与王处直见面。数月后，王处直在软禁中病死。

王都为王处直举行了盛大的葬礼，以向世人展示他还是一位孝子。更有趣的是，在王都为王处直撰写的墓志中，他成了王处直的亲儿子，王处直是因为年迈，急流勇退，主动让位给他的。整个王家，父慈子孝，满门忠义，完全是人间楷模……

回过头，且说李存勖得到王都的急报，虽然他还没有弄清楚阿保机这次带来了多少军队，但仍习惯性迎难而上。他暂停了对镇州的进攻，留下阎宝指挥大军继续围城，自己挑选五千名精骑北上增援定州，稳住义武军的人心。

为防止契丹军队在定州北面绕过定州，直接袭击围镇州的晋军，李存勖又派神武都指挥使王思同，率一支偏师进驻镇州北面的狼山，警戒并阻拦契丹军队有可能的解围行动。

另外，李存勖的名义兄长、昭义节度使李嗣昭，此时正率军赶往镇州战场参战。李存勖让人通知他马上改变行军路线，北上与自己会合，给那个背信弃义的，咱们以前的干叔叔，现在的干儿子他哥阿保机一点儿颜色看看！

王都与王处直上演父子大乱斗后没几天，李存勖率五千人马进至新城（今河北新乐南），得报：契丹军队已经包围了定州，军旗蔽野，兵马极多！李存勖判断，仅凭手头这一点儿兵力北上，胜算不大，便暂停前进，等待李嗣昭的昭义军到来。

已在定州城下扎下大营的阿保机，也听说镇州方向有一支晋军援军开来，不过只走到新城就停下了。晋军为什么不敢来？阿保机判断这应该只是晋军一支孤立的小部队，正好灭了它以立威。于是，契丹皇帝便分出一万名骑兵，由自己的小儿子，史称"性沉默，善骑射"的耶律牙里果（阿保机有记载的儿子有四人，长子耶律倍、次子耶律德光、三子耶律李胡均为述律平所生，四子耶律牙里果为宫人萧氏所生）指挥，去进攻新城的晋军。

正月十三日，新城的晋军接到探马急报，说有数不清的契丹大军向新城杀来，其前锋已到达距新城不过十余里的新乐，正在跨过两地间唯一的天然路障——沙河！

显然，探马带来的情报并不精确，夸大了当面契丹军队的数量。带水分的情报，引爆了加量的恐惧。新城的晋军本就兵力单薄，此前又听到流言说，阿保机此次南下非同以往，契丹大兵是人挡杀人，佛挡杀佛！连幽州、涿州都没能守住，何况是咱们这小小的新城？

与此同时，南边也有战报传来。说是梁军主帅戴思远，乘着李存勖北上的机会，又发动了反攻，据说已经打到李存勖的新总部魏州了！

两份情报重叠，产生了一加一大于二的效果，过度惊恐之下，晋军开始出现逃兵，各级军官对逃兵严厉惩戒，抓到就杀，但仍不能完全阻止逃亡。

这样，晋军在河北战场，就变成了两面受敌，中间还夹着一个一时消化不掉的硬核桃，战场态势太不让人乐观了！李存勖身边的多数将领向李存勖建议说："如今契丹蛮子倾巢出动，人马太多，我们这点儿人根本不可能挡得住！听说梁军已经侵入我腹地，最好挥师南下，先保住魏州根本要紧！"

有些人甚至提出更胆怯的建议："不如让阎宝解除对镇州的围攻，全军暂时退入井陉，依太行山之险而守，就可以保证安全了。"

这些人的意见极不对李存勖的脾胃：自我出道以来，一向是我进敌逃，哪有敌进我逃的道理？但看到众将异口同声，李存勖也不敢完全逆军心而动，只能阴着脸不说话。这时，上任不久的中门使郭崇韬挺身而出，舌战群武，驳斥众将的失败主义论调，第一次走进历史聚光灯的中心。

郭崇韬说："契丹人受王郁的诱惑，完全是为抢夺金银美女而来，能不能拯救张家并不是他们所关心的。为小利而来的军队，哪会有必死的决心？而且近几年来，大王屡破梁军，声威震撼天下，哪能自己瞧不起自己？我料那契丹主要是听说大王您亲自出马，胆子都要被吓小三分！我们只要抓住机会，不要等其大军到齐，主动出击打败其前锋，后面的人也一定会被吓跑逃走！"

两派意见正激烈辩论时，李嗣昭率领的昭义援军正好赶到。李存勖一喜，让李嗣昭进来，说说他的看法。李嗣昭坦然道："越是大敌当前，我军越当有进无退！如果轻率在敌前撤退，士气极易崩溃，到时后悔都来不及！"

李存勖大喜，一股英雄气涌上心头，大声向众将宣示道："帝王兴起，自有天命！如果天命在我，契丹人能把我怎么样？我只用数万人便平定了山东（太行山以东的华北平原，不是今天的山东省），难道今天遇到一小撮蛮房，就要躲着他们？那我还有什么脸面去威临四海！"

豪情万丈！真正的帝王气概！虽然李存勖还没有正式称帝，但显然他已经把自己当成了天下之主了。堂堂的契丹天皇帝阿保机，辽朝历代皇帝中无可争议的第一军事家，亲自统领倾国之兵南犯，却成了手头兵力远远少于他的李存勖口中的"小房"，而且李存勖还不是在说大话，他马上就要将他对契丹人的蔑视付诸行动。与这一刻的李存勖相比，后世赵宋的真宗皇帝真该愧死！

晋王已撂下如此狠话，众将不敢再有异议，只能听命出击。李存勖还是老习惯，亲自率领那五千名骑兵奋勇当先，让李嗣昭率昭义军作为预备队在后接应。

新城往北，有一大片桑树林，桑树林之北，有一片平地，平地的北边是沙河，从一座小桥过沙河再往北，就是新乐了。从北而来的契丹军队，在四皇子耶律牙里果的率领下已经过了沙河，正在沙河以南的平地上重新整理队伍。

这时，契丹兵发现，突然有晋军骑兵从南边的桑树林中拥出，迅速由少变多，他们几乎没有一丝迟疑就向着契丹军的方向杀来。契丹兵再一看那旗号：老天爷，不得了，来的是晋王李存勖！

虽然契丹军队还从未与李存勖本人交过手，但关于这位晋王如何英勇善战、所向无敌的赫赫威名，早已传遍了塞北！别忘了，就在这次出征前，连地皇后述律平都当过李存勖的义务宣传员。更何况，李存勖亲至，那他带来的晋军肯定很多（这一条判断失误），我们岂是对手？

于是，郭崇韬此前对契丹军队的断言得到了证实，契丹军队对李存勖的畏惧，其实一点儿不比此前新城晋军对契丹军队的畏惧小。耶律牙里果发现对手是晋王本人，马上来了"风紧扯乎"，掉转马头就往北跑！李存勖则将军队分开成两翼，像赶羊似的追上去。

契丹军奔到沙河边，沙河上只有一座小桥，契丹兵刚才秩序井然地过来问题还不大，现在一窝蜂地要回去，马上把桥堵死了。绝大多数契丹兵只得选择从冰面上过河。但此时冰面冻得还不够结实，万马践踏之下，很快碎成了一河的冰凌，契丹骑兵纷纷跌落冰河之中，被淹死、冻死或踩踏而死！

一万名契丹铁骑几乎没经过像样的战斗，就要全军覆没了！沙河中挤满了人与马的尸体，还有很多人被晋军俘虏，其中就包括四皇子耶律牙里果！只有少量契丹败兵渡河成功，逃往定州城外的契丹大营。

接到新乐败报，阿保机大吃了一惊。考虑到如果在定州决战，契丹军队有可能遭到李存勖与王都的内外夹攻，阿保机急下令解除对定州的包围，全军退往定州东北约六十里的望都县。

第二天，李存勖进至定州。王都急忙感恩戴德地出城迎接，随后在节度使官邸设下盛宴，款待李存勖。宴席上，王都极力讨好李存勖，而正多面受敌的李存勖，也非常需要义武军的支持，于是两人马上"一见如故"，酒杯一举，当即决定：让李存勖之子李继岌娶王都的女儿为妻，双方今后亲如一家！

至于王都推翻王处直的行为，是否与张文礼干掉王镕一样不道德，就没人去深究了。

正月十七日，李存勖率稍做休整的晋军离开定州，直逼望都，寻求与阿保机决战。李存勖还是屡教不改地亲率一千名精骑，冲在最前面，担任晋军的先锋。契丹军队的先锋，则由奚王秃馁所率的五千名骑兵担当。

两军前锋一相遇，李存勖仿佛不长眼睛，也不看看对面的敌兵明显比自己这边多得多，就毫不犹豫地，甚至可以说是兴奋地杀了过去，然后一点儿也不意外地让契丹军队团团包围了。

同以往在梁、晋交战中上演过好多次的剧本一样：数倍于晋军的契丹兵，一直没法吃掉被他们困住的这一小支李存勖亲军。而李存勖率亲军英勇无比地左冲右杀，也始终突不出契丹军队的重围。然后，李嗣昭的援军到了，从侧面邀击，秃馁大败，被迫后撤，去与阿保机大军会合。李存勖则乘胜追击，一往无前地冲了上去。

前面出现了黑压压的一片巨阵，阿保机的大军已严阵以待。真正大敌当前，李存勖也停止了先前的莽撞，等待步军跟上来，依着一条河边布阵，让李嗣昭带骑兵掩护侧翼。布阵完毕，李存勖让全军保持阵形，向着契丹大军坚定地迎了上去。

也许是刚刚从西伯利亚涌来了一股寒流，朔风夹杂着大雪，寒气逼人！但就在这因被乌云遮蔽而一片昏暗的天地之间，两支强大的军队正在迅速靠近！热血正在无数精壮男儿的胸中沸腾！中原战场上的常胜统帅李存勖，与打遍塞北无敌手的不败神话阿保机，终于要在凛冽寒风狂啸下的华北原野上迎头相撞！

这是当时东亚两大兵家高手间的第一次面对面对决！不过，让人遗憾的是，这也是最后一次。更让人遗憾的是，关于这一战的经过，找不到稍微详细一点儿的记载。在下无法像讲述夹寨、柏乡、胡柳陂那几次会战一样，细细讲述发生在望都郊外的这次激动人心的大战。

我们今天唯一知道的是大战的结果，塞北的不败神话被打破了，契丹军队大败！阿保机不得不扔下大营，放弃了所有辎重和之前抢掠来的战利品，全军轻装北撤。李存勖则指挥晋军，跟在阿保机身后，不紧不慢地追赶，始终对契丹人保持着相当的军事压力。

老天爷好像要故意和契丹人作对似的，接下来一连下了十天的大雪，史称平地积雪厚达五尺，差不多有一个人高了！天寒地冻，让撤退中的阿保机大军纵然骑在骏马之上，也根本跑不快，沿途苦不堪言！

本来，生在塞北的契丹人，理应比长在中原的晋军士卒更耐冷才对，如果连契丹人都被冻成了冰激凌，那晋军岂不更应该被冻成冰棍？但问题是，望都一战，晋军缴获了契丹大军的"氈裘、毳幕、羊马不可胜纪"。换句话说，原本契丹人用来避风雪的帐篷，现在大多是晋军的战利品；原本契丹人带来保暖的毛皮大衣，此刻正披在晋军士卒的身上；原本可以给契丹人提供大量卡路里的烤羊腿，也正在晋军将士的嘴里嚼着！而且，因为李存勖的追兵紧紧相逼，他们也不敢分出兵力去四周劫掠，弥补损失。

这样一来，契丹人就惨了。他们也是人，也需要保持36℃的正常体温，如果做不到，同样也会被冻死冻伤。于是，饥寒交迫的契丹大军一路北撤，一路留下大量的人、马的尸体，人数越来越少，也越来越沮丧。

看着自从自己担任第一号领导以来，契丹大军从未遭遇过的悲惨状况，阿保机寒心了，他指着头顶的苍穹，对卢文进叹息道："这是上天不想让我到这儿来啊！"

李存勖只追到幽州便停下了，毕竟晋军也不暖和，也很疲惫，再追也会增加自己的损失。而且，在一路上，李存勖颇为吃惊地发现，契丹军队虽败不乱，不管处境有多糟糕，仍军容严整，一直保持着战斗力，绝不是一个能被轻易打垮的敌人。

李存勖沿途查看了契丹军队留下的营地，虽条件简陋，但铺在地上的稻草，全都该圆的圆，该方的方，整整齐齐，一丝不乱，禁不住对阿保机的带兵才能大为叹服："想不到蛮虏的军纪也能如此严明！中原军队里，我都没见过这么服从命令听指挥的！"

于是李存勖留在幽州，只派了两百名骑兵追踪撤退中的阿保机，吩咐说，你们远远跟着，确认契丹蛮虏退出国界，就可以回来了。

谁知这两百名骑兵，也许是跟随李存勖时间久，被他的习惯传染，勇敢过度，竟直追出境。阿保机大怒：要是这么一小队骑兵都可以追着他的屁股打，让塞北那些部落看见，自己回去还有脸混吗？于是，阿保机杀了个回马枪，几乎全歼这一小队晋军骑兵，晋军只有两人逃回。阿保机总算用一场小胜，多少给自己扳回一点儿面子。

差不多同时，晋代州刺史李嗣肱（之前在涿州被俘的守将李嗣弼的亲弟弟）乘契丹败退之际，出兵山北，又重新收复了山北四州。李存勖遂任命李嗣肱为山北都团练使，镇守四州，晋与契丹的西部边界恢复原状。

阿保机总算是跌跌撞撞地回到了本土，有资料说，他这次亲率十万大军入塞，有幸和他一起回到契丹的只有两万人，这个损失可能被夸大了，也可能有相当数量的契丹兵被他留在平州，没有出渝关。但阿保机这次南犯，收入没有上次多，损失比上次惨，应该是可信的。

在回去的路上，阿保机越想越憋屈，突然间深恨王郁：都怪他的蛊惑，自己才遭此惨败！他于是又下令，将自己这个刚认的义子戴上枷锁、脚镣，押回去问罪！（不过没多久，阿保机可能又将王郁放了。）

之后，阿保机仍不时派小股骑兵骚扰晋国（以及稍后的后唐），但终阿保机一生，契丹用兵的重点已经转移到东边的渤海国去了。

血战成德

却说南边的梁军主帅戴思远，并未因上次的失利而一蹶不振，仍时刻准备着反击。在李存勖与阿保机大战于新城、望都之前，他总算获得了确凿的消息：李存勖真的已经北上镇州，而阿保机的契丹大军也真的南下了！

戴思远很振奋，立即指挥梁军，发起反攻。后梁大军从杨村出发，绕过德胜，北渡黄河，准备奇袭魏州。正好，在戴思远出发前，晋军留在南线的李存审、李嗣源两员上将，也对梁军有可能发动的反攻进行了商议。他们认为，梁军最有可能攻击的地点有两处：一是德胜，一是魏州。于是二将决定分兵扼守，李存审留守德胜，李嗣源去防守魏州。

从德胜到魏州的路程，毕竟比从杨村去魏州要近，因此李嗣源也比戴思远先一步到达魏州。梁军进至魏州西南的魏店时，遇上了李嗣源部的迎头阻击。戴思远发现奇袭已经不可能，马上掉头向西，避开李嗣源，然后渡洹水，攻陷了刘玉娘的老家成安县，大抢一通补充军需，再转向南，从背后包围了德胜北城，欲夺回这个咽喉要地。

李存审防守的城塞不是那么好打的。戴思远便借助人力优势，用极高的效率，沿德胜北城挖出数道弧形的壕沟，沿壕沟筑起多座营垒，断绝了德胜与外界的联系。戴思远这种打法，显然是想用长期围困来克城，估计他是这样推测的：阿保机的军力是强大的，李存勖不可能在短期内把契丹军队赶跑，像上次阿保机攻幽州可折腾了一整年，所以他戴思远还有的是时间。

哪承想阿保机这次不争气，从出兵到败归只有一个月。契丹军队的威胁暂时消除，李存勖得知梁军又在南线反攻，便不再管阿保机，也暂时不顾镇州的张家班，率军从幽州急速南下，奔往魏州。

龙德二年（922）二月，正在围攻德胜北城的戴思远得知李存勖已经到了魏州，只好在心底暗骂契丹（虽然梁军的表现也不怎么样），一把火烧了大营，撤军渡河，退回杨村。晋军在南线的威胁，又暂时降低。

就在戴思远围着德胜北城挖壕沟筑营垒时，镇州城外的晋军大将阎宝也在做着相同的事。李存勖离开后，阎宝再次成为晋军镇州方面军的主将，负责攻城。

不过阎宝也有些心有余悸，之前，史建瑭的战死让人记忆犹新，稍后，连李存勖亲自统率的大军，猛攻了十多天，都没有什么明显效果。现在老大走了，兵力少了，自己又是个降将出身，要让手下这些不太服自己的将士不顾性命，靠强攻硬打拿下镇州，恐怕更是难上加难。所以阎宝决定，不打了，改用长期围困来解决问题。反正是金子总会花光的，粮食总会吃光的，一旦城中粮尽，镇州便可不战而下。

当然，这种守株待兔式的战术要取得成功，先决条件是：在包围圈里的兔子被饿趴下之前，你不能先趴下。于是，阎宝一面指挥一部分手下修筑工事，一面让另一部分人前往周边征集粮秣，源源不断地运到大营囤积，让城里那些成德军看看，馋也馋死他们！

城里的人站在城墙上，居高临下，果然看清了城外那堆积如山的粮草，而且他们很清楚，城中的粮食也确实不多了。不过，张处球他们并未因此而感到沮丧，因为他们还发现另一个情况：晋军的连营虽然规模庞大，但营中的军队并不很多，分散在漫长的包围圈上，弱点很多。那些人去哪儿啦？当然去征粮运粮了。

于是，张家班决定主动出击。兄弟们，要想活命的，就拼命去吧！

三月二十六日，张家军五百人突然冲出城门，往城外营垒杀来。阎宝见出来的人少，毫不在意，故意命营中守军放他们过第一道墙壕，想等这五百人深入营垒后，再截断他们的退路，来个全歼！

不想这五百成德兵一冲进晋营，个个像饿狼般勇猛无比，阎宝虽然把他们接进嘴里，却像叼住了一枚硬核桃，根本嚼不动！更糟糕的是，在他们身后，数千匹成德饿狼也睁着发绿的眼睛，通过那五百名前锋打开的缺口，冲入晋营大砍大杀！

阎宝的军队本来比城里的成德叛军多很多，但分得太散了，环形营垒太大，而且"诸军未集"，很多部队还远离大营，何况他们还没有成德叛军那种用饥饿锻炼出来的决死意志。于是，松懈的晋军被拼命的成德叛军打得大败而逃，阎宝仓皇退出大营，撤往赵州。

阎宝一逃，围攻镇州的晋军全线溃退，成德叛军就毫无阻碍地将晋军修筑的工事、营垒全部破坏，将营垒中囤积的大量粮草搬入城中，搬了好多天都没有搬完。叛军缺粮的问题大大缓解，又有底气长期坚持下去了。

更糟糕的是，成德叛军的这次胜利，还大大鼓舞了刚刚败走的契丹人：晋人也是可以被打败的嘛！待春暖雪化，阿保机就再次派出契丹军队进驻平州、营州一带，不断对晋国进行骚扰性攻击，并不时派少量精锐轻骑实施大纵深穿插，甚至深入河北内地，破坏晋军的作战行动。

身为梁军降将的阎宝，在晋军中是李存勖着力培养，用来平衡那些老资格的人，此前在胡柳陂的表现非常优秀。没想到第一次让他独当一面，他竟能输得这么难看。这次败绩还完全打乱了李存勖的战略部署，使晋军将长时间处于三线作战的不利境地。阎宝越想越羞愧难当，回来就得了重病，数月后便死了。晋军为了镇州又折一员大将。

李存勖得知镇州失利的消息，只好免去了阎宝的镇州前线总指挥的职务，重新派晋军中的元老宿将上场。于是，刚刚与李存勖一道大败契丹军队的义兄李嗣昭，前往镇州前线，接手指挥对成德叛军的战争。

由于阎宝原先修筑的工事、营垒基本都被破坏得不成样子，要恢复之前的围困效果不是一件易事。更何况城中暂时已不缺粮，短期内围不死。所以到达镇州前线的李嗣昭决定，改变战术，既不挥师强攻，也不修筑长围，而是设法引城中守军出来野战，将其歼灭于城外。只要重创了叛军，镇州自然就不难拿下了。

四月下旬，张家老二张处球亲率一千多名精兵出城，前往九门（镇州所属的一个县城）。至于目的，据说是去接运那里的粮草进城，只是不知道在当时的情况下，还有谁这么大胆量向镇州叛军供粮。在下怀疑这可能是李嗣昭扔出的一枚鱼饵。

按中原史书记载，接下来发生的事是这样的。李嗣昭设伏于已被破坏的阎宝废营，张开大网等叛军上钩。待张处球的人马通过废营，突然拦腰截击，出城的叛军大败，基本上全军覆没，张处球几乎是只身逃回镇州。但一件谁都没有想到的事发生了。在打扫战场时，有几名叛军士卒藏身于残垣断壁间顽抗，突发一箭，竟正中李嗣昭的头部！李嗣昭箭囊中的箭已用尽，他不顾血流如注，从头上拔下那支箭，反手射回，一箭将射中他的那名叛军射手射死！可是，正常情况下受箭伤是不宜马上拔箭的，李嗣昭头部的伤口裂开，流血怎么也止不住，身经百战的老将无法撑到第二天日出，当夜死于军中，成为继李存孝、周德威之后，"晋阳五虎将"中第三个离开人世的人。

李嗣昭之死，是整个成德之战中晋军蒙受的最沉重损失。从此，李存勖身边又少了一个坚韧正直、一心奉公的重臣，而且由此引发的后续伤害远不止眼前这点儿事。

这是中原史书记载的内容，在契丹人的记录中，李嗣昭之死又是一个完全不同的故事。

《辽史·太祖纪》和《辽史·萧翰传》中说，当李存勖的军队再一次包围镇州时，成德节度使张文礼又遣使向契丹告急。阿保机便命开国第一功臣述律敌鲁（阿保机的大舅子，幽州之战被李存审、李嗣源击败的那位契丹军主帅）的儿子萧翰为主将、将军康末怛为副，统军救援镇州。他们出手不凡，大败晋军，杀晋军名将李嗣昭，并乘胜攻克了石城县。

显然，李嗣昭只有一条命，不可能死两次。那么，李嗣昭究竟是被成德叛军的残卒射伤不治，还是死在契丹军队的手中？中原与契丹的史书，哪一边距离史实更远呢？可能有人认为契丹人淳朴一些，记载更可靠。很可惜，在下已经发现《辽史》摆了将卢文进与卢国用当成两个人，将吴、吴越、南唐三国张冠李戴的两次大乌龙，其余的小错误更是比比皆是。在下研读过的古史典籍中，《辽史》的质量非常低。

当然，不能因为某人经常说谎话，就简单判定他这一次也说谎了。真相还是需要我们检查两种完全不同的记录，做对比分析，看看谁更合情理，谁在逻辑上有可疑之处。

如果李嗣昭真是死于契丹人之手，中原史家有掩饰这一点的需要吗？在下认为应该没有。汉伏波将军马援说过，大丈夫当战死沙场，马革裹尸，方为善终！将军死于战场不是耻辱，如果是死于强敌之手，较之死于弱敌之手，更不是耻辱。史书如果造假，有可能讳败为胜，有可能为了推卸责任把弱敌说成强敌，但没有把强敌说成弱敌的道理。

与中原的记录相比，仔细分析契丹人的记录，可以发现一个非常大的破绽：契丹军队救援镇州，击杀李嗣昭之后，乘胜攻占了石城县。这石城县在什么地方？在下核对的谭版《中国历史地图册》《五代十国行政区划史》《古今地名大辞典》，无一例外地证明当时镇州附近根本就没有一个石城县。当时究竟有没有一个叫石城的县城呢？答案是有的，只不过它远离镇州，紧挨着契丹设在关内的大本营平州，位置就在今河北省唐山市东北。

闹了半天，如果按契丹人的记录，他们在镇州城外大败李嗣昭之后，既没有攻击战败的晋军，也没有进镇州与张家班叛军会师，索取他们渴望已久的金帛和美女，而是"乘胜"哧溜一下……狂奔几百里，跑回老家去了！显然，对于这一战，契丹人的记载是靠不住的。

真相也许是这样的。阿保机接到镇州的再次告急，也再次派出了援军，但援军很可能在途中遭晋军拦截而折回，没有靠近镇州。这也就是中原史书记载中没有契丹军队参战的原因。但契丹援军南下的消息，有可能被李嗣昭利用，这可能就是张处球敢于出击九门的原因。萧翰、康末怛回师，为避免阿保机怪罪，在家门口攻占了一座小县城交差。后来，他们意外地听说李嗣昭死了，就厚着脸皮把这份功劳报在自己的头上。

晋军明显没有失利，因为这一战打完，他们仍停留在镇州近郊，继续保持对成德叛军的军事压力。临终前，李嗣昭遗命，由与他私交甚好的昭义节度判官任圜暂时代理指挥各军，号令与李嗣昭生前无二，以至于城中一时都不知道他们取得了一个计划外的大战果。

李存勖得知李嗣昭战死，很震惊，也难过了好几天，然后做出了两个决定：其一是调振武节度使李存进出任北面招讨使，接替李嗣昭指挥成德战事；其二是命李嗣昭的儿子们护送其父的灵柩前往太原，陪葬于李克用陵旁。

李存勖的第一道命令很容易得到了执行，看起来合情合理的第二道命令意外卡了壳。李嗣昭的几个儿子拒绝将父亲归葬于太原，公然率领数千名昭义牙兵抗命，要将李嗣昭的灵柩拉回潞州安葬。李存勖闻讯，赶紧派亲弟李存渥追上护灵队伍，与他们解释沟通。没想到李嗣昭的几个儿子都很凶悍，一点儿不给小叔面子，竟拔出刀来，威胁要杀李存渥，吓得李存渥快马逃回。双方就这样撕破了脸皮。

李嗣昭的儿子们，为什么宁可冒着与李存勖作对的巨大危险，也不肯将父亲葬于太原呢？难道是潞州那块墓地的风水特别牛吗？

其实，李家兄弟对风水哪有这么在乎，他们的考虑是非常现实的：老父李嗣昭担任昭义节度使的时间很长（906—922年，共十六年），在昭义镇内威望高，人脉广，每个主要岗位上都是自家的亲戚、门生、故吏。既然条件这么有利，那咱们干吗不按照河朔传统，将昭义镇变成咱们家的世袭产业呢？

但要继承家产，首要条件是你要够得着。如果按照晋王的旨意，咱们兄弟几个一起去太原，还要安葬守丧，潞州岂不空了出来？晋王随便派个人来当节度使就把它拿走了。因此，为了不让父亲留下的昭义镇被晋王拿回去，咱们必须尽快回到潞州，把它看得严严的！

李嗣昭这一生，戎马倥偬，总为公事奔忙，很少顾及小家，所以家中事基本由妻子杨氏一手操办，当然也包括对子女的教育，结果等孩子们成人，大多像他们的母亲，一点儿不像他们的父亲。这杨氏夫人的为人，与李存勖最宠爱的侧室刘玉娘颇有几分相似，都是贪婪又自私。在潞州这十多年，她利用丈夫位高权重，倒卖官爵，积攒了超过百万贯的巨额私财。

据记载，李嗣昭共有七个儿子，依序分别叫作李继俦、李继韬、李继达、李继忠、李继能、李继袭、李继远，全部都是杨氏夫人所生。不过龙生九子，九子不像龙，李嗣昭这几个儿子，都遗传了母亲的贪婪，能力方面的差异也比较大。

他们一回到潞州，最狡猾的老二李继韬就把软弱的大哥李继俦囚禁起来，然后利用父亲留下的余威，发动士卒请愿，拥护自己当昭义留后。李继韬一面装模作样地推辞，一面将这些呼声上报给李存勖：晋王您能忍心让昭义镇广大的忠勇将士失望吗？

本来，晋国直辖区内的各镇节度使，与唐末的多数藩镇是不一样的，他们的地盘是李克用父子一刀一枪打下来的，他们就是晋王的下属，并不是独立或半独立势力。除了晋王本人兼任的河东镇，各镇节度使均由晋王决定任免，基本上不允许父死子继。

这其实是地方强藩发展壮大后，重建中央权威的过程。朱温在后梁那边也是这么干的，凡被他武力征服的地域，节度使都逐渐恢它最初设置时的性质，变成了一种君主随时可以撤换的临时性职务。只不过，等朱温一死，朱友珪、朱友贞兄弟能力、威望都不足以将这个趋势延续下去，才出现杨师厚的尾大不掉、朱友谦的反叛投敌、高季昌的自立门户等地方权力的一次次反弹，并给后梁帝国造成了深重的内伤。

李存勖不是朱友贞的兄弟，至少到目前为止，他还是一个非常强势的君主，正常情况下，怎么也不可能容许这类让地方权力重新坐大的歪风邪气逆势成长。但糟糕的是，由于李存勖对成德叛军抵抗力的判断失误，晋军此时已经是三线作战，哪条战线都不是短期内能够胜利结束的。如此让人焦头烂额，疲于奔命的时刻，实在不能再开辟一个第四战场了！

于是，李存勖只好咬咬牙，将这满腹怒气记在账本上，把昭义镇改名为安义镇（改名据说是为表示对李嗣昭的尊敬，避"昭"字的讳），任命李继韬为安义留后。只希望李存进争口气，尽快把镇州拿下，好结束目前这尴尬局面。但希望越大，通常失望也就越大。

五月六日，李存进抵达镇州城下，在城南的东垣渡口设下大营。在李克用的诸多义子中，李存进的强项其实是军事工程的建设，如连接德胜南北城的浮桥就是他的杰作。此次夹滹沱河两岸建营，因沙土松散，营墙难筑，李存进便斩林木为骨架，中填沙土，很快把一座坚固的大营建了起来。但战争通常都不是靠军事工程修得好就能打赢的，在李存进不算短的军事生涯中，从无出奇制胜的战绩，他只能算一名水平中规中矩的将军。

大营建好后，李存进就不时派军队出营攻城，但镇州城之坚，可是当初李存勖亲统大军猛攻都没有效果的，这种强度不足的攻击自然不能克城，只起到了对城中叛军保持压力的作用。

几轮较量下来，叛军大将张处球发现了李存进用兵的破绽：每次晋军攻城，常常是倾巢出动，沿大路至镇州，大营内留守的士兵很少。张处球决定抓住这个破绽，冒险一击。

九月一日，张处球乘着李存进又将主力打发来攻城的机会，率七千人马出城，有意避开晋军常走的大路，绕小道奇袭东垣渡大营。张处球所带的这七千名叛军很可能换装了缴获来的晋军衣甲、旗帜，直到他们大摇大摆进了营门，让晋军大营的坚固工事失效时，李存进才发现大事不妙。仓促间，李存进只带着十几名亲兵拼死抵抗。但他没有李存勖的运气，在叛军人多势众的乱枪攒刺下，他战死于营内。

这时，正要攻城的晋军主力得知大营遭袭，急忙反身回救。这些晋军此时并未由李存进直接指挥，所以主帅战死他们不知道，也未给他们带来太大影响。张处球带着得手的叛军正想回去，退路被返回的晋军堵了个正着，营中尚存的晋军见大部队回来了，也鼓足勇气反攻。叛军被夹在中间，寡不敌众，转胜为败！

一番苦斗之后，张处球带着很少的人杀开一条血路，逃回城中。叛军这一次出击，虽斩杀了晋军大将，但自身折损了五六千名精锐！成德叛军的战斗意志比较顽强，但人数并不太多，在一次次恶战中，其有生力量已逐渐耗尽。

李存勖得知李存进战死，震惊之余，怒不可遏。这震惊与愤怒并不完全来自镇州方向，其实，李存勖最近收到的坏消息太多了。

首先，这一年华北粮食歉收，各地税粮无法按时足额收上来，晋军整体的军粮供应开始出现问题，这让李存勖非常头疼。在这大战不断的时刻，裁军是绝对不可能的，无法节流，只能开源。李存勖下令晋国所辖的各镇节度使，将本镇原库存粮拨出，送往魏州。比如，刚刚上任的安义留后李继韬，李存勖给他的指令是要潞州上缴五万石粮食给朝廷。但李继韬丝毫没有努力改变自己晋王眼中钉形象的打算，对这项当前的重点工作一点儿不配合，也许想留着军粮做割据的资本吧？反正他只肯出三万石。

外镇缴粮不及时，就连李存勖亲自统领的魏博镇，也有大量欠税收不上来。李存勖为此事召见负责本镇税收工作的魏博总录赵季良，责问他为何工作不力。

没想到这赵季良胆子很大，竟反问李存勖："殿下，您打算什么时候平定河南？"

李存勖大怒："你的职责就是督促税收，连本职工作都干不好，还敢对我的军国大事指手画脚？"

赵季良毫不退缩地回应："殿下您要争夺天下，怎能不爱惜您的人民呢？如果对他们横征暴敛，一旦人心丧尽，恐怕河北您都守不住，又靠什么去争夺河南？"

李存勖一愣，只得向赵季良道歉："你说得很对。"

但不管赵季良说得多么有道理，这道理一时也变不成粮食，只能让大家一起辛苦辛苦，把裤腰带勒紧点儿。

晋军今年出现粮食危机，除了年景不好这个主因，还有一个次要原因：就在李存进战死前十几天，晋军设在黄河沿线的重要屯粮地卫州失守了。

卫州守将李存儒，本名叫杨婆儿，原先是一个唱戏的伶人，据说长得身强体壮，膂力过人，应该是个唱武生的。杨婆儿的戏唱得不错，大概他在舞台上饰演的英雄形象给了李存勖比较深刻的印象，演而优则仕，李存勖给他赐了个"存"字辈的大名（从李存勖这边论辈分，他成了阿保机的二弟他叔），并提拔当了卫州刺史。

可惜舞台上的英雄，到了现实中不一定还是英雄。李存儒当上卫州刺史后，没想着如何干好一方官长，报答李存勖的知遇之恩，而是一门心思将工作重点转移到如何捞钱上。他想到了一条发财的捷径，就是将假期变成商品，卖给手下的士兵："好消息！刺史大人心好，可怜你们远离家乡的辛苦，从今天起，你们只要定期交纳一定数量的钱，就可以放长假回家，陪伴父母妻儿了！"

这个新政策得到了很多士卒的积极响应，大部分士兵交钱回家，卫州守军就剩不下几个人了。糟糕的是，这一新情况不知怎么就让对面的梁军知道了，梁军主帅戴思远抱着试一试的心态，派将军段凝、张朗乘夜北渡黄河，袭击卫州。因李存儒毫无戒备，守军数量又太少，梁军一举拿下了卫州，生擒了李存儒。

戴思远见段凝意外得手，大喜之下，也亲自统军过河，与段凝、张朗部会合，乘胜连下淇门、共城、新乡等数县，收复了澶州以西到相州以南的一大片土地。凭借这次久违的胜利，戴思远重新在黄河北岸建立了一个的桥头堡，今后晋军要想深入梁境，就得提防梁军深入晋境了。

对晋军而言，卫州失守造成的兵力伤亡虽然微不足道，但李存勖为对梁作战储存的大批粮食辎重，损失了足足三分之一！如果今年丰收，倒也没什么，但在今年歉收已成定局的前提下，真正是雪上加霜啊！

李存勖像一个胆量很大的赌徒，以前的赌运一直都很好，现在突然连输好几把，但既然没有伤筋动骨，这样的小败只能增加他的怒气，使他一定要赢回来，而不可能让他收手。在各处的僵局中，弱小的镇州看起来仍然是最容易取得突破的那一点。于是，李存勖再加大筹码，调出目前晋军诸将中排名第一的李存审，出任北面招讨使，摆出一副不把对手打趴下就绝不收手的架势！

而在赌桌的另一边，张家兄弟已经耗光了自己的赌本：一、几战下来，叛军人数已所剩无几；二、上次从阎宝军营中抢来的粮食也快要吃光了；三、传统盟友义武军已完全倒向李存勖；四、后梁和契丹的救兵再也没有了音信。左看右看，原来要想活命都不简单！

但张家兄弟实在是不想死，只好抱着把死马当活马医的心态，再一次也是最后一次尝试请降。张处球登上城楼，请求与晋军指挥官通话。这时李存审尚未到任，任圜再任临时主帅。

张处球在城头乞哀："同晋王的大军对抗了很久，城中的食物马上要吃完，我早就想投降，只是怕降了也不免一死，公能给我指条生路吗？"

任圜答道："以你亡父（张文礼）的罪行，当然不容赦免！但仁君行法，罪不及子孙，你本可从轻发落，只是你对抗大军整整一年，还杀死我方大将，现在山穷水尽才来投降，你想免死，怕也不易。不过，现在请降，博取一丝生机，总好过百分百坐以待毙吧？"

张处球大哭："您说得对！"然后，他派自己的儿子为使，前往魏州，向李存勖递交降书。

可是已经晚了，张处球的儿子尚未走到魏州，晋军新主帅李存审已统率大军来到镇州城下。李存审知道城中的处境已经很糟糕，一面封死城内外一切通道，以武力为后盾，加大对守军的心理压力，一面施展诱降手段。在绝望心理的支配下，原本如铁板一块的城中守军终于发生了动摇，将军李再丰秘密向晋军投降，愿为内应。

九月二十九日深夜，李再丰悄悄从城墙上放下绳梯，接应晋军入城。

第二天天明时，晋军完全控制了镇州。张家兄弟（可能仅剩张处球一人）及其主要党羽突围无望，全部被捕，随后全都被押送魏州处斩。

赏罚的对象不只是活人。张文礼的尸体被从棺材里拖了出来，拉到闹市，剁为碎片。而王镕的遗骸，据说在一堆被烧过的灰烬中找到，重新予以隆重安葬。至此，由李存勖发起的，长达一年零一个月的成德讨伐战，终于以晋军的惨胜结束。自中唐以来，桀骜不驯了一百五十多年的河朔三镇，全数被李存勖吞并，其中就数这个最弱小的成德镇让晋军付出了最沉重的代价。如果历史能重来一遍，不知道李存勖会不会做出同样的选择？

而且，将河朔三镇吞进肚子是一回事，晋国的肠胃能不能真正消化是另一回事。此后的历史会告诉我们，三镇的独立虽然消失，但三镇桀骜难驯的致病基因并未死亡，在某些因素的刺激下，甚至会再次苏醒！只不过，那些是后话了。

第十章
朱梁覆灭

王彦章　　周德威　　史建瑭　　朱温

后唐建国

成德节度使的位子空了出来，王镕的后人大概已经死绝了（王昭诲幸免于难的事，要到李存勖死后才为人所知。他如果这个时候不合时宜地出现，很难说不会被灭口），李存勖便示意让符习来干。符习是个久经考验的老江湖，早想到李存勖肯花如此巨大的代价来平定成德，其醉翁之意岂是一壶老白干两碟花生米能打发的？实际上，赵州的文武官员已经在串联士绅，打算联名恳请李存勖来兼任成德节度使了。

于是，符习坚决辞让成德节度使的职位，高风亮节地说："如果大王您一定要奖励我，就请把河南伪梁的藩镇给我一个，让我自己去攻取好了！"李存勖虚心纳谏，从善如流地任命符习为天平（此时属后梁）节度使兼东南面招讨使，自己则接受成德士绅的推戴，至少在名义上身兼了河东、卢龙、魏博、成德四镇节度使。

四镇节度使看起来身份显赫，但对李存勖来说，只是一步极短暂的台阶，他马上要升职到顶了。

本来在一年多前，李存勖就已打算正式称帝建国，但因张文礼的兵变和张承业的反对，被迫暂时搁置。如今成德终于平定，张承业已经死去，主要障碍都已不复存在。虽然此时晋国的形势并非一派大好，但李存勖不想再等下去了。

龙德三年（923）二月，李存勖着手组建新的帝国中央政府。组建新政府最重要的一件事，是挑选一个宰相班子。李氏父子两代晋王一直以李唐忠臣自居，还是李唐皇朝承认的名义上的宗室（虽然人人知道他们与李唐皇室并无血缘关系），所以新帝国一定要体现出承袭自李家的正统，是大唐王朝的中兴，非朱家伪朝可比！

怎样才能让天下人觉得大唐重生了呢？不知是李存勖自己一拍脑袋，还是有什么人给他提了建议，让他做出了一项逆历史潮流的举措，恢复几尽消亡的士族门阀制度，在国家机器的上层重建一个由血统决定的贵族社会。

比如，李存勖特意给潜在的宰相候选人规定了两项条件：被选出来的人应该在李唐王朝担任过高官，最好是"四世三公"一类的仕宦名门。至于当宰相应该具备的能力、品行，都是次要因素，在不违背前两条大前提的条件下，适当加以考虑。

可惜，从魏晋九品中正制中走出来，显赫了数百年的那些大士族，在唐末遭受的冲击几乎是毁灭性的。与此前汉末与十六国的乱世不同，唐末崛起的群雄大部分来自社会下层，对上层社会多数没什么好感。

各名门望族的代表人物，大批量被黄巢、朱温等人从肉体上消灭，侥幸活下来但缺乏自卫能力的官宦世家子弟，在这乾坤倒转、兵匪横行的历史大潮中，也无法守住祖先留下的财富与权力。很多士族子弟在穷困潦倒之际，被迫将能证明家族显赫过的告身、谱牒等物品拿出来卖几个救命钱。因此，这个时候要找几个正牌的名门之后，其实已经不那么容易了。

于是，经过这种以拼祖宗为第一要素的遴选，只找到几名出身次等士族或疑似出身士族的文官来充当宰相候选人。他们分别是河东节度判官卢质、义武节度判官豆卢革、河东观察判官卢程。

卢质算是这三个人中最有才干的。他字子徵，洛阳人，祖父卢衍曾当过唐朝的刑部侍郎，父亲卢望次一点儿，当过尚书司勋郎中。卢质本人做过两任县令，因为文章写得好，得李克用手下第一号笔杆子李袭吉的赏识，招他为婿，他得以逐渐进入河东集团。在李克用临终授命时，卢质已接替岳父李袭吉，任河东掌书记，可谓有能力，也有资历。

不过卢质这个人好酒，喝醉之后嘴就不把门儿，曾公然辱骂李存勖的几个弟弟是猪狗，幸得张承业营救，李存勖才忍住一口气没有治他的罪。卢质后来大概也知道了这件事，后怕之余，不愿意身居高位，处于风口浪尖，去承担别人的嫉妒，就推荐了豆卢革和卢程来代替自己。

卢程，出自唐朝士族名门，祖父卢懿在唐宣宗时当过吏部侍郎，父亲卢蕴据说也当过高官，但在《通鉴》《新唐书》《旧唐书》中都找不到这个人的事迹。到了卢程自己，除了喜欢摆谱，喜欢夸耀自己门第如何高贵，说些自己如何怀才不遇的牢骚怪话，一无所长。

李存勖曾召卢程起草文书，他竟然说："我就是会用嘴说，笔砚这种东西我是玩不来的。"稍后，张承业安排他管理仓库的进出账目，他又推辞说："算账这种事不是我的强项，还是换别人来干好了。"气得张承业直接责问他："公还号称是文士，起草文书也不会，管理账目也干不了，还有什么事是你能干的？"卢程只会低着头，一面哭一面说："对不起，对不起……"

可就这样一个饭桶，还很有脾气。在胡柳陂会战时，李存勖身边的笔杆子王缄死了，急需找人接替，卢程以为一定会轮到自己了，没想到被提拔的是冯道，他马上抱怨说："主上不重视人物，竟然让一个乡巴佬位居我之上！"也不想想他自己那只会说"对不起"的本事，他干得了吗？不过现在好了，有了卢质的推荐，他可以重新爬到"乡巴佬"的头上去了。

比起干啥啥不行的卢程，豆卢革稍微强一点儿了，至少他会作诗，文辞古雅，有一定功底。不过豆卢革的名门身份很可疑，虽然据其本人说，他的祖父豆卢籍当过同州刺史，父亲豆卢瓒当过舒州刺史，但因为没有家谱，他自己所说，还要打个大大的问号。也许因为豆卢革很难直接证明自己的高贵血统，他找了一个强有力的盟友来帮他一起撑门面。

豆卢革曾带着暗示问此时李存勖身边的大红人郭崇韬："汾阳王郭子仪是代北人，后来才把家搬到华阴，而您的祖籍在雁门，会不会是汾阳王的后人呢？"郭崇韬是个权力欲和虚荣心都很强的人，总想找理由排挤掉自己的竞争对手，一听此问，简直是瞌睡时有人送枕头，马上像煞有介事地回答说："哎呀，因为战乱，我的家谱也已经找不到了，但我曾听父亲说过，他上距汾阳王四世。"

于是，豆卢革就与郭崇韬套上了关系，为捍卫他们共同的"高贵出身"结成了同盟，那些出身寒微、门第低下的，就应该给咱们这些名门之后让路！

开国宰相的人选定下来了，就是卢程和豆卢革。其实李存勖自己也非常清楚，卢程等人就是水泊梁山的智多星——无用。李存勖把这么重要的百官之长授予他们，就不怕他们耽误国家大事吗？

原因是：耽误不了。因为对即将建立的后唐帝国来说，其宰相权力贬值十分严重，他们就仅仅是政治上的装饰材料，虽然无能，也误不了太大的事。

原属宰相的权力被分到哪儿去了呢？分到了李存勖新设立的一个重要机构枢密院。枢密院，某种程度上接近后梁朱温设立的崇政院，主要掌握着全国军队的调动使用之权，以及和军事相关的一些其他职权。

枢密院的长官是左右枢密使，由原中门使郭崇韬和原昭义监军宦官张居翰分别担任。前一个唐朝就有过这个职务，但两者相同的仅仅是名称，其他方面完全不是一回事。前一个唐朝没有枢密院，枢密使所掌的职权与现在这个唐朝也完全不同，那时的枢密使固定由宦官担任，是北司的"四贵"之二，管理的是宫廷事务，或者更通俗一点儿，就是大内总管。

从后唐创建开始，枢密院这个机构将长期存在下去，影响后世数百年。宰相与枢密使并列为国家的核心领导，主要区别就是宰相主政，枢密使掌兵。显然，在军事绝对优先的乱世，管枪杆子的枢密院要比管笔杆子的宰相重要得多。实际上，李存勖这一届朝廷的人员组成名单，很大程度上就是在位居枢密院首席的郭崇韬策划下弄出来的，包括由谁来担任枢密使。

比如说，本来按资历排序，与郭崇韬一同担任枢密使的人，应该是出镇幽州的宦官前任中门使李绍宏。但郭崇韬觉得，那个同样得到李存勖宠信的老上司如果进入枢密院，会影响自己的权力，就事先活动将性格温和谦让的张居翰举荐进枢密院，而给老上司准备了一个相当于前朝枢密使的职务——宣徽使。

结果，等一心指望官职大丰收的李公公兴冲冲地回来，才发现自己的权力已像凉透的黄花菜，不由得气愤难平，从此与郭崇韬结下深仇。

不管是政事堂的政令，还是枢密院的军令，如果没金钱做驱动能源，都会是软弱无力的。因此还有一个职位也是极为关键的，那就是掌管中央财政的租庸使（尽管租庸调制早已被废除，但这官位还这么叫）。

租庸使的职权，接近后梁那边朱友文担任过的建昌宫使。因为在后唐正式建国前，李存勖常驻魏州，各地税赋收入都要解缴到魏博来统一调配使用。实际在管这件事的人，就是魏博支度务使孔谦。现在晋王要当皇帝，这项要职应该还是自己的吧？孔谦也和李绍宏一样，对自己的高升充满了期待。

不想，郭崇韬这个"名门之后"，却以孔谦出身寒微为理由，说国家中兴就应该有中兴的恢宏气象，怎么能让一个低贱的下人列名于朝廷高官行列，所以他推荐了同样性格温和、不会与自己争权的原魏博观察使判官张宪担任租庸使，孔谦只能当副使。也就是说，孔谦手中的权力将随着后唐开国而降低，孔谦虽表面上不敢发作，但内心开始深恨郭崇韬。

另外，即将建立的后唐将仿效李唐设置三京（唐代三京是西京长安、东都洛阳、北都太原），分别为：升魏州为东京兴唐府，算作首都，以原魏博节度判官王正言为行兴唐尹；西京太原府，以河东马步都虞候孟知祥为太原尹；升镇州为北都真定府，以安义观察判官任圜为真定尹。

不再一一列举了，在下提到这些无趣的人事档案，是因为这些人事安排都对后来产生了影响，而其中来得最快的一项，就是引爆了一颗不大不小的定时炸弹。

且说李嗣昭家的二小子李继韬，基本顺利地当上了安义留后，但他深知李存勖内心并不想让他承袭父职，现在只是迫于形势，暂时不追究，一旦李存勖腾出手来，随时有可能找自己算总账。

因此李继韬的警惕性很高，他派心腹魏琢、申蒙以入奏公事为名，前往魏州打探消息，随时关注李存勖有没有对自己动手的迹象。魏、申二人也不知道眼睛是怎么长的，或许就是为了说些李继韬爱听的话，悄悄密报："李存勖打个镇州就折了这么多大将，现已是人才凋零，将来必为梁朝所灭，这只是时间早晚的问题了！"

李继韬听了，心有所动，但在安义镇内，反对叛晋的人也很多，李继韬不敢轻率行动。不久，按李存勖、郭崇韬预定的新朝官员名单，从安义调了两个重量级的人物进朝廷，就是前文提到的将担任枢密使的张居翰和将出任真定尹的任圜。

张居翰和任圜曾是李嗣昭生前的左膀右臂，但一朝天子一朝臣，李继韬对此二人既不亲密，也不信任。李存勖突然要调这两个人去朝廷，李继韬不知道是因为什么，而以他现在这惊弓之鸟的状态，任何搞不清楚的事都很容易让他往最坏的方向联想。李存勖是要向我动手了吗？所以召张居翰和任圜，是要了解潞州的虚实？

已回到潞州的魏琢、申蒙更是煽动说："晋王突然把这两个人召了去，那形势有多危急已经可想而知，再不反就来不及了！"

李继韬的小弟李继远才十五岁，也积极怂恿二哥造反。他说："哥哥坐拥百万家财，仓库里有可以支持十年的军粮，应该好好为自己打算，别让人家制住了！"

李继韬反问小弟："那定哥你觉得该怎么办？"

李继远说："我看申蒙说得对。论地广人众，河北终究是打不过河南的，咱们不如与大梁结盟，就不用怕李存勖了。更何况现在国家多事，李存勖旁边到处都有敌人，他哪里有余力讨伐我们呢？最好的办法莫过于此！"

李继韬于是决定背叛李存勖，背叛他父亲为之奋斗了一生的事业，转而向世仇朱家投效。李继韬派李继远率百余名骑兵，以出兵袭扰晋（今山西临汾）、绛（今山西新绛）二州为名，进入后梁境内，与梁军接上关系后，再前往汴梁，觐见后梁皇帝朱友贞，表达归顺的诚意。

听惯了坏消息的朱友贞，忽然得到这意外的好消息，不禁大喜过望：谁说天上不会掉馅儿饼，这不已经砸到我头上啦？

朱友贞马上下旨，再改安义镇为匡义镇，李继韬为匡义节度使，并加同平章事衔，同时派将军董璋出兵接应，帮助李继韬对抗李存勖有可能发动的讨伐。

顺便说一说这董璋，他原是朱温义子朱友让的家奴，与如今割据荆南的高季昌，曾陷害蒋玄晖的孔循（赵殷衡），都是家奴时期的老同事。比起高季昌和孔循，董璋没有那两位的心眼儿多，但勇力超过两人，个性也最残暴，从参加干爷爷朱温的军队干起，积累军功，渐至列校，今后他还要出场多次，是重要配角之一。

再说李继远回报二哥：一切条件都谈妥了。李继韬便正式宣布倒戈，举自己管辖的潞（今山西长治）、泽（今山西晋城）二州归附后梁，还主动将自己的两个儿子送到汴梁，作为人质。

最有可能反对的张居翰和任圜都已离开潞州，李继韬的命令在潞州没受到太大的阻碍，便得到了执行。毕竟在多数时候，县官不如"现管"，一般人只要不被逼到狠处，很少会与自己的职位和薪水过不去。

但李继韬的命令发到泽州，同样发给李嗣昭的旧部，效力就没那么好使了。因为那里的"现管"即泽州守将裴约，同张居翰、任圜一样，也是李嗣昭生前的亲信之一，与李继韬并不是一条心。裴约追随着李嗣昭南征北战半辈子，想不到老领导的儿子竟然这么不像老领导，能做出这种事来！

裴约召集泽州军民，流着泪对众人说："我追随了老帅二十多年，亲眼见老帅每得一笔赏赐，都要分给有功将士，每每教诲我们要不忘国仇，誓灭伪梁！可不想，老帅壮志未酬而身先死，让人嗟叹。而今，郎君李继韬父丧还未满，就悍然背叛君亲！我宁可引刀自尽，也不能跟着他去做不义之事！"在场众人无不感泣，都表示愿追随裴约。

于是，泽州守军整体拒绝接受李继韬的命令，他们要继续向晋王效忠，堵住了梁军前往潞州的大道。朱友贞闻此变故，任命董璋为泽州刺史，要他率所部进攻泽州，保障通往潞州的道路通畅。董璋马上率军将泽州包围，断绝内外联系，这使得李存勖不久后就得知李继韬背叛，却没有及时了解到泽州守军仍然在为他坚守。

得知泽州拒命，李继韬也很担忧。虽是父亲带出来的军队，但军心并不统一，倘若李存勖的大军兵临城下，潞州的守军究竟会有几成还能站在自己这一边？答案恐怕无法让人乐观。李继韬决定变卖家产，招兵买马。

各色亡命之徒，敢死之士，来者不拒，多多益善！李继韬要用他们，在原潞州兵马之处，尽快组建起一支只听命于自己的新军，留作将来保命之用。

就在李继韬招兵期间，发生了一段此时看起来无关紧要的小插曲。

据说当时在潞州集市，有一位彪悍的恶屠，每天除了杀猪卖肉，就是仗着拳头硬欺行霸市，打得邻里同行人人惧怕。这天，这恶屠的肉铺突然进来一个十七八岁的年轻人，只见此人长得身材魁梧，脖子上文着一只飞雀，脸上还端出一副桀骜不驯的神气，拍手大叫："老板，割肉！"

恶屠被呵斥声吓了一跳，心想：这大概也是道上的朋友吧？看样子不太好惹，还是给他几斤肉，打发走了事。没想到这年轻人就是来找碴儿的，他对恶屠割的肉，不是嫌太肥，就是嫌太瘦，不是说秤不准，就是说肉发臭，总要故意刁难。这恶屠大怒：我平常都是欺负人的，哪能随便让人欺负？于是他一发狠，撕开胸前的衣服，露出肥壮的肚皮，骂道："你要真有种，敢刺我一刀吗？敢吗，敢吗？"那文脖青年应道："有什么不敢？"然后，他操起杀猪刀，一刀就刺进了恶屠的大肚皮，恶屠顿时一命呜呼。旁观众人惊呼："杀人啦！"

众目睽睽之下，这年轻人根本就没逃，很快被拿下。正好李继韬巡视路过，听说抓了个杀人犯，却见被绑的青年神色自若，不由得暗暗称奇。再一问，原来此人是不久前从外地来潞州投军的，不知这次他是不是路见不平一声吼，该出手时就出手，反正他对杀人偿命是一副满不在乎的样子。李继韬问明缘由，特别喜欢，马上吩咐将这个人放了，纳入自己编组的亲军。

有这样让人印象深刻的见面，李继韬一定也记住了这个文脖青年的名字，江湖人称"郭雀儿"，大名"郭威"。在未来，他将是本书的主角之一。关于他的详细故事，以后再说。

李存勖并没有因为李继韬的叛变，而稍稍改变自己称帝建国的进程。李继远猜得没错，马上要升级当皇帝的晋王，似乎也没把收复潞州看作十分紧要的事。在李继韬招兵买马之时，李存勖正忙于在魏州（东京兴唐府）

兴建祭天台。不久，工程完工，一切准备就绪。

四月二十五日，李存勖在魏州登上高大的祭天台，向老天爷递交了报告书，宣布大唐王朝重生了！而他，正式登上了大唐帝国的皇帝之位。史书习惯将这个新生的唐帝称作"后唐"，李存勖就是后世所称的"后唐庄宗"。顺便提一句，从某个角度而言，李存勖所建的后唐，是整个中国历史中最奇特的一个朝代。它奇特在哪儿？以后细说。

此时，这个刚刚诞生的后唐帝国，版图只包括十二个半藩镇，辖四十九个州，小于李渊称帝时的唐帝国，暂时也没有它的死敌后梁帝国大（后梁帝国此时辖地共二十二个藩镇，五十九个州）。

【作者按：所谓十二个半藩镇，辖四十九个州，具体如下。魏博镇（又称天雄镇），含魏（兴唐）、博、贝、澶、相等五州府（原属魏博的卫州此时归后梁）；成德镇，含镇（真定）、赵、深、冀等四州府；卢龙镇，含幽、顺、檀、蓟、涿、莫、瀛、新、武、妫、儒等十一州；河东镇，含太原、岚、宪、石、隰、慈、汾、沁、辽等九州府；安国镇，含邢、洺、磁等三州；义武镇，含易、定、祁等三州；横海镇，含沧、景、德等三州；大同镇，含云、应、蔚等三州；振武镇，含朔、胜、麟等三州；雁门镇，含忻、代等二州；护国镇，含河中一府；忠武镇，含同州一州。以上有十二个完整藩镇和四十八个州府，再加上半个昭义（安义）镇的泽州一州，即为十二个半镇，辖四十九个州府。】

按照中国古代的惯例，一个新朝建立通常会追尊七代祖先为帝，建立天子七庙。但后唐王朝因为实际情况有点特殊，七庙分配给了两个没有血缘关系的家族。其中既有被李存勖追尊为皇帝的三位祖先，即曾祖懿祖昭烈皇帝朱邪执宜、祖父献祖文皇帝李国昌、父太祖武皇帝李克用，也有李唐四位货真价实的皇帝，即高祖李渊、太宗李世民、懿宗李漼、昭宗李晔。但朱邪执宜、李国昌、李克用的年代，与唐懿宗、昭宗两朝有大量重叠，在下实在猜不出它的昭穆顺序是怎么计算的。

不过，死者长已矣，不会对生者安排的尊号座次有任何不满，真正重要的还是给那些还活着的人排序。

称帝当天，李存勖尊生母晋国夫人曹氏为皇太后，原李克用的正妻、嫡母秦国夫人刘氏为次一级的皇太妃。需要说明，李存勖的这种做法也许出于他自己的真实情感，却严重背离明辨嫡庶的儒家礼法。李存勖是打着维护正统的旗号建的国，可他第一天干的事就在破坏那个时代普遍接受的正统意识形态。

这道诏书送到太原，曹夫人吃了一惊：儿子这么做，让自己怎么有脸去见一直待自己很好的刘夫人呢？不想刘夫人满面笑容地主动来对她表示祝贺。曹夫人很不安，不知道该怎么表达歉意。刘夫人没有表现出一丝不平，反过来安慰曹夫人说："只要咱们的儿子能长命百岁，咱们将来魂归九泉，墓前能有人祭扫，就应该心满意足了，至于排位之类的事，何必斤斤计较呢？"

于是，由于刘夫人的明智大度，以及曹、刘两夫人长期以来亲密无间的私交，李存勖不负责任地点燃的这枚小小的火苗就此熄灭了，没有引爆任何宫斗情节。但这件事并非微不足道，它隐隐透露出李存勖执政风格的一个重大缺陷：他喜欢将自己的私人感情，甚至是一时的心血来潮，放在国家约定俗成、得到主流文化认可的制度之上。这样做会有怎样的危害？在以后的故事中，当更多的名与利涌来，而得失的主角不再是曹、刘二夫人这样很少见、能相互谦让的人时，我们将越来越清晰地看到它的负作用。

不过，那些是远虑暂时还不用担心，要知道，在后唐建国之初，现实情况比李存勖开始策划称帝前是有所恶化的，举目四望，多的是让人忙不过来的近忧。

先是李继韬叛变，把安义镇献给了后梁。然后，在李存勖称帝的第二个月，契丹骑兵又发动了一次很严重的袭扰性南犯，相继袭击了幽州、易州、定州等地，抢劫了发往幽州的军粮。被派去防备契丹的新任卢龙节度使李存审报告，幽州的储备已下降到不足半年。换句话说，如果南面与后梁的战争僵持不下，而北面的契丹对卢龙再发动一次五年前那样的大规模进攻，幽州不一定还能守得住（那一次，周德威困守幽州差不多两百天）。

可以这么说，一个人如果身处当时，又不是知晓后事的穿越者，对后唐新帝国未来的观感可能就与帝国那算不上广阔的疆域一样，很难乐观得起来。

不过，刚刚当上皇帝的李存勖很快就收到了一条好消息，让这一切有所改观。

李继韬和他身边的人认为，河北终究打不过河南，那是因为他们知己不知彼，只看到了后唐（当时还是晋国）面临的难处，却不知对面貌似仍然强大的后梁帝国，其内部早已千疮百孔，矛盾重重。那边想要改换门庭，倒戈投效李存勖的人，其实是远比这边多的。

彦章奋击

梁军北面招讨使戴思远手下的一个将领卢顺密，就是其中之一。戴思远在后梁的职务，除了是北线梁军的总司令，也是天平节度使。作为北线总司令，戴思远的司令部设在距德胜南城不远处的杨村，梁军主力也集结于滑州到杨村一线，以便随时出动，攻击或者防御唐军设在黄河南岸这个最具威胁性的桥头堡。

不过，这样一来，梁军在其他方向的防御无法不受到削弱，其中就包括天平镇总部郓州，据说这个重镇的守兵被减少到不足一千人。戴思远人不在郓州，就将防守郓州唱空城计的任务交给他认为可以信任的三个部下——巡检使刘遂严、都指挥使燕颙，以及排第三位的卢顺密。

卢顺密觉得，这是一个替人背锅的任务，他不看好后梁帝国的前景，决定与其等打败仗之后被处理，不如现在就站到赢家的队列里去。卢顺密找了个机会潜逃，去向后唐请降。

因为是后梁方面上级别的将领，卢顺密得到了李存勖的亲自接见。卢顺密借机向后唐的皇帝密报说："郓州现在的守军非常薄弱，守将刘遂严、燕颙又不得人心，只需一次奇袭，必然能够攻取！"（也有文章说卢顺密并未亲去，只是派密使向李存勖投降。这在逻辑上更合理，但与史书文字有出入，存疑。）

李存勖心动了，最近他已经得到消息，泽州仍然忠于他，正在被梁军围攻。李存勖不能对自己的忠勇将士见死不救，但真要去救，泽州已孤悬于后梁境内，隔着潞州和太行山两重阻碍，道路难行。不下大本钱，救兵要想到达泽州都不容易，何况还有可能受制于人，给梁军制造围点打援的战机。但如果能攻击到梁军一处痛感强烈的弱点，来个围魏救赵，那就能把战争的主动权夺回自己手中，重占上风！毫无疑问，郓州如果被自己得到，只要想想从郓州到汴梁东门那条一马平川的宽阔大道，就知道肯定能让后梁帝国感到痛不欲生！

李存勖找来众文武商议此事，不想他此时最宠信的大臣、两枢密使之一郭崇韬公开反对（另一个枢密使张居翰基本上不发表意见）。郭崇韬的理由很有说服力：郓州是汴梁的东面门户，战略地位重要，后梁方面怎么可能让它的防备如此松懈呢？由此引申，你怎么能确定卢顺密不是诈降？他提供的情报不是引诱我们上当的陷阱？派一支孤军深入敌后，一旦有失，就是全军覆没！卢顺密的话，实在听不得。

众将大多附和郭崇韬的意见，于是在公开会议上，奇袭郓州的计划未获通过。

散会后，李存勖还是觉得这个计划如果成功，收益巨大，舍不得就此轻易放弃。他想了想，单独召见了此时唐军的第二号大将蕃汉马步副总管李嗣源。

李存勖对李嗣源说："昭义的李继韬抗拒王命，梁将董璋正在进攻泽州，梁人的关注热点集于上党一地，以为我们也会被他们牵着鼻子走，东边的防卫就不会太严密。我军如果拿下东平（郓州在唐朝初年叫东平郡），便可直捣其腹心！只是你认为，郓州有可能拿下来吗？"

在五年前的胡柳陂会战中，李嗣源误听假情报，犯下大错，在大领导心中的形象受损严重，他一直想找个机会立奇功，以挽回不利影响。要立奇功，当然不能墨守成规，而要冒别人不敢冒的险，做别人不敢做的事。李存勖大概了解李嗣源此时的心理，才特意召见他。

果不其然，李嗣源一听李存勖这带有暗示的询问，便顺势回答："咱们长年累月地用兵，使得境内百姓疲敝，都快撑不下去了，如果不敢冒险试一试，出奇制胜，大功什么时候才有可能建成？这次奇袭任务，老臣愿率本部人马单独执行，陛下就等着听取捷报好了！"

李存勖等的就是这句话，大喜，就正式命令李嗣源，率其本部精骑五千名出击，目标——郓州！

李嗣源带上心腹将领李从珂、石敬瑭、高行周等，率部出德胜北城，沿黄河北岸东进，于闰四月二十八日黄昏，抵达杨刘渡口。这时，雨淅淅沥沥地下了起来，完全淹没了落日的余晖，四下里一片昏暗，又湿又冷，道路也看不清。

前锋很多将士不想再走，打算停下休息，至少等雨停了再出发。前锋将领高行周见此情景，激励将士说："这天气正是上天赐给我们的福佑唯，梁军一定没有防备，我们千万不能停下。"

于是，李嗣源部唐军抖擞精神，冒雨夜渡黄河，一夜之间摸黑行军六十里，再渡过济水，于天明之前直抵郓州城下。这时，城上的守军还毫无察觉。李嗣源的义子李从珂身先士卒，第一个攀上城墙，杀死还在打瞌睡的守兵，打开城门，放后续唐军入城。城中守军这才发现遭到袭击，毫无心理准备的他们顿时乱作一团，刘遂严、燕颙二将在慌乱中完全组织不起有效抵抗。

到二十九日太阳升上天空之时，李嗣源部已全部入城，唐军控制了全城。刘遂严与燕颙二将跑了，他们开西门逃往汴梁。不直接承担守城责任的天平节度副使崔笃、天平判官赵凤比较幸运，没跑得掉，成了唐军的俘虏。李嗣源下令将两人押往兴唐（魏州），用这两个大活人做铁证向李存勖报捷（此后崔笃不再见于史书，赵凤则因为文才过人，被李存勖任命为护銮学士，成为历仕数朝的五代重臣之一）。同时，李嗣源命安抚城中军民，严禁士卒烧杀抢劫，城中人心很快得以稳定。

李存勖得到李嗣源送来的捷报，大喜说："总管（李嗣源官居蕃汉马步副总管）真是奇才，我的大事必成！"

再说后梁皇帝朱友贞突然接到郓州陷落的报告，又惊又怒，立即下令将败将刘遂严、燕颙逮捕，绑赴闹市，斩首示众（所以说崔笃、赵凤幸运）。负有领导责任的梁军北线总司令戴思远被免职，贬为宣化留后。然后派人到杨村前线，催促段凝、王彦章、霍彦威等梁军前方众将，要他们马上发起反攻，尽快收复失地。

当然，在让梁军发动反攻之前，有一件事是不能不做的。那就是任命谁来接替戴思远，担任梁军的前敌主帅，统一指挥反攻行动。如果没有意外，原先担任戴思远副手的段凝，可能性最大。不过，意外还是发生了。

看到亡国的危险步步逼近，有一个人内心的焦虑程度，一点儿也不下于朱友贞，他就是身为后梁帝国第一号元老的敬翔。敬翔深知段凝不过谄媚之徒，既没有足够的才干，在军中也没有足够的威信，交给他，后梁的大势就完了！对朱家最忠心的老臣，实在不甘心让朱温开创的，自己也倾注了一生心血的国家就这么完蛋。那还有谁合适呢？敬翔想起来，梁军现在还活着的大将中，唯一差点打败过李存勖的人，对了，只有他，王彦章！

还有一线可能，挽救最后的危亡！但是，那个不懂人情世故的王彦章，已经把朱友贞身边的几个心腹得罪光了，朱友贞怎么可能重用他？而自己，同样也是朱友贞的心腹小圈子讨厌的人，这几年来，说过的话根本没人听！怎么办？

敬翔一狠心，决定豁出这条老命，为了争取挽救梁朝的最后一丝希望，向朱友贞死谏！

敬翔先在自己的靴筒里藏了一根绳子，然后进宫求见大梁皇帝。朱友贞性格比较温和，虽然对敬翔的话一向当作耳旁吹过的微风，但对敬翔这个人还是一直保持着面子上的尊敬，毕竟人家是叔叔辈的元老功臣！

那么，把老相国请进来吧，老相国有什么要说的吗？

却见敬翔情绪激动，大声道："当年先帝打天下的时候，并不认为老臣我无能，我的谋划建议，先帝无一不采纳！而现在，局势一天天危急，敌人一天天强大，陛下却始终不肯听老臣的哪怕一条建议，臣这条老命活着还有什么意义？与其苟延残喘，看国家灭亡，还不如现在就死！"

然后，越说越悲愤的敬翔拿出绳子，准备找个合适的地方上吊。朱友贞赶紧呼左右拦住敬翔，问："老相国有什么好主意，可以说来。"

敬翔便抓住这个机会，以自己的命要挟道："现在形势已万分危急，除非用王彦章为大将，不然再不可能挽救！"

于是，敬翔终于创造了奇迹，他的建议破天荒第一次得到了朱友贞的采纳，已经六十岁的老将王彦章被任命为北面招讨使，第一次当上了大军主帅，他将为后梁帝国的存亡做拼死一搏！

五月十六日，朱友贞特别召见了即将出发的王彦章，想仔细看看这位在敬翔口中与在自己心腹口中的形象天差地别的老将军，究竟是个何等样人。

"将军这次出征，何时能给朕带来捷报？"朱友贞不抱希望地，例行公事地随便问问。

"三天！"王彦章没有迟疑片刻，脱口就说出一个让人听起来很荒谬的答案。朱友贞的左右侍从都忍不住掩口偷笑。李存勖的军队是好对付的？何况从汴梁到前线，正常行路就需要两天，还三天破敌？真是牛在天上飞呀飞，只因你在地上吹！

王彦章没有理会这些嘲笑。召见结束，他立刻出宫上马，向着滑州前线飞奔而去。

李存勖的情报系统还是比较高效的，在王彦章上任前，他们就获知了后梁军方的这次高级人事调动。李存勖对此很重视，亲自率军出兴唐府，南下增援前线。大军到澶州稍事休整时，李存勖担心前方有失，派使者急驰至德胜，提醒驻守在德胜的蕃汉马步都虞候朱守殷说："王铁枪这个人勇敢果决，其部队又积满了对我军的深仇大恨。你驻守的德胜肯定是他的重点攻击目标，所以你一定要加强戒备，严密防守，不可轻忽！"

这朱守殷原本只是晋王府的一个家奴，小名会儿，颇有些讨好主子的小聪明，也有些勇力。李存勖幼时上学，他充当伴读书童服侍左右，因此很早就是李存勖最信任的心腹。在李存勖初任晋王、平定李克宁之乱时，朱守殷以其方便出入王府，又不易引人注目的家奴身份，负责通风报信，联络内外。李克宁被铲除后，朱守殷因功被提拔为长直军使，由家奴一跃升为中高级军官。

位列戎行之后，朱守殷虽然打仗的水平并不怎么样，但他擅长的工作，类似后世的锦衣卫，他大量打探各将领、官员的隐私，悄悄上报给李存勖，大得李存勖的欢心。

朱守殷有一个志同道合的好友，名叫景进。景进原是李存勖最喜欢的伶人，也是个"锦衣卫"中的能手。有了朱守殷、景进两位心腹佞臣的默契合作，李存勖就有了一张监控群臣的大网，虽然这张情报网上传的消息不一定可靠，但还是让李存勖对朱、景二人的"大才"视若珍宝，倍加信任。

朱守殷虽无战功，却步步高升，越来越得到李存勖的重用。只是，李存勖好像常常忘记"术业有专工"的道理，他已经错误地让文艺工作者李存儒去干卫州刺史，现在又错误地让一位职业情报员去客串主将。

朱守殷接到李存勖的警告后，当然还是发挥强项，派人潜入梁营侦察：王彦章到任了没有？如果到任了，他现在在干什么？

五月十八日，朱守殷接到了一份重要的情报：王彦章只走到滑州（今河南滑县，距离德胜大约还有一百二十里）就暂停了，正在那里杀猪宰羊，准备举行盛大的宴会，可能是要庆祝他的升职吧！

朱守殷放心了：等王彦章一行人在滑州喝足了，吃饱了，耽搁两天再到德胜，那皇上亲率的大军应该也到德胜了。咱们还有什么好担心的？戒备嘛，是需要的，不过要分清轻重缓急，现在认真做好迎驾工作更重要！

与此同时，在滑州，盛大的宴会正进行到高潮。王彦章当着众人，口出狂言："李亚子嘛，不过就是一个喜欢斗鸡遛狗的无知小儿！有什么了不起的？"也许是酒劲儿上来的缘故，下面好多人带着酒气附和。喝着喝着，王彦章好像突感不适，吩咐众人："弟兄们吃好、喝好，今天不喝躺下的不许离开！我去方便一下就回来。"

于是，众人继续喝，没太注意王彦章这一去，许久没回来。莫非这王大将军的酒量不行？

实际上，王彦章早在宴会开始前，已经秘密做了几件事。

他派人先期赶到杨村大营，命杨村的梁军准备一批战船，配备好水兵、铁匠，以及破坏铁链的皮鼓、石炭等物，潜伏待命。然后准备数千名精骑，清一色轻装快马，在滑州城外隐蔽等待。

王彦章一离开宴会现场，便潜至城外，与城外的精骑会合，然后沿着黄河南岸向东疾驰。太阳落山了，又下起了雨，丝毫没有减慢王彦章行军的速度，当天半夜，他们就赶到了杨村大营。王彦章顾不上擦一把脸上的雨水，立即命令：战船、军马一起出动，奇袭九里外的唐军要塞德胜南城！

大家是否能想起朱温用过相似的招数大败秦宗权？王彦章套用其计，算不算是对故主的致敬呢？

顺流而下的梁军战船，率先来到了连接德胜南北两城的浮桥。船上的铁匠使出看家本事，熔断了桥体上粗大的铁链，水兵接着抢斧猛砍，浮桥顿时断开，被水流冲走。而此时，王彦章刻意给朱守殷制造的虚假情报，使唐军疏于戒备，再加上夜色、雨声的掩护，驻守德胜南北两城的唐军还没有发现梁军，他们已经被切断联系了。

紧接着，王彦章带来的骑兵与杨村大营的步兵一起赶到，开始猛攻德胜南城。身在北城的朱守殷听到南城的喊杀声，这才发现中计，急忙调兵增援南城。军队一出动，又发现浮桥已断，过不去，只好临时找小船，载军队渡河。但临时找来的小船，又怎是严阵以待的梁军战船的对手？结果只是白白损失兵力，无法将一兵一卒送到南城。

天未放明，德胜南城，这把数年来一直正对后梁帝国胸口的尖刀，已被梁军折断，守城的数千唐军被歼。王彦章创造了自去年袭占卫州后梁军最大一次胜利。而且，这次胜利的含金量，比段凝袭击卫州要大得多。此时，距离朱友贞召见王彦章，问他几时可传出捷报的日子，不多不少，正好过去三天。

在王彦章接手梁军前线总司令之前，唐军已经沿黄河南岸建起了多座军事要塞。除了最重要的德胜南城外，还有潘张、麻家口、景店和杨刘。王彦章乘胜进军，竟势如破竹，又接连攻克潘张、麻家口、景店，还留在唐军手中的南岸要塞，只剩下了杨刘。梁军的军威士气为之一振，一时间重新恢复了与李存勖抗衡的信心。

这一份份捷报自然送到了汴梁，不过即使在后梁帝国的中枢，也不是所有人都为梁军难得的胜利感到高兴。不久前，梁军前线的副帅段凝，悄悄给朱友贞的心腹赵岩、张汉杰、朱珪等人送来一封密信，告诉他们说：王彦章在军中十分嚣张，公然说什么："等我这次出征得胜，凯旋还朝，就要杀尽朝中奸臣，以谢国人！"

以那个该死的王彦章以往的表现来看，他不但有可能口出这样的狂言，也有可能在条件满足时，将狂言付诸实施！而且，赵岩、张汉杰等人太有自知之明了，他们都不用去找王彦章核实，就十分肯定地断定了王彦章口中的奸臣，会是哪几个人。于是，赵、张等人聚在一起密商对策，相互警告说："我们宁可死在沙陀人的刀下，也不能落到王彦章的手里！"

那怎么避免落到王彦章的手中呢？几位有自知之明的奸臣商量了一下，开头觉得也不那么可怕，李存勖是好对付的吗？只要王彦章打不了胜仗，什么"杀奸臣"之类的狂言都免谈。

没想到的是，这可恨的王彦章一出手竟然连战连胜，不好！咱们哥几个要再不采取点儿强有力的措施，大祸就要临头了！赵岩、张汉杰等人决定用尽一切办法，绝不能让王彦章有凯旋的机会！至于他们的做法会不会伤害到国家，两害相权只能取其轻，他们暂时也顾不得了！

于是，赵岩等人采取了两方面的措施，来阻止王彦章成功。

其一，是密令与他们关系亲密的副招讨使段凝，注意监视王彦章的一言一行，不要放过最微小的过错，统统报上来，为我们给他罗织罪名提供材料。更重要的是，今后作战，凡王彦章指挥往东，你就吩咐往西，王彦章说要攻南，你就提倡打北。总之一句话，你要极力阻挠破坏王彦章的指挥，让他打不了胜仗！段将军，别担心，不用怕王铁枪，因为我们是你的坚强后盾！

其二，是做好大老板朱友贞的工作。赵岩等人密切配合，上下其手，修改战报。想尽办法，将每一次胜利都说成是段凝的功劳，而每一次失利都是王彦章的错误。

哈哈，相信用不了多久，王彦章别说凯旋，至少也得革职查办，不论罪下狱就算他的造化了！明目张胆敢跟咱们哥儿几个斗，他也太看得起自己了！

赵岩等人的工作是卓有成效的。不久，大梁皇帝为庆祝德胜之捷而下的褒奖令发到军营，各将领一同跪听圣旨，他们惊愕地发现：排在奖励名单第一位的，是段凝！更让人惊愕的是，直到整个名单念完，里面也没有出现王彦章的名字！这还有天理吗？

实际上，在汴梁朝中并非没有与王彦章站在同一阵线的人。后梁文臣的两大元老，敬翔和李振都多次向朱友贞上疏，请求撤换掉段凝，不要让他在前线干扰主帅，导致事权不一。但现在已经不是朱温老前辈当政的时代，敬翔、李振在朝中的分量已非比当年。只是出于礼貌，朱友贞答道："段凝又没有过错，怎么能随便替换呢？"

李振急道："要等到他有过错，那国家大势就无法挽回了！"朱友贞都不屑于回答，马上就将这俩老头儿的胡说八道否定了。

于是，我们可以在接下来的史书记载中发现：王彦章的指挥才华，在经过奇袭德胜的惊鸿一瞥后，马上归于平庸，只剩下了虽然英勇，但也只是呆板的猛攻猛打。这究竟是王彦章的将才就只限于此？还是因为其中包含了太多今天已无法细察的内部掣肘？所有注满了艰辛与无奈的细节，我们今天，全都无从得知……

却说李存勖得知德胜南城已失守，气得大骂朱守殷："这个蠢奴才！误了我的大事！"不过，同他汴梁的对手类似，李存勖也并不是一个完全赏罚严明的领导，只要对于自己喜欢的人，李存勖的态度，那叫"打是亲，骂是爱"，骂过之后就什么事都没有了，朱守殷仍旧是他的宠臣。稍后，因为朱守殷这次失败，差点被变成"烈士"的李嗣源请求：应该严明军纪，以败军之罪处决朱守殷！李存勖干脆就当作没听见，不了了之。

当然，光靠骂奴才是解决不了问题的，李存勖迅速采取了紧急应对措施。

首先，李存勖命宦官焦彦宾急奔杨刘，通知守将李周：王彦章马上要攻过来了，你要不惜一切代价守住杨刘，援兵已经在路上！

然后，李存勖急令朱守殷放弃德胜北城，把城中的房舍拆除，改建成木筏，满载着原德胜守军顺流东下，驰援杨刘。而城中原有的粮食、辎重等其他物资，则发动民夫，抢运至澶州。由于事出仓促，组织混乱，这次抢运行动成为中国物流史上的耻辱，真正运到澶州的物资，只有原先的一半！另外的一半，大概被处于饥饿状态的民夫哄抢隐匿了吧？

南岸的王彦章发现唐军的动向，也命令军队拆毁德胜南城的房舍，同样做成木筏，顺流东下，杀向杨刘！

于是，后梁、后唐的两支大军，就像两条巨龙，同时挤进了黄河，展开了一场激烈无比的"赛龙舟"！

在河道宽阔的地段，唐军的船筏靠着北岸，梁军的船筏靠着南岸，双方虽怒目相视，也只是比拼速度；但一遇到河道弯曲处，双方的船筏就难免相撞于中流，于是，双方的流箭飞石，如倾盆大雨般向着对方的头上招呼！更近处，两军短兵相接，在摇摆不平的平台上做殊死搏斗！不断有船只沉没，不断有士卒落水，一眨眼便被黄河的滚滚浊流吞噬，葬身鱼腹！

这样短促但激烈的恶斗，一天甚至多达上百次！据《通鉴》称，两军这么一路相伴着杀到杨刘时，已经"殆亡士卒之半"！

因为缺少主语，史书这句话说得有点不太清楚。这伤亡过半，是指王彦章的梁军，还是指朱守殷的唐军，抑或是指双方？现在一些文章为表现战斗的惨烈，喜欢选第三项。不过从稍后发生的事来看，这种说法可能有误。

理由之一，闰五月二十六日，王彦章、段凝便集中了据说人数多达十万的庞大军团，开始猛攻杨刘。后梁帝国的造血能力再强，应该也没这么夸张，十几天内又变出几万大军并迅速投入战场吧？理应同时到达的朱守殷部唐军，却完全没有出现在随后爆发的杨刘争夺战的任何一条记载中。

理由之二，攻城同时，梁军连锁九艘大战船，完全阻断了黄河，使唐军援兵无法进入杨刘。由此可见，经历黄河河面上的一路苦战后，梁军至少暂时掌握了制河权，是河道争夺战的赢家。

其实，在《旧五代史·王彦章传》中，梁军方面只提到"比及杨刘，凡百余战"，没提损失。《旧五代史·庄宗纪》里，唐军方面才说："比及杨刘，殆亡其半。"最大的可能就是，损失过半只是唐军朱守殷部，他又输了。可以说，到目前为止，王彦章屡战屡胜，他的每一步都取得了成功，但紧接着，他就要碰上一块硬骨头了。

杨刘守将李周，邢州内丘县人，相传为中唐名将义阳郡王李抱真之后，不过，可能其家道早已败落，也可能其家家谱是伪造的，他可考的祖上三代都是平头百姓。李周天生是个混江湖的高手，十六岁就当上了内丘捕贼将，附近黑道、白道的朋友都要让他三分，在唐末兵匪遍地的乱世中，活得如鱼得水。

曾有个叫卢岳的太原文人，不知道遇上什么变故，随身带着不少财物滞留内丘，想回太原，又听说太行山上处处有土匪，一般人不结成大队根本过不去。卢岳没有办法，只能与妻子一起在小旅馆中相对流泪。李周听说此事，很侠义地主动护送卢岳夫妇回家，沿途的山贼、土匪听说是李周当保镖，无人敢打劫。到达太原，感激不尽的卢岳对李周说："看你的面相，一定有出将入相的一天。咱们太原的李晋王将来必有天下，你如果来投奔，必能取此生富贵。"于是不久，李周主动辞职，离开老家，投奔晋将李存信，投身军旅，积累军功，渐升至匡霸都指挥使。

在李存勖提拔的新一辈将领中，李周远比朱守殷会打仗，他到哪儿都能与士卒同甘共苦，颇得军心，作战顽强，以擅长防守著称。而李存勖派去通知、协助李周的宦官焦彦宾，同样是个"少聪敏，多智略"的人物。因此，尽管唐军已连失四座要塞，但李存勖对仅存的杨刘仍非常有信心，对左右说："有李周在那里，我有什么好担心的？"

李周自己可不如李存勖那么淡定，梁军抵达当天，他便派人向李存勖紧急求救，请求大军至少以日行百里的急行军速度驰援杨刘。但李存勖不为所动，他大概认为杨刘一定守得住，不想匆匆赶去，与士气正旺的梁军争锋。与其打没有把握的仗，不如保持军队的体力，待王彦章攻坚城不下，再而衰，三而竭的时候，自己再以生力军投入战场，可一举破之！

于是，李存勖故意一天只行军六十里，兴致上来时还要暂停打猎。

就在李存勖弯弓射野味之时，数量庞大的后梁大军已将杨刘团团包围。王彦章的计划是在尽可能短的时间内拿下杨刘，彻底清除唐军设在黄河南岸的全部据点，如果成功，就切断了郓州的李嗣源部与后唐本土的有效联系，将其变成一只瓮中之鳖。然后再出动大军，四面合围，全歼孤立无援的李嗣源，那样后梁就可以重新夺回对后唐的战略主动权，重获优势！

现在，这一战略成功与否的关键，就看杨刘之战的结果了。为此，王彦章决计不惜代价，利用本方的人数优势，驱动士兵，以血肉之躯，从三面（杨刘城濒临黄河的北面除外）同时发起前赴后继、不分昼夜的持续猛攻！

李周和焦彦宾日夜守在城头，用尽浑身解数，指挥守军拼死抵抗！有好几次，梁军几乎就要突破城防了，但都在千钧一发之际被唐军挡了回去。流箭、飞石继续在城上、城下往来穿梭，不断带走一个个年轻鲜活的生命。活着的人无暇为他们流一滴眼泪，就得在不见天日的恶战中继续苦斗，参战的人好像只剩两个终点：要么胜利，要么死亡！

不眠不休地苦战了好几个昼夜，感官已经麻木迟钝的李周，觉得自己可能再也见不到第二天太阳的时候，后梁大军终因伤亡惨重且精疲力竭而停止了进攻。在第一时间拿下杨刘已经不可能了，王彦章只好退而求其次，让大军扎营休整，同时发动民夫，修建连营，将杨刘围死。

六月二日，李存勖统率的后唐大军来到杨刘正对的黄河北岸，后唐皇帝发现自己对战况的预测对了一半：李周确实顶住了王彦章的猛攻，杨刘城头飘扬的仍是唐军旗帜。不对的一半是：梁军已封死了杨刘北面的黄河河道，并用长壕、连营将杨刘的陆路通道截断，后唐大军无法渡河与梁军决战，也无法将援兵送进杨刘城。

李存勖做了数次渡河尝试，可都被王彦章的战船挡了回去。小队人乘夜偷渡虽然可行，但那解决不了大问题。李存勖很着急，他虽然来了，杨刘城的危局并没有解除！而杨刘如果失守，郓州的李嗣源怎么办？实际上，他已经有好些天没有收到郓州守军的任何消息了。

李存勖招来足智多谋的枢密使郭崇韬，问他对目前的战局有没有什么好的建议。

郭崇韬心里已经有了应对的方案，他先分析了战局："王彦章虽然还没有攻下杨刘，但实际上已经控制了杨刘渡口，他认为只要坐守现有的营垒，便可不战而取东平（郓州的古称）。我军如果按照他的套路走，只要突不过黄河，则东平的失守，将仅仅是时间问题！"

然后，郭崇韬提出对策："但黄河这么长，有条件作为渡口的地方还很多，何必只盯着一个杨刘？我建议，在博州东面黄河东岸（古黄河在这一段是由南向北流）选择一个合适地段，再筑一城，控制新渡口，重新打通与东平的联系，同时也能迫使梁军分散兵力，便于解救杨刘。"

然后，郭崇韬补充说："这个计划要成功，关键在于保密。如果王彦章知道消息，带兵杀过来，我方无暇筑城，将极为被动。所以希望陛下招募敢死之士，每天渡河向梁军挑战，吸引他们的注意力，只要拴住王彦章十天，城肯定可以筑起来！"

就在李存勖、郭崇韬讨论计划细节时，他们收到了一个意外的好消息：已经失联多日的李嗣源派了一个人，千辛万苦穿越梁军的重重封锁，来到大营。

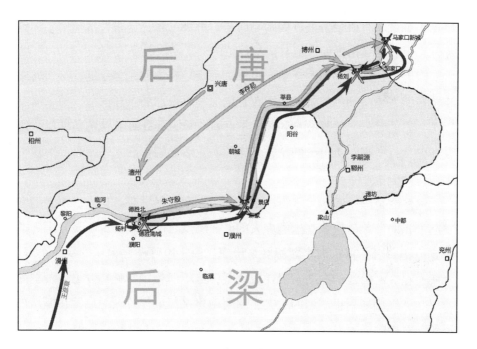

▲ 923年，王彦章反攻

铁枪坠落

原来，就在王彦章大军猛攻杨刘之际，风向看起来好像对梁军稍稍有利的时候，梁军中有一位高级军官秘密向李嗣源请求投降。这个准备倒戈的军官名叫康延孝，他先前的经历类似杨师厚，先在晋军中任职，后来犯事，畏罪南逃投奔后梁。康延孝是个很有将才的人，但因为后梁皇帝已经不是能识才用才的朱温，而是对何谓人才没有准确概念的朱四公子，所以康延孝也就没有机会去追逐杨师厚前辈的足迹。此时，康延孝在梁军中虽然升到了右先锋指挥使，但直接指挥他的，正是段凝。

因为身处近距离，康延孝亲眼看见了段凝是如何克扣军饷，又如何用克扣军饷去贿赂朝中权贵，从而在官场上春风得意的。在大敌当前，需要团结一心的时候，段凝故意和主帅王彦章作对，处处释放他的负能量，这仗还怎么打得赢？更可气的是，这样的人竟然是朝中红人，是自己的顶头上司！

愤慨之余，康延孝发现自己上错船了，后梁迟早必亡！自己不想陪它一起喂鱼的话，就应该在这艘庞大的破船沉没之前离开它！于是，康延孝决定反正归唐，秘密向李嗣源联络协商。由于康延孝是梁军的高级军官，对梁军在黄河沿线的布防情况比较清楚，他不但英雄所见略同地为唐军提出了与郭崇韬计划很相似的方案，并明确建议，最佳筑城地点就在博州东面黄河对岸的马家口。

康延孝提供的建议和情报都十分宝贵，但必须有人将它送给李存勖，才能真正发挥价值。这不是一次简单的送信任务，梁军对沿途的封锁和盘查十分严格，稍有不慎，不但送信人有去无回，还有可能让康延孝这个卧底提前暴露！

李嗣源询问手下：谁能当此任？他在担任相州刺史时提拔的一名亲校范延光自告奋勇，挺身而出。然后，范延光带着蜡丸书信，乔装改扮，昼伏夜行，混过一道道封锁，成功来到李存勖大营。

看过蜡丸书信，又听过范延光的详细报告，李存勖大喜，那就没有什么好犹豫的了，立即执行郭崇韬和康延孝的方案。郭崇韬带一万名精兵，以范延光为向导，深夜出发，直奔博州，再渡过黄河，抵达马家口，然后没有丝毫停顿，马上开始抢筑城寨的工程。

包括枢密使郭崇韬在内，所有人都要轮班苦干，昼夜不停，工作条件异常辛苦。据说郭崇韬自己在岸边的芦苇地里摆了一张折叠椅（胡床），太累时上去稍躺一会儿，然后接着干。有一次，郭崇韬躺下快要睡着时，突然觉得大腿上凉飕飕的，还会动，还好左右手疾眼快，从他的裤子里抓出一条蛇来！这才避免了一起伤及枢密使的严重工伤事故。

郭崇韬在马家口大干苦干的同时，李存勖不顾梁军在河面上暂时占有的优势，不断出兵挑战，与梁军日夜交锋于黄河上，不考虑胜负，将王彦章的精力和注意力都吸引到杨刘北岸就是成功！

王彦章开始几天上当了，将唐军的攻势一次次打退，但他很快察觉唐军的战术有诈，派人四出侦察，终于弄明白李存勖究竟在干什么，急忙抽出几万人马，由自己和将军杜晏球带队，杀奔马家口新城！这时，距离郭崇韬在马家口筑城，仅仅过去六天。

由于争取到的工期过于短暂，马家口新城仅仅是个半成品，不但城墙低矮，夯筑得不够结实，也没有建城楼、城垛。郭崇韬毫无畏惧，与全体士卒同甘共苦，奋力死守这座简陋的小城。同时，让有过穿越火线经验的范延光潜出城，向李存勖火速求援。

不过，古人有云"福无双至"，好运气不会老罩着范延光，他偷游过黄河时，被梁军巡逻小船发现，被捞了起来。梁军用各种刑具拷打了范延光，又拿刀架在他的脖子上，要他交代马家口唐军的情况和他的任务。范延光咬紧牙关，忍住巨大的肉体痛苦，宁可被打死也不松口。最后，梁军的审讯人员拿这条奄奄一息的硬汉（至少在此时，范延光的确是一条硬汉子，只可惜来日方长……）没办法，只好将他关入大牢了事。

王彦章开始猛攻马家口新城，郭崇韬在城内死顶，两军激战良久，人多势众的梁军渐渐占据上风，半成品的小城眼看就要陷落！就在此时，黄河对岸和河道上突然出现了唐军的大批人马与船只，是援军到了！

不知道这是因为李存勖发现了王彦章的行动，还是当时派去求援的人并不止范延光一个。总之，大唐皇帝李存勖已亲率大军，来到马家口渡口。看见河对面的皇家旗帜，马家口的守军士气大振，欢声雷动！而攻城的梁军，则神情沮丧，面露惧色。

　　这里的情况与不久前的杨刘不一样。在杨刘面对李存勖时，梁军早修好了坚固的环形营垒，进可攻退可守，士卒也已稍得休整。而在马家口，梁军没有任何阵地可以依托，而且李存勖大军到达的时候，正是他们苦战良久，十分疲惫之时！

　　王彦章知道，要在此时此地与李存勖决战，那梁军多半是凶多吉少，他只得下令停止进攻，军队退守马家口之南的邹家口。李存勖率大军渡过黄河，与郭崇韬会师，直逼邹家口。王彦章被迫再放弃邹家口，退回杨刘城外的梁军营地。后唐本土与郓州李嗣源部的联系重新被打通，王彦章计划达到的作战目标已经失败。

　　七月十二日，一条祸不单行的战报，从后方传到梁军杨刘大营：又有一支数量不明的唐军在上游成功渡河，并且在德胜南城之南的清丘驿击败了梁军一支侦察小队。消息传来，梁军众将都很惊慌。副帅段凝乘机当着众将的面，抨击王彦章：指挥无能，不该深入敌境！现在好了，前后都是敌人，把我们大家都带进坑里来了！

　　士气，本来是一种可鼓不可泄的东西，但梁军有段副帅现身说法地渲染夸大，他们不久前靠奇袭德胜等胜利积攒起来的士气全部清零了，重新恢复了对唐军、对李存勖的恐惧，战斗力也自然随之弱化。现在不用说扩大胜利了，王彦章就想保住此前那一点儿战果也渐成奢望。

　　七月十七日，李存勖以李绍荣（元行钦）为先锋，沿黄河南岸西上，发起杨刘解围战。交战一天后，梁军抵挡不住李存勖的进攻，王彦章被迫解除对杨刘的包围，向东撤退。

　　杨刘城在解围前已经断粮，城中军民已经有三天分配不到任何食物，但终究挺过来了。李存勖来到杨刘，激动地对守将李周说："如果不是你坚守得力，我的大事几乎要败！"

现在大事要败的变成了梁军，唐军全面反攻，乘胜收复了此前丢失的全部南岸要塞。梁军狼狈撤退，王彦章虽然不甘心，一面撤退，一面再对德胜南城等要塞发起多次反击，但大势已去，梁军只是白白付出了一万余人的伤亡和大量军需物资的损失，所有反击全部失败。梁军最终退回杨村，退回四个月前的出发阵地。与四个月前不同的地方，在于他们的信心消失了，人员减少了，物资也不足了。

这是朱家与李家四十年漫长争霸中的最后一场恶战，双方均付出了惨重的损失，在战场态势上，和战役前相比，几乎没有什么改变，但在心理影响上，无疑是梁军的又一次失败，因为笑到最后的是李存勖。现在，连代表此时梁军最强将领的王彦章也输了（尽管打败他的不仅仅是李存勖），后梁再也拿不出一张可以与唐军对抗的王牌了！后梁帝国向着已经不算遥远的灭亡终点，又跨出了一大步！

李存勖在汴梁的另类"战友"赵岩、张汉杰等人，早就等待着这一天了。从很大程度上说，这一结果，也与他们的精心布局和辛勤努力密不可分。于是，与李存勖一样获得"胜利"的赵岩、张汉杰等人赶紧趁热打铁，向皇帝朱友贞弹劾王彦章在军营中整天喝得烂醉如泥，又轻敌滥战，所以丧师辱国，建议将其革职，改由忠勇勤勉的副帅段凝接替。

说到这里，请设身处地站在朱友贞的角度想想他眼中的王彦章会是个什么样的人。这个人，才刚刚从你手中拿到兵权，就威胁要杀掉你最信任的几个铁哥们儿，你会觉得他"忠勇可嘉"，你"朕心甚慰"吗？不大可能吧！他今天要杀你的心腹，明天翅膀再硬些，难道不会杀你？

因此，在大梁，要论不希望王彦章成就大功的第一号大人物，其实轮不到赵岩、张汉杰，现在这个结果虽然不算很理想，但也不是不能接受的。于是，朱友贞顺理成章地下旨：调王彦章回汴梁，接受质询。

王彦章带着一腔悲愤离开前线，回到京城，入宫朝见朱友贞。见到皇帝时，王彦章打算详细述说整个会战经过，分析胜败的原因。有些地方光用嘴说不清楚，王彦章就用上朝的象牙笏板在地上画图说明。但他给朱友贞上的这堂军事知识课还没讲完，已遭到赵岩指使的礼仪官员弹劾：王彦章竟然用朝廷赐予的笏板在地上乱写乱画，可见他是如何蔑视朝廷名器，简直把浩荡皇恩当成驴肝肺了！咱们堂堂华夏，可是礼仪之邦，对于这种无礼之徒，安可让其污秽朝堂？应该立即革职，回家待罪，等候处罚！

但大梁天子毕竟是仁慈的，朱友贞只是免去了王彦章北面招讨使的职务，另有任用。这不，董璋进攻泽州已经好几个月了，一直拿不下来，王老将军就去帮他一把吧！

正好，在东部战线取得了优势的李存勖，也正打算派一支偏师去援救泽州的裴约。后唐的皇帝对左右感叹说："我有什么地方亏待过继韬？又有什么地方厚待过裴约？裴约都知道什么是顺，什么是逆，绝不去依附贼党。我大哥真是不幸，竟生了这么个畜生！"

言罢，李存勖对身旁的内牙马步军都指挥使李绍斌（原卢龙降将赵行实，在《新五代史》中是李存审，估计有误）下命令说："泽州是个小地方，实在保不住也不要紧，只要你帮我把裴约救出来。"

其实李存勖这么说，倒不是泽州这个地方真的无关紧要，可有可无，而是它已经孤悬于后梁境内，在这个局部，梁军已有明显优势。除非李存勖愿意放弃东部战线已取得的优势，把主力转移到并不能直接威胁汴梁的西部战线上，否则很难改变泽州战场的强弱态势。这就像一位有大局观念的围棋棋手，一般不会在对方已占有厚势的局部挑起战斗，而更愿意脱先他投，在新的地域创造自己的优势。只要唐军在东线的收益大于西线的损失，那西线的损失就是可以接受的。

因此，李存勖只给了李绍斌（赵行实）五千名精兵，去完成解救裴约的艰巨任务。更糟糕的是，由于此时卫州、潞州都在后梁手中，河北唐军前往泽州的白陉、太行陉、滏口陉三条捷径全在梁军的控制下，李绍斌只好从杨刘出发，向北绕了一个大弯，走青山口，过太行山，再拐向南，取道辽州（今山西左权）奔往泽州。这路程起码是王彦章去泽州路程的四五倍。

结果，李绍斌的骑兵还没看见泽州城的影子，泽州已被梁军攻击陷落，裴约被杀。对此，李存勖感到十分惋惜，但又无可奈何。不管怎么说，东线更靠近汴梁，更能置后梁于死地，保住东线的优势，自己仍然占上风。

在汴梁，朱友贞正与心腹紧张谋划如何应对目前的局势。很显然，泽州的小胜无助于解救东线的危局，东线才是致命伤。而梁军要在东线打败李存勖的主力，看来已是一件不大可能完成的任务。该怎么办？

不知谁先想出了一条狠招：既然在东线怎么也打不过唐军，那干脆把东线变成死亡线，让谁也不能使用东线的道路！至于具体做法，就是使用那个年代最具威力的天然大规模杀伤性武器——黄河。

于是，八月初，由朱友贞下令，段凝负责执行，梁军在滑州城西黄河南岸的酸枣县挖开了黄河大堤。一场人为的巨大灾难，迅速降临到下游无数无辜百姓的头上。

被大堤蓄满能量的黄河水冲出了河道，汹涌而下，当时人称为"护驾水"。"护驾水"是绝对不护百姓的，它们咆哮着冲过原野，淹没了黄河、五丈河、济水之间的广阔平原。因为没有统计资料，我们不知道在保护皇帝的洪水的肆虐下，有多少生灵变成了鱼食，有多少良田化为了沙丘，有多少房舍被淹没无存。

原先两军殊死搏杀了十年的那些战场、要塞，如德胜南城、杨村、杨刘、胡柳陂，都化为了泽国或被泥沼包围。更多的"护驾水"继续奔向东南，注入古老的大野泽，使得大野泽的水位升高，水面迅速扩大。原先在大野泽北面，有一座叫梁山的小山，大野泽扩大后，将它包了起来，它变成了湖中的小岛，从那以后，大野泽渐渐就有了一个新的名字——梁山泊。

这已经是朱梁集团第三次干这样丧尽天良的坏事了。第一次发生在朱温时代，目的是解救被洪水威胁的滑州城；第二次是谢彦章为阻止李存勖渡河，决开了黄河北岸。但与朱友贞的这次决口相比，前两个都显得规模太小，害人太少了。

办完了这件事，朱友贞和他的心腹长舒了一口气：李存勖应该过不来了，东线至少暂时安全了。他们决定乘这次机会，也来一次脱先他投，从卫州和泽潞两处北上反攻，把战争引到自己占优势的地方去。

反攻的主帅，将由赵岩、张汉杰等人极力推荐的段凝来担任。不过，这道命令刚刚发布，就激起了不小的反对声浪。

身在洛阳的帝国元老，天下兵马副元帅张全义（张宗奭）上疏朱友贞说："老臣身为国家的副元帅，虽然年纪大了，但也还能为陛下捍卫北疆。段凝这个人太年轻，不论功绩、声望，都不能服众，大家都在议论纷纷，觉得用他可能会给国家带来忧患。"

老臣敬翔更是不留一点儿面子地劝阻说："将帅的任用，关系到国家的存亡！而今，国势都已经危急到如此地步，陛下您怎么还不特别留意呢！"

但不论老家伙们的言论多么激烈，都没法让朱友贞感同身受。这位从未去过第一线实际调查的大梁皇帝，在他能看到的经过人为过滤加工的战报中，段国舅可是一位屡战屡胜的军事天才啊！前方纵有败绩，也是那些老家伙推荐的人无能误事，不是段凝的责任，这些老家伙非要颠倒黑白，无非就是看不得新人上位，心理不平衡罢了！

于是，朱友贞理所当然地将张全义、敬翔两个老家伙的话当成了耳旁风。段凝正式接替王彦章，成为梁军最后一任前敌主帅。同时，配合着挖河与换人，后梁还出台了一个规模宏大、雄心勃勃的大反攻计划。看得出，朱友贞和心腹对当时的局势并不悲观，完全没想到他们的好日子马上要到头了。

不过，后梁反攻计划的详细内容，很快就让李存勖知道了。原来，就在八月中下旬，段凝率领梁军主力约六万人，渡河攻入澶州（今河南内黄东南）境内，大抢特抢，破坏后唐的物资储备。李存勖则率军进驻朝城（今山东莘县西南）与之遥相对峙。这时，段凝的部将，早就和李存勖暗通款曲的康延孝，找了一个机会，带着一百多名亲兵脱离梁营，投奔朝城唐营。

李存勖见到康延孝大喜，当即解下自己穿戴的锦袍、玉带，赐给这位未至麾下，已献计马家口的功臣。除了精神奖励，康延孝得到的实惠也不小，他当即被任命为南面招讨都指挥使，兼博州刺史，算是得偿所愿，出人头地了。

李存勖的奖励不是白给的，他屏退了左右，请康延孝将其所知的后梁内情都详细说明，并评估一下局势。康延孝略一沉吟，为表面看起来硬件指标仍然可观的后梁帝国，留下了一份内伤深重的，一个典型垂死王朝的诊断报告书："梁朝的地盘不算小，兵力也不算少，但我观察它的朝政状况和内外措施，就知道它必将灭亡！为什么这么说呢？首先，梁主朱友贞是个智力平庸之人，性格又昏暗懦弱，易受近臣的左右。而朱友贞身边，能够影响他的人，恰恰是以赵岩、张汉杰为首的一班佞臣，这里边就没一个好东西！他们对内勾结宫中近侍，联手欺骗皇帝，对外则贪赃枉法，以给自己敛财为第一要务。这帮人在任命官员时，官位的高下，全看你给他们行贿的多少，既不考虑才干品行，也不考察功劳政绩。比如我的前上司段凝这个人，既无智，又无勇，却一下子位居王彦章、霍彦威等功勋卓著的上将之上，能让谁服气？自他上任以来，唯一拿手的事，就是克扣士兵的粮饷，再拿这些从士兵身上刮来的不义之财，去贿赂朝中权贵，用以巩固自身权位。更糟糕的是，梁军每次出师，朱友贞不肯让前方主帅掌握军事全权，常常派心腹近臣来充当监军，军队的进退行止，经常被这些外行的监军干涉阻挠，军队如何还打得了胜仗？"

然后，康延孝说到了后梁即将展开的反攻计划，以及它的致命弱点："我来之前听说，梁军正打算发起四路大反攻，由西向东，分别是：一、由董璋率镇国军，会合李继韬的安义军，北上进攻太原；二、由霍彦威率汝、洛之兵出相、卫，北上邢、洺，最终目标指向真定（镇州）；三、主帅段凝、副帅杜晏球则率梁军主力逼向兴唐，牵制陛下的行动；四、王彦章、张汉杰率汴梁禁军反攻郓州。四路军队预计十月可全部准备完毕，同时出动。又在滑州决开黄河河堤，让河水淹没曹、濮到郓州间的大片土地，以为这样就可以让北军寸步难行，无法从已经攻占的黄河各渡口南下。我在梁军那里参加军议，了解了整个计划。依我私下评估，梁军如果聚在一起，那兵力着实不少，这样一分为四，那么在每个分战场的兵力就都十分有限了。所以，这个计划表面气势汹汹，其实犯了兵家大忌，是梁人送给我们的机会。陛下不妨养精蓄锐，等到他们分兵四出，顾头顾不了尾的时候，只要发五千名精骑，从郓州昼夜疾行直抵汴梁，生擒伪主朱友贞，那短则十天，多则一月，天下可定！"

这一席话，听得李存勖热血沸腾，不禁拍案叫好。

不过，细细分析康延孝这一段话，好像里面也有问题：按梁军的四路反攻计划，其中王彦章那一路的目标就是郓州，这不是正好挡住康延孝方案中唐军奔袭汴梁的大道吗？

说到这儿，就要看一下梁军四路反攻中具体的兵力分配问题。四路中，指向太原的董璋部，指向真定的霍彦威部，没有留下明确的兵力数量记载。段凝身为主帅，所部应为梁军主力，关于他的兵力数字，史书留下了三种不同的记录。分别是五万人（最普遍的记载）、六万人（《通鉴》中王彦章的口述）、十万人（《旧五代史》中李嗣源的口述）。其中，王彦章可能是有意夸大梁军兵力来吓阻李存勖的军事行动，当不得真；而李嗣源的说法，看其表述，有可能是指黄河以北三路梁军的总数，如果这个推测合理，那么董璋、霍彦威两部，大概各有兵力二万五千人。

而有可能直接阻碍康延孝计划的王彦章部，也有从五百人到两万人等不同记载，最普遍也最可信的说法，是由京城的保銮骑兵数千人，加上一些临时抽来的杂牌部队，共计约一万人。在四路梁军中，这一路显然兵力最弱。为什么只派这么一点儿军队攻郓州呢？这大概是因为：一来，王彦章这个人叫皇帝不放心，不能再给他大兵；二来嘛，估计按朱友贞及其心腹的判断，一万人用于攻郓州，已经足够了。此时，唐军在郓州的兵力，只有李嗣源部五千名精兵，王彦章的兵力，已经是他的两倍。

按这样的兵力对比，如果李嗣源得不到李存勖大军的增援，能守住郓州就不错了，他要打垮兵力两倍于自己的王彦章，再奔袭夺取汴梁，似乎是一个不可能完成的任务吧？当然，如果李存勖大军出现在这个方向，王彦章一万人的杂牌部队是肯定挡不住的。

但是，李存勖的大军与郓州李嗣源部之间，隔着黄河几十里由"护驾水"形成的泥沼、济河，已经没路了，应该是无法相互支援的吧？所以，在朱友贞和他的智囊团闭门造车制订的这个反攻计划中，不是忽视了郓州方向可能潜伏的威胁，而是认为这种威胁压根就不存在。显然，这与康延孝的看法有着巨大反差，他们之间必然有一方的看法错了。

仔细分析这两种看法最根本的不同，就在于李存勖的大军究竟能不能通过黄河与济水之间的黄泛区。如果不能，后梁方面的计划就是有效的。反之，康延孝的计划将可能给后梁致命一击！

结合稍后发生的事可以判断，大军穿越"护驾水"是做得到的，但估计所有的辎重车辆不可能通过，士兵只能携带随身的干粮，可以打一场速决战，没有能力应付一场持久战。但康延孝认为这已经足够，你以为不能走的地方，实际上能走，你以为安全的地段，实际上最危险，这才是最要命的！为了出其不意，冒这点险是值得的。

不过，有康延孝这种胆量和眼光的人，从来都是少数，后唐的大部分官员更容易了解到的是本方的困难，因而普遍对前景并不乐观。

这时，后唐的粮荒问题更严重了，卫州、德胜的失守，损失军粮达数百万石，河北一带的库存，下降到了一个危险值。负责给大军征粮的租庸副使孔谦虽然精明强干，使出全身本事横征暴敛，奈何大量农夫因交不起皇粮而逃亡，收上来的赋税还是一天天减少。

与此同时，北方盛传：契丹军队即将发动一次新的大规模南侵，与后梁的北伐南北并举！如果这传言属实，届时唐军面临的困难，就不仅仅是缺粮了。

于是，等李存勖在朝城召开军事会议时，多数到会者都不愿冒险，而主张与后梁暂时讲和。宣徽使李绍宏说："郓州只是一座悬在敌人后方的孤城，城门之外就是后梁的领土。要守住它太难了，即使守得住也不划算，有这座城，还不如没有！不如这样，用它作为筹码，来交换被后梁占领的卫州和黎阳，两国正式谈判，以黄河为界，和平共处，让士兵和百姓得以休息，渡过今年的难关。等来年财政状况好转，再制订新的计划。"

李绍宏的说法得到了很多人的附和。

李存勖不悦，道："如果这样做，我真要死无葬身之地了！"会议最后不欢而散。

会后，李存勖单独召见了郭崇韬，想听听这个智囊的意见。

郭崇韬显然也是一个少数派，乘着没有外人，他首先驳斥李绍宏的论调，也算顺便在这个已和自己结仇的老领导头上踩一脚："陛下您过着这种头不梳洗、身不解甲的苦日子，有足足十五年了吧！图的什么？不就是为了消灭伪梁，为国家报仇雪耻！而今，陛下已登基称帝，黄河以北的军民，都在期盼您能平定天下，重现太平。如果刚刚得到郓州几寸土地，就没有能力守住，被迫放弃，谁还相信您是能一统中原的真命之主？我怕一旦与梁人讲和，放弃郓州，军心将动摇，士气将瓦解。将来一旦存粮耗尽，军队将不战自溃！那时即便和议成功，梁人同意划黄河为界，又靠谁来为陛下防守？"

然后，郭崇韬为李存勖详细分析：

"我这几天向康延孝详细询问河南的具体情势，比较了敌我双方的优劣短长，连续几个昼夜反复推演，最后认为，成败之机，就在今年！

"梁主把他的全部精兵都交给段凝，让他进犯我们的南境，而保护国都汴梁的任务，交给黄河水。他们以为决开河堤，我们就过不去了，所以东线没什么防备。他们虽然也派王彦章进攻郓州，但只要看看人员和军队的配置就知道，那是一支没有战斗力的军队（让陷害王彦章的张汉杰来给王彦章当监军，其一万人马也是赵、张等朱友贞心腹统领的亲卫骑兵，加上临时从各处拼凑来的杂牌，没有王彦章原先带的老兵），顶多指望郓州守军因得不到援助，会有人动摇当内奸罢了。

"段凝根本就不是个将才，没有临机决断的能力，这种人就算统率着大军，也不足为虑。现在投降过来的梁兵，都说汴梁几乎没什么军队，正是奇袭的良机。陛下可以分出少量军队防守兴唐（魏州），吸引段凝；一支偏师控制杨刘，确保南下的通道；陛下则亲率精锐南下，与郓州李嗣源部会合，然后长驱直入，扑向他们的都城汴梁。城中既然空虚，一见大军，必望风而降！只要取下伪主朱友贞的首级，梁朝其他将领也自会投降，天下可定！

"不这么做的话，今年秋粮歉收已成定局，库存粮很快就会吃完，崩溃的就是我们了。如果陛下不能排除非议，做出决断，大功怎么可能建成？俗话说'当道筑室，三年不成'，样样事都交给众人七嘴八舌地议论，那什么事都要被耽误。帝王应运而起，必有天命护佑，在此关键之时，只希望陛下千万不要迟疑。"

李存勖喜道："你说的正是我想的，大丈夫成则为王，败则为寇！是王是寇，我豁出去了！"

稍后，也不知道是不是反对远袭的大臣在私下串联的结果，后唐的司天监向李存勖奏报说："据天象看，今年的天道不利于唐，如出师深入敌境，必然无功！"李存勖用蔑视的态度对待司天监的"研究成果"：如果天象要和我作对，那就让天象滚一边去吧！

差不多就在此时，王彦章、张汉杰领着的那一万乌合之众渡过汶水，进逼郓州。李嗣源主动出城迎击，两军前锋战于郓州之南的递坊镇。李嗣源的义子李从珂一马当先，以寡破众，斩杀梁军二百余人，俘虏三百余人。王彦章初战失利，只得后撤，退守中都（今山东汶上）。

这次小小的会战，充分暴露了梁军王彦章、张汉杰部的虚弱本质，也间接证明了康延孝、郭崇韬计划的可行性。战报传到朝城，李存勖大喜，对郭崇韬说："郓州的捷报，足壮我军的士气！"

九月二十八日，李存勖正式决定执行康延孝和郭崇韬的计划，做一次以国运相搏的孤注一掷！临行前，李存勖下令将所有随军家属送回东京兴唐（魏州）安置，并留下宣徽使李绍宏、宰相豆卢革、租庸使张宪、兴唐尹王正言等共守兴唐。

在送别最心爱的女人刘玉娘和儿子李继岌时，李存勖对她说："大事是成是败，就在此一举！万一我军失败了，你们就把家人聚集到兴唐宫殿，举火自焚吧！"

送走了所有牵挂，十月一日，英勇无畏的李存勖，率领那支同样英勇无畏的军队轻装上阵，离开朝城，去接受命运的挑战！十月二日，大军经杨刘渡口进入几十里被泥沼覆盖的黄泛区。到十月三日入夜，满身是泥浆的李存勖大军只用了一天多，就走过黄泛区，抵达了郓州。朱友贞君臣大概没想到，被他们寄予厚望的祸害了无数百姓的"护驾水"，在军事上的作用竟是如此微不足道！

当然，正如前文所述，因为李存勖的军队只携带随身干粮，没有长时间持续作战的能力，为了保持这次奇袭的效果，也不能有丝毫拖延。所以李存勖接下来的军事行动只有一个中心思想，那就是：快！

到了郓州，虽然天已经黑了，但李存勖传令全军：不得入城休息，要继续前进！

十月四日凌晨，连夜行军的李存勖大军击败了一支毫无防备的梁军巡逻小队，随即乘胜包围了中都。

中都只是个小县城，小到连城墙都没有，本就没有防守的条件。城中的梁军士卒更没有与唐军主力相遇的心理准备，骤然间发现四周都有唐兵，士气一下就垮了。没有发生像样的交战，一万梁军已然崩溃，人人都企图乘着夜色逃命，不再是一支成建制的军队。

在这四散奔逃的人群中，也有他们倒霉的主将。王彦章带着几十名骑兵，从唐军还不严密的包围圈中，找到一处相对薄弱的地段，突围而出。但这并不算脱险了，因为发现有梁军突围的唐军，立即对这些漏网之鱼展开追击。

紧追在王彦章身后的，是曾在战场上一次战斗就手刃百余人，李存勖麾下数一数二的猛将夏鲁奇。夏鲁奇之所以紧追不舍，是因为他听见了前面那个人的声音，在很久以前，夏鲁奇也是梁军中一员勇将的时候，曾经和那个声音的主人很熟识。"没错，他就是王铁枪！"

夏鲁奇单枪匹马追了上去，这时天还没有亮，天地间一片灰暗，王彦章那小队骑兵忙于奔逃，谁都没有注意到他们中间已经混进了一个异己分子。夏鲁奇策马奔到王彦章背后，突然挥动长槊，一下刺了过去，王彦章当即被刺成重伤，摔于马下！跌倒在地的王彦章回过头，一柄带血的槊头已经架到了他的脖子上，王彦章这才认出来人，苦笑一声："原来是你呀，我的老朋友……"

以勇武驰名天下的王彦章就这样被生擒，同时在中都被抓住的，还有包括都监张汉杰在内的后梁文武官员二百余人。一万名梁军，被杀数千人，其余多半被俘，基本上全军覆没了！

后梁灭亡

对于王彦章这个对手，李存勖是比较欣赏的。听说王彦章被捉住，他亲自来看望。

见到因为伤重躺在床上的老将，李存勖笑问："你以前说我是只知道斗鸡遛狗的小儿，今天落到我手里，该服了吧？"

王彦章不答。李存勖又问："你也是一员名将，为什么不退守兖州呢？中都又没有城墙，你靠什么守？"王彦章叹了一口气，答非所问地回了一句："天命已去，还有什么好说的。"是因为有张监军在，王彦章做不了主，还是不守中都，就等于让开了从郓州到汴梁的大道？反正当事人不肯说，李存勖的这个问题就永远没有了可靠的答案。

李存勖不胜嘘唏，随后派御医给王彦章治疗，劝他投降。王彦章答道："我本是一介平民，受梁朝皇帝的大恩，位列上将。和你们血战长达十五年，如今兵败力穷，死，是分内之事。就算唐朝皇帝开恩不杀我，我又有何面目再去见天下人？难道早上还是梁朝的大将，晚上就成唐朝的臣子？这种没有骨气的事，我可做不出来！"

劝降失败，李存勖觉得，应该是人没选对。正好，身旁有李嗣源，同王彦章一样，都是天下闻名的勇将，都身经百战，年岁也差不多（这一年王彦章六十岁，李嗣源五十六岁），可能比较有共同语言。李存勖就吩咐李嗣源去劝他投降。

不想王彦章一见到李嗣源，就很不礼貌地喊他的小名："你就是邈佶烈吧？你以为我是苟且偷生的人吗？"李嗣源自然很不高兴，看王彦章也不像会投降的样子，就转身离开了。

李嗣源离开，是去参加李存勖举行的庆功宴。在宴席上，李存勖亲自给李嗣源敬酒，赞道："这次中都告捷，就数你和郭崇韬的功劳最大。要是当时听了李绍宏的话，咱们一切都没了。"然后，李存勖转身对众将说："以前我所担心的，只有一个王彦章，如今他被捉住，这是天意要灭梁！现在段凝仍滞留河北，我军接下来该怎么做，想听听诸位的意见。"

这时，又有不止一位未被记下名字的将领，提出了一个保守方案："虽然传言都说汴梁没什么防备，但传言这种东西是真是假，谁也不敢保证。现在，梁朝东边各镇的军队都被集结在段凝那里，只留下了大量的空城，如果以陛下的天威亲临，这些城池必然望风而降！所以不如先挥师向东，夺取梁朝虚弱的东边各镇，一直到海边，这样我们在河南的地盘就基础稳固，后顾无忧。然后我军再等待合适的战机，西进攻梁。这样做，可保万无一失！"

应该说，这个计划确实比较稳，执行的成功率很高，一旦成功，无疑也是一个很大的胜利。不过，它肯定不能成为一个彻底的胜利，按这一方案行事，后梁方面将有足够的时间调集重兵保卫汴梁，朱、李两家的战争就有可能旷日持久地进行下去。

因此，极力主张速战速决的康延孝坚决反对这一建议，提出应该按原计划迅速进攻汴梁，不能节外生枝，一耽搁时间，就贻误了这千载难逢的战机！

身为席间众将的第一人，李嗣源完全支持康延孝，他说："兵贵神速，现在王彦章被擒，段凝肯定还不知道，就算有人飞马向其急报，核实报告也得要三天时间。纵然他准确判断出我军的动向，马上挥师南下，救援汴梁，也会因为受到'护驾水'的阻拦，只能绕道滑州白马渡过河。好几万大军啊，光是过河所需要的渡船，就不是短时间内能够凑齐的。而我军距离汴梁已经不远，且沿途平坦，没有任何山川险阻，大军就是排成庞大的方阵，都可以肆意横行。我军如果昼夜兼程，最多三天就可以抵达汴梁，等不到段凝大军过河，朱友贞就已经被我们抓住了！康延孝说得很对，如果要规避风险，陛下可率大军在后面徐徐跟进，让老臣带一千名精骑在前面打先锋！"

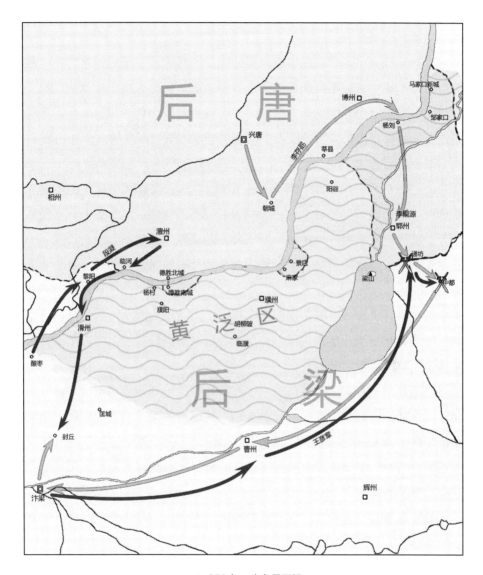

▲ 923 年，李存勖灭梁

李存勖大喜，决定就按李嗣源说的办。命令下达，唐军将士欢声雷动，纷纷请求担当先锋，显现出他们对战局的乐观，人人充满了必胜的信心。就在十月四日当晚，李嗣源率领着精锐的先锋部队，从中都出发，杀向汴梁！

十月五日一早，李存勖也率大军开拔，向西挺进。虽然几次对王彦章的劝降都不成功，但李存勖仍有些舍不得杀他，吩咐人将王彦章抬上担架一起走。不想已经是俘虏的王彦章，还在搞小动作帮助梁朝，大军走了没多远，他就说自己伤势重，受不了颠簸，请求大军暂时休整几天才出发。

李存勖自然知道其用心何在，当然也不会同意。还要劝降吗？唐朝皇帝决定做最后一次试探，派人问王彦章："你看我这次出征，能不能大获全胜？"王彦章脸不变色、心不跳地扯大话吓唬道："段凝手下有精兵六万，虽然他算不上什么将才，但实力如此雄厚，必然不会轻易投降。一旦你孤军深入，屯兵坚城之下，段凝大军又及时回援，你的胜算恐怕非常微小！"

李存勖听了回报，终于确信王彦章这个人，是永远不可能为自己所用的！既然如此，就让他求仁得仁。于是，后梁帝国最后的名将王彦章，被斩首于任城，终年六十岁。

差不多与王彦章同时被杀的，还有前文提过的刘知俊的堂侄，曾被梁朝派去诈降，欲行刺李存勖，但没有动手就回去的梁军偏将刘嗣彬。刘嗣彬也是在中都交战时被擒的。李存勖见到他，笑着问："你是不是该把玉带还给我啦？"刘嗣彬没有对往事做任何解释，只是叩头请死，于是李存勖也满足了他的请求。

另外，跟着王彦章在中都战败的那批梁军中，还有两个在后来比较重要的幸存者。

一个是当时的一名梁军偏将，名叫赵廷隐。此人也在被俘行列之中，据说也差点被杀，幸得大将夏鲁奇营救。刚刚建下大功的夏鲁奇对李存勖说："这个小矮个儿可是个有大用的人才啊！"赵廷隐因而得以幸免。不过，夏鲁奇要是知道，自己的这次善举会在后来给自己带来多大的麻烦，不知会不会后悔。

另一个重要幸存者，名叫景延广，此时的地位尚不如赵廷隐，但未来会比赵廷隐更显赫。据说景延广的父亲景建是一名优秀的弓箭手，教儿子射箭时说："射箭要是射不进铁甲，那还不如不射！"结果，等景延广成年，以善挽强弓著称。不知是不是靠着这项特长，景延广虽然在中都之战中身受数创，却成功地逃了出来，抢先奔回汴梁。

十月七日，唐军前锋抵达曹州（今山东定陶），后梁的曹州守将没有进行任何抵抗，立即开城投降。

也就在同一天，有从中都败下来的梁军士卒（也许就是景延广）逃至汴梁，送给后梁皇帝宛如晴天霹雳的噩耗："王彦章已被俘，大批唐军正长驱直入，马上就要杀到了！"

朱友贞大惊失色，身为后梁皇帝，他深知从郓州到汴梁，后梁已经没有任何一支值得一提的军队，现在没有任何力量能够阻止唐军前进，亡国的命运第一次真正来到他的面前！消息传开，皇宫里顿时响起一片哭声，皇后、嫔妃、皇子、公主聚在一起哀伤自己的命运：沙陀人要来了，大梁大势已去，咱们全都活不了！

朱友贞毕竟是皇帝，他不能同家人一样只会哭，必须拿出应对措施。于是朱友贞紧急召见百官，用近乎哀求的语气，请众臣设法相救。朱友贞终于知道，正是他老听赵岩、张汉杰这些人出的馊主意，才有今天的恶果。他把最大的希望，放在曾辅佐父亲创业的智囊敬翔身上，向他哭诉道："我过去常常忽略您的建言，才落到如今的境地！现在大事已万分危急，请您千万不要把过去那些事放在心上，想想办法，看还能不能挽救？"

敬翔已经绝望了，他流着泪悲愤答道："老臣自受先帝厚恩，至今已有三十余年，名为国家的宰相，实为朱家的老奴，侍奉陛下，如同侍奉郎君。我先后提出的那些建议，每一件都倾注了老臣的一腔忠心。陛下当初要用段凝，老臣就极力反对，说这个人不能用！但奸邪小人朋比为奸，终于酿成了今天的大祸！现在，唐军马上就要杀到了，段凝的军队被大水阻隔，无法及时回救。臣想请陛下出城避敌，陛下必定不能听从；想请陛下亲征，与敌做最后决战，陛下也不可能有这样的胆识。事已至此，就算是张良、陈平复生，也没法为陛下想出什么转危为安的主意！只希望陛下先赐臣一死，老臣实在不忍亲眼看着大梁的宗庙沦为废墟呀！"

听完敬翔的话，朱友贞也差不多绝望了，如果连朝中公认的足智多谋的老相国都拿不出任何办法，那别人就更不可能了！年轻的皇帝与饱经沧桑的老臣面面相对，禁不住痛哭失声。

不过，作为后世读史的非当事人，也许会觉得敬翔的这段话有一处比较奇怪：让朱友贞御驾亲征去和李存勖拼命，当然不现实，且不说从没上过战场的朱友贞肯定不是李存勖的对手，就算朱友贞有他父亲的本事，让他用汴梁城中仅存的四千名控鹤军去与唐军数万名精兵良将对抗，也等同于肉包子打狗。但既然知道打不过，让皇帝退出都城，暂时逃走避敌，不应该是最正常的反应吗？后梁之前的大唐王朝，类似的事发生过远不止一次，从唐玄宗、唐代宗，到唐僖宗、唐昭宗，李家皇帝一旦发现危险临近，都是撒丫子跑路，那腿脚可麻利了。每次出逃，虽然有损皇家体面，但李唐皇帝总是"孤不羞走"，才有惊无险地让大唐王朝一次次续命，最终让李唐成功熬进中国历史上寿命最长的王朝之列。

前朝有这么多先例，敬翔为什么还说朱友贞不可能同意出城避敌呢？也许同时发生的一些事，可以给我们提供答案。

实际上，纵然感到绝望，朱友贞也没有束手等死，他还在抓紧最后的时间，做了很多挣扎，但事后都证明，不是无用的，便是无意义的。

无用的事，是向段凝大军求救。朱友贞先派张汉伦带上圣旨，快马加鞭赶往河北，命段凝立即回师。但稍后就传回消息，说是张汉伦在去滑州的路上从马上摔下来，伤了腿，又受到大水阻隔，无法前进。（史书上写的是"汉伦至滑州，坠马伤足"，明显不合逻辑。稍前王彦章上任招讨使，从汴梁去滑州，用时两天，往返就需要四天。酸枣决堤后，滑州已被黄河与"护驾水"包围，张汉伦去滑州的用时不可能比王彦章更短，而朱友贞只剩下两天的寿命，等不到他从滑州发回的消息。）

朱友贞只好将命令段凝回师勤王的密诏复制多份，封在蜡丸之中，然

462

后登上建国楼（汴梁皇宫正门建国门的门楼），招来一批亲信，一一给予重赏，再让他们化装成平民，分路出发去给段凝送信。但这些亲信出发后，全都不知去向，没有一个人完成使命。

其实就算这些人全都忠于职守，段凝大军也不可能赶在李存勖之前回来，所以在旁的诸大臣又有人提了几条建议。

第一种建议是：陛下先退守洛阳，再调集各军与李存勖决战，就算唐军占领了汴梁，也一定不能待太久。这种过分乐观的看法，早被敬翔否定过了，朱友贞没同意。

第二种建议是：如果调集诸军来不及，陛下干脆就往北走，直接去投奔段凝大营。但明智的人还是有的，此时汴梁城中那四千名禁军的指挥官，负责保卫皇帝人身安全的控鹤都指挥使皇甫麟反对说："段凝本非将才，他能坐到如今的高官之位，仅仅来自皇家对他的过分宠爱。指望他在大难来临之际，临机决断，转败为胜，挽狂澜于既倒，恐怕太为难他了！更何况，段凝要是听说王彦章已经战败被擒，估计胆都被李存勖吓破了，怎么能肯定他还会效忠于陛下？"

朱友贞的一号心腹重臣赵岩，此时突然非常难得地实事求是了一回，说出一句睿智的话，验证了朱友贞心中的绝望："大事都到如今这地步了，只要下了建国楼，谁能担保谁还有忠心？"

这时，后梁宰相郑珏，不知是他人太傻，还是他认为朱友贞太傻，竟提出了一条非常奇葩的建议：带上传国玉玺去诈降，让唐军缓师。朱友贞没这么傻，反问说："事到如今，自然不会舍不得传国玉玺，只不过，你这么做有用吗？"郑珏低着头想了半天，只好说："估计没什么用。"朱友贞左右侍从差点憋不住偷笑起来。

朱友贞当然笑不出来，他哭泣着回宫，才发现就算郑珏的办法有用，也已经来不及了：被他藏在皇宫寝室的传国玉玺已不翼而飞！不用说，肯定是某个手脚快的侍从偷走拿去当投靠新主的见面礼了。

朱友贞不肯出逃的原因已然清楚了。朱友贞还留在京城，很多人已有二心，他如果逃走，残存的人心极可能会随着原有的权力体系一起崩溃！

薛能、王行瑜等人的下场，肯定会在朱友贞身上重演。逃也是死，留也是死，为什么不让自己死得有尊严一点儿呢？

不逃，是否抵抗呢？朱友贞的心腹朱珪（胡柳陂会战时的梁军副帅）请求带着城中的四千名控鹤军出战。绝望的大梁皇帝不知是觉得战则必败，还是担心朱珪的动机不纯，不同意。他只是下了一道效用极其有限的命令。让开封府尹王瓒（三年前杨村、潘张之战时的梁军主帅）征发城中百姓上城防守。

据《通鉴》，在权力完全流失之前，朱友贞抓紧最后的时间疯狂了一把，拉上之前一些没想杀或没来得及杀的人，为自己陪葬。比如说，朱友贞担心皇室成员乘乱夺权，就将弟弟贺王朱友雍（朱温第六子）、建王朱友徽（朱温第七子），以及早被他软禁的三个堂兄弟广王朱友谅、房陵侯（原封惠王）朱友能、邵王朱友诲（朱温大哥朱全昱有记载的儿子就此三人）等五位亲王一并处死了！

之前，朱温的第五子福王朱友璋已死，八子康王朱友孜以谋反被诛。也就是说，朱家第二代还活着的近支皇族，都被朱友贞在最后关头一网打尽！后梁残余势力拥立亲王继续抗战的极微小的可能性，也被彻底清除干净了。朱友贞临死还不忘给对手帮个忙。

不过，在《新五代史》《旧五代史》的记载中，朱友贞并没有杀掉他的这些兄弟，只是剥夺了他们的权力，召集到汴梁，一起关押，大大方便了唐军进城后一起屠杀。在下认为，这种记载更合乎朱友贞的一贯表现，可能也更可信。但即使如此，它造成的结局和前一种没什么不同，都反映了后梁皇室内部已经无可挽救的深刻矛盾。

如果说谁杀了朱友贞的兄弟尚存争议，那另一个人的被杀就肯定是朱友贞下的令了。那就是此前在潘张之战中被梁军俘虏的晋将石君立。他同王彦章立场不同，但被俘后的表现别无二致，都铮铮铁骨，宁死不降。朱友贞将石君立关押了将近四年，一直舍不得杀，直到此时才下令处死，让这员信守忠义的敌方勇将与殊途同归的王彦章相会于奈何桥的彼岸。

朱友贞在哭泣与疯狂的交织中熬过了一个不眠之夜，迎来了十月八日的日出，迎来了他生命的最后一天。一早，有人来报告说，唐军已经过了曹州（今山东定陶），正向着汴梁杀来，兵强马壮，以至于一路上尘土飞扬，遮天蔽日！

朱友贞的第一号宠臣赵岩，仿佛为了证明自己昨天那句"谁能担保谁还有忠心"，"身体力行"，抛下他在口头上无数次愿为其以死尽忠的皇帝，独自逃生。赵岩的逃亡目标是许州，匡国镇（原忠武镇）总部所在地。

此时的匡国节度使，是大盗墓贼温昭图（温韬）。差不多三年前，他依靠贿赂赵岩替其美言，调离了既危险又狭小的静胜镇，捞到了匡国节度使这个肥缺美差。因为这份交情，温昭图平日里拍赵岩的马屁，拍得肉麻无比，亲密异常。不过，这种关系的前提，是赵岩能赏赐给温昭图渴望的荣华，温昭图能孝敬给赵岩想要的富贵。一旦利益链条断裂，这种关系还能维持吗？

可事情一轮到自己，赵岩好像完全没有了昨天的聪明睿智，他凭着感觉对左右说："我对温许州（温昭图）有厚恩，他肯定不会辜负我的！"然后，他就逃跑了。

两天后，赵岩逃到了许州。温昭图正忧心后梁灭亡后自己在新朝的前途，赵岩的到来简直是天上给他掉了馅儿饼：赵大人，您真不愧是我的恩公啊！于是，温昭图无比热情地将赵岩迎进城，然后一刀砍掉老领导的脑袋，拿走老领导携带的全部金银细软。随后，温昭图宣布自己改回原名"温韬"，再带上金银与老领导的人头当觐见礼，准备去向新主请降。果然是"谁能担保谁还有忠心"啊！

让我们把目光调回十月八日，赵岩逃跑的这一天。惊惶中的朱友贞，得知了自己最信任的姐夫也突然抛弃自己、不知去向这一消息，这恰如压倒骆驼的最后一根稻草，让朱友贞最后一层薄薄的心理防线也彻底崩溃！

时运不济的大梁皇帝叫来了还在城中执守的控鹤指挥使皇甫麟，下达了他作为皇帝的最后一道圣旨："李氏与我们朱家是世仇，我不能屈膝投降，等待他们的凌辱诛杀。可是我又没有自杀的勇气，只好拜托你，砍下我的头吧！"

朱友贞的话没说完，皇甫麟已是泣不成声，他是疾风之下的劲草，是朱友贞身边极少数真正的忠臣："我可以为陛下挥剑杀敌，战死阵前，但不敢奉此诏！"

朱友贞急道："你难道要向唐军出卖我吗？"皇甫麟欲挥剑自刎，表明心迹，朱友贞赶紧抓住了他的手，对他说："就让我们死在一起吧！"君臣相对，再也禁不住放声大哭。

片刻之后，皇甫麟挥剑，先杀死了皇帝朱友贞，再举剑自杀，追随主君而去。

朱友贞死时有三十五岁，在位十年零八个月，别看这时间不算长，已经是五代（不包括十国）第一了。他死后，出于很好理解的原因，既没有庙号，也没有谥号，史书习惯称他为"后梁末帝"。

传说在后梁亡国前，许州地方官（可能就是温昭图）向皇帝进献异兽绿毛龟。朱友贞挺喜欢，在宫中新修了一间宫室来养它，并将新宫室取名为"龟堂"。又传说朱友贞命人到集市上采买珍珠，但他怕花钱太多，又传下话来："珠数已经足够，不需要再多了。"后来，人们纷纷传言，后梁的皇宫里竟有一间宫室叫"归唐"，后梁皇帝亲说朱家的年数已经足够，可见梁亡早有预兆。

本书为了方便阅读，就像对待其父朱温一样，一直只用他的原名朱友贞。实际上，朱友贞在称帝后也改过两次名，先改名朱锽，后改名朱瑱。后来，有好事者将"瑱"字拆开，"王"为"一十一"，"真"为"十月一八"，说后梁末帝的姓名预示着天意：梁朝将在末帝在位的第十一年的十月九（一加八）日亡国！

在下认为，这种附会有一天的误差，虽然唐军还要晚一天也就是十月九日才能到达汴梁，但五代的第一代，后梁王朝已经在十月八日就随后梁末帝的丧生而结束了，剩下的那一天，它只是一具已经脑死亡的尸体。

如果从天祐四年（907）四月朱温篡唐算起，后梁王朝共存在了十六年零六个月；如果以天复三年（903）二月朱温受封梁王算起（十国大多是这样计算的），梁国存在了二十年零八个月；如果以中和三年（883）七月朱温在汴州走马上任宣武节度使算起，一度在中原大地叱咤风云的朱家势力共存在了四十年零三个月。

在朱友贞与皇甫麟自杀后数小时，也就是十月九日凌晨，李嗣源统率的唐军前锋，到达汴梁城外，并立即向城北的封丘门发起攻击。

没有发生战斗，原先受朱友贞委托，负责守城的开封府尹王瓒一见唐军，就大开城门，出城投降了。毕竟皇帝都没了，还替谁作战呢？李嗣源的人马兵不血刃，顺利开进后梁的都城。他勒令诸军，严明纪律，不得扰民，全城秩序井然。

等到天色放明，李存勖亲统的大军，也来到汴梁，从梁门入城。后梁的一大群文武官员，已经跪列在大道两旁，恭敬无比地迎接昨天还是他们死敌的后唐皇帝。

当李存勖骑着骏马，在卫士的簇拥下出现时，场面达到了高潮！后梁官员纷纷膝行上前，泪流满面地向新主人表明心迹，原来，他们个个都是身在梁营心在唐，不用说祖先代代是唐臣，自己也是生在大唐朝，后来虽不幸沦落于伪廷，但忠贞之心从未泯灭。今日，终于得偿心愿，重睹大唐的中兴，虽死也没有遗憾！

看着这表面异常感人，内里却颇为滑稽的一幕，李存勖心情大好，表示完全相信这些人的瞎话，当众宣谕说："朕这二十年来的血战，就是为了让你们不辱家门，重沐大唐的荣光！所以你们不必担忧前程，各自回去，继续坚守各自的工作岗位。"

待后梁群臣散去，李存勖见到来迎接他的李嗣源和李从珂。据说，李存勖一时兴奋过度，竟抓住李嗣源的袍服，以头相碰，说了一句语无伦次的胡话："我能够得到天下，都是你们父子的功劳，今后当与你们父子共享天下！"

现在谁也没有想到，这句话会一语成谶，最后竟阴差阳错地一次又一次应验。

那一天，李存勖还见到了两个他原以为早已死去的人。

第一个，是杨刘、马家口会战时的送信英雄范延光。自被梁军捕获后，范延光宁死不屈，后被转移至汴梁的监狱关押。狱吏敬他是条汉子，对他比较优待。后唐军进城，狱吏除掉范延光身上的桎梏，放他出狱。李存勖在路旁看见虽有些消瘦，但精神还很好的范延光，非常高兴，当即授予他银青光禄大夫（从三品文散官，没有实职的虚衔）、检校尚书（名誉部长，也是虚衔）之职，重回唐军编制。

另一个，是胡柳陂之战中被俘虏的伶官周匝。周匝是李存勖喜欢的伶人之一，胡柳陂之后，见不到他的音容笑貌，让李存勖时时想念，惜叹良多。此时，李存勖意外见到周匝还活着，哭拜在自己的面前，自然是喜上加喜。周匝向他尊贵的"老票友"请求说，他之所以能够活下来，全倚仗后梁教坊使（宫廷乐队的队长）陈俊和内园栽接使（负责宫廷花园的园丁长）储德源的搭救，希望李存勖能给这两人各安排一个刺史的职位，帮他还这份人情。李存勖心情正好，不假思索就答应下来。

当然，在汴梁同样也有很多李存勖想见，而一时没有见到的人。

最重要的那个，自然是朱友贞。李存勖入城时，还不知道朱友贞已死，只知道这位大梁皇帝既没有倒缚双手、衔着玉璧出来投降，似乎也没有人看见他带着亲卫，逃出城去。这可是个大问题，如果朱友贞还活着，并且成功逃脱，会产生多大的潜在危害，还难以判断。于是李存勖下令全城搜捕，务必不让后梁皇帝漏网，活要见人，死要见尸！

搜捕令下达后没多久，有人将朱友贞的首级献上，原来这一隐患早就自我了断。放下心来的李存勖正好向天下人展示自己的宽大，叹息说："两家的恩怨，是上一代人结下的，本与后嗣无关。我和梁主血战十年，最遗憾的就是不能在活着的时候见上一面。"

稍后，李存勖下令将朱友贞的首级刷上漆防腐，送入太庙收藏，无头的尸身交由王瓒，草草掩埋于佛寺。再后来，由朱温的老朋友，随后也降唐的张全义，将其正式安葬。

后梁文臣的两大元老敬翔和李振，也没有出现在梁门迎降的朝臣队伍中，不过，两人没有去的原因并不相同。

李振担心自己在后梁资格老、名气大，不知道后唐军队来了，会不会追究上一个唐朝灭亡时自己的罪责，所以不敢去。但他既舍不得自己这条老命，更舍不得几十年的荣华富贵，还心存侥幸，想看看风头再做决定。不多时，那些迎降的大臣回来了，都说新来的天子很宽大，不追究梁朝旧臣的责任，大家都没事了！

李振大喜，前来找到敬翔，要将这个好消息与老同事一同分享："听说已经有诏书赦免我们的罪过，要不，明天早上我们就一起去朝见新皇帝？"应该说，这是生在那个年代的大多数官员的正常选择，没什么可丢脸的。

但敬翔显然并不属于大多数，他反问李振："我们二人身为梁朝的宰相，在国君犯错的时候不能谏止，在国家危亡之际不能拯救，新皇帝要问起来，你我怎么回答？"见话不投机，李振匆匆离去，敬翔也没有挽留。道不同不相为谋。朱温的两大谋士，至此完全分出高下。

第二天，也就是十月十日一早，天还没有亮，有人到敬翔在高头里的住处报信说："崇政李太保（后梁亡时李振的官位为崇政院使兼太保）已经入朝去了。"敬翔一声长叹："李振枉为大丈夫！朱家与李家是世仇，因为我们谋国不臧，不能匡正君王的失误，才有今日。如今连少主都已伏剑于国门，我们岂能再偷生？就算新朝肯赦免我们的罪过，我们还有脸再走进建国门吗？"

伴随着叹息，敬翔结了一个绳套，系上房梁，将自己的脖颈伸了进去：老奴无用，辜负了陛下的嘱托，只能捐此残生，追随陛下于地下……

就这样，在后梁末帝自杀仅仅两天后，后梁最后一个忠臣也结束了自己的生命，为自己效忠的王朝殉葬。与李唐最后一个忠臣张承业，在唐亡后奋斗了十几年，同时以及之后不断有人冒用唐朝的名义建国相比，后梁王朝的余音，可以说在它灭亡时就戛然而止，没有留下一丝涟漪……

附文：世间自有痴男子

这是一起没来得及发生的冤狱故事。

从某个角度说，王彦章是个还算幸运的人，他是五代十国这个典型的非著名时代中，一个相对比较著名的人物。虽然让他著名的那些"事迹"，如什么"李存孝力压王彦章"，什么"王彦章枪挑高思继"，什么"日不移影，连打唐将三十六员"，还有"五龙二虎困彦章"，差不多全部出自后世文学和曲艺的虚构，与历史上那个王彦章的真实经历几乎没有重叠之处。

毋庸置疑，王彦章留给一般人的形象，经过了后人的加工修改，让他在文学中成为后梁这个反面王朝中，极难得的正面形象。在赵宋时代，很多地方建起了祭祀王彦章的"铁枪庙"（《射雕英雄传》有一个重要地点就是嘉兴铁枪庙，那可不是小说家的虚构），就是明证。

不过，在兵祸不休的五代，其实最不缺少的就是历经百战的名将，即使只算后梁，功绩地位在王彦章之上者也能举出好几个来。如葛从周、氏叔琮、刘知俊、杨师厚，只是他们在后世的名气都要比王彦章小得多。王彦章在后世的名气，何以能从强手如林的同行中脱颖而出呢？

在下很难准确回答这个问题，也许是因为王彦章的性格，代表了历史上的一类人吧！一类物以稀为贵的"愚人"。这一类人往往有本事，更有脾气。所以王彦章感到自己和自己的骑兵弟兄受到了不公正对待时，竟能在大战之际临阵撂挑子。

这一类人敢向最高领导发脾气，是因为他们有很高的道德优越感，自诩忠诚于国，问心无愧，信念因此而执着，行事因此而无畏。可问题是，即使在那个"溥天之下，莫非王土；率土之滨，莫非王臣"的时代，国家的利益也不会与君主个人的利益完全等同。有些时候忠于国，并不等于忠于君，某些情况下，对国家的忠诚甚至是让君主无法容忍的罪过！

在后梁末年，由赵岩、张汉杰等人组成的佞臣集团之腐朽堕落，人所共知，他们的存在就像癌细胞，不断侵蚀损害着后梁帝国早已不算强健的肌体。如果站在后梁国家的角度看，当然应该尽早罢黜赵、张等人，整肃吏治，重建一个廉洁高效的新执政团队，国家才有走出低谷，焕发新生的可能。铲除奸臣，不就是忠于国家的表现吗？

但是，如果站在末帝朱友贞的角度，这样的要求显然超过了他的能力，以他的眼界和认知范围，如果不用赵岩等人，他就没有信得过，敢放手任用的人了。不让我用人唯亲，难道还让我用人唯疏？难道要重用你王彦章这种"立性刚暴，不耐凌制"，经常不听上级招呼，甚至动不动就和上级作对的人吗？

在通常情况下，王彦章这一类人因为容易得罪上级，得罪同僚，一般只能在中下层徘徊，不大可能升到高层。但世事无常，总会出现一些不那么"通常"的情况，比如强敌压境，国难当头，满朝庸碌，社稷危如累卵！于是乎，"太平时节君不容"的王彦章这一类人，也会迎来"及至艰难君始用"，而升到高层。

因为大多数君主，对于王彦章这一类人，都是因时势所迫而重用之。这类人提倡"文官不爱钱，武官不怕死"，试问，不爱钱的文官世间能有几人，不怕死的武官天下又有几个？在一个新王朝的创业初期，有这样理想的人也许会多一些，但在大多数时代都是稀有动物。像王彦章这样，一个让上级和众多同僚都讨厌的人，一旦局势看起来不那么紧迫，大家不再需要倚仗其才能救亡图存时，会有什么样的下场？

史书中与王彦章相关的记载，有相当明显的不协调。王彦章在正史中被记录下来的战绩非常糟糕，大部分都是打败仗和逃跑，这与他在梁晋双方有识之士（如李存勖、敬翔）中，得到的高度重视完全不匹配。出现这种现象其实并不难理解，活着的王彦章是统治阶级的异己分子，他的性格让他太不受当权者待见，所以在他生活的那个年代，他经常是个被压制、被抹黑的对象。对他有利的原始记录，在当时就已经被刻意篡改了，这在后人编《新五代史》《旧五代史》时都已有所察觉，也有所提及。

可以用逻辑推导出来的最明显例子，就是王彦章在胡柳陂会战中的表现，史书将他记成了开战不久就率先逃跑，完全不顾这将会带来一大堆根本无法解释的逻辑矛盾。在下在对各种史料记载的分析、比较和推理中，发现贞明五年的潘张之战和同光元年攻陷泽州，这两次梁军的胜利很可能是王彦章指挥的。如果这些推测成立，敬翔的"事急矣，非用王彦章为大将，不可救也"，李存勖的"吾所患惟王彦章，今已就擒，是天意灭梁也"等言论，才不显得那么突兀，那么不合情理。

抹黑王彦章这一类人的实绩，仅仅是讨厌他的当权人士为了实施真正目的的一个辅助手段。那什么才是当权人士的真正目的？古人总结得好："木秀于林，风必摧之；堆出于岸，流必湍之；行高于人，众必非之！"为了让君主安心，为了让官场和谐，只要局势有所好转，这种孤傲自赏不能同大家打成一片的异类，迟早要被清除出去。

这种清除，在温柔一点儿时，也许只是消除目标对象的政治影响力，搜罗捏造证据，证明其罪有应得，再流放到某个犄角旯旮，宣布永不录用之类。但如果这个人与当权人物的矛盾太深，对当权者的威胁太大，最稳妥的办法，还是将其连同肉体一起消灭！

王彦章生命的最后几个月，就是在沿着这一套逻辑程序快速滑向毁灭：第一步，国家形势突然恶化；第二步，一个出生入死几十年，一直没熬出头的中层领导，被火线提拔为总司令；第三步，因地位高了，能量剧增，锋芒尽露，走上风口浪尖的他迅速让当权者感到巨大的危险临近，成为人家必欲除之而后快的眼中钉；第四步，他在立下战功的同时，当权者对他的压制和束缚迅速加大，最终让他功败垂成，随后顺理成章地解除其大权；第五步，让他与熟识的老部下脱离关系，配给他一支与他没有战友情的新军，由一个最想置他于死地的人给他监督。显然，这一是在废物利用，二是在搜罗罪名，为下一步给他治罪做好准备。

但是，程序推进到这一步时，发生了意外。李存勖的惊天一搏，让后梁帝国戛然而止，也使得一起已经呼之欲出的冤案永远终止在了准备阶段。如果李存勖没有这么果敢，后梁帝国没有速亡，等待着王彦章的会是什么？

王彦章还是以另一种方式死了，虽然我们知道他当时完全可以不死。

很多人说，王彦章这类人的所作所为，与那些奸臣没多大区别，其实都是为了自己的利益而已。从"利益"这个词的广义上说，这种说法好像没错，只不过，将损人利己取得的利益，与舍生取义取得的利益等量齐观，这算不算是要流氓？

《影武者德川家康》中，丰臣氏的忠臣石田三成说过一段话："……提到忠义，人们就会露出一脸不屑的表情，那神情仿佛在讥笑你：还在说那种孩子气的话！但正因为如此，才更需要忠义的存在，不是吗？当后世的人们，在缅怀这个时代的时候，知道也有我这样的人曾经存在过，我的愿望就达到了……"

如果王彦章的人生追求也是如此，那他的愿望也达到了。他忠于的王朝灭亡了，他的形象却随之迎来大翻身。这不是因为时代变了，而是因为他死了，他终于变成了"好王彦章"。

死去的人不会再让后来的当权者难受，而王彦章为国家慷慨赴死的事实，却足以为后世王朝在教育臣子时提供一个长久的道德榜样。王彦章的形象经过被贬低、被抹黑的一次加工后，迎来被拔高、被推崇，甚至被完全虚构的文学创作而神化的二次加工。在二次加工中，他渐渐由一个历史人物，变成铁枪庙中一个代表忠义的历史符号。

欧阳修在《新五代史》中，将王彦章列入了他最为褒扬的《死节传》，假如王彦章不是早就死了，而是活在当时，他真会得到社会主流的称赞吗？与欧阳修同时代的狄青就可以告诉我们答案。

英雄得到了承认，并且进入了神龛。但是，难道英雄仅仅就是用来让人在其死后尊崇的吗？如果他们真的能够在事业上成功，与名垂后世中做一选择，被当成神像供起来恐怕不是他们最想得到的。只是，现实而残酷的世界，让执着于信念而痴心不改的他们，几乎没有机会成功……

写到此处，在下特意在网上搜了秦腔《荀家滩》，闭目聆听，体会末路勇士的那段著名唱词：

> 彦章打马上北坡，新坟累累旧坟多。
> 新坟埋的汉光武，旧坟又埋汉萧何。
> 青龙背上埋韩信，五丈原上埋诸葛。
> 人生一世莫空过，纵然一死怕什么！

唱腔悠远，透出几多慷慨，几多悲凉，几多无奈……